此防伪页系专门制造

※此防伪页内有多层次固定水印，透光看水印清晰，水印凹凸立体感明显。

※此防伪页上有开天窗安全线，安全线在可见光下改变角度可变色，线上印有“自学考试”激光字。

全国高等教育自学考试指定教材
行政管理专业（专科）

现代管理学

（含：现代管理学自学考试大纲）

（2018 年版）

全国高等教育自学考试指导委员会　组编

主　编　　刘熙瑞　杨朝聚

副主编　　（按姓氏笔画排列）

　　　　　刘金程　胡仙芝

　　　　　雷　勇　霍海燕

中国人民大学出版社

·北京·

图书在版编目（CIP）数据

现代管理学/刘熙瑞，杨朝聚主编. —北京：中国人民大学出版社，2018.4
全国高等教育自学考试指定教材
ISBN 978-7-300-25695-5

Ⅰ.①现… Ⅱ.①刘… ②杨… Ⅲ.①管理学-高等教育-自学考试-教材 Ⅳ.①C93

中国版本图书馆 CIP 数据核字（2018）第 060762 号

全国高等教育自学考试指定教材
行政管理专业（专科）
现代管理学
（含：现代管理学自学考试大纲）
（2018 年版）
全国高等教育自学考试指导委员会 组编
主 编 刘熙瑞 杨朝聚
副主编（按姓氏笔画排列）
刘金程 胡仙芝 雷 勇 霍海燕
Xiandai Guanlixue

出版发行 中国人民大学出版社
社 址 北京中关村大街 31 号 邮政编码 100080
电 话 010－62511242（总编室）
网 址 http://www.crup.com.cn
印 刷 北京市鑫霸印务有限公司
规 格 185 mm×260 mm 16 开本 版 次 2018 年 4 月第 1 版
印 张 17.25 印 次 2021 年 11 月第 5 次印刷
字 数 397 000 定 价 42.00 元

官方淘宝店 网址：http://shop 136348527.taobao.com

组编前言

21 世纪是一个变幻莫测的世纪，是一个催人奋进的时代。科学技术飞速发展，知识更替日新月异。希望、困惑、机遇、挑战，随时随地都有可能出现在每一个社会成员的生活之中。抓住机遇，寻求发展，迎接挑战，适应变化的制胜法宝就是学习——依靠自己学习、终身学习。

作为中国高等教育组成部分的自学考试，其职责就是在高等教育这个水平上倡导自学，鼓励自学，帮助自学，推动自学，为每一个自学者铺就成才之路。组织编写供读者学习的教材是履行这个职责的重要环节。毫无疑问，这种教材应当适合自学，应当有利于学习者掌握和了解新知识、新信息，有利于学习者增强创新意识、培养实践能力、形成自学能力，也有利于学习者学以致用，解决实际工作中所遇到的问题。具有如此特点的书，我们虽然沿用了“教材”这个概念，但它与那种仅供教师讲、学生听，教师不讲、学生不懂，以“教”为中心的教科书相比，已经在内容安排、编写体例、行文风格等方面都大不相同了。希望读者对此有所了解，以便从一开始就树立起依靠自己学习的坚定信念，不断探索适合自己的学习方法，充分利用自己已有的知识基础和实际工作经验，最大限度地发挥自己的潜能，达到学习的目标。

欢迎读者提出意见和建议。

祝每一位读者自学成功。

全国高等教育自学考试指导委员会

2017 年 1 月

目　录

现代管理学自学考试大纲

现代管理学

现代管理学

自学考试大纲

出版前言

为了适应社会主义现代化建设事业的需要，鼓励自学成才，我国在 20 世纪 80 年代初建立了高等教育自学考试制度。高等教育自学考试是个人自学、社会助学和国家考试相结合的一种高等教育形式。应考者通过规定的专业考试课程并经思想品德鉴定达到毕业要求的，可获得毕业证书；国家承认学历并按照规定享有与普通高等学校毕业生同等的有关待遇。经过 30 多年的发展，高等教育自学考试为国家培养造就了大批专门人才。

课程自学考试大纲是国家规范自学者学习范围、要求和考试标准的文件。它是按照专业考试计划的要求，具体指导个人自学、社会助学、国家考试、编写教材、编写自学辅导书的依据。

随着经济社会的快速发展，新的法律法规不断出台，科技成果不断涌现，原大纲中有些内容过时、知识陈旧。为更新教育观念，深化教学内容方式、考试制度、质量评价制度改革，使自学考试更好地提高人才培养的质量，各专业委员会按照专业考试计划的要求，对原课程自学考试大纲组织了修订或重编。

修订后的大纲，在层次上，本科参照一般普通高校本科水平，专科参照一般普通高校专科或高职院校的水平；在内容上，力图反映学科的发展变化，增补了自然科学和社会科学近年来研究的成果，对明显陈旧的内容进行了删减。

全国高等教育自学考试指导委员会公共管理类专业委员会组织制定了《现代管理学自学考试大纲》，经教育部批准，现颁发施行。各地教育部门、考试机构应认真贯彻执行。

全国高等教育自学考试指导委员会
公共管理类专业委员会
2018 年 1 月

Ⅰ　课程性质与课程目标

一、课程性质和特点

现代管理学课程是全国高等教育自学考试行政管理专业（专科）的必考课程，是为培养和检验自学应考者管理学基本理论知识和应用能力而设置的一门专业基础课程。

管理学是一门新兴的应用学科，它是人类管理经验的总结和概括，也是现代许多前沿科学成就的具体运用。现代管理学课程在马克思主义指导下，立足中国传统文化，大胆吸收、借鉴西方管理学发展的最新成就，形成了具有中国特色的系统的管理学理论体系，同时，也注意到对管理职能阐述的全面性。本课程要使自学应考者在学习过程中形成正确的管理观念，获得系统全面的管理科学知识，掌握科学的管理方法和技术。本课程根据行政管理专业的要求，注重管理学一般原理的介绍和研究，尽可能与作为工商管理专业基础课程的管理学有所区别。在自学考试命题中，应充分考虑到这一特点。

设置本课程的目的和任务是：使自学应考者比较全面系统地掌握管理学的基本原理、基本知识和基本方法，认识管理活动的规律，培养和提高从事管理工作的素质和能力。

二、课程目标

现代管理学课程设置的目标是使学习者：

1. 掌握现代管理学的基本理论、基本范畴；
2. 掌握现代管理基本职能的原则和要求；
3. 掌握现代管理的基本方法和技术；
4. 培养并提升管理素质和管理技能；
5. 培养现代管理理论分析和科研创新能力；
6. 为进一步学习专业理论和专业知识打下基础。

三、与相关课程的联系与区别

现代管理学课程以辩证唯物主义和历史唯物主义为指导，综合运用法学、政治学、社会学、经济学、行为科学的理论和方法研究现代管理原理与方法，学习者应具备上述学科的知识基础。

四、课程的重点和难点

现代管理学课程学习的重点是：中西方经典管理理论及应用、现代管理基本职能的要求及应用、现代管理方法与技术的特点及应用；次重点是：各类管理理论产生的背景、不同管理理论之间的联系与区别、现代管理各项职能的功能、不同管理职能的关联性、传统管理方法的特点与要求；其他为一般性内容。

现代管理学课程学习的难点是：中西方经典管理理论、现代管理基本职能的要求及应用、现代管理方法与技术。

Ⅱ　考核目标

本大纲在考核目标中，按照识记、领会、简单应用和综合应用四个层次规定其应达到的能力要求。四个能力层次是递进关系，各能力层次的含义是：

识记（Ⅰ）：要求考生能够识别和记忆本课程中有关现代管理的基本范畴及现代管理原理的主要内容，并能够根据考核的不同要求，做出正确的表述、选择和判断。

领会（Ⅱ）：要求考生能够领悟和理解本课程中有关现代管理基本范畴及原理的内涵及外延，理解相关现代管理职能的区别和联系，并能根据考核的不同要求对现代管理问题进行逻辑推理和论证，做出正确的判断、解释和说明。

简单应用（Ⅲ）：要求考生能够根据已知的现代管理理论对现代管理实践问题进行分析和论证，得出正确的结论或做出正确的判断。

综合应用（Ⅳ）：要求考生能够根据已知的现代管理原理，对现代管理问题进行综合分析和论证，并得出解决问题的综合方案。

Ⅲ　课程内容与考核要求

第一编　总论

第一章　管理与管理学

一、学习目的与要求

通过本章的学习，了解管理在社会发展中的作用，掌握管理的含义与历史发展、管理学与现代管理学的含义及学科特征、学习现代管理学的途径与方法，明确现代管理学的研究内容。

二、课程内容

第一节　管理概述

（一）管理的含义

管理起源于人类的共同劳动，凡是有人群活动的地方，就必然有管理。管理是指在社会活动中，一定的人或组织依据所拥有的权力，通过一系列的职能活动，对人力、物力、财力及其他资源进行协调或处理，以达到预期目标的活动过程。

（二）管理的历史发展

管理与人类社会同时产生，而不是人类社会发展到一定阶段的产物。包括史前人类社会的管理、前资本主义的国家管理、资本主义社会的管理以及现代管理。

（三）现代管理领域的划分

现代管理分为公共管理与私人管理两大类。前者即各类公共组织对国家和社会公共事务的管理，后者即社会成员对个人事务、私人领域的自主性与自治性管理。公共管理与私人管理在管理宗旨、管理主体、管理依据、管理对象、管理过程等方面都有显著差别。

（四）管理在社会发展中的作用

管理是维系人类正常社会生活的条件，管理是社会资源有效配置的手段，管理是社会生产力实现的基础，管理是社会生产力发展的保证，管理能创造一种新的生产力。

第二节　管理学和现代管理学

（一）管理学的研究对象

管理学是专门研究管理活动及其基本规律和一般方法的科学。管理学研究与管理活动有关的生产力、生产关系与上层建筑等方面的问题。

（二）管理学的学科特征

管理学是一门理论性与应用性相统一的学科；管理学是一门定性和定量相统一的学科；管理学是一门软科学；管理学具有鲜明的时代特征；管理学是一门自然属性与社会属性相统一的学科。

（三）现代管理学及其特征

现代管理学是在总结管理发展历史经验和借鉴传统管理理论的基础上，综合运用现代社会科学、自然科学和技术科学所提供的理论和方法，研究现代条件下进行的各种管理活动的基本规律和一般方法的学问。与传统管理学相比，现代管理学具有变革性、开放性、严密性、实用性等特点。

（四）现代管理学的研究内容

关于管理、管理学及现代管理学的基本问题；关于管理职能的基本问题；关于管理方法与技术的问题。

第三节　学习现代管理学的途径与方法

（一）学习现代管理学的途径

以马克思主义的辩证唯物主义和历史唯物主义为指导，是学习现代管理学的基本前提；一切从实际出发，充分认识我国的国情是学习现代管理学的立脚点；分析和借鉴国外的有关管理理论是学习现代管理学的重要条件；掌握相关学科的基本知识是系统学习现代管理学的保证。

（二）学习现代管理学的具体方法

比较研究法，定量研究法，历史研究法，案例研究法，理论联系实际的方法。

三、考核知识点与考核要求

（一）管理概述

1. 识记：管理的含义。

2. 领会：史前人类社会管理的特点，前资本主义国家管理的特点，资本主义社会管理的特点，现代管理的基本特征，公共管理与私人管理的区别，管理在维系人类正常社会生活、社会资源有效配置、社会生产力实现、社会生产力发展以及创造新的社会生产力方面的作用。

（二）管理学和现代管理学

1. 识记：管理学的含义，现代管理学的含义。

2. 领会：管理学与现代管理学的学科特征，现代管理学的研究内容。

（三）学习现代管理学的途径与方法

1. 识记：比较研究法的含义，定量研究法的含义，历史研究法的含义，案例研究法的含义，理论联系实际方法的含义。

2. 领会：学习现代管理学的途径。

四、本章重点、难点

本章重点：管理的含义、管理学和现代管理学、学习管理学的途径和方法。

本章难点：管理的历史发展、现代管理领域的划分、管理在社会发展中的作用。

第二章　管理思想的产生和发展

一、学习目的和要求

通过本章的学习，了解管理学形成和发展的过程，掌握科学管理理论、一般管理理论、行为科学理论、现代管理理论的基本内容，明确原始社会管理思想的萌芽、近代西方管理理论产生等内容。

二、课程内容

第一节　前管理学时期的管理思想

（一）管理思想的产生

管理是人类社会的特有的现象，有了人类社会，也就有了管理。世界各大文明发祥地都有着令人叹为观止的管理奇迹，在这些奇迹中蕴含着丰富的管理思想，主要包括行政管理思想、生产管理思想、教会管理思想等。

（二）近代西方管理理论的先驱者

近代西方管理理论产生之前，已有众多的企业界和理论界人士投入了对管理问题的研究，其中贡献较大的有：亚当·斯密、小詹姆斯·瓦特、马修·博尔顿、罗伯特·欧文、查尔斯·巴贝奇、安德鲁·尤尔、丹尼尔·麦卡勒姆和亨利·普尔。

第二节　古典管理理论

（一）科学管理理论

科学管理理论集中体现在泰勒 1911 年出版的《科学管理原理》一书中。科学管理理论的主要内容。

（二）一般管理理论

一般管理理论的主要代表人物是法国的法约尔。一般管理理论的主要内容。

第三节　行为科学理论

（一）早期行为科学理论

行为科学的含义。早期行为科学理论的代表人物是梅奥，他主持了霍桑实验。早期行为科学理论的主要内容。

（二）后期行为科学理论

后期行为科学理论最具有代表性的有：马斯洛的需求层次理论，赫茨伯格的双因素理论，弗鲁姆的期望价值理论，麦格雷戈的 X 理论-Y 理论；布莱克和莫顿的管理方格理论。

第四节　系统论、控制论、信息论与管理理论的丛林

（一）系统论、控制论、信息论的产生与基本内容

系统论、控制论、信息论诞生于 20 世纪 40 年代。系统论是研究系统的模式、原则和规律，并对其功能进行描述的一门学科。控制论是研究各类系统的控制和调节的一般规律的科学，是自主控制、电子技术、无线电通信、生物学、数理逻辑学等多种学科和技术相

互渗透的一门综合性学科。信息论是揭示信息的本质，并运用数学方法研究信息的计量、传递、交换和存贮的一门学科。

（二）孔茨归纳的管理理论的丛林

管理过程学派；经验主义学派；社会系统学派；决策理论学派；系统管理学派；权变理论学派。

第五节　管理理论的新发展

（一）Z 理论

Z 理论的前提问题。A 型、J 型、Z 型管理模式的特点。建立 Z 型管理模式的方法。

（二）企业再造理论

企业再造的内涵与特点。企业再造的程序与要求。

（三）竞争战略理论

企业竞争战略理论的假定条件。企业竞争力的分析模型。成本领先、差异化、专一化战略。

（四）蓝海战略理论

红海战略与蓝海战略。制定和执行蓝海战略的原则。

三、考核知识点与考核要求

（一）前管理学时期的管理思想

识记：亚当·斯密、小詹姆斯·瓦特、马修·博尔顿、罗伯特·欧文、查尔斯·巴贝奇、安德鲁·尤尔、丹尼尔·麦卡勒姆、亨利·普尔等人对管理理论的贡献。

（二）古典管理理论

1. 领会：科学管理理论的主要内容，一般管理理论的主要内容。

2. 简单应用：分析科学管理理论的内容，分析一般管理理论的内容。

（三）行为科学理论

1. 识记：行为科学的含义。

2. 领会：早期行为科学理论的主要内容。马斯洛的需求层次理论、赫茨伯格的双因素理论、弗鲁姆的期望价值理论、麦格雷戈的 X 理论- Y 理论、布莱克和莫顿的管理方格理论的基本内容。

3. 简单应用：分析行为科学理论。

（四）系统论、控制论、信息论与管理理论的丛林

领会：管理过程学派、经验主义学派、社会系统学派、决策理论学派、系统管理学派、权变理论学派的基本观点。

（五）管理理论的新发展

综合应用：分析 Z 理论、企业再造理论、竞争战略理论和蓝海战略理论。

四、本章重点、难点

本章重点：古典管理理论、行为科学理论、管理理论的新发展。

本章难点：管理理论的新发展。

第三章　中国古代管理思想

一、学习目的和要求

通过本章的学习，了解中国古代管理思想的产生背景、中国古代管理思想的基本价值取向，掌握以孔子、孟子为代表的儒家管理思想，以商鞅、韩非子为代表的法家管理思想，以老子为代表的道家管理思想，以墨子为代表的墨家管理思想。

二、课程内容

第一节　中国古代管理思想概述

（一）中国古代管理思想产生的背景

先秦管理思想形成的背景可概括为：诸侯征战、政治混乱、经济体制变革、教育发达。

（二）中国古代管理思想的基本价值取向

中国古代管理思想尽管有诸子之别、九流十家之分，但其基本价值取向是一致的，这就是积极的入世精神，即密切关注社会现实、积极参与社会变革的人生态度。

（三）积极正确地对待中国传统文化

中华民族传统文化历史悠久，内涵丰富，是世界文化宝库中非常重要的组成部分，对整个人类文明的进步产生了重大而深远的影响。因此，民族虚无论和全盘西化论是不对的，站在极左立场上，完全排斥西方文化、同时也排斥中国古代传统文化同样是不对的。对优秀传统文化，要采取“研究阐发、教育普及、保护传承、创新发展、传播交流”的态度。

第二节　儒家的管理思想

（一）中庸思想

孔子把“和”的理念与实现“和”的方法结合起来，形成了中庸理念，成为儒家管理思想的哲学基础。

（二）人性善论

人性本善是儒家思想的基本理念，是儒家管理思想的出发点和前提。

（三）德治思想

对德治与法治管理方略，儒家选择的是德治。

（四）民本思想

治国要以民为本，富国要以富民为本。儒家的管理思想突出了民本特色。

（五）义利统一思想

儒家文化有贵义贱利、以义制利的传统，认为义利统一是人修身、治国、平天下应遵循的重要原则。

第三节　法家的管理思想

（一）商鞅的管理思想

商鞅的法治思想为中央集权的君主专制制度的建立奠定了理论基础，也被之后的法家代表人物继承和发展。

（二）慎到的管理思想

慎到认识到国君的权势也应受到一定的制约。他关于“势”的思想被韩非子继承并发展。

（三）申不害的管理思想

申不害强调法治，不仅论述了法律在国家管理中的重要地位，同时指出法律对于维护国君的权威、尊严也至关重要，所以英明的国君都重视法令。

（四）韩非子的管理思想

韩非子吸收了荀子的法治思想，对商鞅重法、申子重术和慎到重势加以扬弃，形成了先秦时代法、术、势三者融为一体的思想体系，并成为治理国家、管理社会的基本方略。

第四节　道家的管理思想

（一）道的理念

“道”是老子思想的核心。老子所谓的“道”是指人类生活的准则，是客观存在的宇宙本源，是万事万物产生和发展的规律，也是治理国家的规律和准则。

（二）人性理念

老子并未直接讨论人性问题，但综合其言论可以看出，老子所持的是“人性本恶”理念。

（三）无为而治思想

老子从遵循自然法则出发，提出了“无为而治”和“无为而无不为”的思想。

（四）朴素的辩证法思想

老子认为，宇宙万物相互联系、相互依存，是矛盾的统一体，这一方法论理念体现了朴素的辩证法思想。

（五）“少私寡欲”的行为准则

老子要求人们“少私寡欲”“无私无欲”“清心寡欲”，认为人的本性是“好逸恶劳”或“好吃懒做”，有着强烈的私利欲望，但他并不主张依靠隆礼或法治对人加以改造、教化。

第五节　墨家的管理思想

（一）兼爱思想

墨子强调“兼相爱”，即每个人都要爱所有的人。

（二）尚贤思想

墨子认为，贤必须是“厚乎德行，辩乎言谈，博乎道术”，即道德高尚、善于言辞、广知道术为之贤。

（三）尚同思想

“尚同”即“上同”，也即在国家治理结构中，各级官吏至普通百姓都要服从最高统治者的意志，贯彻集权管理原则。

（四）节用思想

节用抑奢在墨子管理思想体系中特色鲜明、地位突出。

三、考核知识点与考核要求

（一）中国古代管理思想概述

1. 识记：中国古代管理思想产生的背景。

2. 领会：中国古代管理思想的基本价值取向，一分为二地对待中国传统文化。

（二）儒家的管理思想

领会：中庸思想、义利统一思想、德治思想、民本思想、人性善论。

（三）法家的管理思想

领会：商鞅的管理思想、慎到的管理思想、申不害的管理思想、韩非子的管理思想。

（四）道家的管理思想

识记：道的理念、人性理念、无为而治思想、朴素的辩证法思想、“少私寡欲”的行为准则。

（五）墨家的管理思想

领会：兼爱思想、尚贤思想、尚同思想、节用思想。

四、本章重点、难点

本章重点：中国古代管理思想的基本价值取向、一分为二地对待中国传统文化、中国古代管理思想的内容。

本章难点：一分为二地对待中国传统文化。

第二编　管理职能

第四章　决策

一、学习目的和要求

通过本章的学习，了解决策的含义与类型、决策与预测的关系，理解决策体制和决策过程，掌握决策理论和决策规则及方法，提高管理决策能力。

二、课程内容

第一节　决策概述

（一）决策的含义与类型

决策的含义。决策的类型：战略决策与战术决策，程序化决策与非程序化决策，平时决策与危机决策，初始决策与追踪决策，确定型决策、非确定型决策和风险型决策。

（二）决策与预测的关系

预测服务于决策，预测贯穿于决策的全过程。预测和决策的区别。

第二节　决策理论

（一）决策理论学派

决策理论学派的产生，决策理论学派的基本观点。

（二）理性决策理论

理性决策理论的内容，决策准则，理性决策理论的评价。

（三）渐进决策理论

渐进决策理论的内容，渐进决策理论的评价。

（四）集团决策理论

集团决策理论的内容。

（五）精英决策理论

精英决策理论的内容及评价。

第三节　决策体制

（一）决策中枢系统

决策中枢系统的地位，决策中枢系统的任务。

（二）决策咨询系统

决策咨询系统与决策中枢系统的关系，决策咨询系统的任务。

（三）决策信息系统

信息与决策的关系，决策信息系统的任务。

第四节　决策过程

（一）发现问题

发现问题要做好三方面的工作：察觉问题、界定问题、陈述问题。

（二）确立目标

目标要具有针对性、明确性、时效性、可行性、规范性。

（三）拟订方案

提供多种备择方案，考虑决策方案的多因素性。

（四）选择方案

方案选优是一个相对的概念，方案选择需要决策者具有良好的心理素质和果断的决策才能。

第五节　决策规则与方法

（一）决策规则

全体一致规则，多数裁定规则

（二）决策方法

头脑风暴法，德尔菲法，方案前提分析法，决策树法。

三、考核知识点与要求

（一）决策概述

1. 识记：决策的含义、预测的含义。

2. 领会：决策的地位、决策的类型、决策与预测的关系。

（二）决策理论

1. 识记：决策理论学派、理性决策理论的决策准则。

2. 领会：决策理论学派、理性决策理论、渐进决策理论、集团决策理论和精英决策理论的主要内容。

3. 简单应用：分析评价理性决策理论、渐进决策理论和精英决策理论。

（三）决策体制
1. 识记：决策体制的构成。
2. 领会：决策体制各构成部分的任务。
（四）决策过程
1. 识记：确立决策目标的基本要求。
2. 领会：决策的过程。
（五）决策规则与方法
1. 识记：德尔菲法的特征，方案前提分析法的特点。
2. 领会：头脑风暴法的原则，决策树法的构成要素。
3. 简单应用：不同决策规则及局限性。
4. 综合应用：几种决策方法的应用步骤。

四、本章重点、难点

本章重点：决策体制、决策过程、决策方法。
本章难点：决策理论、决策方法。

第五章　组织

一、学习目的和要求

通过本章的学习，了解组织的含义、正式组织与非正式组织、组织结构的层级化与部门化、组织理论的产生和发展，认识组织的构成要素、组织的类别、组织结构模式，掌握科层组织理论、组织平衡理论、组织生命周期理论、学习型组织理论的基本观点等。

二、课程内容

第一节　组织概述
（一）组织的构成要素
组织的基本构成要素包括目标、人员、物财、信息、机构、职位、权责、程序和规制等。
（二）组织机构的类型
业务管理机构、职能管理机构、行政事务管理机构。
（三）正式组织与非正式组织
正式组织与非正式组织的含义。非正式组织的积极作用，非正式组织的消极作用，非正式组织的管理。
第二节　组织理论
（一）组织理论概述
古典组织理论，行为科学组织理论，系统科学组织理论，组织理论的创新与发展。

（二）科层组织理论

组织权威的类型，科层制组织的基本特征。

（三）组织平衡理论

组织是一个协作系统，组织的三个基本要素，权威接受理论，管理人员的职能。

（四）组织生命周期理论

组织像任何有机体一样有其生命周期。组织的生命周期由创业阶段、聚合阶段、规范化阶段、成熟阶段和再发展或衰退阶段五个阶段组成。

（五）学习型组织理论

学习型组织的含义。实现自我超越、改善心智模式、建立共同愿景、加强团队学习、进行系统思考等五项修炼。

第三节　组织结构与组织结构模式

（一）组织结构的层级化

组织机构的层次划分，影响管理幅度的因素，组织的扁平化趋势。

（二）组织结构的部门化

组织结构的部门化是指组织系统中横向部门的划分。

（三）组织结构模式

直线制，职能性，直线职能制，事业部制，矩阵制，多维制。

三、考核知识点与要求

（一）组织概述

1. 识记：组织的含义，业务管理机构、职能管理机构、行政事务管理机构的含义，正式组织与非正式组织的含义。

2. 领会：组织的基本构成要素，业务管理机构、职能管理机构、行政事务管理机构在组织系统中的职能作用，非正式组织的积极作用与消极作用。

3. 综合应用：非正式组织的管理。

（二）组织理论

1. 识记：组织理论的产生与发展。

2. 领会：科层组织理论、组织平衡理论、组织生命周期理论、学习型组织理论的基本观点。

3. 综合应用：组织理论的评价。

（三）组织结构与组织结构模式

1. 识记：直线制、职能制、直线职能制、事业部制、矩阵制、多维制的含义。

2. 领会：组织机构的层级划分，影响管理幅度的因素，组织机构的部门化。

3. 综合应用：组织的扁平化趋势。

四、本章重点、难点

本章重点：组织理论、组织结构、组织结构模式。

本章难点：组织结构与组织结构模式。

第六章　人力资源管理

一、学习目的和要求

通过本章的学习，了解人力资源管理理论的产生与发展，传统人事管理与现代人力资源管理的区别；认识人力资源的含义与特点，人员分类管理方式，现代人力资源管理的内容；理解人力资源规划流程和内容，员工甄选的方法，职业生涯规划的内容；掌握员工招聘的途径，绩效考核的方法及偏差控制，薪酬管理的基本内容，员工培训的特点及方法，职业生涯发展阶段。

二、课程内容

第一节　人力资源管理概述

（一）人力资源的含义与特点

人力资源的含义。人力资源具有能动性、时效性、时代性、重复开发性、生产和消费双重属性等特点。

（二）人力资源管理理论的产生与发展

早期人事理论形成于 19 世纪末 20 世纪初，其标志是泰勒科学管理理论的诞生。20 世纪中期，以传统人事理论为基础的传统人事管理模式逐步成熟，成为管理的支持系统。20 世纪 70 年代末 80 年代初人力资源管理兴起，传统人事管理的性质发生了根本变革。

（三）传统人事管理与现代人力资源管理比较

对人的认识不同；管理原则不同；管理方法不同；管理内容不同；人事部门在组织中的地位不同。

（四）人员分类管理

品位分类的含义，职位分类的含义，品位分类与职位分类的比较，职位分类与品位分类的发展趋势。

（五）人力资源管理的基本内容

现代人力资源管理包括人力资源规划、工作分析和设计、员工招聘与甄选、培训与开发、绩效管理、薪酬管理、劳动关系管理与社会保障、职业生涯发展等。

第二节　人力资源规划与员工招聘

（一）人力资源规划的流程

人力资源规划的含义。人力资源规划的全面调查、科学预测、整体规划和动态应用四个阶段。

（二）人力资源规划的内容

人力资源补充计划，人力资源调配计划，人力资源开发计划，员工职业发展规划。

（三）员工招聘

员工招聘的含义。员工招聘的两种基本途径，一是内部招聘，二是外部招聘，两者各有优劣，各有适用范围。内部招聘的优势与局限性，外部招聘的优势与局限性。

（四）人员甄选

人员甄选的含义。甄选的方法包括简历筛选、笔试、面试、测评、工作样本技术、评价中心技术以及体检等。

第三节　绩效考核与薪酬管理

（一）绩效考核的方法

绩效和绩效考核的含义。绩效考核的方法包括关键绩效指标法、评分法、目标管理法、排列法、相对比较法、360°评价法、平衡计分卡等。

（二）绩效考核的流程及偏差控制

绩效考核的四个阶段，绩效考核常见的偏差及控制方法。

（三）薪酬管理的内容

薪酬的含义。薪酬通常包括基本薪酬、绩效薪酬和福利三种形式。薪酬确定需遵循一定的原则。薪酬管理的含义和过程。

第四节　员工培训与职业生涯发展

（一）员工培训

员工培训的特点，员工培训的方法，员工培训的类型。

（二）职业生涯发展

职业生涯发展阶段的划分，职业生涯规划的含义，职业生涯规划开展的步骤。

三、考核知识点与要求

（一）人力资源管理概述

1. 识记：早期人事理论的产生及标志，人事理论的成熟，人力资源管理的兴起，人力资源的含义。

2. 领会：早期人事理论的基本观点，人力资源管理兴起的原因，人力资源的特点，传统人事管理与现代人力资源管理的区别，人员分类中的职位分类与品位分类，工作分析和设计的内容，劳动关系管理与社会保障的内容。

（二）人力资源规划与员工招聘

1. 识记：人力资源规划的含义。

2. 领会：人力资源规划的流程，人力资源规划的内容，员工招聘的两种基本途径，内部招聘与外部招聘各自的优势与局限性，二者的结合。

3. 综合应用：人力资源规划的设计和内容的灵活应用，人员甄选的方法与过程。

（三）绩效考核与薪酬管理

1. 识记：绩效的含义，绩效考核的含义，薪酬的含义和构成。

2. 领会：绩效考核的几个常用方法：关键绩效指标法、评分法、目标管理法、平衡计分卡等，绩效考核的基本流程，薪酬确定的原则和薪酬管理的内容。

3. 综合应用：绩效考核方法的应用，克服绩效考核偏差的方法技术，薪酬管理的过程。

（四）员工培训与职业生涯发展

1. 识记：员工培训的含义，员工培训的类型，职业生涯发展阶段的划分，职业生涯规划的开展步骤。

2. 领会：员工培训的特点，员工培训的方法。

3. 综合应用：员工培训的原理与方法，职业生涯规划的制定。

四、本章重点、难点

本章重点：人员分类管理、人力资源规划与员工招聘，绩效考核与薪酬管理。

本章难点：人员分类管理、绩效考核、薪酬管理。

第七章　领导

一、学习目的和要求

通过本章的学习，了解领导的含义与作用，认识领导者的权力及影响力，掌握领导的艺术，熟悉有关人的特性方面的理论以及领导特质理论、领导行为理论、领导权变理论等内容。

二、课程内容

第一节　领导者

（一）领导者的含义与作用

领导者的含义。领导与管理的联系与区别。领导的作用体现在指挥、激励、协调等方面。

（二）领导者的权力

领导者权力来源于法定性权力、奖赏性权力、惩罚性权力、感召性权力和专长性权力。领导者的影响力有强制性影响力和非强制性影响力。

（三）领导者的素质

领导者的个体素质有政治素质、文化素质、业务素质、身体素质。领导群体的结构素质有丰富全面的知识结构、较高的专业知识结构、较强的能力结构、合理的年龄结构、良好的气质结构。

第二节　领导理论

（一）有关人的特性方面的理论

麦格雷戈的X理论-Y理论，阿吉里斯的不成熟-成熟理论，沙因的有关人性的四种假设，即经济人假设、社会人假设、自我实现人假设、复杂人假设。

（二）领导特质理论

早期特质理论研究主要集中在领导者生理特质、个性特质、智力特质、工作特质、社会特质等方面，比较著名的有亨利的领导特质理论和吉赛利的领导特质理论。20世纪80年代以后，特质理论又有了新的发展，美国领导学者德克兰提出了领导素质的宪法模型。

（三）领导行为理论

领导作风理论，领导方式理论，领导四分图理论，管理方格理论，领导行为连续统一

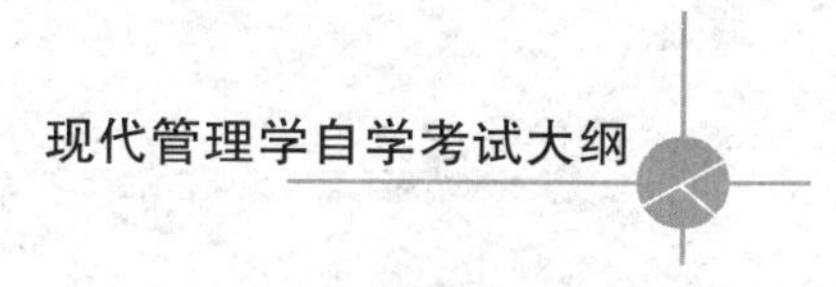

体理论。

（四）领导权变理论

领导权变模型理论，路径-目标理论，领导生命周期理论。

第三节　领导艺术

（一）领导沟通艺术

领导沟通艺术包括：开辟多元沟通渠道；加强双方沟通互动；克服沟通障碍。

（二）领导协调艺术

领导协调艺术包括：尊重下属；榜样示范；疏导教育。

（三）领导授权艺术

领导授权艺术包括：视能授权；逐级授权；适当控制；权责一致。

三、考核知识点与考核要求

（一）领导者

1. 识记：领导者的含义，领导者的权力来源。

2. 领会：领导的作用，强制性影响力与非强制性影响力的影响因素，领导者的个体素质，领导者群体的结构素质。

3. 简单应用：评述有关人的特性方面的理论。

（二）领导理论

1. 识记：领导特质理论的产生。

2. 领会：早期领导特质理论的内容，领导特质理论的新发展，X 理论-Y 理论的基本观点，不成熟-成熟理论的基本观点，经济人假设、社会人假设、自我实现人假设、复杂人假设的基本内容，领导作风理论、领导方式理论、领导四分图理论、管理方格理论、领导行为连续统一体理论的基本观点，领导权变模型理论、路径-目标理论、领导生命周期理论的内容。

3. 综合应用：领导行为理论的运用，评述有关人的特性方面的理论，领导权变理论的实践价值与现实意义，领导权变理论对领导方式的指导作用。

（三）领导艺术

1. 领会：领导沟通艺术、领导协调艺术、领导授权艺术的内容。

2. 综合应用：在管理实践中灵活运用领导沟通艺术、领导协调艺术、领导授权艺术。

四、本章重点、难点

本章重点：领导理论、领导艺术。

本章难点：领导权变理论、领导沟通艺术。

第八章　激励

一、学习目的和要求

通过本章的学习，了解激励的含义与过程，把握激励因素和激励原则，系统掌握内容型激励理论、过程型激励理论、行为改造型激励理论的内容，能对之做出公正全面的评价并运用于管理实践。

二、课程内容

第一节 激励概述

(一) 激励的含义与过程

激励是激发人的动机，诱导人的行为，使其发挥内在潜力，为实现既定目标而努力的过程。

激励的过程包括需求、动机、行为、满足 4 个步骤。

(二) 激励因素与激励原则

能满足的利益就是激励因素。美国学者小克劳德·乔治提出的激励原则。

第二节 内容型激励理论

(一) 需求层次理论

人类的基本需求可分为生理需求、安全需求、归属需求、尊重需求和自我实现需求五个层次，人类需求层次之间的递进关系，人类需求的动态性、发展性与个体差异性。对需求层次理论的评价。

(二) 成就需要理论

人的社会性需要并非与生俱来，人的基本社会需要分为成就需要、权力需要和社交需要。有效管理者的需要结构。

(三) 双因素理论

保健因素或不满意因素，激励因素或满意因素。不同需要追求者的心理与行为特点，提高效率的关键在于工作丰富化。对双因素理论的评价。

第三节 过程型激励理论

(一) 期望理论

管理实践中各种激励因素激励力的大小，取决于人们对他所能得到的结果的期望价值和他认为得到该结果的概率。要调动工作积极性，必须处理好个人努力与绩效、绩效与奖励、奖励与满足个人需要的关系。对期望理论的评价。

(二) 公平理论

职工的工作态度与生产积极性，不仅取决于他（们）所获报酬的绝对量，而且取决于他（们）所获报酬的相对量。公平的含义与影响，不公平条件下人们的心理与行为表现。对公平理论的评价。

(三) 波特-劳勒模式

一个人的努力程度由工作获得报偿的价值和个人觉察的努力以及获得奖励的概率所决定。一个人的工作绩效不仅依赖于努力程度，同时受个人能力、个人角色认识以及所处环境的限制。

第四节 行为改造型激励理论

(一) 强化理论

强化是指对某种行为肯定或否定的后果能在一定程度上决定该行为今后是否会重复发

生。强化可以分为积极强化、消极强化、惩罚、消退四种。强化的原则。对强化理论的评价。

（二）归因理论

归因的含义。人们行为的内部原因或外部原因，成功或失败的归因倾向。对归因理论的评价。

三、考核知识点与考核要求

（一）激励概述

1. 识记：激励的含义，小克劳德·乔治提出的激励原则。

2. 领会：激励的过程，激励因素。

（二）内容型激励理论

1. 识记：人类需求的五个层次，人的基本社会需要的内容，激励因素与保健因素的含义与构成。

2. 领会：需求层次理论、成就需要理论、双因素理论的基本观点。

3. 简单应用：评述需求层次理论、成就需要理论、双因素理论。

（三）过程型激励理论

1. 识记：公平的含义。

2. 领会：期望理论、公平理论、波特-劳勒模式的基本观点，公平的影响。

3. 综合应用：评述期望理论、公平理论、波特-劳勒模式。分析个人努力与绩效、绩效与奖励、奖励与满足个人需要之间的关系。分析工作绩效与个人能力、个人的角色认识以及环境之间的关系。

（四）行为改造型激励理论

1. 识记：强化的含义，强化的类别，归因的含义。

2. 领会：强化的作用，强化的原则，人们行为成功或失败的归因倾向。

3. 综合应用：评述强化理论和归因理论，强化理论与归因理论的运用。

四、本章重点、难点

本章重点：激励的过程、激励理论。

本章难点：行为改造型激励理论、过程性激励理论。

第九章　控制

一、学习目的和要求

通过本章的学习，了解控制的含义与内容，认识控制的类型与作用，掌握控制的过程与方法，增强控制意识，提高控制能力。

二、课程内容

第一节　控制概述

（一）控制的含义

控制可以理解为一系列的检查调整活动，也可理解为检查和调整的过程。

（二）控制的内容

人员、财务、作业、信息、组织绩效等是管理者从事控制工作的主要参考点。

（三）控制的作用

任何组织的活动都需要控制，组织成员需要控制，整个管理系统都需要控制。

第二节　控制的类型与过程

（一）控制的类型

控制的类型多种多样，从不同的角度可以做出不同的分类。前馈控制、现场控制、反馈控制是控制的基本类型。

（二）控制的过程

确立标准，检查实际绩效，纠正偏差。控制是一个连续的过程，它使管理工作成为一个闭路系统。

第三节　控制的方法

（一）传统控制方法

现场观察法、统计数据资料分析法、专题报告分析法、人员控制法。

（二）现代控制方法

程序控制方法、预算控制方法、全面控制方法。

三、考核知识点与考核要求

（一）控制概述

1. 识记：控制的含义，控制的内容。

2. 领会：控制与创新的关系，控制职能与计划职能的联系，控制的作用，人员控制、财务控制的意义，组织绩效是实施控制的根据。

（二）控制的类型与过程

1. 识记：控制的类型划分，前馈控制、现场控制、反馈控制的含义。

2. 领会：前馈控制是一种面向未来的控制，影响前馈控制的因素。现场控制兼有前馈控制和反馈控制两方面的特征。反馈控制不是最好的控制，但却是最为普遍的控制。控制的三个步骤，标准是控制的基础，控制是一个连续的过程。

3. 简单应用：比较前馈控制与反馈控制，分析控制三个步骤的功能。

（三）控制的方法

领会：传统控制方法与现代控制方法。

四、本章重点、难点

本章重点：控制的类型与过程，现代控制方法。

本章难点：现代控制方法。

第三编　管理方法与技术

第十章　系统分析、网络计划与精益管理

一、学习目的与要求

通过本章的学习，了解系统分析的概念与作用，掌握系统分析的内容与过程、系统分析的方法和技术；了解网络计划方法的产生和运用，并认识其在管理中的作用，掌握网络图的绘制，掌握网络图时间参数的计算与关键路线的确定，并领会如何制订最优的计划方案；熟练掌握精益管理的方法与技术。

二、课程内容

第一节　系统分析方法与技术

（一）系统分析的概念与作用

系统分析的概念，系统分析的作用。

（二）系统分析的内容与过程

系统分析的内容：整体分析，结构分析，层次分析，相关分析，环境分析。

系统分析的过程：确定目标，拟订方案，选择可行方案，选择计算准则，应用模型技术，生成要输入的数据，运行和操作模型，分析结果，回馈。

（三）系统分析的方法和技术

系统分析的方法论有三个相互关联的基本范畴：行为研究、价值研究、规范研究。

系统分析的主要技术：系统分析的定性方法；系统分析的定量方法。

第二节　网络计划方法

（一）网络计划方法的产生与运用

甘特图，关键路线法，计划评审技术。

（二）网络计划方法的优点和作用

有利于科学掌握全局；有利于抓住重点和关键；能够最大限度地提高效率；有利于提高预见性；可以更方便地使用现代工具与技术。

（三）网络图的绘制

网络图及其基本概念，工序间基本的相互关系及其表示方法，绘制网络图的规则与方法，绘制网络图的步骤，网络图的简化与合并。

（四）网络图时间参数的计算与关键路线的确定

网络图时间参数的计算，关键路线的确定及工作保证。

（五）制订最优的计划方案

第三节　精益管理方法与技术

（一）精益思想的产生及发展

精益生产方式的形成与发展，精益生产理论化，精益管理方法和工具的广泛运用。

（二）精益思想的基本原则

根据客户需求，重新定义价值；识别价值流，重新制定企业活动；使价值流动起来；依靠客户需求拉动价值流；追求尽善尽美。

（三）精益管理的具体技术和方法

精益生产要严格消除浪费；建立无间断流程，提高总体效益；提倡全过程的高质量，要求“一次做对”；基于顾客需求来拉动生产，而不是通过生产来拉动消费；坚持标准化，同时兼顾工作创新；尊重员工，给员工授权；灵活而有效的团队组织工作；精益供应链；“自我反省”和“现地现物”。

（四）精益管理在我国应用的重要性

三、考核知识点与考核要求

（一）系统分析方法与技术

1. 识记：系统分析的概念，系统分析的内容，系统分析的方法。

2. 领会：系统分析的作用，系统分析的过程及运用，系统分析的定性方法，系统分析的定量方法。

（二）网络计划方法

1. 识记：网络图及其基本概念，工序间基本的相互关系及其表示方法，绘制网络图的规则与方法，网络图时间参数的计算，确定关键路线的方法。

2. 领会：网络计划方法的作用，网络计划方法的优点，绘制网络图的步骤，网络图的简化与合并。

3. 简单应用：网络图的绘制技术。

（三）精益管理方法与技术

1. 识记：精益管理思想的产生与发展。

2. 领会：精益管理思想的基本原则。

3. 综合应用：精益管理的具体技术和方法，精益管理方法技术在我国的应用。

四、本章重点、难点

本章重点：系统分析的方法和技术、网络计划方法的运用、精益管理方法与技术。

本章难点：系统分析的方法和技术、网络计划方法的运用、精益管理方法与技术的运用。

第十一章　目标管理与全面质量管理

一、学习目的和要求

通过本章的学习，了解目标与目标管理的含义和特点，认识目标管理的全过程以及对目标管理的整体评价；掌握全面质量管理的基本内容，熟悉全面质量管理的过程、方法与组织结构。

二、课程内容

第一节　目标管理的含义与特点

（一）目标与目标管理

目标的含义，目标的特点，目标管理的含义，目标管理的实质。

（二）目标管理的特点

民主参与管理，成果导向管理，自我控制管理。

第二节　目标管理的过程

（一）目标的制定

目标的制定标准，目标的制定程序。

（二）目标的实施

授予适度的权限，进行资源的分配，控制目标的实施。

（三）目标实现成果的评价

成果评价的特征，成果评价的内容，成果评价的方法。

（四）目标管理的优点与不足

目标管理的优点，目标管理的不足。

第三节　全面质量管理

（一）全面质量管理的基本内容

全面质量的内涵，全面质量管理的内涵，全面质量管理的指导思想与原则。

（二）全面质量管理的过程与方法

全面质量管理的过程，PDCA 循环的四个阶段与八个步骤，PDCA 循环的特点。

（三）全面质量管理的组织结构

质量管理委员会，综合性的质量管理部门，QC 小组。

三、考核知识点与考核要求

（一）目标管理的含义与特点

1. 识记：目标与目标管理的含义。

2. 领会：目标的特点，目标管理的实质与特点。

（二）目标管理的过程

1. 识记：目标成果评价的含义。

2. 领会：目标的制定标准，目标的制定程序，目标实施的程序，成果评价的特征，成果评价的内容，成果评价的方法，目标管理的优点，目标管理的不足。

3. 简单应用：按照既定的标准与原则制定管理的目标，掌握目标实施与目标成果评价的方法。

（三）全面质量管理

1. 识记：全面质量的内涵，全面质量管理的内涵，PDCA 循环的内涵，三种全面质量管理的组织结构形式。

2. 领会：全面质量管理的思想，全面质量管理的原则，全面质量管理的过程，全面质量管理的特点，三种全面质量管理的组织结构的不同。

3. 综合应用：掌握全面质量管理技术，全面质量管理组织结构的运用。

四、本章重点、难点

本章重点：目标的实施，目标实现成果的评价，全面质量管理的过程与方法。

本章难点：目标的成果评价，全面质量管理的过程与方法。

第十二章　社会调查方法与技术

一、学习目的和要求

通过本章的学习，了解社会调查研究的含义，认识社会调查研究方法的基本概念，熟练掌握抽样调查方法以及各种资料收集的方法，包括问卷法、观察法、文献调查法、访谈法等，提高自身社会调查能力。

二、课程内容

第一节　社会调查方法概述

（一）社会调查概述

社会调查的含义、原则及目的和作用。

（二）社会调查方法的基本概念

社会现象与概念的抽象层次，社会指标，变量，相关关系，命题与假设，资料的信度与效度。

第二节　抽样调查方法

（一）抽样与抽样调查

抽样调查的含义，抽样术语。

（二）概率抽样和非概率抽样

简单随机抽样，等距抽样，分层随机抽样，整群抽样，多阶段抽样，偶遇抽样，判断抽样，配额抽样，滚雪球抽样。

第三节　资料收集方法

（一）问卷法

问卷法的特点及类型，问卷法的结构。

（二）观察法

观察法的概念、种类以及评价，观察法的原则、基本程序以及基本要求。

（三）文献调查法

文献及文献调查法的含义和特点，对文献法的评价，搜索文献的基本要求，查找文献的基本方法。

（四）访问调查法

访问调查法的概念及特点，访问调查法的方法及技巧。

三、考核知识点与考核要求

（一）社会调查方法概述

1. 识记：社会调查的含义。

2. 领会：社会调查的原则、作用，社会调查方法的基本概念。

（二）抽样调查方法

1. 识记：抽样调查的含义，抽样术语，随机抽样及非随机抽样的方式。

2. 综合应用：随机抽样方法。

（三）资料收集方法

1. 识记：问卷法的主要类型，问卷的基本结构，观察法的含义，观察法的基本类型，文献与文献调查的含义，文献法的优缺点，访谈法的含义，访谈法的类型。

2. 领会：问卷法的优点，问卷法的缺陷，观察法的优点与缺点，观察的原则，文献调查法的特点，搜集文献的基本要求，访谈法的特点。

3. 综合应用：问卷设计，观察的基本程序与要求，查找文献的方法，访谈的方法与技巧。

四、本章重点、难点

本章重点：抽样调查方法、资料收集方法。

本章难点：抽样调查方法、资料收集方法的运用。

Ⅳ 关于大纲的说明与考核实施要求

一、课程自学考试大纲的目的和作用

课程自学考试大纲是根据专业自学考试计划的要求，结合自学考试的特点而确定的。其目的是对个人自学、社会助学和课程考试命题进行指导和规定。

课程自学考试大纲明确了课程学习的内容以及深广度，规定了课程自学考试的范围和标准。因此，它是编写自学考试教材和辅导书的依据，是社会助学组织进行自学辅导的依据，是自学者学习教材、掌握课程内容知识范围和程度的依据，也是进行自学考试命题的依据。

二、课程自学考试大纲与教材的关系

课程自学考试大纲是进行学习和考核的依据，教材是学习掌握课程知识的基本内容与范围，教材的内容是大纲所规定的课程知识和内容的扩展与发挥。

三、关于自学教材

指定教材：《现代管理学》，全国高等教育自学考试指导委员会组编，刘熙瑞、杨朝聚主编，中国人民大学出版社，2018 年版。

四、关于自学要求和自学方法的指导

本大纲的课程基本要求是依据专业考试计划和专业培养目标而确定的。课程基本要求还明确了课程的基本内容，以及对基本内容掌握的程度。基本要求中的知识点构成了课程内容的主体部分。因此，课程基本内容掌握程度、课程考核知识点是高等教育自学考试考核的主要内容。

为有效地指导个人自学和社会助学，本大纲已指明了课程的重点和难点，在章节的基本要求中一般也指明了章节内容的重点和难点。

本课程共 6 学分。

（1）在全面系统学习的基础上掌握基本理论、基本知识、基本方法。本课程内容涉及管理学的各个方面，知识范围广泛，各章之间既有联系，又有很大区别，有的具有很强的独立性。自学应考者首先应全面系统地学习各章，记忆应当识记的基本概念、名词，深入理解基本原理，弄懂基本理论和方法的内涵；其次，要认识各章之间的联系，注意区分相近的概念和相类似的问题，并掌握它们之间的联系；最后，在全面系统学习的基础上掌握重点，有目的地深入学习重点章节，但切忌在没有全面学习教材的情况下孤立地去抓重点。

（2）把学习管理学的基本理论与应用管理学的方法结合起来。本课程注重对管理学原理的阐述，自学应考者应在学习现代管理学的同时思考这些理论和方法在管理实际中的应用问题，使管理学的实用性切实落到实处。这就要求自学应考者首先要弄懂管理学的基本理论的科学内涵；其次，要学会正确运用这些理论去分析和解决管理实际中的问题。

（3）树立理论联系实际的学风，结合中国现实的管理状况来学习管理学。学习行政管理专业的自学应考者绝大多数希望在毕业后从事管理工作，因而在学习过程中就要有带着问题学的精神。注重素质训练和分析问题、解决问题能力的提高，切实把课程学习中的理论、知识变成自己的实际能力。

五、对社会助学的要求

社会助学者应根据本大纲规定的课程内容和考核目标，认真钻研指定教材，明确本课程与其他课程不同的特点和学习要求，对自学应考者进行切实有效的辅导，引导他们防止自学中的各种偏向，把握社会助学的正确导向。

要正确处理基础知识和应用能力的关系，努力引导自学应考者将识记、领会同应用联系起来，把基础知识和理论转化为应用能力，在全面辅导的基础上，着重培养和提高自学应考者分析问题和解决问题的能力。

要正确处理重点和一般的关系。课程内容有重点与一般之分，但考试内容是全面的，而且重点与一般是相互联系而不是截然分开的。社会助学者应指导自学应考者全面系统地学习教材，掌握全部课程内容和考核知识点，在此基础上突出重点。总之，要把重点学习同兼顾一般结合起来，切勿孤立地抓重点，更不能猜题、押题。

六、对考核内容的说明

本课程要求考生学习和掌握的知识点内容都作为考核的内容。课程中各章的内容均由若干知识点组成，在自学考试中成为考核知识点。因此，课程自学考试大纲中所规定的考试内容是以分解为考核知识点的方式给出的。由于各知识点在课程中的地位、作用以及知识自身的特点不同，自学考试将对各知识点分别按四个认知（或叫能力）层次确定其考核要求。

在考试之日起6个月前，由全国人民代表大会和国务院颁布或修订的法律、法规都将列入相应课程的考试范围。凡大纲、教材内容与现行法律、法规不符的，应以现行法律法规为准。命题时也会对我国经济建设和科技文化发展的重大方针政策的变化予以体现。

七、关于考试命题的若干规定

本课程的命题考试，应根据本大纲所规定的考试内容和考试目标确定考试范围和考核要求，不得任意扩大或缩小考试范围，提高或降低考核要求。考试命题要覆盖到各章，并适当突出重点章节，体现本课程的内容重点。

本课程在试题中对不同能力层次要求的分数比例一般为：识记占20%；领会占30%；简单应用占30%；综合应用占20%。

试题要合理安排难度结构。试题难易度可分为易、较易、较难、难四个等级。每份试卷中，不同难易度试题的分数比例一般为：易占 20％；较易占 30％；较难占 30％；难占 20％。必须注意，试题的难易度与能力层次不是一个概念，在各能力层次中都会存在不同难度的问题，切勿混淆。

本课程考试试卷采用的题型一般有：单项选择题、多项选择题、判断说明题、简答题、论述题、案例分析题等。各种题型的具体形式可参见“参考样卷”。

V　参考样卷

一、单项选择题（本大题共 25 小题，每小题 1 分，共 25 分。在每小题列出的备选项中只有一项是最符合题目要求的，请将其选出）

1. 把管理职能划分为计划、组织和控制的美国学者是（　　）。

A. 戴维斯　　B. 法约尔　　C. 古立克　　D. 奥唐奈

2. 行为科学可分为早期与后期两大阶段，其中早期行为科学又称（　　）。

A. 一般管理理论　　B. 双因素理论　　C. 科学管理理论　　D. 人际关系论

3. 英国学者查尔斯·巴贝奇认为，要调动劳动者的工作积极性，应采用（　　）。

A. 计时工资制度　　B. 计件工资制度

C. 固定工资加利润分享制度　　D. 差别计件工资制度

4. 老子思想的核心是（　　）。

A. 道　　B. 法　　C. 术　　D. 势

5. 社会系统学派的创始人、美国学者切斯特·巴纳德的重要贡献是提出了（　　）。

A. 权威接受理论　　B. 人际关系论

C. 科层组织理论　　D. 竞争战略理论

6. 具有回溯分析、非零起点、双重优化特点的决策类型是（　　）。

A. 初始决策　　B. 模拟决策　　C. 追踪决策　　D. 非渐进决策

7. 在管理决策中，只有采取“满意准则”，才是更合理、更可行的。提出这一观点的是（　　）。

A. 理性决策模式　　B. 渐进决策模式

C. 权变理论学派　　D. 决策理论学派

8. 传统人事管理的主要任务是（　　）。

A. 满足员工精神需求　　B. 构建良好人际关系

C. 为组织招募人员　　D. 重视人力资源开发

9. 作为一项系统工程，职位分类的第一步是（　　）。

A. 职位描述　　B. 职位调查　　C. 职位规范　　D. 职级划分

10. “不成熟-成熟”理论主张，在管理中选择领导方式应该（　　）。

A. 以“任务”为中心　　B. 以“历史”为中心

C. 以“现实”为中心　　D. 以“未来”为中心

11. “领导者在不同条件下选择不同领导方式，以期达到理想领导效果”的主张属于（　　）。

A. 领导权变理论　　B. 领导作风理论

C. 领导组织理论　　　　　　　　　　D. 领导特质理论

12. 某员工善于做表面文章，喜欢在领导面前表现自己，领导决定对他视而不见、不予理睬。按照强化理论的观点，领导这种做法属于（　　）。

A. 积极强化　　　B. 消极强化　　　C. 惩罚　　　D. 消退

13. 下列表述，符合“波特-劳勒模式”的是（　　）。

A. 个人的努力程度取决于激励力的大小

B. 奖励的价值不以工作绩效为标准

C. 人们对奖励的满意程度与奖励的公平度无关

D. 人们对所得奖励是否满意不影响下次承担目标任务的行为

14. 控制论是研究各类系统的控制和调节的一般规律的科学，其创立者是（　　）。

A. 申农　　　B. 诺伯特·维纳　　　C. 贝塔朗菲　　　D. 哈罗德·孔茨

15. 反馈控制的依据是（　　）。

A. 条件　　　B. 计划　　　C. 结果　　　D. 方案

16. 为防止发生火灾，消防官兵深入仓库检查消防设施及制度执行情况，这种活动属于（　　）。

A. 计划控制　　　B. 现场控制　　　C. 间接控制　　　D. 反馈控制

17. 1958 年美国海军武器局利用网络计划方法来实施（　　）。

A. “北极星”导弹计划　　　　　　B. 宇航登月计划

C. 气象卫星计划　　　　　　　　D. 航母扩编计划

18. 美国人 H. F. 甘特发明的、在管理中用来反映和制订计划的常用工具是（　　）。

A. 网络图　　　B. 方格图　　　C. 横道图　　　D. 决策树

19. 下列选项中属于系统分析的定性方法的是（　　）。

A. 超理性分析　　　B. 对抗分析　　　C. 损益分析　　　D. 马尔可夫分析

20. 为了实现组织既定的目标，而必须具备的要求或命令他人行动和处理问题的一种权力或力量称为（　　）。

A. 准则　　　B. 计划　　　C. 控制　　　D. 权限

21. 美国学者亚历克斯·奥斯本（A. F. Osborn）在 1939 年首次提出的智力激励法，也被称为（　　）。

A. 个人判断决策法　　　　　　B. 直接头脑风暴法

C. 德尔菲法　　　　　　　　　D. 决策树法

22. 头脑风暴会议最中心的环节是（　　）。

A. 专家提出方案　　　　　　　B. 明确议题

C. “热身”活动　　　　　　　D. 确定人选

23. 组织或部门对未来一段时期内组织收支情况的设计是（　　）。

A. 预算　　　B. 审计　　　C. 决算　　　D. 利润

24. 用样本的统计值去推论总体的参数值时，总会存在着偏差，这种偏差就是（　　）。

A. 抽样错误　　　B. 抽样概率　　　C. 抽样误差　　　D. 抽样框

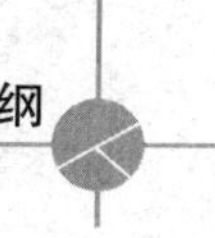

25. 社会调查过程中，用以表示资料的可靠性与真实性的是（　　）。
A. 信度　　B. 效度　　C. 因变量　　D. 自变量

二、多项选择题（本大题共 5 小题，每小题 2 分，共 10 分。在每小题列出的五个备选项中至少有两项是符合题目要求的，请将其选出。错选、多选或少选均无分）

26. 行为改造型激励理论是激励理论的重要组成部分，主要包括（　　）。
A. 斯金纳的强化理论　　B. 马斯洛的需求层次理论
C. 凯利和韦纳的归因理论　　D. 赫茨伯格的双因素理论
E. 麦克利兰的成就需要理论

27. 儒家管理思想的要点包括（　　）。
A. 中庸思想　　B. 人性善论　　C. 德治思想　　D. 民本思想
E. 义利统一思想

28. 美国学者吉赛利认为，影响领导效率的激励特征有（　　）。
A. 对工作稳定性的需要　　B. 对金钱奖励的需要
C. 对指挥权力的需要　　D. 对自我实现的需要
E. 对职业成就的需要

29. 波特在竞争战略理论中提出的企业基本战略有（　　）。
A. 专一化战略　　B. 蓝海战略
C. 差异化战略　　D. 红海战略
E. 成本领先战略

30. 下列属于定量决策方法的有（　　）。
A. 确定型决策方法　　B. 风险型决策方法
C. 不确定型决策方法　　D. 价值分析
E. 超理性分析法

三、判断说明题（本大题共 5 小题，每小题 3 分，共 15 分）

31. 管理学是一门自然属性与社会属性相统一的学科。
判断：
说明：

32. 多维制组织结构模式下，各类产品的产销只能由事业部经理决定。
判断：
说明：

33. 马斯洛的需求层次理论认为，随着年龄增长，人们的低层次需求越来越多。
判断：
说明：

34. 控制具有阶段性，同时具有循环性。
判断：
说明：

35. 简单随机抽样需要保证抽样框的充分性，否则可能会违背随机原则。
判断：

说明：

四、简答题（本大题共 5 小题，每小题 6 分，共 30 分）

36. 简述全面质量管理的内涵。

37. 简述决策咨询系统在决策过程中的任务。

38. 简述职位分类在人事管理中的作用。

39. 简述美国学者埃德加·沙因归纳的“社会人”假设的内容。

40. 简述模拟决策法实施的步骤。

五、论述题（本题 10 分）

41. 结合我国的管理实践，论述领导方式的综合运用。

六、案例分析题（本题 10 分）

42. 案例

2011 年“3·15”晚会披露了××集团下属的××食品有限公司存在的“瘦肉精”问题，引起了关注。××集团股票马上跌停，市值蒸发 100 多亿元。国家开展了有针对性的整治。另一肉类食品公司吸取教训，在专家指导下开展了新的管理活动，拟订了生产的所有食品必须绝对保证“瘦肉精”（盐酸克伦特罗、莱克多巴胺、沙丁胺醇等）为零、其他方面质量分别高于国家标准的一个指标体系。为使这个指标体系更可靠并变成员工积极行动追求的目标，公司发动全体员工对指标体系进行了充分讨论和完善，并分别落实到每一个分公司和采购、屠宰、加工、包装、销售等每一个环节，以及生产流程中的每一个岗位。最后，还落实了严格的监督、检查及保证措施。公司要求，今后的工作，一切都要以这些指标的实现程度来评价，并且要随时检查。实践的结果是，公司每一个成员都自我约束，自觉为达到这些指标而努力。年终评价时，目标全部实现。

分析要求：

（1）指出该公司这项新的管理活动应用了哪一种管理方法，并为其定义。

（2）分析该种管理方法的主要特点。

Ⅵ　参考样卷答案

一、单项选择题（本大题共 25 小题，每小题 1 分，共 25 分）

1. A　2. D　3. C　4. A　5. A　6. C　7. D　8. C　9. B　10. C
11. A　12. D　13. A　14. B　15. C　16. B　17. A　18. C
19. A　20. D　21. B　22. A　23. A　24. C　25. A

二、多项选择题（本大题共 5 小题，每小题 2 分，共 10 分）

26. AC　27. ABCDE　28. ABCDE　29. ACE　30. ABC

三、判断说明题（本大题共 5 小题，每小题 3 分，共 15 分）

31. 判断：正确

说明：管理的两重性，即自然属性和社会属性决定了管理学是一门自然属性与社会属性相统一的学科。

32. 判断：错误

说明：多维制下，各类产品的产销由产品事业部经理、专业参谋部门和地区部门的经理三方共同组成产品事业委员会进行决策，事业部经理不能单独做出决定。

33. 判断：错误

说明：需求层次理论认为，人类需求具有动态性和发展性，随着年龄增长，人们的高层次需求越来越多。

34. 判断：正确

说明：一个完整的管理控制过程由前馈控制、现场控制和反馈控制三个阶段组成，所以具有阶段性；前一个控制过程的反馈又是后一个控制过程的开始，所以具有循环性。

35. 判断：正确

说明：简单随机抽样需要保证抽样框的充分性。如果某些个体被漏掉，它们就丧失了进入样本的机会，就破坏了随机原则。

四、简答题（本大题共 5 小题，每小题 6 分，共 30 分）

36. （1）全体成员参与的管理；（2）以顾客为导向的全过程管理；（3）使用多种科学方法的管理。

37. （1）发现决策问题；（2）参与决策方案的设计、评估和论证；（3）提供决策预测研究。

38. （1）职位分类为人事选拔提供了依据；（2）职位分类增强了人事管理工作的针对性；（3）职位分类促进了人事管理工作的法治化。

39. （1）人们工作的主要动机是社会需要；（2）人们必须从工作的社会关系中去寻找工作的意义；（3）非正式组织的社会影响比正式组织的经济诱因对人有更大的影响力；

(4) 人们期望领导能承认并满足他们的社会需要。

40. (1) 建立模拟模型；(2) 模型的运行；(3) 对模型进行分析。

五、论述题（本题 10 分）

41. (1) 各种领导方式各有特点，综合运用时要注意：

第一，注意发挥各种领导方式的优势；

第二，充分认识各种领导方式的局限性；

第三，系统综合地发挥领导方式的结构优势；

第四，注重榜样示范方式和疏导教育方式的运用。

(2) 结合我国的管理实践展开论述。

六、案例分析题（本题 10 分）

42. (1) 目标管理方法。

所谓目标管理，是指通过参与式的目标设置、实施和评价等活动来管理组织的一种方法。它实质上是一种面向成果的管理。

(2) 其特点是：注重管理实效，是一种成果管理；实行参与制度，是一种民主管理；实行自我控制，是一种自觉管理。

后　　记

《现代管理学自学考试大纲》是根据2017年修订的全国高等教育自学考试行政管理专业考试计划的要求编写的。

本大纲由国家行政学院刘熙瑞教授、郑州大学杨朝聚副教授主持编写，参加大纲起草工作的有：刘熙瑞、杨朝聚、霍海燕（郑州大学）、胡仙芝（国家行政学院）、刘金程［中国矿业大学（北京）］、雷勇（四川师范大学）。

参加本大纲审定工作的有：郑州大学高卫星教授、南京大学孙亚忠教授、河南大学庞洪铸教授。最后由公共管理类专业委员会定稿。

全国高等教育自学考试指导委员会
公共管理类专业委员会
2018年1月

现代管理学

第一编
总论

第一章　管理与管理学

人类的管理实践活动源远流长，在某种意义上，有了人类就有了管理活动。但是，自觉探讨人类的管理活动及其规律并出现管理学只是近一百多年的事情。现代管理学是在总结人类管理经验的基础上，对管理的含义、内容、方式以及管理活动规律的系统研究，是一门独立的、系统的学科体系。本章主要阐述了管理的概念，管理的历史发展，管理在社会发展中的作用，管理学以及现代管理学的基本特征。在此基础上，论述了学习现代管理学的途径和方法。掌握这些内容，是系统学习现代管理学的前提。

第一节　管理概述

一、管理的含义

管理是一种与人类文明共存的社会现象，它存在于社会生活的各个领域，小至家庭，

大至国家。凡是有许多人进行协作的劳动，过程的联系和统一都必然要表现在一个指挥的意志上，表现在各种与局部劳动无关而与全部活动有关的职能上，就像一个乐队要有一个指挥一样。这是一种生产劳动，是每一种结合的生产方式中必须进行的劳动。这说明，管理起源于人类的共同劳动，凡是有人类生活的地方就必然有管理。通过管理，人们的生产、生活和其他活动得以有目的、有秩序地进行。

那么，究竟什么是管理呢？

“管”，我国古代指锁钥，如《左传·僖公三十二年》中说：“郑人使我掌其北门之管”。后引申为管辖、管制之意，体现着权力的归属。

“理”，本意是治玉，如《韩非子·和氏》中说：“王乃使玉人理其璞而得宝焉”。后引申为整治或处理。“管”与“理”二字连用，表示在权力的范围内，对事或物的管束和处理过程。

20世纪以来，随着管理理论的产生和快速发展，管理科学以其惊人的经济与社会效益以及广泛的社会影响吸引了众多人员对之展开研究。学术界给管理下的定义各异，有的甚至区别很大。其中包括：

(1) 把管理看作是对组织资源或要素进行协调以达到目的的活动。比如，管理是“由一个或更多的人来协调他人的活动，以便收到个人单独活动所不能收到的效果而进行的活动”①；管理是“为了完成组织的共同目标而从事的对人、财、物等资源的协调活动”②。

(2) 把管理看作是组织的某一专业职能或综合职能。比如，管理“是一种以绩效责任为基础的专业职能”③；“管理就是决策”④。

(3) 把管理看作是一门艺术。比如，管理是人“对利用自然和人力资源实现目标的指导艺术”⑤；“管理……是艺术的艺术，因为它是智慧的组织者”⑥；等等。

借鉴中外学者对管理概念的认识，我们把管理定义为：在社会活动中，一定的人或组织依据所拥有的权力，通过一系列的职能活动，对人力、物力、财力及其他资源进行协调或处理，以达到预期目标的活动过程。

二、管理的历史发展

管理是人类的一项最基本的社会活动，人类产生之初就有了管理。因为人类以结成一定的社会关系为特征，社会生活离不开协调、配合和控制，也就必然需要管理。

1. *史前人类社会的管理*

史前人类社会，经历了上百万年，其社会组织形态是从氏族发展到胞族再到部落。这三种集团代表着不同程度的血缘亲属关系，它们之中每个都是闭关自守，各管各的事情，

---

① 小詹姆斯·H. 唐纳德等. 管理学基础. 李注流，等，译. 北京：中国人民大学出版社，1982：18.
② 陈子良. 管理通论. 上海：华东师范大学出版社，1989：7.
③ 周三多. 管理学——原理与方法. 上海：复旦大学出版社，1993：9.
④ 西蒙. 管理行为. 杨砾，等，译. 北京：北京经济学院出版社，1988：10.
⑤ 丹尼尔·雷恩. 管理思想的演变. 孙耀君，译. 北京：中国社会科学出版社，1986：9.
⑥ 戴维·R. 汉普顿. 当代管理学. 陈星，等，译. 北京：新华出版社：1986：9.

但是又互相补充。史前人类社会管理的特点可概括为：

（1）习惯化的管理方式。原始社会的公共事务管理，尽管存在着简单化的管理机构，存在人格化的管理权力，但没有任何成文法律和规章，更不存在现代法理意义上的权力。原始社会的公共事务管理，主要依赖于传统习俗来实现。这说明，管理从一开始就具有习惯性，支配人们行动的不仅有理性因素，而且有情感的作用，表现为按习惯处理问题。

（2）原始民主的管理制度。原始氏族的公共事务管理制度主要表现在：一是由氏族成员选举产生的氏族首长管理日常公共事务；二是由氏族成员会议决定重大问题。部落作为高于氏族的社会组织，它的管理制度是：部落成员大会选举部落首领和决定战争与和平之类的重大问题；部落议事会充当管理部落行政事务的最高机关；部落首领则管理部落的日常事务。部落联盟有专门的管理机构，即联盟议事会，这是最高权力机关，由参加该部落联盟的各部落代表组成，负责处理联盟的内部事务。在联盟内部，各部落平等相处，其代表也无任何特权。部落联盟首领的更替与继承采用军事民主制的惯例进行。

（3）简单的管理机构。原始社会的管理机构极其简单，氏族组织是社会制度的基础，部落是高于氏族的社会组织，其公共事务管理也在氏族管理的基础上发展了一步。部落管理还产生了更高一级的管理组织机构，这就是部落联盟和部落议事会。正如恩格斯所说，那时丝毫没有今日这样臃肿复杂的管理机关，没有军队、宪兵和警察，没有贵族、国王、总督、地方官和法官，没有监狱，没有诉讼，而一切都是有条有理的。一切争端和纠纷，都由当事人的全体即氏族或部落来解决，或者由各个氏族相互解决。

（4）人格化的管理权力。原始民主制下，所有社会成员都享有参与公共事务管理的权力，首领的权力来自公共意志，因为他不仅是由全体成员推举产生的，而且也代表了全体成员的共同利益。这就使管理权力人格化，形成一种人格基础上的权威。酋长在氏族内部的权力，是父亲般的、纯粹道德性质的，他手里没有强制的手段，因而权力的作用就只能依赖于人格化，依赖于权威。

（5）单一的公共事务管理。在社会生产力极端落后的条件下，史前人类几乎要用全部力量谋取生活资料，因而管理的具体内容大多数都是与谋取生活资料的生产活动直接相关。这种管理不可能有领域的划分，我们可笼统称之为公共事务管理。

2. 前资本主义的国家管理

国家产生以后，管理发生了质的变化。在资本主义以前，无论是奴隶社会还是封建社会，社会生活的经济、政治和文化等领域的管理，都包括在国家管理之中，国家管理是管理最基本的形式。前资本主义各社会阶段的这种国家管理的特点有：

（1）管理阶层兴起，管理成为政治统治的手段。史前社会管理者与被管理者的区分并不明显，但在阶级和国家产生以后的管理中，却形成了稳定的管理者和被管理者，一些人由于专门从事管理工作而构成管理阶层。这种管理者与被管理者分工的出现是社会分裂为阶级的表现之一，管理成了剥削阶级的特权，成了剥削阶级用来维护其经济利益和政治统治的一种手段。

（2）管理内容趋于复杂，管理权力开始分化。伴随管理阶层的兴起，一方面，国家管

理出现了纵向层次的划分，即从中央到地方有不同级别管理机构和官职的设置。比如，中国的统治阶级中，就有天子、诸侯、卿、大夫的划分；欧洲中世纪有公爵、侯爵、伯爵、男爵的区别。此外，还有相当于近代的省、县、乡的层级和区划。另一方面，阶级社会产生以后，公共事务管理的内容也发生了分化，产生了政权、军权、教权等。不同的权力有其相对独立的一面，这就使权力冲突成为可能。例如，在欧洲漫长的中世纪，教权与王权就曾分立，形成统治阶级内部教权与王权的长期冲突。

(3) 管理制度产生，但在管理中的作用受到限制。前资本主义时期的国家管理虽然仍离不开习惯或不成文的习惯法，但表现出了更加依赖明确的成文规章的倾向。因为国家是属于统治阶级借以实现其共同利益的形式，是该时代的整个市民社会获得集中表现的形式，因此可以得出一个结论：一切共同的规章都是以国家为中介的，都带有政治形式。古巴比伦就有著名的《汉穆拉比法典》，古埃及有刻在石碑上的法律。中国历史上，法律也曾起到相当重要的作用，涌现出一大批主张以法治国的政治家和思想家。出现成文的管理法规，这是管理方式的重大发展，是国家管理与史前管理相比较的又一特点。不过，那时的法制带有很强的“人治”色彩，实施过程中受到了许多限制。

(4) 管理思想提出，但经验管理仍占主导地位。在前资本主义时期，人类的文明已包含了由对管理的认识而形成的管理思想，这是史前所没有的。在中西方古代思想资料中，许多重要文献都是讨论管理问题的。比如，古希腊柏拉图的《理想国》、亚里士多德的《政治学》，中国孔子的《论语》、孙武的《孙子兵法》、司马迁的《史记》等，都对管理问题提出了不少见解。但这些管理思想没有形成比较完备的理论，又存在着严重缺陷，加之传播方面的限制及人们思想观念的局限，不可能发挥太大作用，整个前资本主义时期的国家管理者仍主要依靠自身的经验、感觉、悟性开展管理活动。

3. 资本主义社会的管理

进入资本主义社会后，社会生产力获得了长足发展，加之自然科学及社会科学的进步，管理呈现出新的特征。

(1) 科学管理出现。从意大利“文艺复兴”开始，到资本主义制度在世界范围内确立，人类的思想观念发生了革命性转变。人类认识到与自然的关系，认识到无论是自然还是社会都按其自身的逻辑发展，从而确立了追求科学、追求规律的理念。在管理领域，以泰勒为代表的管理学家以生动的实践证明，通过总结并改进管理方法与管理制度，可以达到提高生产效率的目的。管理科学理论的诞生和广泛运用，以其巨大的经济和社会效益揭开了人类科学管理的序幕。

(2) 实行分权管理。资产阶级革命推翻了封建的集权政治，建立了分权的国家管理体制。西方国家的分权管理，就是把国家权力分为立法权、司法权和行政权。1789 年法国资产阶级革命胜利后颁布的《人权宣言》中明确肯定了分权，1787 年美国制定的宪法中也体现了分权原则。在生产领域，由于机器的广泛采用，社会生产日益专业化，不断分离出新的生产部门和新的工种。在一个生产单位内部，为了提高劳动生产率，提高工人的劳动熟练程度和改进生产技术，劳动分工也日益细密。泰勒倡导的设置计划层、实行职能制原则为生产领域的分权管理提供了理论指导。

(3) 崇尚法制管理。在资本主义三权分立体制下，为了确保各种权力既分立又制衡，既分散又联结，就需要宪法和法律做出具体规定。这样，各部门、单位与职位人员才能遵循法律规范各司其职，在法定的轨道上正常运转。在经济管理领域，为适应社会化大生产的需要，为保证分工日益细密条件下不同工作人员之间行为的协调，也离不开法制的规范作用。

（4）经济管理成为管理的重点。资本主义制度的确立，适应了竞争性的市场经济发展的需要，对经济发展起到了巨大的推动作用。资本主义经济由工场手工业发展到机器大工业之后，形成了社会化的大生产。大工业的社会生产和竞争的加剧，对管理提出了更高的要求，促使管理的重点从国家行政管理转向了生产领域的经济管理。科学管理理论最早产生于工商企业管理中，就是最好证明。

4. 现代管理

第二次世界大战后，世界政治经济趋于稳定，许多国家都在致力于发展民族经济。在管理科学理论的推动下，人类的管理实践活动进入了一个更高更新的历史阶段，即管理的现代阶段。现代管理的基本特征有：

（1）系统化管理。随着社会生产力的发展，人类社会实践活动进一步深入，管理也进入社会生产和生活的各个方面、各个领域，管理对象日趋复杂，管理职能膨胀，从而要求必须全面把握管理系统与所处环境、管理对象的关系，实现系统化管理。系统论的产生并在管理科学中的运用，为系统化管理提供了可能，系统思维成为管理中的主要思维方式。

（2）民主化管理。现代管理以强调民主参与而区别于历史上其他类型的管理。民主管理在实践中表现为：管理组织有通畅的沟通网络，组织成员能充分表达自己的意志，组织领导者尊重下层人员的意见，有完善的民主参与制度，有健全的民主监督和制约机制。这样，它可以保证组织目标的合理确定，保证决策的科学化，满足组织成员较普遍地参与管理的需要，调动他们的工作积极性。

（3）科学化管理。现代管理更强调科学化，表现在管理活动以自然与社会科学理论为基础，以管理科学理论为指导，实现了管理活动程序化和管理工作的精细化。尤其是定量分析手段的运用，使管理决策、计划、组织、协调和控制等活动能够在科学轨道上更精确的运行，使各种管理行为更有针对性、更加有效。

（4）法治化管理。法治化是现代管理的又一显著特点。这种法治化表现在：任何管理组织的存在都必须有法律制度的根据，其管理活动的范围与内容都由法律制度做出界定；任何管理者的产生都必须合乎法制的要求，其权限范围及行使方式都要有法制依据；任何组织成员的言行都只有合乎法律制度才能得到保障；任何违法违制的行为都将受到法律或制度的处治。而这一切又都以人们的法制观念做保障。

（5）以人为本。人是管理活动的主体，也是管理活动的客体。强调发挥人的主体作用，充分调动人的积极性和创造性是现代管理区别于历史上所有管理的又一特征。人本思想的依据是：在各种各样的管理要素中，人的因素、人的主观能动性的发挥最为重要；管理必须做好人的工作，以最大限度地调动其工作积极性和创造性为根本，这是决定管理工作成败的关键。

（6）追求效率。“效率就是生命”“效率是管理的灵魂”“效率是管理活动的出发点和归宿”等已成为当代社会的共识。这些命题告诉我们，人类进入了讲究效率的时代，追求

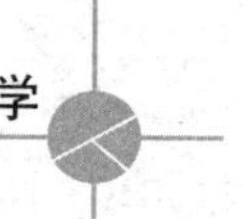

效率构成了现代管理的又一特征。为了促进管理效率持续不断地提高，大批研究人员投入管理科学的研究工作，新的理论和方法不断涌现并运用于管理实践当中；先进的科学技术和管理手段源源不断地进入管理领域并发挥作用；人力资源得以开发利用，管理制度走向健全，管理体制日益完善。

必须指出的是，我们国家在建设社会主义过程中，以马克思主义为指导，将历史唯物主义和辩证唯物主义基本原理运用于管理实践，有很多新的创造，大大丰富了现代管理理论的宝库。其中包括：我党历来强调的民主集中制原则，对科学处理管理者与被管理者的关系具有指导意义；毛泽东同志在领导我国工业化过程中归纳的"鞍钢宪法"，强调"两参一改三结合"，对人民群众当家做主时代建立现代企业管理制度具有实践价值；邓小平同志所强调的责任制，更是现代管理的题中应有之意；习近平总书记提出的"以人民为中心"的思想，则是现代管理的核心要义。总之，我们绝不能一说现代管理，就马上想到西方发达国家的创造，而把我们国家的理论成果抛于脑后。我们社会主义建设中特别是中国特色社会主义建设中的许多成果，绝对是现代管理思想宝库中非常有价值的部分，甚至随时间推移会更显其意义。这是我们学习现代管理时必须牢记的。

三、现代管理领域的划分

现代管理分为公共管理和私人管理两大领域。前者指各类公共组织对国家和社会公共事务的管理，比如公共行政管理、非政府公共组织的管理；后者指社会成员对个人事务和私人领域的自主性、自治性管理，比如家庭管理、私人企业管理、私人事务所管理等。公共领域和私人领域是交融、互动关系，它决定了公共部门与私人部门的界限难以很清晰地划分；加之公共管理与私人管理有许多相似之处，因而不少学者认为，公共管理与私人管理"不存在本质上的差异"①。管理过程学派的鼻祖法约尔之所以强调管理理论的"一般性"，也出于此。但是，以政府为核心的公共管理和私人管理毕竟是两种不同的管理，它们在管理宗旨、主体、依据、对象、过程等方面都有显著差别。

1. 管理宗旨

公共管理的对象是公共事务，任何公共事务的背后都体现和反映着一定的公共利益，因此，维护、分配和增进公共利益便成为公共管理的宗旨。一方面，公共管理主体必须以公共需求为导向，以公共需求的实际满足度和感受度为绩效衡量标准，切实履行公共责任。这既是公共管理"公共性"的重要体现，也是公共管理合法性的基石。正因为如此，人们不仅关注"作为公共利益代表者和维护者的政府，如何才能对公共事务进行有效的管理"，而且关注"怎样才能从政府那里得到他们所需要的东西"②。另一方面，社会利益是多元的，利益冲突时常发生，因此，公共部门需要在多元的、相互冲突的利益要求中做出平衡和抉择。

私人管理以营利为目的，以利润为导向，私人部门或组织只有获取利润才能生存和发

---

① 张成福，党秀云．公共管理学．北京：中国人民大学出版社，2002：12．

② 刘熙瑞．中国公共管理．北京：中共中央党校出版社，2005：44．

展。私人管理追求的是个人利益的最大化，保证利润是私人管理活动的主线。当然，在健全完善的市场机制下，一切损害整体利益和他人利益的经济活动，都将受到国家和社会的制裁和打击。

2. 管理主体

公共管理主体广泛，且呈扩展趋势，它不仅包括居于核心地位的政府，还包括各类非政府公共组织，有的场合还有个体参加。公共管理主体系统中，广义的政府无论是在提供宪法、法制、政策以及需要运用强制性权力的管制性公共事务领域，还是在非政府公共组织无力承担或不愿承担的公共服务领域都发挥着核心作用；政府机构之间、政府与非政府公共组织之间、非政府公共组织之间，政府、非政府公共组织与公民之间，构成了一个互动化、网络化的运行结构；公共管理主体与公民社会构筑起相互依赖、相互合作的伙伴关系。

私人管理的主体简单而清晰，或为个人（厂长、经理、董事长），或为从属于私人的组织机构（公司、企业）。产权明确、以追求利润为目的的属性决定了私人管理一般意义上只提供私人产品，其活动具有鲜明的市场特征，因而管理主体也更容易清晰地显露出来。

3. 管理依据

公共管理的依据是国家的法律规范和依法律规范授予的公共权力、委托权力。公共管理是在国家法制框架下进行的，本质上是国家的活动。公共管理的职权范围、管理方式、管理程序以及管理者的管理资格均由法制约束。一方面，公共管理主体必须依法办事，承担相应的责任；另一方面，公共管理本身具有强制性，当其他组织或人员违反国家法制规范时，可以在职权范围内依法采取强制性处理措施。

在国家法律制度许可的范围内，私人管理依据的是私人权力和市场权威。相对于公共管理严格受法制规范的支配而言，私人管理在遵循契约自由的条件下，享有高度的自治权或一定的自由裁量权。私人管理中的权威属非政治性权威，可称之为市场权威或经济权威。这种权威并非国家法制所授予，而是源于经济权力、市场力量，与国家的强制力是两回事。

4. 管理对象

公共管理以公共领域为对象。公共管理承担着为一定共同体成员提供普遍需求的公共物品和公共服务的职责，这一方面要求明确公共管理的职能定位，坚持私人领域自治优先原则，不干预私人领域的自主事务。另一方面，公共管理的绩效应以对公共事务的有效治理为评价尺度，突出外部导向和以结果为中心的管理理念，以有效利用社会资源增进社会公共福利。

私人管理以私人领域为对象。主要表现为对经济组织的商业活动、会计活动、财务活动、技术活动、安全活动的管理以及计划、组织、指挥、协调、控制等各项职能活动。私人管理以市场为导向，强调平等竞争，追求利润最大化。

5. 管理过程

现代公共管理的过程充满政治气氛，受制于周密的政治安排，比如依法行政、行使民主权利、加强监督、阳光政府、服务型政府等。一般来说，政治民主的国家更加注重政治权威的分化与制衡，强调层级体系的建设，也毫无例外地处于各种政治力量监督之下。公共管理常常处于政党与立法、司法、行政乃至各利益集团等相互作用的复杂关系中。

私人管理享有较为充分的自主权、自治权，是相对封闭的管理，常有“商业机密”

“技术安全”等领域。其管理过程虽然也受到外在各种权威的影响，受到政治环境的制约，但这种影响和制约与公共管理无可比拟。

四、管理在社会发展中的作用

现代条件下，管理的功能不断发展和完善，管理的社会作用得到了充分展现，在社会生产和生活的一切领域，我们都可以看到管理的巨大作用。

1. 管理是维系人类正常社会生活的条件

人类一切有组织的社会生活都离不开管理。早在原始社会，人类就懂得了组织的必要。有组织就有管理，因为组织的存在需要协调内部成员的活动，决定成员共同遵守的纪律并处理违纪成员。在原始社会，表现为决定对杀害本氏族成员的外氏族是否实行血族复仇，是否接收外氏族人加入本氏族等。随着人类社会文明程度的提高，人们交往的增加，生产和生活的社会化程度越来越高，管理也就越来越重要了。恩格斯在讲到国家的产生时说过：“国家是社会在一定发展阶段上的产物；国家是承认：这个社会陷入了不可解决的自我矛盾，分裂为不可调和的对立面而又无力摆脱这些对立面。而为了使这些对立面，这些经济利益互相冲突的阶级，不致在无谓的斗争中把自己和社会消灭，就需要有一种表面上驾于社会之上的力量，这种力量应当缓和冲突，把冲突保持在‘秩序’的范围以内；这……就是国家。”① 可见国家对维系社会存在的必要作用。而国家的作用，除去其阶级统治的一面外，实际上就表现为一种社会管理职能。

2. 管理是社会资源有效配置的手段

任何社会活动都离不开相应资源的支持，人力、物力、财力等资源是一切活动赖以开展的基础。而管理，正是通过有效配置资源并使其充分发挥作用，以实现社会的目的。在某种意义上，管理是资源配置最基本的手段，科学管理是合理配置资源的保障。管理越科学，就越能挖掘资源潜力，就越能发挥资源的作用。“人尽其才，物尽其用，货畅其流”，均离不开科学管理。相反，不科学的管理，必然使各种资源大量浪费，失去其应有的作用。现代条件下，人类活动的规模越来越大，一项活动的开展可能动用数以万计人员，动用上亿资金和数千万吨物材，管理的作用就更加突出。再者，现代生产是社会化大生产，分工细密，专业化水准空前提高，又广泛采用现代科学技术、复杂的机器和机器体系，这意味着每一件产品可能要通过几十人、几百人甚至几千人的共同努力才能完成。这些人互相之间可能根本就不认识，也许还生活在不同的国家。他们之所以能够密切合作，正是由于存在着有效的管理。

3. 管理是社会生产力实现的基础

管理在社会发展中的作用，主要体现在它能使社会生产力实现。在现代社会，管理已经贯穿于生产力的具体结构中，是社会生产力实现不可缺少的条件。首先，管理影响着生产力的存在状态。一定社会都有其相应水平的生产力，但这一生产力在不同管理条件下，其存在状态不同，有时被压抑，有时被解放。这主要取决于管理。从宏观上说，有国家的

① 马克思，恩格斯. 马克思恩格斯选集：第4卷. 北京：人民出版社，2012：186-187.

管理体制；从微观上说，有具体单位的各种管理制度和管理人员的行为。其次，管理规定着生产力的实现程度。生产力的实现必须借助于管理，科学管理是充分发挥生产力作用的前提。一方面，生产力作用的发挥离不开科学的方针政策，离不开完善的法制规范，这就需要管理。另一方面，没有具体的生产组织管理，生产力不可能自动实现；而生产过程若组织得不严密、不科学，生产力就不可能充分实现。国家对社会宏观生产的组织管理如此，企业对微观生产的组织管理亦如此。

4. 管理是社会生产力发展的保证

生产力总是要发展的，现代社会生产力的发展取决于整个社会科学技术的发展水平和民族素质的提高。其标志是，具有新的素质的人掌握新的设备、运用新的操作方式进行新的生产。而科学技术的发展和人的素质的提高，又与社会的文化教育事业和科学研究直接相关。这就有一个管理问题，即怎样正确处理各项事业的关系，合理使用科研与教育资金，以及理顺科研与教育体制，做好科研与教育单位内部的组织管理等。具体来讲，管理能否促进社会生产力的发展，取决于管理所确定的组织目标是否正确，取决于管理对生产力诸要素的配置组合是否合理，取决于管理对组织活动过程的调控是否及时和恰当。

5. 管理能创造一种新的生产力

亚当·斯密早就指出，组成集体的一群人的共同行动的效果，比每个人单独行动时的总和效果要大。显然，这种共同行动中包含着分工与协作的管理活动。对此，马克思论述得更加明确。他曾深刻指出："结合劳动的效果要么是单个人劳动根本不可能达到的，要么只能在长得多的时间内，或者只能在很小的规模上达到。这里的问题不仅是通过协作提高了个人生产力，而且是创造了一种生产力，这种生产力本身必然是集体力。"① 马克思还指出，除了许多力量融合为一个总的力量而产生的新力量之外，"在大多数生产劳动中，单是社会接触就会引起竞争心和特有的精力振奋，从而提高每个人的个人工作效率。因此，12 个人在一个 144 个工时的共同工作日中提供的总产品，比 12 个单干的劳动者每人劳动 12 小时或者一个劳动者连续劳动 12 天所提供的总产品要多得多"②。人们正是看到了协作中会有这种产生新的生产能力的现象，才特别重视协作问题。有人把这种集体活动所取得的附加效益，称为"集体活动的组织效果"③。这实际上正是管理的结果。

第二节　管理学和现代管理学

一、管理学的研究对象

管理学是专门研究管理活动及其基本规律和一般方法的科学。作为一门独立的学科，管理学把与管理活动密切相关的生产力、生产关系与上层建筑等方面的问题作为研究对象。

① 马克思. 资本论：第 1 卷. 北京：人民出版社，2004：378.

② 马克思. 资本论：第 1 卷. 北京：人民出版社，2004：379.

③ F. X. 波波夫. 管理理论问题. 徐眉君，等，译. 北京：中国社会科学出版社，1983：6.

1. 研究生产力方面的问题

管理学主要研究如何合理高效地协调和使用管理组织的人、财、物等资源，以实现预期的目标，包括对各种资源在使用中的计划、组织、协调、控制等问题。

2. 研究生产关系方面的问题

管理学主要研究如何正确处理管理活动中人与人之间的关系，包括管理者与被管理者之间的关系问题。与之相关的还有管理组织与其他组织之间的关系，管理组织与其成员之间的关系等。

3. 研究上层建筑方面的问题

管理学主要研究管理组织在追求经济效益的同时，如何注重社会效益，促进社会文明全面进步，促进组织的民主建设，使组织成员得到全面发展；研究如何根据国家和社会的要求，建立合理的管理体制，制定健全完善的规章制度，促进管理组织系统的改革，培养和发展具有自身特色的组织文化，以维护社会生产关系，促进社会生产力的发展。

二、管理学的学科特征

管理学作为一门新兴的、独立的学科，经历了一百多年的发展历程，在广泛吸收其他学科的科学成就的基础上，形成了自己的特色，有着自己的特征。

1. 管理学是一门理论性与应用性相统一的学科

管理学作为一门科学，具有其他学科所共有的基本特征，这就是：管理学具有特定的研究范围和研究对象；具有一系列含义清楚明确的基本概念，具有经过实践检验证明有普遍指导意义的原理和原则；有一套完整且严密的理论体系。用一句话概括，即管理学具有理论性。

管理学又是一门应用性学科，它必须时刻和实践紧密结合起来。首先，它的知识来源于人们的管理实践，是人们管理经验的概括和总结。没有管理实践，它就成了无源之水、无本之木。其次，管理学的知识必须运用到实践中去才有价值，否则，它就失去了存在的意义。再次，管理学知识和理论是否正确，归根到底要接受实践的检验。因为任何看似正确的管理理论，到实践中是否一定有效，并不是确知的；而某些看似不正确的管理理论，到实践中是否一定无效，也必须要经过验证。即使原来正确的管理理论，在新环境中能否继续有效，也还需要再作检验。实践对管理学产生、存在和发展的这种决定作用，构成了管理学的应用性。

2. 管理学是一门定性和定量相统一的学科

管理学应该而且能够广泛运用数学知识，凭借多种数学运算和建立数学模型，以实现其更高程度的科学化与精确化。马克思主义经典作家曾不止一次地提出，对社会现象和过程的研究必须达到自然科学的准确程度，并指出了自然科学和数学对社会科学影响的增长。马克思甚至预言，任何一门学科“只有当它利用了数学的时候，它才达到了完善的程度”①。管理学在其发展过程中，正是经历着这样一条道路。现代管理学借用了数学的各

① 拉法格，李卜克内西. 回忆马克思. 北京：人民出版社，1954：6.

种知识和方法，构成了管理学定量化的一面。

另一方面，我们必须看到，管理学所涉及的众多因素中，人占据了举足轻重的地位，而人的因素，具有非常大的不确定性，它有许多不能量化的东西。因此，很多时候只能进行定性分析，采用价值判断的方法。另外，管理涉及的因素，有些是现实的，有些是未来的。即使是现实的，有些已显露出来，有些则被掩盖着。管理者不可能把它们无一遗漏地全部考虑到，更不可能把它们的关系全部数量化。因而，只能用定性分析来加以弥补。

3. 管理学是一门软科学

软科学是和硬科学相对而言的，借用了计算机科学中软件与硬件两个术语。计算机科学中把计算机主机及其外围设备称为硬件，而把有关计算机应用的技术及其程序系统称为软件。计算机硬件功能的发挥取决于软件功能的多少与优劣。

管理与计算机相类似，如果把管理组织中的人、财、物力资源看作是硬件，那么管理活动本身就是软件。有效地利用各种资源，以较少的投入或消耗争取较大的经济和社会效益正是管理的任务。这是把管理学看成是软科学的第一个原因。另外，管理本身不能直接创造价值，它必须借助于被管理者及其他各种条件，并通过他们来体现或实现管理的价值。而且，管理所创造的价值很难被明确地独立地划分出来，因而它总是一个模糊概念。这是把管理学看成是软科学的第二个原因。通过管理提高效益，需要一个时间过程，而且不易定论。一项管理措施或管理思想在没有实施或运用之前人们会持有不同甚至相反的观点，会做出不同的评价，有的甚至在实施或运用了相当长时间后，其效果如何还难明确。这是把管理学看成是软科学的又一原因。

4. 管理学具有鲜明的时代特征

在人类历史长河中，世界各民族为了生存和发展，时时刻刻都在组织着生产活动，并注重对生产活动的研究。正是人类社会的生产活动，使人类历史具有连续性。在不同的时代，人类社会的生产活动由于各种因素的作用而具有阶段性特征。具体地说，人类社会的生产活动经历了个体生产协作阶段、作坊手工业协作阶段、大工业人-机协作阶段和现代化大生产协作阶段。与这种阶段性的社会生产相适应，客观上要求管理活动不断变革，于是就有了不同历史阶段的管理，在思想、内容、性质、方法和手段等方面，都体现出鲜明的时代特色。

以管理活动为研究对象的现代管理学，只有紧跟时代的步伐，针对社会生产力、生产关系及社会制度等方面业已发生的变革，努力揭示现代管理规律、反映未来管理趋势，构建具有鲜明时代特征的学科知识体系，才能适应现实生产力发展的要求。

5. 管理学是一门自然属性与社会属性相统一的学科

任何社会生产都是在一定的生产方式下进行的，生产过程具有两重性质，即物质资料的再生产和生产关系的再生产。因此，对生产过程的管理也存在两重性：一是与社会生产力相联系的自然属性，也称生产力属性；二是与社会生产关系相联系的社会属性，也称生产关系属性。马克思在分析资本主义社会的生产管理时曾经指出："……生产过程本身具有二重性：一方面是制造产品的社会劳动过程，另一方面是资本的价值增殖过程……"①

① 马克思，恩格斯. 马克思恩格斯选集：第2卷. 北京：人民出版社，2012：208.

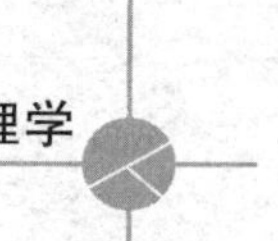

从本质上看，资本主义制度下的管理，不仅表现为一种由社会劳动过程的性质产生并属于社会劳动过程的特殊职能，同时也表现为一种由剥削者和它所剥削对象之间不可避免的对抗产生并服务于剥削者的控制职能。

正确理解管理的两重性质：一方面要学习、借鉴发达国家先进的管理经验和方法，促进我国管理水平的提高；另一方面，要充分认识我们的国情条件，探索建立具有中国特色的社会主义管理体系和管理科学体系。

三、现代管理学及其特征

现代管理学是在总结管理发展历史经验和借鉴传统管理理论的基础上，综合运用现代社会科学、自然科学和技术科学所提供的理论和方法，研究现代条件下进行的各种管理活动的基本规律和一般方法的学问。与传统管理学相比，现代管理学具有新的特点。

1. 变革性

毫无疑问，现代管理学是传统管理学的继承和发展。由于现代人类社会实践活动的广泛性和复杂性，社会化大生产条件下的管理活动对现代管理学提出了更高的要求，使现代管理学不能局限于一般意义上的“继承”，而要更加注重变革。这种变革包括对传统管理学学科框架、理论内容、管理方法的变革。随着社会化大生产程度的不断提高，科学技术的进一步发展，现代管理学变革的速度必将呈现出加快的趋势。

2. 开放性

为总结概括现代管理活动的基本规律和一般方法，为提高管理效率，现代管理学的开放性日益明显，开放程度不断提高。具体表现在：广泛吸收当代人类文明成果，包括当代社会科学、自然科学和技术科学的优秀成果，这为现代管理学的发展提供了新的血液；社会各行业、各领域的理论与实际工作者纷纷加入管理科学研究行列，使现代管理学的研究队伍空前扩大，充满生机；世界各民族、各国家围绕管理实践中遇到的共同问题，配合行动，密切合作，加强学术交流，使现代管理学理论具有更强的适应性。

3. 严密性

与传统管理学相比，现代管理学从逻辑体系到理论内容都更加严密。具体表现在：对学科基本概念的界定更加准确、清晰，表述更加简洁；学科体系趋于完善，结构安排更加合理，为管理科学的进一步发展创造了前提；学科理论走向成熟，理论与实践的结合更加密切。严密性标志着管理科学在当代发生了质的飞跃，进入了一个新的发展阶段。

4. 实用性

现代管理学更强调实用性，其实用价值亦被社会所广泛接受。这种实用性表现在：现代管理学的研究重点随管理实践面临问题的变化而不断转移，使现代管理学研究立足于现实，有的放矢。比如当代对人力资源开发、管理创新、参与式管理等问题的研究与突破。研究方法上在强调定性研究的同时，充分肯定定量研究的必要性，并不断运用当代科学技术成果，尤其是自然科学成果，加大定量研究的力度。如对决策、计划、项目管理、精细管理、调查研究及人员培训、考核和监督等问题的定量研究，都大大拓展了它的实用性。

现代管理学强调管理理论源于实践的同时，更强调它必须反作用于实践，也只有在实践中才能受到检验并得到进一步完善。

四、现代管理学的研究内容

现代管理学的研究内容是在实践中不断发展的，它会随着社会进步、科技创新与生产力发展而有所调整。以下内容是现代管理理论必须关注的。

1. 关于管理、管理学和现代管理学的基本问题

主要包括管理、管理学、现代管理学概念的界定；管理的产生、发展及作用；管理学和现代管理学的学科特征；学习现代管理学的途径与方法；管理理论的历史发展等。这是现代管理学研究的出发点和基础知识。

2. 关于管理职能的基本问题

管理要通过一系列的职能活动并发挥相应的职能作用而达到目的。管理的基本职能有哪些？美国学者戴维斯认为，管理职能可划分为计划、组织和控制；法国管理学家法约尔则认为，管理职能应划分为计划、组织、指挥、协调和控制；美国管理学家孔茨和奥唐奈把管理职能划分为计划、组织、用人、领导和控制；美国公共管理大师古立克则提出了著名的“七职能论”（POSDCORB），即管理职能包括计划、组织、人事、指挥、协调、报告和预算。综合考虑，管理职能中的决策、组织、人事、领导、激励、协调和控制似乎更重要，应该逐一分析。对管理职能的概括、总结、探讨是现代管理学研究最为基本的内容。

3. 关于管理方法与技术的基本问题

管理方法与技术是管理理论、管理原则的具体化和落实，是实现管理目标的手段，任何管理都必须借助于一定的方法和技术。管理方法和技术种类繁多，而且随着科学技术的快速发展，管理的新方法、新技术不断产生。一般来说，管理的方法与技术包括管理的基本手段，比如经济手段、法律手段、行政手段、教育手段等；管理程序，比如计划程序、决策程序、预测程序、控制程序、协调程序等；具体管理方法与技术，比如网络规划技术、精细管理技术、电子计算机技术、社会调查研究的方法与技术、目标管理与全面质量管理的方法与技术等。这些我们都应给予关注。

第三节　学习现代管理学的途径与方法

一、学习现代管理学的途径

从我国的实际情况出发，学习现代管理学的途径可概括为：以马克思主义的辩证唯物主义和历史唯物主义为指导，广泛分析和借鉴国外的管理经验和管理理论，充分认识我国的国情，系统掌握相关的基础知识，建立具有中国特色的现代管理学体系。

1. 以马克思主义辩证唯物主义和历史唯物主义为指导是学习现代管理学的基本前提

马克思主义是一个完整的理论体系，它是在批判地继承人类优秀文化遗产的基础上创立的。马克思主义既是无产阶级科学的世界观，又是无产阶级和人民群众完整的方法论。马克思主义辩证唯物主义和历史唯物主义的基本原理，对于我们研究管理学具有根本的指导意义。关于生产力与生产关系、经济基础与上层建筑相互关系的原理，物质和意识相互关系的原理，人的主观能动性与客观规律相互关系的原理，领导者与人民群众相互关系的原理，分权与集权、自由和纪律相互关系的原理，等等，对我们学习现代管理学都具有根本的指导作用。马克思主义唯物辩证法更是现代管理思想和方法的基础。现代管理讲系统理论，而其中的思想内容，在马克思主义中早有论述。唯物辩证法反复强调事物之间的普遍联系，事物永远处于不断发展变化之中等思想，与系统理论的核心内容完全一致。以至于某些西方学者也不得不承认，系统理论是唯物辩证法的具体表现。

新中国成立后，我们在社会主义建设特别是改革开放的事业中，坚持以马克思列宁主义、毛泽东思想、邓小平理论、“三个代表”重要思想、科学发展观为指导，坚持解放思想、实事求是、与时俱进、求真务实，坚持辩证唯物主义和历史唯物主义，取得了辉煌的成就。其中，对现代管理思想发展和创新的贡献是不容忽视的。而在此基础上形成的习近平新时代中国特色社会主义思想，更是当代中国的马克思主义，是建设中国特色社会主义的伟大旗帜。它对我们学习研究现代管理学，建立具有中国特色的现代管理学理论体系，自然有着更广泛、更直接的指导作用。

2. 一切从实际出发，充分认识我国的国情是学习现代管理学的立脚点

这里所说的国情，最重要的有两个方面：一是我们国家的经济文化发展水平和民族文化传统；二是我们自己在管理领域已经做了哪些工作，取得了哪些成绩，有哪些经验需要总结，有哪些教训可资借鉴。

我们自己有着特定的经济文化发展水平，这是我们管理的出发点，对此必须予以充分重视。同样，中华民族有着源远流长的文明史，它形成了极为丰富的传统文化体系，包括存在于人民之中优秀的传统文化内涵。尽管封建统治者倡导的文化体系即儒家文化体系有扼杀人的个性、束缚人的创造精神的一面，但同时也有崇尚集体观念，有利于促进社会统一和谐、发挥整体优势的一面。按现代管理的系统思想来说，发挥系统整体优势、协调各要素的关系、调动各要素的积极性是始终追求的目标。这一思想与儒家思想有内在的一致性。因此，我们要特别重视民族文化中的有用因素，发扬光大，并使之与现代管理条件紧密结合起来。

多年来，西方的一些开明之士认识到了中国古代文化的博大精深，开始潜心研究中国传统文化。美国宾夕法尼亚大学席文教授是世界著名的中国科学史专家，他早在 20 世纪 80 年代初就明确提出要摒弃“欧洲文化中心论”，主张用一种整体的、综合的观念来对中国传统文化进行研究。[①] 现在我们国家提出文化自信，就包括了对古代文化中许多有益成分的自信。本书专设一章研究我国古代管理思想，其本意也在于此。

国情的另一方面，就是中国共产党已领导中华民族奋斗了 90 多年，做了很多开创性

① 刘熙瑞．现代管理学基础．北京：高等教育出版社，1995：18.

工作，形成了有自己特点的管理思想，甚至培育出了新的社会主义管理文化。尤其需要指出的是，改革开放以来，我党领导人民在社会主义现代化建设中取得了举世瞩目的成就，许多方面都值得我们总结提高。就管理领域来说，国家宏观调控措施的选择和运用、经济手段的综合运用、中央与地方权力的合理划分、管理职能的转变、人事制度的改革、管理组织的调整、现代企业制度的建设等都很有成效。这些管理实践活动是国情的重要组成部分，是我们学习现代管理学，建立具有中国特色现代管理学体系的出发点之一。

3. 分析和借鉴国外的有关管理理论是学习现代管理学的重要条件

众所周知，管理学首先产生于西方资本主义国家，并经历了几个历史发展阶段。近百年来，诸多资产阶级理论工作者和实际工作者投入对管理科学的研究，各自做出了不同的贡献，也涌现出一大批管理名家。正是他们的工作，促使管理理论快速发展并在管理实践中得以广泛运用，大大提高了企业、事业单位及其他社会组织的管理水平，取得了明显的社会和经济效益，为人类文明的进步做出了贡献。我们应该看到的是，资本主义制度下的管理实践与管理理论，一方面是维护资本主义制度、维护资产阶级利益的工具，另一方面也反映了现代化大生产的客观要求。正如列宁在谈到泰勒制时所说，泰勒制同资本主义其他一切进步的东西一样，有两个方面，一方面是资产阶级剥削的最巧妙的残酷手段，另一方面是一系列的最丰富的科学成就。① 因此，我们学习管理学，借鉴西方的管理经验与管理理论，首先要注意到资本主义管理的社会属性，对其维护资产阶级统治和利益的一面要予以分析批判。但对那些反映社会化大生产客观规律要求的内容，完全可以借鉴过来，为我所用。对此，列宁也曾做过精辟的论述："有人……说，不向资产阶级学习也可以建成社会主义，我认为，这是中非洲居民的心理。我们不能设想，除了以庞大的资本主义文化所获得的一切经验为基础的社会主义以外，还有别的什么社会主义。"② 正是在这种思想指导下，他极力主张要在俄国研究与传授泰勒制，有系统地试行泰勒制，并使它适应于俄国的条件。③ 他还主张派几个有学问的、切实可靠的人到法国或英国去搜集有关行政管理的书籍（在当时条件下，不可能派人去美国或加拿大）。邓小平同志早在改革开放之初就告诫全党和全国人民："中国在历史上对世界有过贡献，但是长期停滞，发展很慢。现在是我们向世界先进国家学习的时候了。"④

4. 掌握相关学科的基本知识是系统学习现代管理学的保证

系统学习现代管理学，需要掌握马克思主义的基本原理，用马克思主义的世界观和方法论去分析认识各项管理活动与管理现象，借鉴吸收管理思想与管理理论；需要掌握现代政治学的基本原理，以民主与科学的态度对待管理问题；需要掌握法学基本理论，从法治化的要求出发研究管理的规范化；需要掌握电子计算机技术、网络技术，因为在信息时代，电子计算机已成为普遍的管理手段，"电脑将普及整个工作世界"；需要掌握数学知识，尤其是应用数学知识，近年来的实践告诉我们，管理的定量分析被越来越广泛地使用，调查研究离不开数理知识，决策离不开定量分析，财务、统计、考核、监测更涉及各

---

① 列宁. 列宁全集：第27卷. 北京：人民出版社，1959：237.

② 同①：285.

③ 同①.

④ 邓小平. 邓小平文选：第2卷. 北京：人民出版社，1994：132.

种数据……总之，学习现代管理学应具备全面的知识结构，不仅要有一般的文化知识，而且要有一定的专业知识；不仅要有社会科学知识，而且要有自然科学知识；既要具备定性分析能力，还要掌握定量分析方法。

二、学习现代管理学的具体方法

学习现代管理学是提高管理实践水平的重要途径。如何学习以及怎样在学习中达到事半功倍的效果，是学习者普遍关注的问题。这里介绍几种学习方法，以供学习者参考。

1. 比较研究法

比较研究法是通过对不同管理理论或管理方法异同点的研究，总结其优劣以借鉴或归纳出具有普遍指导意义的管理规律的方法。比如，对不同社会制度或不同管理体制下的管理加以比较研究；对不同历史条件下、不同生产力水平下的管理加以比较研究；对不同文化背景、不同文化水平条件下的管理加以比较研究；等等。

2. 定量分析法

定量分析法是运用自然科学知识，把握管理活动与管理现象内在的数量关系，通过数量来研究和分析其规律的方法。任何事物都兼有质与量的规定性，管理也不例外。对管理问题展开定量分析，既是管理实践的客观要求，又是管理走向科学化、精细化的必经之路。

3. 历史研究法

历史研究法是对前人的管理实践、管理思想和管理理论予以总结概括，从中找出带有规律性的东西，实现古为今用的方法。这种研究方法运用的结果就形成了人类管理思想产生与发展的历史。

4. 案例研究法

案例研究法是通过对现实中发生的典型管理事例进行整理并展开系统分析，从中把握不同情况下处理问题的不同手段，以达到掌握管理原理、提高管理技能的方法。案例研究中所整理并分析的案例都是典型的事件，具有生动性、具体性，因而能够调动学习者的学习积极性，引导学习者独立思考，不失为一种好的学习方法。

5. 理论联系实际的方法

即把现成的管理理论与管理方法运用到实践中去，通过实践检验这些理论与方法的正确性与可行性，并在实践中不断概括总结新的理论与方法。我国的管理学还处于建设时期，要从国情出发，建设具有中国特色的现代管理学体系，运用这一方法尤显重要。

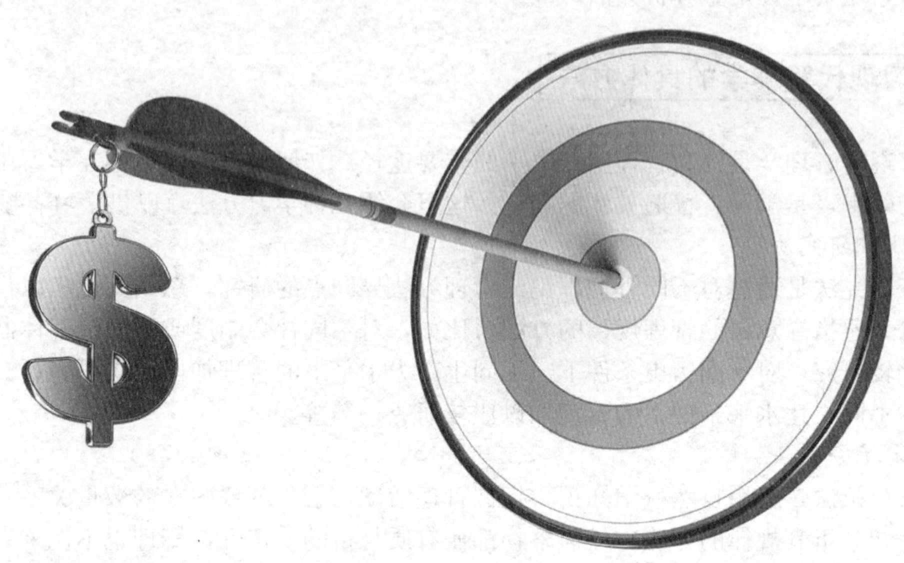

第二章　管理思想的产生和发展

管理是人类有意识的社会活动。人类社会有了管理活动，也就有了管理思想的萌芽。随着人类社会管理实践的发展和日益成熟，管理理论也经历了从产生、发展到逐渐成熟的历程，而且对人类社会管理实践的指导作用亦日益突出，显示出巨大的生命力。本章主要阐述：管理思想的产生，近代管理理论的先驱者，古典管理理论，行为科学理论，现代管理理论等内容。通过这些方面的论述，以期达到全面了解管理理论的形成和发展，进而深入研究现代管理理论的目的。

第一节　前管理学时期的管理思想

一、管理思想的产生

管理是人类社会特有的现象，有了人类社会，也就有了管理。管理又是一种有意识的

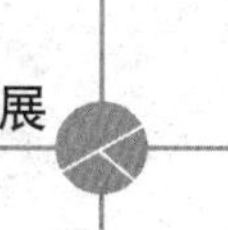

社会活动，因此，当人类社会进行管理活动时，必然有着一定的管理思想与之相伴随。原始社会是管理思想的萌芽阶段，其主要内容有：按人的自然属性和各成员的特殊兴趣与能力进行分工，即简单的自然劳动分工思想；在采集食物、狩猎、防御敌害等活动中互相协作，即朴素的劳动协作思想；为了更好地在原始氏族成员间进行收获物的分配而建立起原始氏族组织，即原始的组织思想。当然，原始社会条件下的管理思想极其朴素，带有很大的自发性，它往往与从事管理活动的个人联系在一起，是一种偶然出现的现象，随着这种思想主体的消失而消失。因为这些思想不是自觉的、经过学习获得的，所以缺乏连续性。

随着人类社会的发展，管理思想渐趋形成。世界各大文明发祥地都有着令人叹为观止的管理奇迹，在这些奇迹中蕴含着丰富的管理思想。

1. 行政管理思想

行政管理思想是人类管理思想史上发展最早也最全面的成果之一。在这方面，古巴比伦王国就有了较为成熟的管理形式，具体表现就是制定了有名的《汉穆拉比法典》——人类历史上第一部成文法典。它共有 282 条，内容涉及贸易、人的行为、工资、惩罚及社会生活的许多方面，甚至对最低工资、会计和收据的处理都做了规定。

古埃及在行政管理方面的主要贡献是设立宰相职务，从而把神权和世俗权力区分开来。据成书于公元前 12 世纪至公元前 2 世纪的《旧约全书》记载，其中一个有名的宰相就是约瑟。《圣经》中还提到许多有关管理的思想，如处于萌芽状态的管理咨询制度、例外原则、授权等。

古印度的行政管理思想也有较大成就。孔雀王朝的大臣查纳卡雅·考底里耶曾著《政事论》一书，论述了如何维护经济、社会和政治秩序，阐明了行政管理人员应具备的条件及选人、用人的方法等。《政事论》成为印度公共行政管理的奠基之作。

2. 生产管理思想

最能说明古代人类生产组织和生产管理思想的实例，首推埃及人于公元前 26 世纪修建的胡夫金字塔。这座巨大的陵墓，高 146 米，边长 232 米，用 230 多万块巨石砌成。据测算，整个工程需动用数十万奴隶，历时 20 年。如果没有较强的组织能力和相关思想的指导，绝不可能完成如此巨大的建筑工程。

古代生产管理思想，还可以从 15 世纪和 16 世纪时威尼斯造船厂的管理中体现出来。该船厂占有 60 英亩水陆面积，雇用 1 000 至 2 000 名工人。其任务有三个方面：制造军舰、武器和装备；储存这些产品；装配和修理。工厂内部划分为若干职能部门，各有工头负责，一切依计划进行。装配战船，是以流水作业形式完成的。一条战船从海道一端进来，走到尽头，从武器、用具到食物、人员都配备完善，效率极高。

古希腊也留下了宝贵的生产管理思想。在公元前 370 年，古希腊学者色诺芬曾对劳动分工做了如下论述：在制鞋工厂中，一个人只以缝鞋底为业，另一个人进行剪裁，还有一个人制造鞋帮，再由一个人专门把各种部件组装起来。这里所遵循的原则是，一个从事高度专业化工作的人一定能工作得最好。色诺芬的这一管理思想与后来科学管理的创始人泰勒的某些思想非常接近。尽管他们所处的时代相差了 2 200 多年。

3. 教会管理思想

说到古代的管理思想，不能不提到欧洲中世纪的教会管理。如以年代计算，罗马天主教会也许是西方文明史上最持久而有效的正式组织。它之所以能历久而不衰，除了其追求的目标具有诱人的魅力外，其组织之严密、管理技术之高超，无疑也是重要原因。它所实行的一套既分级又分领地而且分部门的管理体制，使它能够控制全球各地几亿教徒的几乎全部生活。其中央机构——罗马教廷，几乎就是一个复杂的政府组织。美国通用汽车公司和兰德公司的两名管理人员经过研究得出结论："可以说，罗马教廷作为一个高效率的部门化和行动协调的典范，也许在整个组织的领域内是无与伦比的。"①

总之，古代管理思想是适应当时的社会需要，在人们不断总结实践经验的基础上产生的。随着人类社会实践活动的广泛、深入开展和社会文明的进步，人类的管理水平也达到了相当高度，不少管理思想都闪耀着人类智慧的火花，至今仍不失其真理的光辉。这些思想构成了人类管理思想的一部分。

古代管理思想毕竟受到人类自身发展程度、社会实践深入程度及广泛程度的限制，其局限性亦显而易见。学习管理学，不能割断历史，而应继承古代管理思想中的精华；同时，对古代管理思想的局限性，也应有清醒的认识并慎重地加以鉴别和批判。

首先，古代管理思想具有直观性。表现在：孤立、零散，缺乏理论的系统性；肤浅、简单，缺乏理论的深刻性。这是因为，当时生产力水平较低，还谈不上生产的社会化程度，人们对管理经验的总结，更多停留在就事论事的层面上，得出的结论只能是一个个孤立、分散的理论，不可能形成体系。

其次，古代管理思想具有明显的阶级局限性。表现在：有许多反科学的方面，比如常常借助迷信、神力、天道来管理；有反人道的一面，个人利益和个人精神不被重视；包含着强烈的等级观念，强调自上而下严密控制和自下而上的服从关系。

二、近代西方管理理论的先驱者

近代西方管理理论主要指资产阶级革命后，适应资本主义大工业生产而提出的管理理论。这些管理理论的出现标志着人类开始自觉地研究管理行为及其规律，是人类管理思想的质的飞跃。

近代西方管理理论产生之前，已有众多的企业界和理论界人士开始自觉研究管理问题，他们的研究成果，构成了管理理论的前奏文化和思想源头，为管理理论的诞生奠定了直接现实基础。这方面的人物很多，其中贡献较大的有：

1. 亚当·斯密

亚当·斯密是英国古典政治经济学的杰出代表，在产业革命之初就对管理理论做出了贡献。他在1776年出版的《国富论》一书中，不仅对经济和政治理论做了卓有成效的论述，而且对管理问题进行了探讨。比如，亚当·斯密以制针业为例说明了劳动分工给制造业带来的变化。他说，一名没有受过专门训练的工人，恐怕一天也难以制造出一枚针来。如果希望他每天制造二十枚针，那就更不可能了。若把制针分为若干工作程序，每一程序都成为一项专门工作，一个人抽铁丝，一个人拉直，一个人切截，一个人磨尖铁丝的一

① 艾伯斯. 现代管理学原理. 杨文士，译. 北京：商务印书馆，1980：4.

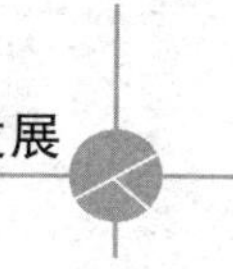

端，一个人磨另一端，以便装上圆头，有了分工，同样数量的劳动者就能完成比过去多得多的工作量。马克思在《资本论》中曾讲道："据亚当·斯密说，在他那时候，10 个男人分工合作每天能制针 48 000 多枚。"①

劳动分工之所以能提高生产效率，亚当·斯密认为有三个原因：一是劳动者的技巧因业专而日进；二是通过分工，免除了由一种工作转到另一种工作而损失的时间；三是许多简化劳动和缩减劳动的机械的发明，使一个人能够做许多人的工作。

2. 小詹姆斯·瓦特和马修·博尔顿

英国的小詹姆斯·瓦特和马修·博尔顿的贡献在于发展了以下管理技术：市场研究与预测技术；生产计划技术；生产过程规范化和产品部件标准化；依据工作流程有顺序地安装机器；建立详尽的生产统计记录，按机床、部门进行成本利润核算；培训工人与管理人员；按成果支付工人工资；工人福利由工人自己管理；等等。

管理学家厄威克和布雷奇在研究了他们的管理经验后指出，无论是泰勒、福特，还是其他的专家，在计划方面都没有超出他们二人的东西，其成本核算制度，甚至比当代许多成功的企业还要优越。②

3. 罗伯特·欧文

罗伯特·欧文是英国的空想社会主义者，也是 19 世纪最有成就的实业家之一。他对管理理论的贡献是首次提出了关心人的哲学，并在他与人合办的新拉纳克工厂进行了全面实验，主要内容有：改善工厂内的工作条件；限制童工的最低年龄；缩短工人的劳动时间；为工人提供厂内膳食；设立按成本向工人出售生活必需品的商店；通过建造房舍与修筑街道改善工人居住条件；等等。罗伯特·欧文试图在企业内建立起一种全新的人际关系，因此，他被誉为人事管理的先驱者、"人际关系之父"。

4. 查尔斯·巴贝奇

产业革命后期，对管理思想贡献最大的是查尔斯·巴贝奇。他是英国的数学家、发明家，是科学管理的先驱者。

巴贝奇更全面、更细致地分析了劳动分工能提高生产效率的原因，这就是：节省了学习所需要的时间；节省了学习过程中所耗费的材料；节省了从一道工序转到另一道工序所耗费的时间；节省了更换工具所耗费的时间；重复同一操作，技术熟练，工作速度加快；注意力集中于单一作业，便于改进工具和机器；经常做某一项工作，肌肉得到了锻炼，不易疲劳。

巴贝奇特别强调劳资协作，提出了固定工资加利润分享制度，以调动劳动者的工作积极性。他认为这种制度的好处是每个工人同工厂的发展和利润多少有直接利害关系；每个工人都会关心浪费和管理不善问题；能促使每个部门改进工作；鼓励工人提高技术和品德，表现不好者减少分享的利润；工人与雇主利益一致，能消除隔阂，共求发展。

5. 安德鲁·尤尔

作为英国医学博士出身的学者，安德鲁·尤尔以管理教育的先驱而著称。他曾建议所

① 马克思，恩格斯. 马克思恩格斯全集：第 44 卷. 北京：人民出版社，2001：529.

② 艾伯斯. 现代管理学原理. 杨文士，译. 北京：商务印书馆，1980：6.

任教的学校设立专门向工人传授知识的学院，该学院后来成为培养管理人员的基地。

尤尔的管理思想主要是强调三项原则：机械原则，即协调生产的技术和过程；道德原则，即协调工人的认识和行为；商业原则，即协调销售和筹措资金过程中的各种关系。尤尔的思想对法国管理学者夏尔·潘迪有较大影响，后者又对管理大师法约尔产生了直接影响。

6. 丹尼尔·麦卡勒姆和亨利·普尔

丹尼尔·麦卡勒姆是赴美的苏格兰移民，他虽然接受的正规教育不多，也没留下什么系统著作，但由于思维敏捷和想象力丰富，在实践中积累了大量的管理经验，这些经验被美国宾夕法尼亚铁路公司所采用。麦卡勒姆制定了严密的管理制度，包括：恰当地划分并履行职责，实行明确的分工负责制；为了使人更好地履行职责，必须授予他足够的权力；采取措施以了解每个人是否忠实地履行了职责；通过实行每日报告核查制度反映情况。不仅如此，麦卡勒姆还制定了严密的组织措施，包括：职工按其职务要求分等级，身着标有等级的制服；为职工拟订了职务说明书，职工必须按职务要求开展工作；绘制出组织图以表示各部门之间的分工和报告控制关系，这是最早的组织图。

麦卡勒姆的管理制度和措施遭到了工人的反对，但却得到了亨利·普尔的高度赞扬。作为《美国铁路杂志》的编辑，亨利·普尔进一步发展了麦卡勒姆的管理思想，主张建立一种管理体系。他从麦卡勒姆的管理制度和措施中归纳出建立健全管理体系的三条基本原则，即组织原则、沟通原则和信息原则。他注意到企业中人的因素，提出改变僵化的领导作风。普尔是一位出色的管理先驱，他在早于泰勒 50 多年就提出了建立严格管理制度的思想，在早于法约尔 60 年就提出了集中指挥的问题，在早于梅奥 70 多年就提出了人的因素问题，在早于阿吉里斯 100 年就提出了消除正式组织刻板性问题，这些都是难能可贵的。

第二节　古典管理理论

管理科学产生于 19 世纪末 20 世纪初，是随着资本主义工业的发展而逐渐形成和发展起来的。一般认为，管理科学是从美国管理学家泰勒开始的，历经古典管理理论、行为科学理论和现代管理理论三个发展阶段。这三个阶段并不是截然分开的，更不是前一阶段结束后，下一阶段才开始。事实上，各种管理理论的产生虽然有先有后，但在产生之后，却是并存发展，且相互影响，也存在着继承、借鉴关系。

古典管理理论主要是指以泰勒为代表的科学管理理论、以法约尔为代表的一般管理理论和以韦伯为代表的科层组织理论。本节主要论述科学管理理论和一般管理理论。

一、科学管理理论

科学管理理论集中体现在泰勒的《科学管理原理》一书中。弗雷德里克·温斯洛·泰勒出生于美国一个富裕的律师家庭，良好的家庭教育使他从小培养了追求真理、观察核对事实的强烈欲望和根除浪费与懒惰弊病的热忱，使他对处理任何事情都想探究一种最好的

方法。18岁时，泰勒以优异成绩考入哈佛大学，第二年因视力与健康原因而中止学业，到一家小机械厂当徒工。22岁时进入费城米德维尔钢铁公司做技工，后来迅速提升为工长、技师。28岁时任钢铁公司总工程师。泰勒的一系列实验就是从此时开始的。1901年以后，他用大部分时间从事写作、讲演，宣传他的管理理论。1911年发表其代表著作《科学管理原理》。在管理思想史上，泰勒被誉为“科学管理之父”，这个称号被刻在他的墓碑上。泰勒科学管理理论的内容主要有：

1. 科学管理的中心问题是提高劳动生产效率

泰勒认为，科学管理的根本就在于提高劳动生产效率，因为科学管理如同节省劳动的机器一样，其目的正在于提高每一单位劳动力的产量。他认为，企业提高劳动生产率的潜力非常大，在当时条件下，每个工人的能力在工作中只发挥出三分之一。泰勒在一项工人搬运生铁的实验中，使工人每天搬运生铁的数量普遍从12.5吨提高到47.5吨，增加了3.8倍，工人工资由每天1.15美元增加到1.85美元。而当时无论是雇主还是工人，对于一个人一天能干多少工作、该干多少工作都心中无数。

2. 为了提高劳动生产效率必须为工作挑选第一流的工人

泰勒认为，所谓第一流工人包括两个方面：一是该工人的能力最适合他所从事的工作；二是该工人从内心愿意从事这项工作。因为每个人的天赋与才能不同，他们所适宜做的工作也各异，身强力壮的人干体力活可能是第一流的，心灵手巧的人干精细活可能是第一流的。所以要根据人的不同能力和天赋把他们分配到适宜的工作岗位，使之成为第一流的工人。对那些不适合所从事工作的工人，应加以培训，使之符合工作需要，或把他们重新安排到其他适宜的工作岗位上去。培训工人成为第一流的工人是领导的职责。

3. 为了提高劳动生产效率必须实现标准化

标准化是指工人在工作时，要运用标准的操作方法，而且所使用的工具、机器和原材料以及作业环境都应实现标准化。在泰勒之前，工人的操作方法和使用的工具往往是根据自身的感觉或师傅传授的经验确定的，工人劳动和休息的时间以及机器设备的利用也是由管理人员根据自己的判断或过去的记录确定的，缺乏科学依据。泰勒认为，必须要用科学的方法对工人的生产操作、工具的使用、劳动与休息时间的搭配，以及机器的安排和作业环境的布置进行分析，消除各种不合理因素，形成最好的方法。他认为这才是企业管理人员的首要职责。泰勒正是通过推行标准化，使当时伯利恒钢铁公司的铲运工由平均每天铲运生铁16吨增加到59吨，每吨操作成本由7.2美分降至3.3美分，工人工资由每天1.15美元增加到1.85美元。

4. 在制定标准定额基础上实行差别计件工资制

制定标准定额是整个泰勒制的基础。通过大量的工时与动作研究，泰勒把每一项工作都分成尽可能多的简单的基本动作，把其中无效动作去掉，并通过对熟练工人操作过程的观察记录，寻找出每一个基本动作的最好最快操作方法，这构成了他确定日工作定额的基础。当然，泰勒也考虑到工作过程中不可避免的时间浪费等。在标准定额的基础上，泰勒建议实行新的工资制度，即差别计件工资制。他认为过去实行的计时工资制和利润分享制都不能从根本上解决问题。差别计件工资制是在“工资支付对象是工人而不是职位”的思想指导下，按照工人是否完成其定额而采取高低不同的工资率。即完成定额的可按工资标准的125%

计算工资，而完不成定额的只按80%计算工资，以鼓励工人千方百计完成工作定额。

5. 设置计划层、实行职能制

泰勒认识到，他的制度是否有效取决于精心的计划，而计划的制定又必须依据精确的时间与动作研究。这就需要专职的管理人员，他们每天给工人分配工作任务，并附有完成这项任务的详细书面指示与明确的时间规定，还要承担各项组织工作，对工作过程进行指导，做好统计记录等。显然，由同一管理机构或人员全部承担上述任务是不可能的，因此应把计划和执行分开，由专门的部门负责制订计划，由不同的职能工长带领工人负责执行。

6. 对组织机构的管理控制实行例外原则

所谓例外原则，就是企业的高级管理人员把一般日常事务处理权授给下级管理人员，自己只保留对例外事项（即重要事项）的决策与监督权。提出例外原则，是泰勒的又一重大贡献，其目的是解决总经理的职责权限问题。他认为，在设置了计划层和实行职能制后，总经理应避免处理工作中的细小问题，只有“例外”情况和问题才由自己处理。

7. 为实现科学管理应开展一场“心理革命”

泰勒认为，通过开展一场“心理革命”，变劳资对立为互相协作，共同为提高劳动生产率而努力，这才是科学管理理论的真谛。他强调，必须使工人认识到，科学管理对他们有好处，只有在改善操作方法的条件下，才能实现不增加体力消耗而提高劳动生产率，从而使工人工资得以提高；也只有实现科学管理，才能够降低成本，满足雇主的利润要求。

泰勒的科学管理具有两重性。正如列宁所说：“资本主义在这方面的最新发明——泰罗制——也同资本主义其他一切进步的东西一样，有两个方面，一方面是资产阶级剥削的最巧妙的残酷手段，另一方面是一系列的最丰富的科学成就，即按科学来分析人在劳动中的机械动作，省去多余的笨拙的动作，制定最精确的工作方法，实行最完善的统计和监督制等等。”[①] 列宁曾要求在俄国研究与传授泰勒制，有系统地试行这种制度。

泰勒的科学管理理论的影响广泛而深远。其一，开创了管理实证研究的先河。泰勒不是在书斋或学院进行纯粹的逻辑推论，而是走进工厂、深入车间，进行大量、细密的实验，使管理成为一门严肃、严谨的科学。泰勒拥有平凡的、几乎人人都可拥有的人生经历，其成就与贡献源于他的实证精神，源于善于观察、思考、核对、创新的科学态度。其二，使人类的管理从经验上升到科学。泰勒科学管理的精髓在于以细密的调查研究获取的科学知识、科学方法取代个人的意见、经验和判断。他首次提出以科学的管理取代传统小作坊师傅凭个人经验传带或个人经验积累的经验管理，强调的是与传统经验方法相区别的科学方法。他认为，在管理活动中，用精确的调查研究和科学知识代替个人的经验与判断是必不可少的。其三，科学管理是发展的。泰勒并没有把科学管理理论看成是已最后完成、不能再改变的理论。他在去世前三个星期于克利夫兰广告俱乐部的一次讲演中这样说：“科学管理是发展的，在各种情况下，实践都应在理论之先。我所知道的与科学管理有联系的所有人，都准备放弃任何计划、任何理论，转而拥护所能找到的更好的东西，科学管理不存在固定不变的方法。”

科学管理理论亦有其局限性。首先，泰勒对人的看法是错误的。科学管理理论以“经

---

① 列宁．列宁选集：第27卷．北京：人民出版社，1959：237.

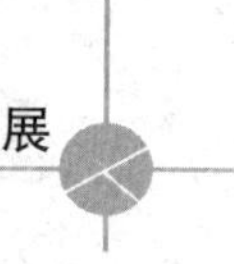

济人”为假设，认为人的工作动机是经济利益，工人最关心的是自己的物质待遇，并由此倡导实行“胡萝卜加大棒”等具有高度刺激性的差别计件工资制度。泰勒认为，工人是笨拙的，只能服从命令和接受工资，他曾说：“现在我们所需要的最佳的搬运铁块的工人，最好是愚蠢和冷漠得像公牛一样，这样他们才会受到有智慧者的训练。”其次，重视技术因素，忽视社会因素。泰勒主张专业分工、作业科学化与标准化、严格监督，强调科学方法的运用，使工人成为机械的附属品，而忽视了人的思想、情感，忽视了人际需求及环境因素的影响。再者，科学管理中所谓的“标准定额”，理论上是在不损害人健康的情况下可以完成的、合理的工作量，但实际上这个工作量只有那些经过挑选的、技术熟练的、具有充沛体力的少数人才能完成，大部分人完不成标准定额。最后，泰勒制解决了基层管理、车间管理中具体工作的作业效率问题，未能解决企业作为一个整体如何经营与管理的问题。

二、一般管理理论

一般管理理论的代表人物是法国的法约尔。亨利·法约尔出身于富裕家庭，1860 年毕业于矿业学校，进入法国一家矿业公司任职，1888 年任该公司总经理，直到 1918 年退休。30 年的总经理生涯，使他得以从最高层来探讨组织的管理问题。法约尔是古典管理理论的杰出代表，他提出的一般管理理论对西方管理理论的发展具有重大影响，成为管理过程学派的理论基础，也是此后各种管理理论和管理实践的重要依据之一。法约尔的代表著作是 1916 年出版的《工业管理与一般管理》。一般管理理论的主要内容有：

1. 区分了经营与管理的概念并论述了人员能力的相对重要性

法约尔认为，经营和管理是两个不同的概念。经营是指引导或指导一个组织趋向目标，它由六项活动组成，即技术活动，指生产、制造、加工等；商业活动，指购买、销售、交换等；财务活动，指资金的筹措及运用；安全活动，指设备和人员保护；会计活动，指存货盘点、成本核算、统计等；管理活动，指组织内行政人员所从事的计划、组织、指挥、协调和控制活动。

法约尔认为，所有组织成员都应具备技术、商业、财务、安全、会计、管理六种活动能力，但对不同层次和不同组织的人员来说，这些能力的相对重要性不同。这首先表现在，居于不同层次的人员，各种能力的重要性不同。越往高层，管理能力的重要性增加，技术能力的重要性减弱；越往低层，管理能力的重要性减弱，技术能力的重要性增强。其次表现在，不同规模的组织的领导人员，各种能力的相对重要性不同。组织规模越大，领导人员管理能力的重要性增加，技术能力的重要性减弱；组织规模越小，领导人员技术能力的重要性增加，管理能力的重要性减弱。

2. 概括并分析了管理的五项职能

管理的五项职能就是：计划、组织、指挥、协调、控制。法约尔认为，计划是最重要的管理职能，计划不周常常是企业衰败的起因。管理要预见未来，就离不开良好的计划。为此，他拟出了计划的依据，指出了良好计划应具备的特征，提出了为制订良好计划，领导人员必备的条件和能力。法约尔认为，企业中的组织包括人力和物力的组织。在配备了必要的物质资源后，人员只有通过合理地组织，才能够完成他们所承担的任务。为此，他详尽论述了人员在企业中应完成的任务以及为更好地完成任务而必备的素质。法约尔认为，组织作用的发挥离不开指挥，即把任务分配给各级各类领导人员，使他们都承担相应的职责，他对负责指挥的人员提出了八项要求。之后的协调与控制，就是要统一、调节、规范所有的活动，核实工作进展是否与既定计划和原则相一致，从而防止和纠正工作中可能出现或已经出现的偏差。

3. 阐述了管理教育和建立管理理论的必要性

当时法国的不少企业领导者都认为，只有实践和经验才是走上管理职位的唯一途径，学校也不讲授管理方面的课程。而法约尔则认为，人的管理能力可以通过教育获得，管理能力像其他技术能力一样，首先在学校里获得，然后在车间里得到。法约尔强调管理教育的必要性与可能性，认为当时缺少管理教育的原因，是因为缺少管理理论，每一位管理者都按自己的方法、原则、判断行事，没有人把可以为大家共同接受的经验教训总结概括为管理理论。法约尔强调了建立管理理论的必要性，并担起了这一重任。

4. 提出了管理中具有普遍意义的 14 项原则

(1) 劳动分工。他认为分工不仅限于技术工作，也适于管理工作，但专业分工要适度。

(2) 权力与责任。他认为责任是权力的孪生物，是权力的当然结果和必要补充，凡有权力行使的地方，就有责任。

(3) 纪律。他认为纪律对于企业取得成功是绝对必要的，同时还认为纪律是领导人创造的，企业的纪律状况取决于领导者的道德状况。

(4) 统一指挥。他认为，无论什么时候，一个下属都应接受而且只应接受一个上级的命令。这是一条普遍的、永久必要的原则。

(5) 统一领导。他认为，凡是具有同一目标的全部活动，应仅有一个领导人和一套计划。

(6) 个人利益服从集体利益。他认为，要实现这一原则，领导者必须以身作则并经常监督，尽可能签订公平的协议。

(7) 合理的报酬。他认为人员的报酬是其服务的价格，应保证合理，尽可能使雇主和雇员都满意，但法约尔并没有提出一个明确的标准。

(8) 适当的集权和分权。他认为集中作为一项管理制度，本身无所谓好或坏，领导者应根据实际情况的不同把握集中的程度。

(9) 秩序。他认为一切要素应各有其位，特别强调按照事物的内在联系事先选择好要素的恰当位置，如设备、工具以至人员等。

(10) 公平。他认为，公平是由善意和公道产生的，公道是指实现已订立的协定，但这些协定要经常加以阐明和补充，领导者应经常发挥自己最大的能力使公平感深入人心。

(11) 保持人员稳定。他认为，人们熟悉自己的工作需要时间，这就要根据实际情况，有秩序地安排人员并补充人力资源。

(12) 首创精神。他认为，全体人员的首创精神对企业来说，是一种巨大的力量，尤其是在困难时刻。

(13) 人员的团结。他认为，团结就是力量，要努力在企业内部建立起和谐与团结的气氛。

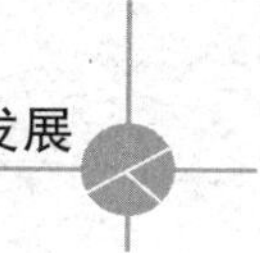

（14）跳板原则。企业管理中的等级制度显示出执行权力的路线和信息传递的渠道，按层次逐级沟通保证命令统一是必要的，但这会产生信息延误现象。为解决这个问题，法约尔提出跳板原则，以便横跨过权力执行的路线而直接联系。但只有在有关各方都同意且上级知情的情况下才能这样做。

作为与泰勒齐名的管理理论大师，法约尔实践经验丰富，视野开阔，观点全面，思考深入。他在75岁时出版了《工业管理与一般管理》这部划时代的著作，思想之丰富、深邃令人叹为观止。西方管理学者给法约尔以高度的评价。英国管理学家厄威克曾在《管理备要》一书中指出："亨利·法约尔是直到本世纪上半叶为止，欧洲贡献给管理运动的最杰出的人物。"①

法约尔的贡献主要有：其一，为管理科学提供了完整的理论框架。法约尔洞察了企业经营的全部活动，提出了管理的五职能论，归纳了管理的14项原则，而且分析透彻，论述充分，思想内容全面，奠定了管理学的理论体系。其二，提出了一般管理的概念，并形成了系统的理论。法约尔从具体、局部操作性的管理活动中超脱出来，第一次对管理问题进行了抽象思维的分析研究。他追求的是全局规律、整体规律，而不是局部或细节操作；他感兴趣的是不同企业与组织管理的共性、一般性，而非个性、特殊性，故其理论称一般管理理论。其三，采用演绎方法全面研究管理问题。与泰勒的实证归纳方法不同，法约尔对管理问题的研究是依据丰富的实践经验，条分缕析，然后汇总提升，形成总体的概念、理论和框架，即从个别经验到一般规律，再借助一般规律分析、检验、规范个别经验。演绎分析方法强调总结一般规律，用一般规律指导丰富多彩的实践活动。

但由于过于追求管理理论的一般性，因而忽视了对具体管理过程的分析，忽视了技术层面的研究，以致缺乏可操作性，这是法约尔一般管理理论的不足之处。

总之，古典管理理论是人类历史上第一次以科学系统的方法尝试探讨管理问题的结晶，是管理科学的奠基性理论，它反映了当时社会生产发展的要求。伴随人类社会生产的进一步发展，古典管理理论沿着不同的方向发展成为各种学派，但其基本原则是永存的。

第三节　行为科学理论

行为科学是指运用心理学、社会学理论和方法，从人的工作动机、情绪，行为与工作、工作环境之间的关系出发，探索影响劳动生产率因素的科学。从行为科学的产生和发展来看，可分为早期与后期两大阶段。其中，早期行为科学又称人际关系论。1949年在美国芝加哥召开的一次跨学科的世界性会议上，正式将人际关系论定义为行为科学。

一、早期行为科学理论

早期行为科学的代表人物是梅奥。乔治·埃尔顿·梅奥是澳大利亚人，1899年取得

① 孙耀君．西方管理思想史．太原：山西经济出版社，1990：167．

逻辑学和哲学硕士学位，曾在澳大利亚昆士兰大学任教，后去英国研究医学，并成为研究精神病理学的副研究员。由于洛克菲勒基金会的资助，他又移居美国并开始研究工人问题。1926 年任教于哈佛大学，并于次年开始了管理史上有名的霍桑实验。有关霍桑实验的结论主要集中在《工业文明的人类问题》和《工业文明的社会问题》两部著作中。

霍桑实验本是美国国家科学院全国科学研究委员会于 1924 年开始进行的一项实验，本意是确定照明同工人工作效率之间的精确关系。由于得不出明确结论，他们又依次进行了工资报酬、休息时间、工作日与工作周长度等对工作效率影响的实验，但直到 1927 年仍得不出结果，梅奥等正是在这种情况下应邀参加并主持了这项实验。梅奥主持下的霍桑实验一直持续到 1932 年，大致可分为三个阶段。

第一阶段，检验和分析实验失败的原因。此前的照明实验，专家们选择了两个工作小组，一个为实验组，另一个为控制组。实验组照明度不断变化，控制组照明度始终不变。当控制组要求更换灯泡时，只是给他们更换同样亮度的灯泡。其结果是，两个小组的产量都成持续增长趋势，这就意味着，照明度的变化不是影响劳动生产效率的决定性因素，于是实验继续进行。

研究小组决定专门设立一组工人进行实验，他们选择了 5 位女装配工和 1 位女划线工，把他们安置在单独的实验室内工作，另外指派一名观察员负责记录室内的情况。实验期间，日工作时间、工间休息时间、午餐与茶点供应等工作条件有计划地予以改变、调整。工人们在工作时间可以自由交谈，观察人员对她们和气相待。其结果是，产量持续维持在较高水平。

到底是什么原因使这些工人的劳动生产效率不断提高？研究人员拟出了五种假设：一是改善了材料供应情况和工作方法；二是增加了休息时间，减轻了工人的疲劳；三是因休息时间增加，缓解了工作的单调性；四是随着产量的提高，工人所获报酬增加；五是改善了监督和指导方式，工人的工作态度得以改变。研究小组通过逐一实验论证，否定了前四项假设，把注意力集中到第五项假设上，决定进一步研究工人的工作态度及其影响因素，这是霍桑实验的转折点。

第二阶段，大规模的访问交谈。研究人员耗时两年，对两万名职工进行了访问交谈。初期的访谈证明，按照事先设计好的问答方式并不能获得所需要的信息，工人们更愿意自由谈论他们认为比较重要的事情。后来的自由式访谈收到了成效，工人们通过交谈发泄了心中的闷气，不少人认为这是公司所做的最好的事情；工人们的许多意见、建议被采纳，满足了参与要求，工作态度随之改善。访谈中还有一个重要发现，劳动生产效率与人际关系即人群关系密切相关，实验有必要继续下去。

第三阶段，对非正式组织的研究。本阶段的实验在接线板接线工作室展开，该室有 9 位接线工、3 位焊接工和 2 位检查员。研究人员对他们进行了长达 6 个月的观察分析，结果发现：一是大部分工人都故意自行限制产量。比如公司根据时间和动作研究为焊接工确定的日工作定额是 7 312 个接点，但工人们仅完成 6 000 至 6 600 个接点，这是他们自行确定的非正式标准。工人们认为，随着产量的提高，公司就会增加标准定额，从而造成一部分人失业；工作慢一点，才能保护那些行动较迟缓的同事，免得他们受管理当局的斥责。二是工人们对不同层级的管理者持有不同的态度。比如对班组长，大部分人视之为小组成

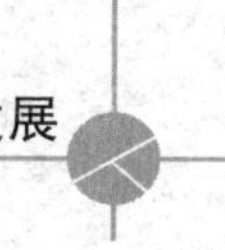

员之一；对于领班，认识就有了明显的变化，每当领班出现时，大家都表现得规规矩矩。这说明，一个人在组织中的职位越高，越容易赢得尊敬，人们对他的顾忌、防备心理也越强。三是组织中存在许多派系，各类派系都有一套不成文的行为规范，比如工作不能太多；工作不能太少；不得在主管面前打小报告；不得打官腔、孤芳自赏、找麻烦，即使是检查员，也不能像一个检查员；不得唠叨不休、自吹自擂、一心想领导大家等。派系内的成员若违反了这些规范，要受到相应的惩罚。

梅奥等人后来写了一系列著作阐述他们的观点，主要有：

1. 企业职工都是“社会人”，是复杂的社会系统的成员

古典管理理论把人看作是仅仅为了追求物质利益而工作的“经济人”，把人看成是对工作条件的变化能做出直接反应的“机器的模型”。但霍桑实验表明，物质条件的变化，并非是劳动生产率提高或降低的决定性因素。梅奥等人创立了“社会人”假说，即人不是孤立存在的，而是属于某一集体并受这一集体影响制约的社会人。他们不单是追求金钱收入，更重要的是他们有社会和心理方面的需求，期望得到满足。

2. 劳动生产效率主要取决于职工的工作态度及人际关系状况

梅奥等人认为，提高生产效率的主要途径是提高职工的满足度，使职工在生理尤其是心理方面的需要得到满足。不同人的需要各异，这主要取决于两个方面：一是职工个人的情况，包括由于不同经历、不同家庭状况、不同社会生活所形成的对工作所持的不同态度；二是工作场所的情况，包括职工相互之间和职工与上级之间的人际关系状况。因此，新的领导能力在于提高职工的满足度，激发士气，而职工满足度高低在很大程度上取决于职工的社会地位。

3. 企业中存在着非正式组织

梅奥等人认为，现代工业管理不能满足人们的社会和心理需求，割断了他们之间的感情纽带，使之成为“孤独者”，产生“失落感”，这是造成生产效率普遍低下的主要原因。由于职工在正式组织中得不到这种社会和心理满足，于是产生了各种各样的非正式组织。所谓非正式组织，是指企业职工在共同劳动过程中，由于共同爱好、情感、价值观念以及其他原因而自发形成的群体。它不仅存在于工人之中，而且存在于管理人员、技术人员之中。非正式组织与正式组织固然有其一致的地方，但更多表现出不统一，甚至是矛盾。正式组织讲求的是降低成本、提高效率，非正式组织讲求的是情感。两者之间的矛盾冲突，妨碍管理目标的实现。因此，调和这种矛盾，解决这种冲突，是管理活动的重要任务之一。

早期行为科学理论提出的工业行为的新观点，为现代管理工作和管理科学研究开辟了新的领域，提供了新的思路，为管理科学理论研究带来了新的气象。与古典管理理论相比，这一时期的主要变化是：由原来的以“事”为中心，发展到以“人”为中心；由原来对纪律的研究，发展到对行为的研究；由原来的监督管理，发展到“人性激发”的管理；由原来的独裁管理，发展到参与管理。

二、后期行为科学理论

后期行为科学理论主要包括：有关人的需要、动机、行为方面的理论；有关人的特性

方面的理论；有关领导行为方面的理论。

1. 有关人的需要、动机、行为方面的理论

有关人的需要、动机、行为方面的理论，即激励理论。激励即通过影响人们需要的满足以提高他们的工作积极性，引导他们在组织中的行为。激励理论围绕人的需要、动机、行为的产生及其相互关系展开，主要包括内容型激励理论、过程型激励理论和行为改造型激励理论。

内容型激励理论包括马斯洛需求层次理论、麦克利兰成就需要理论和赫茨伯格双因素理论；过程型激励理论包括弗鲁姆期望理论、亚当斯公平理论和波特-劳勒模式；行为改造型激励理论包括斯金纳强化理论和凯利、韦纳等人提出的归因理论。上述理论我们将在“激励”一章中做详细论述。

2. 有关人的特性方面的理论

人的特性问题始终是管理学研究的中心问题之一，古典管理理论时期就曾做出探讨，之后不断有学者进行深入的研究。其中有代表性的理论主要有麦格雷戈的X理论-Y理论、阿吉里斯的不成熟-成熟理论、沙因的人性假设理论等。

麦格雷戈把传统观点称作X理论，他认为科学管理是“强硬的”X理论，人际关系学说是“温和的”X理论，二者本质上没有差别。X理论建立在错误的因果观念的基础上，当人们的生活水平提高到一定程度时，这种管理方法就无效了，就需要创立一套新的理论，于是他提出了Y理论。阿吉里斯认为，人的个性发展如同婴儿成长为成人一样，是一个由不成熟到成熟的连续过程。正常的人随着年龄的增长，生理上持续变化，心理也由不成熟走向成熟。因此，领导者对不同成熟程度的人应分别指导，创造有助于发挥个人能力和有助于个人成长的良好环境。沙因在把有关人的特性的研究概括为“理性-经济人假设”“社会人假设”“自我实现人假设”的同时，提出了“复杂人假设”理论。

3. 有关领导行为方面的理论

领导行为理论认为，所谓领导就是领导者率领、引导下属组织及其人员共同实现领导目标的活动过程。领导活动涉及领导者与下属成员之间的相互关系，因此不仅要注意领导者的个人特性，更要研究领导者的行为对下属人员的影响，也就是说，领导的作用是通过领导者的特定行为发挥出来的，因而应把研究重点转到领导行为上。这方面影响较大的理论有勒温的领导方式理论、利克特的领导方式理论、斯托格第和沙特尔的“四分图”理论、布莱克和莫顿的管理方格理论、坦南鲍姆和施米特的领导行为连续统一体理论、菲德勒的权变模型、埃文斯等人的途径-目标理论、科曼等人的领导生命周期理论等。

勒温根据领导者对被领导者影响方式的不同，将领导方式划分为专制式、民主式和放任式三种。利克特等人通过调查和研究，归纳出专制-权威式、开明-权威式、协商式、群体参与式四种领导行为方式。斯托格第和沙特尔的“四分图”理论把影响领导行为的因素概括为“关心工作”和“关心人”两种，认为只有二者的有机结合，才能实现有效领导。布莱克和莫顿的管理方格理论依据领导者对生产和对人关心程度的不同各自划分为九等分，相互交叉后形成81个方格，每一方格代表两种关心以不同程度的结合而形成的一种领导方式。坦南鲍姆和施米特则认为，在专制独裁型和民主参与型两种极端领导方式之

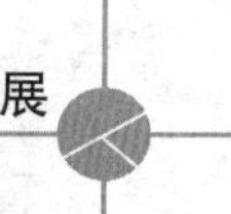

间，存在着多种过渡型的领导方式，它们构成一个连续的统一体。菲德勒的权变模型认为，普遍适用于各种情景的领导模式并不存在，任何领导方式都可能有效，这取决于领导方式与所处环境是否适应。途径-目标理论以期望理论和领导行为“四分图”理论为依据，认为领导者应为下属指明实现目标的途径。领导生命周期理论认为，领导的有效性取决于工作行为、关系行为和下属的成熟程度。

有关人的特性问题的理论以及领导行为理论，我们将在“领导”一章中详细论述。

第四节　系统论、控制论、信息论与管理理论的丛林

第二次世界大战以后，管理理论逐渐形成了多学派并存的局面。这一方面是因为科学技术快速发展，生产规模、组织规模急剧扩大，生产的社会化程度日益提高，管理问题引起了社会的普遍重视。另一方面，管理学研究队伍扩大化、研究视角多样化使管理理论从以前的单色调走向五光十色。来自心理学、社会学、人类学、经济学、哲学、生物学、数学乃至自然科学等众多领域的学者从不同的背景、不同的角度，运用不同的方法对管理问题进行探讨，使管理理论空前繁荣。此外，相关学科研究的不断深化与相互渗透，新的学科的形成进一步促进了管理理论的发展。

一、系统论、控制论、信息论的产生与基本内容

研究管理学的现代发展，特别应强调的是三门新的学科——系统论、控制论、信息论在 20 世纪 40 年代的诞生。它们大大丰富了管理学的学科内涵，对管理理论的发展产生了深远影响。它们为管理理论研究增添了新视角、提供了新方法、开辟了新领域。

系统论是研究系统的模式、原则和规律，并对其功能进行描述的一门学科。美籍奥地利生物学家和哲学家路德维希·V. 贝塔朗菲是系统论的创始人。1937 年，他在美国芝加哥大学的一次哲学问题研讨会上首次提出“一般系统论”的概念，1945 年，他的论文《关于一般系统论》公开发表。但由于战争原因，贝塔朗菲创立的系统论未被人知晓，直到 1947—1948 年，他再次讲授“一般系统论”时，才引起了人们的关注。贝塔朗菲认为，有可能制定出一种系统的、理论的框架来描述现实世界中的各种关系，而各学科之间的相似性可以发展为一般系统模式。贝塔朗菲的目标是寻求学科之间的类似性，以上升为一种具有普遍性的理论框架。他注意到了所有学科的相似特点：其一，对整体或有机体进行研究；其二，有机体趋向稳定状态或均衡的倾向；其三，所有系统的开放性，即有机体受环境影响，又反过来影响环境。① 系统与系统分析的思想，对人类认识事物和对各种社会活动进行管理，有着非同一般的影响力。

控制论是研究各类系统的控制和调节的一般规律的科学，是自动控制、电子技术、无线电通信、生物学、数理逻辑等多种学科和技术相互渗透的一门综合性学科。美国数学

① 贝塔朗菲. 一般系统理论：通向科学统一性的新路. 人类生态学，1951（23）：302-361.

家、电信工程师、生物学家诺伯特·维纳从一个意为“舵手”的希腊词引申出了“控制论”一词[①]，并于1948年出版了《控制论》一书，创立了控制论。控制论研究表明，所有系统经过设计都可以通过一个信息交流环以控制自身，信息交流环把信息反馈给这一有机体，使其适应环境。控制论的基本范畴是“信息”和“反馈”，维纳认为，客观世界有一种普遍的联系，即信息联系，组织之所以能够保持自身的稳定性，是由于它具有取得、使用、保持和传递信息的方法。信息的交换过程可简化为：信息→输入→存贮→处理→输出→信息。所谓反馈，是指一个系统输出的信息反作用于输入的信息，并影响信息的再输出，发挥控制和调节作用。例如，人有稳定的体温和血压，驾驶员能使汽车正常行驶，都是根据周围环境的变化控制、调节的结果。维纳揭示了这种由信息和信息反馈构成的系统的自动控制规律。

信息论是揭示信息的本质，并运用数学方法研究信息的计量、传递、变换和存贮的一门学科。美国贝尔电话研究所的数学家申农被认为是信息论的创始人。1948年，申农在《贝尔系统技术杂志》上发表《通信的数学理论》一文，从理论上阐明了信源、信宿、信道和编码等有关通信方面的基本问题，创立了通信系统的模型，标志着信息论作为一门独立科学的诞生。它不仅影响了现代通信技术，也对现代管理和计算机纳入管理的技术发挥了决定性的作用。

二、孔茨归纳的管理理论的丛林

美国管理学家哈罗德·孔茨首先注意到现代管理理论发展中多学派并存的局面。他在1961年发表的《管理理论的丛林》一文中，归纳了各种学派理论上的差异。孔茨认为，20世纪五六十年代最大的学派有六个，即管理过程学派、经验主义学派、人群行为学派、社会系统学派、决策理论学派、数量学派。孔茨对这些学派的评价不同，认为有的学派只涉及管理中的某个领域，有的只涉及某种职能，有的甚至只涉及管理的手段和方法。作为管理过程学派的代表人物，孔茨曾试图使各学派走出“丛林”，建立一门统一的管理科学。这就有了1962年在美国加利福尼亚大学召开的学派代表与实际工作者的讨论会，但会议并未收到效果。之后，学派的分化有增无减，以致孔茨在1980年发表的《再论管理理论的丛林》中指出，重要学派已从六个增加到了十一个。对此，有人这样说：“提出来的有关摆脱灌木丛的方法，常常只不过是导致更多的雨水而使叶子长得更加茂盛。丛林还没有通过，砍刀已有点钝了，而统一理论的希望仍只是一只人们追求的圣杯。”[②]

1. 管理过程学派

管理过程学派是在法约尔一般管理理论的基础上发展起来的。该学派的代表人物有美国的哈罗德·孔茨和西里尔·奥唐奈。管理过程学派强调对管理的过程和职能进行研究。其基本研究方法是：首先把管理人员的工作划分为管理职能，如法约尔的计划、组织、指挥、协调、控制职能，孔茨的计划、组织、用人、领导、控制职能等。其次对管理职能逐

① 丹尼尔·A. 雷恩. 管理思想的演变. 李柱流，等，译. 北京：中国社会科学出版社，2002：519.

② 丹尼尔·A. 雷恩. 管理思想的演变. 孙耀君，译. 北京：中国社会科学出版社，1986：461.

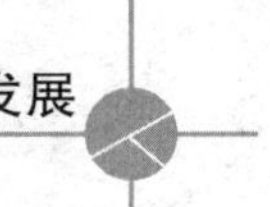

项进行研究，从丰富多彩的管理实践中总结管理的基本规律，以便详细分析这些管理职能。他们认为，从实践中概括出来的管理规律对认识和改进管理工作能发挥说明和启示作用。

2. 经验主义学派

经验主义学派又被称为经验主义，它以向西方大企业的经理提供管理企业的成功经验和科学方法为宗旨。这一学派的代表人物是美国的彼得·德鲁克，《有效的管理者》是其代表著作。经验主义学派认为，有关企业管理的科学应该从企业管理的实际出发，以大企业的管理经验为主要研究对象，以便在一定的情况下把这些经验加以概括和理论化。他们认为，成功的组织管理者的经验最值得借鉴。因此，经验主义学派重点分析许多组织管理人员的经验，然后加以概括，找出成功经验中具有共性的东西，使其系统化、理论化，并据此向管理人员提供实际的建议。

3. 社会系统学派

社会系统学派的代表人物是美国的巴纳德，其主要观点集中在他所著的《经理的职能》一书中。巴纳德被誉为“现代管理理论之父”，其主要贡献是从系统理论出发，运用社会学的观点，对正式组织与非正式组织、团体及个人做出了全面分析。

4. 决策理论学派

决策理论学派由社会系统学派发展而来，其代表人物是美国的西蒙，他的代表著作主要是《组织》和《管理决策新科学》。西蒙以其对决策理论的重大贡献而荣获 1978 年度诺贝尔经济学奖。决策理论学派的主要观点有：强调了决策的重要性，认为决策贯穿于管理的全过程，管理就是决策；分析了决策过程中的组织影响，强调发挥组织在决策过程中的作用；提出了决策的准则，主张用“令人满意”准则取代最优化标准；归纳了决策的类型，把决策划分为程序化决策和非程序化决策。

5. 系统管理学派

系统管理学派侧重以系统的观点考察组织结构及管理基本职能，代表人物是美国的卡斯特和罗森茨韦克，《系统理论和管理》和《组织与管理：系统与权变的方法》是他们的代表著作。系统管理学派继承了贝塔朗菲对事物进行系统分析的思想及研究成果，并把它引入管理领域。其主要贡献是：把管理组织视作一个开放系统；对组织的运行进行了系统分析。他们把组织看成是一个复杂的“投入-产出”系统，在这个系统中，各种资源依次经过一定的流程，达到组织设计的目标。系统管理学派于 20 世纪 60 年代发展到鼎盛时期，对管理理论产生了广泛深远的影响。

6. 权变理论学派

权变理论学派是 20 世纪 70 年代在西方形成的一个管理学派，代表人物有英国的伍德沃德和美国的菲德勒等，代表著作有《工业组织：理论和实践》《领导方式的一种理论》等。权变理论学派的基本思想是：管理中并不存在什么最好的方法，相反，管理者必须明确每一情境中的各种变数，了解这些变数之间的关系及其相互作用，把握原因与结果的复杂关系，从而针对不同情况而灵活变通。管理学的任务就在于，归纳出管理中的情境究竟由哪些因素所组成，它们又有多少种存在状态，有多少种管理方法。权变理论产生之初，受到西方一些管理学者的高度评价，认为它具有光明的前景，是在环境动荡不定的情况下进行管理的一种好方法，甚至有人预测它可能是管理理论“走出丛林之路”。

第五节　管理理论的新发展

20 世纪 80 年代以来，管理理论进入了新的发展时期，人类在管理科学领域不断探索，取得了一系列的创新成果。究其原因，一是科学技术迅猛发展。据统计，人类科学知识正以每 5～7 年翻一番的速度增长，“知识仓库”“智慧工厂”空前膨胀。[①] 二是资源过度耗费，人类面临自然资源枯竭的危险，开始面对来自人口、环境、粮食、能源等方面的严峻挑战。三是世界经济一体化，人类已经进入“加速发展、竞争激烈、不进则退、不兴则亡”的时代。四是知识经济时代的到来，使科学技术和掌握科技知识的生产者比资本和土地更为重要，知识成为创造财富的最重要的资本。五是电子计算机更新换代的速度加快，为管理活动提供了更便捷、更有效的方法技术。

这一时期影响较大的管理理论主要有威廉·大内的 Z 理论、哈默和钱皮的企业再造理论、迈克尔·波特的竞争战略理论、W. 钱·金和勒妮·莫博涅的蓝海战略理论等。

一、Z 理论

1981 年，美籍日裔管理学家威廉·大内在《Z 理论——美国企业界怎样迎接日本的挑战》一书中提出了 Z 理论。威廉·大内获斯坦福大学企业管理硕士学位、芝加哥大学博士学位，后任加利福尼亚大学管理学教授。他于 20 世纪 70 年代初开始研究日本企业的管理方式，发现日本企业的经营管理效率普遍高于美国，并由此提出美国企业要迎接日本企业的挑战，就必须结合本国的特点，借鉴日本的经验，以形成自己独特的管理方式。大内把典型的美国企业管理模式称为 A 型，把典型的日本企业管理模式称为 J 型，把美国少数几个自然发展起来且与 J 型有许多相似特点的企业的管理模式称为 Z 型，Z 理论就是对这种新型管理模式的归纳概括。

1. Z 理论的前提问题

Z 理论的前提问题是：怎样使人们的努力彼此协调起来产生最高的效率？大内认为，雇员关心企业是提高劳动生产效率的关键。雇员不是孤立的、单个的人，而是社会的人，他们只有以最恰当的方式结合起来，才能更有效地工作。因此，对雇员的信任、微妙性、人与人之间的亲密性都不可或缺，否则雇员不能获得成功，企业将丧失效率。所谓对人的信任，就是要通过制度设计，使部门之间、雇员之间、上下级之间保持忠诚与信赖关系。所谓微妙性，即革除按照资格来分配工作的方法，依据雇员之间的微妙关系形成高效工作的组合，比如废除工长的指挥和监督而由雇员小组自主管理，充分利用人与人之间的微妙关系提高效率。所谓亲密性，即不仅存在于家庭、邻里、俱乐部、教堂，而且要在企业培育人与人之间的亲密关系。

① 周应佳. 现代社会人才标准问题初探. 中国人力资源开发，2002（4）：18.

2. A型管理模式的特点

大内概括的美国企业管理模式的特点如下：一是短期雇佣制。在美国企业中，辞职和解雇是经常发生的，短期雇佣制造成雇员的临时观点和短期行为。据统计，美国的普通雇员在一个企业的停留期平均为2年；即使是经理级管理人员，停留在一个企业的平均时间也只有4年。[①] 二是迅速地评价和升级。短期雇佣制使雇员快速流动，企业不得不采用迅速地评价和升级的办法。为确保职务升迁，雇员只关心自己的事情，无视他人的问题，不能形成有效的协作机制。三是职业发展途径的高度专业化。美国企业的雇员，或生产、或销售，或做工程、或做会计，从一而终，职业发展很难跳出专业范围。这有利于培养业务专家，有利于雇员快速适应岗位工作，适应了人员流动的社会现实。但高度专业化的职业发展途径制约了人的全面发展，不利于人与人之间的交流与合作。四是明确的、形式化的控制方式。明确而形式化的定量指标控制使人与人之间失去了亲密、微妙、复杂的关系，难以协调配合。五是个人决策与个人负责。美国企业的管理人员认为无论在什么情况下都不能"踢皮球"，必须自主做出决定，使得决策很快，但执行缓慢。六是人与人之间的关系是一种局部关系，相互间的了解仅限于工作范围，这与现代工业社会是不相容的。

3. J型管理模式的特点

大内归纳了日本企业管理模式的特点：一是终身雇佣制。在日本，大型企业和政府部门实行终身雇佣制，雇员只要没有重大刑事犯罪行为就不会被解雇。雇员的红利不单单取决于个人表现，更重要的是取决于企业效益，这就部分地把经营风险由股东转移到雇员身上。二是缓慢地评价与晋升。日本企业雇员的评价与晋升极其缓慢，督促人们以坦率的态度对待合作与工作评价，堵塞投机取巧、哗众取宠的路径。三是职业发展途径的非专业化。日本企业内部实行终身工作轮换制，一个电机工程师可以从线路设计调往制造，再转往装配。其优点是能培养熟悉多种专业的通才，促进不同部门之间的合作，而且经常变换工作，能使人心情更为舒畅。四是微妙、含蓄、内在的控制方式。所谓微妙、含蓄、内在的控制，并非含糊不清、模棱两可、为人圆滑，而是通过向部属灌输企业宗旨、信念和价值观并使他们据此把握组织目标和规章制度的控制，也即文化控制。其优点是，既使雇员能够对问题做出反应，又能相互支持合作。五是集体决策与集体负责。在日本企业中，重要的决策每个相关人员都必须参与，经反复协商，直到取得一致意见。这种方法表面上显得缓慢，但往往更具有创造性。同时，日本企业管理中不存在单独个人的责任，而是一组雇员对某一任务的共同责任。六是雇员之间、雇主与雇员之间是一种整体关系。企业不仅要为雇员安排适当的工作，还要关心雇员的衣、食、住、行、学习和娱乐等，使他们有条件全面发展。

4. Z型管理模式的特点

在分析比较美、日企业管理模式的基础上，大内提出了Z型管理模式的特点：一是长期雇佣制。大内认为，应将美国的短期雇佣制改为长期雇佣制，因为在长期雇佣制下，雇员对企业的认识更为全面、客观，更能够接受企业的宗旨、作风与传统，更容易形成良好的人际关系，营造和谐的工作氛围。二是建立缓慢的评价与提升制度，目的是要培育雇员

---

① 杨静光．古今管理理论概要．北京：中共中央党校出版社，2005：306．

的长远意识和相互协作精神。三是拓宽职业发展路径。通过有计划的职务轮换，激发雇员的工作热情，增进工作满意感。四是加强企业文化建设，以自我指挥取代等级指挥，实现雇员的内在控制。五是集体决策，个人负责。即使雇员参与决策，最终也要有一个人承担责任。六是建立整体关系。人与人之间广泛交流，破除工种、职位障碍。

5. 建立Z型管理模式的方法

大内认为，美国企业实现由A型到Z型管理模式的转变是非常困难的，必须经过一个复杂的过程，必须采取一系列的方法措施。主要包括：每一个参与变革的人员都必须学习、理解Z理论的基本原理与基本精神；系统分析企业管理的指导思想和经营方针，全面审视企业的宗旨；广泛参与，集体决策，制定新的企业管理战略，明确组织宗旨；培养管理人员的人际关系技能；检查每个人对Z理论的理解、掌握情况，提高认识水平；发挥工会在组织变革中的作用，使工会参与、支持变革；实行稳定的长期雇佣制度；采用缓慢的评价和提升制度；实行职务轮换，培养人的多种能力，拓宽雇员的职业发展路径；发动基层雇员参与改革，实行参与管理；构建企业的全面整体关系，使之不断发展、完善。

二、企业再造理论

20世纪60年代以来，技术革命使企业的经营环境和运作方式发生了根本性变化，西方国家经济长期低增长使市场竞争更加激烈，企业面临着全新的、空前严峻的挑战。比如顾客对产品和服务有了更大的选择空间，对产品和服务质量提出了更高的要求；逐渐趋于一体化的国际市场，使企业竞争由行业、地区之间走向全国、全球；市场需求复杂多变，产品生命周期由“年”至“月”，急剧缩短。面对这些挑战，企业必须实现更高水平上的变革与创新。

1993年，美国学者迈克·哈默和詹姆斯·钱皮出版了《企业再造》一书，第一次系统阐述了企业再造的内涵、方法与程序，使企业变革有了全新的系统理论指导。哈默和钱皮认为，20年来，没有一个管理思潮能将美国的竞争力倒转过来，无论是目标管理、Z理论、零基预算、分权，还是追求卓越、结构重整、走动管理、矩阵管理、内部创新等。因此应改造企业的工作流程，使企业更适应未来生存发展的需求。20世纪90年代以来，西方国家兴起了企业再造运动。

1. 企业再造的内涵

企业再造即“公司再造”“再造工程”，是指企业为了在产品与服务质量、顾客满意度、生产与管理成本、员工工作效率等绩效评价的关键指标上能够得到显著改善，重新设计企业的经营、管理及运作方式。哈默认为，企业再造就是为了飞跃性地改善成本、质量、服务、速度等重大的、现代企业的运营基准，对工作流程进行根本性重新考虑并彻底改革，即“从头改变、重新设计”，实现“从毛毛虫变蝴蝶”的革命。

企业再造是以先进的信息系统和技术为手段，以满足市场或顾客的中长期需要为目标，通过最大限度地精减对产品增值无实质作用的环节和过程，建立科学的组织结构和业务流程，使产品和服务质量显著提高，使企业发生质的变化。

2. 企业再造的特点

(1) 企业再造的目标。企业再造的目标不是渐进改变或局部改善，不是简单的产值、利润增加，而是要实现企业性能和绩效的飞跃，故企业再造被称为“现代企业管理的一场革命”。其根本目的是促使企业发生质的变化，提升企业的竞争力，从业务流程上保证企业能以最小的成本为顾客提供高质量的产品和优质的服务。

(2) 企业再造的任务。企业再造的任务是对企业过程进行根本性反省和彻底性再设计。所谓根本性反省，是指企业再造并非是就面临的问题对现行企业模式的单纯分析和线性思考，而是以对现行模式的“怀疑”为出发点，以重构企业战略目标和理想模式、最大限度地满足顾客需要、增强企业竞争力为根本目的，对现行企业管理模式进行批判性地借鉴和革命性的创新。所谓彻底性再设计，是指不是表象上的改进或对现有系统的修补，而是从根本上抛弃旧模式，从头改变，重新设计，构建全新的企业管理模式。

(3) 企业再造的动力。市场和顾客需求是企业再造的驱动力。在顾客导向时代，消费需求多样化，市场供求关系瞬息万变，新的质量概念意味着顾客的满意。企业再造强调顾客导向和服务至上，企业必须转变理念，把经营管理的重点由过去的计划、控制、增长速度转移到创新、质量、服务等方面。

(4) 企业再造的条件。信息技术、人力资源、组织管理是企业再造的条件，它们之间的有机结合、相互协调是顺利实现企业再造的关键所在。有效运用信息技术可以协调集中与分散的矛盾，可以减少经营管理环节，可以使不同的活动有机衔接或协调运作。人力资源是能动的资源，通过企业文化建设使员工由控制对象变为授权对象，由机械执行变为能动参与，使他们真正树立“顾客至上”“顾客第一”理念，形成全新的工作作风。组织管理要以建设自我管理的工作团队为目标，精减管理层次，构建扁平化的组织结构体系。

(5) 企业再造的对象。企业再造的对象是企业过程，即为完成某一目标任务而设计实施的一系列跨越时间和空间的逻辑相关活动的集合。强调以过程为核心是企业再造理论的精髓，从而彻底打破了传统的劳动分工理论框架。

3. 企业再造的程序与要求

企业再造要求重新设计和安排企业的整个生产、营销、服务过程，使之科学合理，更具针对性、适应性。哈默强调，企业再造中一定要牢固树立流程思想，以流程再造为出发点和归宿。其程序和要求是：

(1) 设计企业再造管理团队。管理团队是企业再造的人力资源保证，一般由五种角色构成：领导者，负责推动整个企业再造工作；指导委员会，负责企业再造的战略设计；再造总监，负责企业再造技术和方法的开发；流程负责人，负责专门流程的设计与再造；再造团队，由具体承担再造工程的人员组成，负责提出创意和计划并予以实施。

(2) 明确企业再造的原则。企业再造适用于三类对象：一是问题丛生、面临危机，处于困境之中的企业；二是表象上业绩不错，但潜伏的危机已经形成的企业；三是正处于发展高峰，但需要从战略层面构建新的竞争优势的企业。企业再造应从企业的存在状态考虑，明确原则，广为宣传。例如实行团队工作方式，构筑扁平化的组织模式，权力下放、参与管理，简化审批、报告程序等。

（3）对企业流程进行全面的功能和效率分析。绘制企业的作业流程图，发现并分析存在的问题。主要包括：一是功能障碍分析。企业作业程序是与市场需求和技术条件相适应的，随着环境条件的变化，作业程序的功能作用趋于降低，并最终成为制约企业发展的瓶颈。二是重要性分析。不同作业流程在企业生产与经营中的地位不同，对企业的影响不同。随着市场环境的变化，各作业流程的地位与影响会向不同的方向转移，应具体分析，有针对性地采取调整措施。三是可行性分析。根据市场和技术变化的特点，依据对各作业流程重要性的认识，从实际情况出发，确定企业再造的切入点和突破口。

（4）制定企业再造方案。制定企业再造方案可分拟订选择方案和形成系统规划两个步骤。拟订方案时要有综合考虑：整合现行的作业流程；实现各作业流程的自然衔接；全员参与，集思广益；设置项目负责人；尽可能减少检查、调整、控制的工作量；拟订多个备选方案，通过评估选定优化方案。在拟订选择方案的基础上，制订与流程再造方案相配套的组织体制、人力资源配置和工作规范等方面的变革计划，最终形成系统的企业再造规划。

（5）组织实施与持续改善。企业再造方案的实施，必然会触及利益关系，打破原有的利益格局，面临来自各方面的阻力，因此应精心组织，统筹兼顾，沉着应对，积极推进。企业再造方案的落实并不意味着企业再造的终结，在新的困难不断发生、新的挑战不断形成的复杂环境下，企业必须持续不断地进行变革，在新的起点上推进企业再造。

三、竞争战略理论

为在竞争中求生存、在竞争中求发展，企业必须寻求自己的发展战略，制定战略成为企业发展面临的首要问题。波特是竞争战略理论的代表人物，他于 1980 年出版的《竞争战略》和 1985 年出版的《竞争优势》，成为企业发展战略理论方面的经典著作。

迈克尔·波特毕业于普林斯顿大学并获航天和机械工程学位，后又先后获得哈佛大学 MBA 学位、商业经济博士学位，26 岁时成为哈佛大学历史上最年轻的享有终身职位的教授，并在许多企业和跨国公司中担任竞争战略顾问。波特的竞争战略理论的主要内容有：

1. 假设条件

波特的竞争战略理论强调行业选择的重要性，强调外部环境对企业战略制定的决定作用。波特认为，企业经营活动所处的市场结构即外部环境是竞争战略的基础，决定了企业的竞争战略。企业要获得高于资本成本的平均投资收益率，需要解决两个中心问题：一是所选行业要有吸引力，即产业结构问题；二是在该行业中占据有利地位，即产业定位问题，其核心就是竞争优势。

波特的竞争战略理论的假定条件是：企业拥有类似的资源和能力，各类资源在企业之间是流动的，因而寻求竞争优势的关键是选择有吸引力的行业并进行定位；企业外部环境相对稳定，产品生命周期较长，企业可以对外部环境进行预测；企业战略理论应动态化，注意竞争对手的反应。

2. 竞争力的分析模型

波特认为，在一个行业里，无论是国内还是国际，提供的是产品还是服务，竞争规则

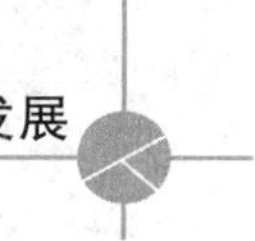

总是以五种力量的形式出现（见图 2－1）。这五种竞争力量的总和决定该行业中企业获取超出资本成本和平均投资收益率的能力。五种作用力影响价格、成本和投资水平，决定了行业的盈利能力，它们共同构成了竞争力的分析框架。

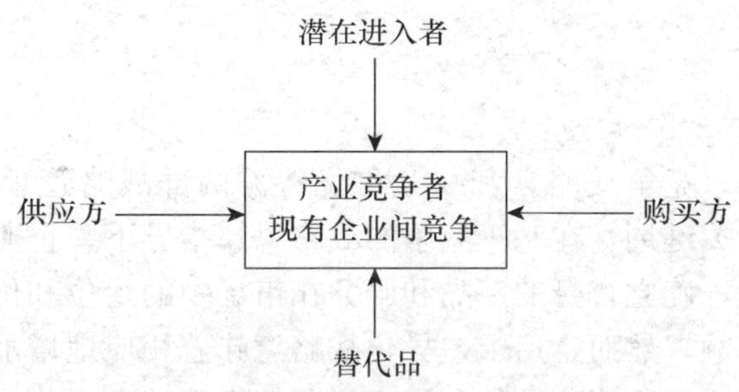

图 2－1　竞争力分析模型

第一是潜在进入者。针对新的竞争参与者必须做出竞争性反应，这不可避免地会消耗部分资源并由此降低利润。第二是替代品的威胁。一定的产品或者服务，在市场上若存在替代品，价格将受到限制。第三是购买方。购买方即顾客，若拥有强大的讨价还价能力，会影响企业的盈利率，降低利润。第四是供应方。供应方若拥有超强的讨价还价能力，就会提高要价，降低企业的盈利率。第五是现有竞争者。竞争必然使生产、营销、创新等方面的投入增加，或使产品价格下跌，从而降低企业的利润。

3. 企业的基本战略

在分析五种竞争力的基础上，波特提出了成本领先、差异化和专一化三个企业基本战略，企业的其他战略都以此为基础，根本目的就是确立企业在竞争中的优势。

（1）成本领先战略。主要是通过实现规模经济、运用专有技术、购入优惠的原材料等，使企业生产经营的总成本低于行业的平均水平，从而获取较多的利润和更大的市场份额。这就要求企业严格控制生产成本和管理费用，最大限度地减少在科研开发、服务、推销、广告宣传等方面的费用。企业一旦赢得了成本领先的地位，就可以投资新设备、新技术，使领先地位进一步巩固，使低成本状态持续保持下去。

（2）差异化战略。这一战略要求企业在本行业内敢于独树一帜，甚至"标新立异"，主要是通过生产和提供其他竞争对手所没有的产品和服务，以形成"独此一家"的市场优势。比如品牌形象、技术特色、性能优势、服务体系等方面与众不同。当然，最理想的状态是在多个方面具有差异化特质。企业要充分认识并善于利用差异化战略，例如，对差异化战略的排他性要有思想准备，实施差异化战略与扩大市场份额有时不能兼顾，或者相互矛盾。再如推行差异化战略需要付出成本代价，但并不能保证所有顾客都愿意或有支付能力接受产品或服务的价格提升。

（3）专一化战略。专一化战略的思想逻辑，一是具有明确战略的企业比那些战略含糊（比如既想成本领先又想差异化）的企业更具竞争优势；二是企业市场定位的专一化能够以更高的效率、更高的质量为某一特定的战略对象服务，从而比那些服务对象广泛的企业更具竞争优势。波特认为，成本领先战略和差异化战略不可兼得，企业必须在二者之间做出抉择，这的确是件困难的事情，最糟糕的是陷于两难境地。另一方面，企业必须在行业空间内做出选择，将经营目标集中在某一特定的顾客群或一个细分的市场，确立自己的产品或服务在成本、差异性方面的优势。这样，差异化和低成本二者兼得，可提高企业的盈利率。但专一化战略的实施限制了可能获得的整体市场份额，企业要付出一定的代价。

四、蓝海战略理论

自迈克尔·波特的《竞争战略》和《竞争优势》两部战略管理专著问世后，“竞争”就成了战略管理领域的关键词。在基于竞争的战略思想指导下，企业常常在差异化和成本领先战略之间选择其一，确立自身的产品和服务在市场中的定位和优势，以便打败竞争对手，占有更多的市场份额。然而，追求差异化战略意味着相应地增加成本，而以成本领先为导向的战略又限制了企业所能获取的利润率。随着竞争的白热化，越来越多的企业参与瓜分和拼抢有限的市场份额和利润，无论是采取差异化还是成本领先战略，企业的利润空间都将越来越小。在这种情况下，企业如何才能从激烈的竞争中脱颖而出？如何才能保持利润增长？

韩国的 W. 钱·金和美国的勒妮·莫博涅创立的蓝海战略理论为企业发展指出了一条新的路径。W. 钱·金是欧洲工商管理学院波士顿咨询集团布鲁斯·D. 亨德森战略和国际管理教席教授，勒妮·莫博涅是欧洲工商管理学院杰出学者、战略和管理学教授。他们合著的《蓝海战略》一书自 2005 年 2 月由哈佛商学院出版社出版后，在世界范围内引起了巨大反响，先后成为“《华尔街日报》畅销书”“全美畅销书”“全球畅销书”等，迄今为止，已被译成 27 种文字，打破了哈佛商学院出版社有史以来出售国际版权的纪录。

1. 红海战略与蓝海战略

在蓝海战略理论体系中，所谓“红海”是指当前业已存在的饱和市场，其利润前景暗淡，恶性竞争此起彼伏。红海战略是竞争的结果，是传统的竞争战略，是一种“血腥”的、你死我活的战略。红海战略拘泥于本行业、本战略群和现有客户，企业只是被动地适应；红海战略是零和博弈战略，企业和消费者的价值不但不能提高，反而降低。例如，近年来国内笔记本电脑价格自万元以上直线跌落，在利润空间越来越小的情况下，竞争者必然将成本转嫁给消费者，以次充好、以劣充优，导致产品质量整体下降，使用寿命缩短。结果受损的不仅是消费者，生产商、销售商的利益同样受到损害。

所谓“蓝海”是指未曾开辟的新兴市场，这一市场中的客户需求发生了重大变化，企业获得了利润高速增长的机会。蓝海战略是新型的战略，它要求企业把注意力从市场的供给方转向需求方，从关注并力图超越竞争对手转向为买方提供价值的飞跃，也就是既不参与瓜分现有的日趋萎缩的市场，也不以竞争对手为标杆，而是努力扩大需求，摆脱竞争。蓝海战略开创的是基于价值的创新而不是技术的突破，是基于对现有市场的重新排序和构建而不是直接参与竞争；蓝海战略超越了本行业、本战略群和现有客户，是一种积极主动超越竞争而实现多赢的战略。蓝海战略使企业有可能重构市场和产业边界，开启潜在的市场需求，从而摆脱“红海”——已知市场空间——的血腥竞争，开创“蓝海”——新的市场空间；蓝海战略是一种多赢的战略，在宽广幽深的“蓝海”里，企业和客户的价值同步提高。加拿大“太阳马戏团”的成功就是一个范例。马戏绝非新兴产业，而是一个日渐衰

落、缺乏竞争力的产业。"太阳马戏团"的成功缘于它认识到，打败竞争对手最好的办法就是改变试图击败对手的战略，而不是在日益萎缩的马戏市场上争夺顾客。传统马戏市场以儿童为主要顾客，"太阳马戏团"开辟了新的市场空间，从而如入"无人之境"，彻底摆脱了竞争。它吸引的是成年人、商界人士，新的顾客愿意以更高的消费享受马戏表演。

2. 实施蓝海战略的原则

W. 钱·金和莫博涅提出了制定和执行蓝海战略的原则，即重建市场边界、注重全局而非数字、超越现有需求、遵循合理的战略顺序、克服关键组织障碍、寓执行于战略等，它们构成了一个完整的战略制定与实施系统。

(1) 重建市场边界。蓝海战略的第一条原则就是重建市场边界，以摆脱竞争，开创"蓝海"。

要从"红海"突围，企业必须跨越他择性产业、战略集团、买方链、互补性产品和服务、针对卖方的功能与情感导向，甚至跨越时间。第一，跨越他择产业。处于"红海"中的企业关注的是产业内的竞争对手；开创"蓝海"要求跨越他择产业看市场。企业的竞争对手不仅仅在产业内部，还包括其他产业中他择性产品或服务的提供者。他择品要比替代品更为广泛，形态不同但功能与效用相同的产品或服务互为替代品；他择品则包括功能与形态都不同但目的相同的所有产品和服务。比如进餐馆和电影院可能出于同一目的：散散心，二者并非互为替代品，却互为他择品。第二，跨越战略集团。战略集团是指产业中的一组战略相似的企业。处于"红海"中的企业专注于战略集团内部的竞争；开创"蓝海"要求跨越产业内不同的战略集团看市场。第三，跨越买方链。处于"红海"中的企业专注于更好地为目标买方服务；开创"蓝海"要求重新界定买方群体。现实中，买方是由不同环节组成的链条，购买者为产品或服务付账，但未必是实际的使用者，买方链中还包括施加影响者，每个环节都直接或间接地影响购买决定。第四，跨越互补性产品和服务项目。处于"红海"中的企业专注于在产品边界内将产品或服务的价值最大化；开创"蓝海"要求跨越互补性产品和服务看市场。第五，跨越针对卖方的功能与情感导向。产品或服务的吸引力通常是企业之间竞争的结果，它无意间为顾客灌输了对产品与服务的定向期望，企业行为不断地强化顾客这种定向期望。蓝海战略要求重设产业的功能与情感导向。第六，跨越时间。处于"红海"中的企业专注于适应外部潮流，蓝海战略要求参与塑造外部潮流。开启"蓝海"的关键灵感很少来自预测潮流本身，而是源于从市场角度洞悉某一潮流将如何改变顾客所需的价值。

(2) 注重全局而非数字。制定蓝海战略不能把大部分时间花在填空和摆弄数据上，绘制战略布局图才能将企业战略推向"蓝海"。

制定战略布局图可分为四个步骤：第一，视觉唤醒。分析现行战略布局图，与竞争对手进行比较，找出需要改进的地方。第二，视觉探索。观察他择产品或服务的优势，找出需要剔除、创造和改变的元素。第三，绘制新的战略布局图，并在听取各方面反馈意见的基础上修改完善。第四，视觉沟通。对战略转变的前、后进行比较，支持、加强那些促进新战略实施的项目和措施。

(3) 超越现有需求。任何企业都不愿看到，当自己驶出了"红海"却驶入了一片水洼，问题在于开创"蓝海"时，如何使其规模最大化。

超越现有需要即通过以新产品或服务统合最大的需求，降低开创新市场可能遇到的规模风险。为此，企业需要挑战两种常规战略：一是只关注现有顾客；二是追求市场细分，满足顾客需求的细微差异。实现“蓝海”规模最大化，企业需要反其道而行之，不应把注意力专注于顾客身上，还要关注非顾客；不应只着眼于顾客的差别，而应基于顾客关注的共同点，开启以往并不存在的新的大众顾客群；不应仅仅着眼于一个层次的非顾客，而要跨越不同层次，基本原则就是选择最大的一块。所谓“非顾客”有三个层次，他们与市场的距离不等，但都可能转变为顾客。第一层次是徘徊在市场边界，随时准备换船而走的“准非顾客”；第二层次是有意回避市场的“拒绝型非顾客”；第三层次是远离市场的“未探知型非顾客”。

（4）遵循合理的战略顺序。构建蓝海战略的顺序是：买方效用、价格、成本和接受。

买方效用是蓝海战略顺序的起点。企业提供的产品或服务是否具有杰出的效用？能否吸引大众前去购买？这决定了“蓝海”的潜力。第二步是确定战略价格。企业不能只靠价格创造需求，产品或服务的定价应能吸引目标买方的大众群体，使他们有能力支付。第三步是成本核算。企业能够以目标成本生产产品或提供服务，并获得相应利润，既不能使成本驱动价格，也不能因成本过高而减少利润。最后一步是克服接受上的障碍。企业在创意蓝海战略时就应考虑可能面临的障碍，比如零售商或商业伙伴的反对情绪。蓝海战略的实施意味着企业驶离“红海”，所以从创意之始就着手克服障碍是至关重要的。

（5）克服关键组织障碍。无论是处于“红海”还是“蓝海”，企业与人一样，使思想转化为行为都是一个过程。比较而言，蓝海战略的实施面临更多的挑战与障碍。

实施蓝海战略的组织障碍：一是认知上的障碍。即如何唤醒员工，使他们意识到战略变革的必要性。“红海”不是走向获利增长的正确路径，但“红海”令人感到熟悉、自在，企业处于“红海”中也不错，何必打破现状呢？二是资源有限的障碍。对许多企业而言，资源趋于削减而不是增加，人们认为战略上的转变越大，所耗费的资源也就越多。三是动力上的障碍。即鼓动人们快速并执着地行动，以实现与现实的决裂。四是政治上的障碍。正如一位经理所说的那样，“你还没站起来就已经被人撂倒了”，实施蓝海战略要打破常规经验，以低成本克服障碍，获得员工的支持。

（6）寓执行于战略。人们的思想和心灵只有与新的战略保持一致，才能由被动执行转为自愿合作。而不考虑员工的思想情感，强制推行新战略会引起他们的反感。因此，企业必须创造一种充满信任和忠诚的文化以鼓舞士气，必须借助公平过程制定和执行新的战略。

研究表明，人们不仅在意结果本身，也在意这一结果产生过程的公正性；当程序公正得以实现时，人们对结果的满意度和支持度提升。蓝海战略制定的公平过程，保证人们思想与情感认同并形成信任和忠诚，从而在战略实施中自愿合作。有了自愿合作，人们不再是仅仅完成分内的工作，而是超越自我，竭尽自己的能力与主动性，甚至牺牲个人利益而执行新战略。反之，若失去了公平过程，人们的思想情感受到打击，形成不信任和反感态度，将会拒绝执行新的战略。

第三章　中国古代管理思想

中国古代管理思想浩如烟海，异常丰富，其中之精华对现代管理无疑具有重要借鉴意义。本章选择春秋战国这一中国学术思想史上的黄金时代，在阐明中国古代管理思想产生的背景、分析中国古代管理思想的基本价值取向的基础上，重点论述了以孔子、孟子为代表的儒家管理思想，以商鞅、韩非子为代表的法家管理思想，以老子为代表的道家管理思想，以墨子为代表的墨家管理思想。综合学习上述管理思想，对把握中国古代管理思想具有提纲挈领的作用。

第一节　中国古代管理思想概述

中华文化，源远流长，其中包含了极其丰富的管理思想。我们选取特定历史时期，即最活跃、最辉煌、最灿烂的春秋战国时期来讨论和分析。研究中国古代管理思想的目的，并非是对传统管理思想进行历史考据，也不是为现代管理面临的问题引进具体对策，而是着眼于从古代管理思想的哲理中有所借鉴、有所启发，从前人的智慧宝库中汲取营养、开阔视野、拓展思路，在更高的思想境界上思考现代管理面临的问题。

一、中国古代管理思想产生的背景

我国历史上春秋至战国结束时期，也即先秦时期，奴隶制度瓦解。社会变革使以往学在官府的传统被打破，贵族垄断文化知识的局面不复存在，官学流于民间，教育趋于普及，以致“孔墨之弟子徒属，充满天下”①。另一方面，周王室衰微，礼崩乐坏。当初由周王室分封的诸侯在“尊王攘夷”的旗号下，对周天子不再朝觐、不再进贡，甚至联合起来与王室对抗。周王室的礼制规范，比如君臣等级、兄终弟及等宗法制度徒具形式，名存实亡。先秦时期管理思想形成的背景可概括如下：

1. 诸侯征战

兼并战争激烈而频繁，各诸侯国，比如“五霸七雄”（五霸指齐桓公、晋文公、秦穆公、宋襄公、楚庄公；七雄指齐、楚、燕、韩、赵、魏、秦）擅自扩疆掠土，尔攻我伐，相互兼并，争夺霸主地位，造成狼烟四起、诸侯混战的局面。连年征战中，为了夺得胜利，各诸侯国纷纷研究制胜之道，无形中促进了文化的发达，以致春秋战国时期成为中国学术思想史上的黄金时代。

2. 政治混乱

随着奴隶制瓦解，天子权力旁落，先前维系奴隶制宗法关系的伦理道德规范被彻底打破，于是传统的君臣、父子关系不复存在，“臣弑君、子弑父之事，无日无之”②；政治关系被颠覆，“天下有道，则礼乐征伐自天子出；天下无道，则礼乐征伐自诸侯出”（《论语·季氏》）。处于底层的文化因素得以发展了生存空间，从而有了新的生机。

3. 经济体制变革

春秋战国时期，社会剧变，奴隶主贵族阶级没落，井田制被破坏，原有的生产关系被打破。诸侯国之间大规模的兼并与争霸战争激烈而频繁，各国都致力于打造坚甲利兵，发展实力，寻找新的经济增长机制。一方面，可能集中使用国内的经济资源，另一方面，又往往发展工商企业。这些新的经济因素无疑又成了新的文化的支撑，促进了文化的相对繁荣。所以，尽管当时由于破坏因素，造成了如孟子所说的“庖有肥肉，厩有肥马，民有饥色，野有饿莩，此率兽而食人也”（《孟子·梁惠王上》）的两极分化情况，但在上层中的文化却不贫乏。

4. 教育发达

由于官学流入民间，平民得到了接受教育的机会，饱学的贵族沦为平民，形成了我国历史上空前良好的学术氛围，私人讲学的风气大盛。在“百家争鸣”“处士横议”的条件下，学术争鸣自由，尊重他人的思想观点，容忍不同的意见，正如《周易》所说“天下同归而殊途，一致而百虑”，学术思想空前发达。春秋战国时期可谓名家辈出，比如儒家的

① 翦伯赞．中国史纲要：第一册．北京：人民出版社，1982：85．

② 黄卓明．诸子学．北京：北京大学出版社，2000：3．

孔子、孟子，道家的老子、庄子，法家的韩非子，墨家的墨子等。他们或周游列国、游说诸侯，或招揽门生、聚徒讲学，宣传自己的学说。《汉书·艺文志》称之为先秦诸子，其学术思想被称为诸子学说。“战国四公子”孟尝君、平原君、信陵君、春申君为增强实力，因势利便，竞相养士以备不时之需。这些士多为怀才不遇的学者，仅孟尝君门下就“食客三千”，其中冯谖以献“狡兔三窟”之计而闻名。春秋战国时期的诸子学说成为我国古代文化的一大奇葩。

二、中国古代管理思想的基本价值取向

中国古代管理思想尽管有诸子之别、九流十家之分，但其基本价值取向是一致的，这就是积极的入世精神，即密切关注社会现实、积极参与社会变革的人生态度。中国传统文化的主旨是经世致用、教民化俗、兴邦安国[①]，总体表现为积极的人生态度，称之为“入世”之学实不为过。这从他们各家的基本追求中可以明显看出来。

以孔子、孟子为代表的儒家思想，其基本精神是通过教育将人内在的修养外化为积极的事功。人的个人修养与素质至关重要，“物格而后知至，知至而后意诚，意诚而后心正，心正而后身修，身修而后家齐，家齐而后国治，国治而后天下平”；“古之欲明明德于天下者先治其国，欲治其国者先齐其家，欲齐其家者先修其身，欲修其身者先正其心，欲正其心者先诚其意，欲诚其意者先致其知，致知在格物”（《礼记·大学》）。这就是孔子著名的“修齐治平”理论，管理者只有先修其身，才能够齐家、治国、平天下。孔子教育思想的精髓是“志于道，据于德，依于仁，游于艺”（《论语·述而》）。即人生修养应以道为志向，以德为根据，以仁为凭借，以六艺为学习范围。孔子注重学思结合，所谓“学而不思则罔，思而不学则殆”（《论语·为政》）；“博学之，审问之，慎思之，明辨之，笃行之”（《中庸》）。注重身体力行，所谓“君子欲讷于言而敏于行”（《论语·里仁》）；“政者，正也。君为正，则百姓从政矣。君之所为，百姓之所从也”（《孔子集语》卷五）；“为政以德，譬如北辰，居其所而众星共之”（《论语·为政》）；“己所不欲，勿施于人”（《论语·颜渊》）。人身修养的终极目的就是治国、平天下。孟子认为：“天下之本在国，国之本在家，家之本在身。”（《孟子·离娄上》）

以老子、庄子为代表的道家文化，看似玄虚奥妙、柔弱无为，其实质则是注重积聚自身的力量，最终实现以柔克刚、以弱胜强、以少胜多，通过“无为”以实现“无不为”。老子认为，周王制做礼、乐，是一种经过精心设计并要求严格执行的有为而治，结果失败了，正如园圃有心插柳，却偏不成荫。所以老子提出“我无为而民自化”，“为无为，则无不治”（《道德经》）。老子把水看作世界上最柔弱事物的代表，但水能够战胜任何坚硬的东西。他认为柔弱之所以能战胜刚强，是因为柔弱孕育着新的生命力，而刚强则意味着走向衰败和死亡，柔弱走向新生，刚强走向死亡。老子强调镇定，认为人应遵循自然、恬静的本性，尊重自然规律，通过“无为”实现“无不为”；所谓“我好静而民自正”，“静胜热，清静可以为天下正”（《道德经》）。老子主张减轻徭役、赋税，人民自然会安居乐业、生活

① 徐国华，等. 管理学. 北京：清华大学出版社，2001：47.

富裕，所谓“民之饥，以其上食税之多，是以饥”，“我无事而民自富”（《道德经》）。

以韩非子为代表的法家，强调奖励耕战，厉行法治，富国强兵，注重积极地治理社会，大胆地追求功利，促进社会的变革。韩非子学说的核心是法治，“法者，编著之图籍，设之於官府，而布之於百姓者也”（《韩非子·难三》），他认为法治就是要求人民遵守所颁布的各种行为规范，令行禁止。韩非子师从荀子，荀子认为人性本恶是由利己所致，故主张以“礼”制约；同时认为“礼”不足以治人，非法治不可。韩非子在荀子法治思想的基础上，进一步指出：“释法术而任心治，尧不能正一国。去规矩而妄意度，奚仲不能成一轮”（《韩非子·用人》），“国无常强，无常弱。奉法者强则国强，奉法者弱则国弱”（《韩非子·有度》）。他认为，法治的力量可以遏邪恶、震人心，法治要以刑罚为标准。韩非子强调严刑峻法，对儒家倡导的忠孝，他斥之为致“天下乱”，徒使假仁假义者有沽名钓誉的机会。所谓“儒以文乱法，侠以武犯禁”（《韩非子·五蠹》）。

以墨子为代表的墨家文化的核心是以“兼相爱、交相利”（《墨子·兼爱中》）为手段，追求稳定社会、发展生产、长治久安的目标。“不知乱之所自起，则不能治。”（《墨子·兼爱上》）墨子认为，治理天下必须把握动乱的根由，不知道动乱由何而生，就谈不上治理天下。正如医生治病，必须知道疾病为什么产生。他认为，社会混乱源于人与人之间不相爱。臣子不能孝忠君主是混乱，子女不爱戴父母是混乱，弟弟不敬重兄长是混乱；君主不慈爱臣子、父母不慈爱子女、兄长不慈爱弟弟同样是混乱。墨子认为，只有使天下兼相爱、交相利，国与国之间免于相互攻伐，家与家之间免于相互扰乱，君主慈爱臣子、父母关心子女、臣子孝忠君主、子女爱戴父母，盗贼不复存在，才能达到社会稳定、长治久安的目的。墨子以兼爱为基本准则，倡导兴天下之利，除天下之害。墨子认为，尊重贤才是治理国家的关键，是政治统治的根本，“国有贤良之士众，则国家之治厚；贤良之士寡，则国家之治薄。故大人之务，将在于众贤而已”（《墨子·尚贤上》）。所以古代圣王都以谨慎的态度尊崇并使用贤才，遵循“不辩贫富贵贱、远迩亲疏，贤者举而尚之，不肖者抑而废之”（《墨子·尚贤中》）。

以上各家，观点虽异，但主旨都是解决社会发展的实际问题，这一点是完全一致的。

三、积极正确地对待中国传统文化

中华民族传统文化历史悠久，内涵丰富，是世界文化宝库中非常重要的组成部分，对人类文明的进步产生了重大而深远的影响。近代以来，在封建统治者腐朽统治下，中国积贫积弱，受尽外国列强欺负。无数仁人志士开始反思救国之道，其中也包括了对我国传统文化的反思。这种文化反思经历了曲折的道路，终于在 20 世纪 20 年代初，以中国共产党成立为标志，找到了马克思列宁主义，并使其在革命征程中发展为革命文化及其后的社会主义文化。但革命后和社会主义制度建立后，这种文化反思并没有终结，改革开放至今仍在进行着。这一方面有对我国发展的热切追求使然，另一方面也是对西方文化强有力挑战和冲击的一种必然反映。在中国传统文化与西方文化的冲突中，总的态度应是对两者都持吸收态度，为我所用。尤其对中国传统文化，我们继承和吸收得还很不够，其中的许多精华我们甚至都丢掉了。以下两种思潮是明显不正确的，特别值得我们注意：

一是民族虚无论和全盘西化论。这二者其实是一回事。这种思潮把中国传统文化贬斥得一无是处、毫无价值，甚至视传统民族文化为经济与社会发展的“沉重包袱”“历史负担”“文化惰力”，认为中国传统文化已陷入绝境，因而要瓦解、涤荡和清除中国文化的一切传统，彻底摆脱中国文化形态。同时要全面引进西方文化，并用此重构中国文化，使中国文化“全盘西化”。显然，这种观点是完全错误的，它不仅在理论上陷入了极端荒谬，在实践上也证明了它的全面失误。

二是站在极左立场上，完全排斥西方文化，同时也排斥中国古代传统文化。这种思潮强调，西方文化固然有着深刻的“资本”的烙印，是为资本掠夺劳动人民服务的；而中国古代文化也是封建地主阶级加给人民群众的枷锁，不适应社会主义建设的实践需要。我们只保留、发展革命文化和社会主义文化就够了，其他都用不着去借鉴和吸收，更不要说“照搬过来”。显然，这种拒绝人类优秀文化成果、拒绝中国传统文化精华的极端主张，是一种狭隘的“左”倾思潮，是一种过时的、已被实践证明错误了的人类“幼稚病”。

对中华民族的传统文化，我们应以辩证、科学、历史的态度，对其进行认真的清理。对其中的优秀成果，要站在人类历史的高度、时代的高度，采取“研究阐发、教育普及、保护传承、创新发展、传播交流”的态度，使其最大限度地发挥历史的促进作用。

如前所言，中国传统文化对人类文明进步发挥了重大而深远的影响和作用，世界范围内的有识之士已有共识，近年来兴起的“中国文化热”就是例证。日本的企业家不约而同地到中国传统文化中寻找“精神武器”，作为日本企业文化核心理念的“团队精神”，正是儒家家族伦理观念的运用，故日本企业文化被称为“家族主义企业文化”，日本的资本主义被称为“儒家资本主义”；韩国的“中国文化热”也方兴未艾，《孙子兵法》的销售量创出版史上的最高纪录，被称为“企业的经营指针”；“亚洲四小龙”之一的新加坡着力恢复中断多年的儒家伦理思想，强化勤劳、节俭、和谐、忠诚等儒家传统价值观和道德观教育。中国古代的一些经典著作，如《论语》《老子》《孙子兵法》《三国志》等成为许多企业家的必读书目。[①] 故有学者指出：世界上最早讲管理，而且讲得最好的，首推中国人。

“世界上一些有识之士认为，包括儒家思想在内的中国优秀传统文化中蕴藏着解决当代人类面临的难题的重要启示，比如，关于道法自然、天人合一的思想，关于天下为公、大同世界的思想，关于自强不息、厚德载物的思想，关于以民为本、安民富民乐民的思想，关于为政以德、政者正也的思想，关于‘苟日新，日日新，又日新’、革故鼎新、与时俱进的思想，关于脚踏实地、实事求是的思想，关于经世致用、知行合一、躬行实践的思想，关于集思广益、博施众利、群策群力的思想，关于仁者爱人、以德立人的思想，关于以诚待人、讲信修睦的思想，关于清廉从政、勤勉奉公的思想，关于俭约自守、力戒奢华的思想，关于中和、泰和、求同存异、和而不同、和谐相处的思想，关于安不忘危、存不忘亡、治不忘乱、居安思危的思想，等等。中国优秀传统文化的丰富哲学思想、人文精神、教化思想、道德理念等，可以为人们认识和改造世界提供有益启迪，可以为治国理政提供有益启示，也可以为道德建设提供有益启发。对传统文化中适合于调理社会关系和鼓

① 徐国华，等. 管理学. 北京：清华大学出版社，2001：46.

励人们向上向善的内容，我们要结合时代条件加以继承和发扬，赋予其新的涵义。”①

第二节 儒家的管理思想

儒家文化的代表人物是孔子和孟子。孔子名丘，字仲尼，春秋末期鲁国人。他出生于没落贵族家庭，自小勤奋好学，30 岁就以博学多能而闻名，并成为我国历史上第一位向平民传授知识的伟大的教育家。孔子曾周游列国十余年，向各诸侯国推行他的政治主张。晚年致力于文化教育事业，一面继续聚徒讲学，一面整理文献典籍，完成了《诗》《书》《礼》《乐》《易》等古籍的修订编辑工作，并依据已有的鲁史写成《春秋》一书，这是我国第一部编年体历史著作。相传孔子一生有弟子 3 000 人，他死后弟子们辑录其言行编成《论语》一书，成为研究孔子思想最直接、最重要的依据。

孟子名轲，战国时期邹国人。他生活在宗法封建向地主封建转变的大变革时代，一生中有 20 年奔走于各诸侯国，劝说统治者推行王道、仁政，宣传自己的政治主张。他晚年主要从事教育和著述，与弟子一起著《孟子》七篇。孟子对孔子推崇备至，认为孔子是圣人中的集大成者，他继承并发展了孔子的思想，成为儒家学说的重要代表人物，被后世尊为“亚圣”，与孔子并称为“孔孟”。

一、中庸思想

孔子继承了我国古代文化崇尚“中”的观念，即认为只有不偏不倚、无过与不及，才能实现王道之治，把中正、适度作为评判事物合理性的普遍准则，把“和”的理念与实现“和”的方法结合起来，形成了中庸理念，成为儒家管理思想的哲学基础。

何谓“中庸”？孔子说：“执其两端，用其中于民。”（《礼记·中庸》）即把握事物的“过”与“不及”这两个极端，而用中庸之道引导民众。他认为，“过”或“不及”都是事物的“非”状态而不是“是”状态，在两个极端的状态之间，存在着代表理想状态的“中”，“中”才是事物的“是”状态。“喜怒哀乐之未发，谓之中。发而皆中节，谓之和”，“致中和，天地位焉，万物育焉”（《礼记·中庸》）。即喜、怒、哀、乐各种情感尚未表现出来叫作“中”；表露出来而没有过和不及，合乎自然之理叫作“和”。能够达到“中和”，天地便安处其位，万物成长发育，生生不息。中庸思想就是要把握事物的“度”，做到恰如其分、恰到好处。

孔子中庸思想所指的“两端”是一对特殊的矛盾，对立双方不存在谁是谁非的问题，都属于“非”。孔子认为不应该肯定任何一方而否定另一方，而应坚持“中”，把握“度”。子贡曾问孔子：子张与子夏相比，谁好一些？孔子答：子张做事常常过头，而子夏则不足。子贡又问：子张比子夏好一些吗？孔子说：“过犹不及”（《论语·先进》），即过与不及同样不好。孔子视中庸为人格思想，认为实现中庸需要极高的道德品质。他把事物的发

① 习近平：在纪念孔子诞辰 2565 周年国际学术研讨会上的讲话. 新华网，2014-09-24.

展归纳为三种状态，即不足、中正、过度，只有中正、适度才是理想的状态。中庸思想的另一方面是忽视矛盾双方的对立与冲突，主张维持现状，否定变革。

二、人性善论

古今中外的管理都与对人性的理解密切相关，所有管理理论的差异都直接或间接地源于对人性的不同认识。美国管理学家麦格雷戈指出："在每一个管理决策或每一项管理措施的背后，都一定有某些关于人性本质以及人性行为的假定。"①

儒家管理思想以人性善为依据。战国时代，关于人性问题有"性恶论"与"性无善恶论"之争。孟子认为人性本善，"恻隐之心，人皆有之；羞恶之心，人皆有之；恭敬之心，人皆有之；是非之心，人皆有之。恻隐之心，仁也；羞恶之心，义也；恭敬之心，礼也；是非之心，智也。仁义礼智，非由外铄我也，我固有之也，弗思耳矣"（《孟子·告子上》）。即仁义礼智之心，并不是外界强加的，而是人本身所固有的，只不过未曾思考罢了。孟子认为："人性之善也，犹水之就下也。人无有不善，水无有不下。"（《孟子·告子上》）也就是说，人性的善良就好似水向低处流一样；人没有不善良的，水也不会向高处流；人可以把水引到山上，但这绝不是水的本性，而是外力所致。孟子用水往低处流这一自然现象阐释人性趋善的必然性，他所说的人性并不是人与生俱来的本能，而是人与其他动物不同的、使人成为人的那些特性。人性善是孟子管理思想的基本理念，是孟子管理思想的出发点和前提。

三、德治思想

对德治与法治管理方略，儒家选择的是德治。"为政以德，譬如北辰，居其所而众星共之"（《论语·为政》），就是说，依据道德治理国家，就会像北极星一样，处在自己的位置，众多的星星环绕在周围，这才是最佳的管理状态。孔子认为，德治的主要手段是伦理规范，它是无形的约束而非成文的规定。伦理规范落实的基础是社会舆论和个人内心的耻辱感，这就避免了复杂的规章制度和管理控制的投入，减少了管理者和被管理者之间的矛盾与冲突，有利于形成诚信和谐的人际关系，营造良好的管理氛围。

为政以德，要求管理者加强个人修养，以身作则，实行仁政。儒家提倡"内圣外王"之道，视个人修养为政治统治的前提。"其身正，不令而行；其身不正，虽令不从。"（《论语·子路》）《礼记·大学》提出修身、齐家、治国、平天下，每一项均以前一项为前提，齐家、治国、平天下的总牵头就是搞好自身的人格修养。孟子说："天下之本在国，国之本在家，家之本在身"（《孟子·离娄上》），就是说，治理天下，管理好国家的前提和基础是统治者的个人修养。"君子之守，修其身而天下平"（《孟子·尽心下》），"故天将降大任于斯人也，必先苦其心志，劳其筋骨，饿其体肤，空乏其身，行拂乱其所为，所以动心忍性，曾益其所不能"（《孟子·告子下》），即要承担重大责任，必须先使其行为不能称心如

① 潘承烈，虞祖尧，等. 中国古代管理思想之今用. 北京：中国人民大学出版社，2003：138.

意，以坚韧其情志，增补相应的能力。这些观点后来发展为《大学》中“意诚而后心正，心正而后身修，身修而后家齐，家齐而后国治，国治而后天下平”的完整表述。实现德治，管理者必须以身作则，严格要求自己。“政者，正也。子帅以正，孰敢不正?”（《论语·颜渊》）只有“正己”才能“正人”，言传身教是德治的形式，“正”是孔子对管理者提出的道德要求。为实现德治，必须实行“仁政”。“夫仁者，己欲立而立人，己欲达而达人”（《论语·雍也》），就是说，有仁德的人，自己立身也要使别人立身；自己发展也要使别人发展。孔子把立己立人、达己达人视为“仁”的最高境界。

四、民本思想

治国要以民为本，富国要以富民为本，孔子的经济管理思想突出了民本特色。孔子提出“富而后教”，认为政治教化必须以发展物质生产为基础，必须以人民的生活富裕为前提。因此，他一方面主张统治者要“节用薄敛”，减轻百姓的赋税负担，避免滥用民力；另一方面提出“因民之所利而利之”，“废山泽之禁”，主张打破贵族领主对自然资源的垄断，使百姓能比较自由地利用自然资源发展生产，统治者不可与民争利。人民富裕了，自然就有了充足的税源，国家怎能不富？这就是孔子“百姓足，君孰与不足？百姓不足，君孰与足?”（《论语·颜渊》）的经济思想。孔子在理论上探讨了富民与富国的辩证关系，他提出的富国应以富民为基础的观点，开创了儒家富民思想的先声。

孟子认为，只要统治者能真正实行爱护人、尊重人的民本管理，就一定能够安定天下。“人皆有不忍人之心。先王有不忍人之心，斯有不忍人之政矣。以不忍人之心，行不忍人之政，治天下可运之掌上。”（《孟子·公孙丑上》）就是说，人们对他人都有同情心，过去的君王因为有同情心，才有了同情人们的政治；依据同情心实施同情人们的政治，治理天下就能运转于手掌之上。孟子的民本思想系统而明确，“民为贵，社稷次之，君为轻。是故得乎丘民而为天子，得乎天子为诸侯，得乎诸侯为大夫”（《孟子·尽心下》）。“民为贵”，所以得到民众的拥护就能作天子，得到天子的赏识就可作诸侯，得到诸侯的赏识就可作大夫。孟子认为，在民与君的关系上，最终具有决定作用的是民而不是君，即所谓的“水能载舟，亦能覆舟”。

五、义利统一思想

社会活动中如何处理义与利的关系，是先义后利，还是先利后义？这反映出不同的价值观念。

利即功利；义即适宜、得体，合乎伦理道德等社会规范。儒家文化有贵义贱利、以义制利的传统，孔子主张“见利思义”“义然后取”，强调用正当手段获取利益。“不义而富且贵，于我如浮云”（《论语·述而》），即用不正当手段得到富贵，在我看来犹如浮云一般。孔子注重增进人格修养，正确处理义利关系，所谓“君子喻于义，小人喻于利”（《论语·里仁》），就是说有修养的人追求义，而小人则一心追求私利。

孟子认为，如果一个国家、一个社会上上下下都置仁义于不顾，在人际交往中尽做损

人利己之事，这个国家、社会肯定要灭亡。他主张先利后义，“君臣、父子、兄弟终去仁义，怀利以相接，然而不亡者，未之有也”（《孟子·告子下》）。“上下交征利而国危矣”，“苟为后义而先利，不夺不餍”（《孟子·梁惠王上》）。就是说，离开了道德约束，一味追求私利，人就会失去理性，回归到动物互相残杀的混乱状态。孟子并不反对人们追求私利，反对的是不顾仁义的求利行为，所谓“君子爱财，取之有道”，他认为义利统一是人修身、治国、平天下应遵循的重要原则。

“孔子创立的儒家学说以及在此基础上发展起来的儒家思想，对中华文明产生了深刻影响，是中国传统文化的重要组成部分。儒家思想同中华民族形成和发展过程中所产生的其他思想文化一道，记载了中华民族自古以来在建设家园的奋斗中开展的精神活动、进行的理性思维、创造的文化成果，反映了中华民族的精神追求，是中华民族生生不息、发展壮大的重要滋养。”①

第三节　法家的管理思想

我国的法治思想历史悠久，据史书记载：“夏有乱政而作《禹刑》，商有乱政而作《汤刑》，周有乱政而作《九刑》。”（《左传·昭公六年》）而较为系统的法治思想始于战国时期的李悝，商鞅、慎到、申不害、韩非子等是法家管理思想的代表人物。

一、商鞅的管理思想

商鞅，姓公孙，卫国贵族，又称卫鞅或公孙鞅，战国时期秦国著名政治家。他在秦国两次变法，为秦统一全国奠定了基础。在先秦思想家中，商鞅以重法著称。《商君书》记述了商鞅变法的种种业绩及其代表新兴地主阶级的思想政治路线和政策。

商鞅认为，“国之所以治者三：一曰法，二曰信，三曰权”（《商君书·修权》）。“法治”是商鞅管理思想的核心。他认为，仁义不足以治天下，非法治无以治国平天下。“法令者，民之命也，为治之本也，所以备民也”（《商君书·定分》）；“以刑治，民则乐用；以赏战，民则轻死”（《商君书·弱民》）；“故明主慎法制。言不中法者，不听也；行不中法者，不高也；事不中法者，不为也”（《商君书·君臣》）；“不可以须臾忘于法”（《商君书·慎法》）。商鞅认为，只有法律才能解决争端，巩固统治；法律是管理国家、维护和巩固统治秩序的根本大计；必须坚持法治，赏罚分明，无论何人作奸犯科一律治罪。他主张确立法律管理理念在国家管理结构中的突出地位。正是在这一思想指导下，秦国在变法过程中设置了严刑峻法。商鞅强调，“圣王者，不贵义而贵法，法必明，令必行”（《商君书·画策》）。在秦国变法之初，为打消民众顾虑、疑念，商鞅立木于咸阳南门，传令“有能徙置北门者予十金”，后添至五十金，并当众兑现，以示有令必行，赏罚分明。商鞅认为推行法治的关键在于“权”，权力必须由君主“独制”。

① 习近平：在纪念孔子诞辰2565周年国际学术研讨会上的讲话. 新华网，2014-09-24.

商鞅的法治管理思想为中央集权的君主专制制度的建立奠定了理论基础，也被之后的法家代表人物继承和发展。

二、慎到的管理思想

慎到，战国时期赵国人，法家思想的代表人物。慎到主张统治者在“尚法”的同时，应注重“势”，被认为是“势治”派。

慎到强调“尚法”的重要性。“有权衡者，不可欺以轻重；有尺寸者，不可差以长短；有法度者，不可巧以诈伪。”（《慎子·逸文》）何以“尚法”？慎到认为，法律要合乎人情，要严格执法、事断于法，执法者要“立公”而“弃私”，要适应时代的变化而变法。慎到以重“势”而著称，主张借君主的权力和地位推行法治。他提出君道无为、臣道有为的思想，告诫国君“君臣之顺，治乱之分，不可不察也”（《慎子·民杂》），以防止君轻臣重的现象，保证国君独揽大权。首先，法治的推行要借助君主的权力、势位，“权重位尊”才能使令行禁止；其次，权势必须以“众”为基础，“身不肖而令行者，得助于众也”，“得助则成，释助则废矣”（《慎子·威德》）。慎到还提出了“立天子以为天下”的思想，“立天子以为天下。非立天下以为天子也。立国君以为国。非立国以为君也”（《慎子·威德》）。这说明慎到已认识到国君的权势也应受到一定的制约。他关于“势”的思想被韩非子继承并发展。

三、申不害的管理思想

申不害，战国时期郑国人，法家思想的代表人物，他主张法治，注重“法术”。

申不害强调法治，他不仅论述了法律在国家管理中的重要地位，同时指出法律对树立国君的权威、维护国君的尊严也至关重要，所以英明的国君都重视法令。申不害列举了尧和黄帝治理天下的范例：“尧之治也，善明法察令而已。圣君任法而不任智，任数而不任说。黄帝之治天下，置法而不变，使民安乐其法也。”（《申子·佚文》）。申不害的“术治”论以君主为本位，即为巩固统治，君主必须从要害入手，独揽大权，使群臣听由自己的支配。他强调君主要“独视”“独听”“独断”，利用“术治”进行管理。术的内容，一是指“为人君者，操契以责其名”（《申子·大体》），君主要利用监督和考核方法，实施奖惩，决定官吏的任免、升迁；二是指“藏于无事，示天下无为”（《申子·大体》），即君主要善于暗中驾驭臣子的权术。

四、韩非子的管理思想

韩非子，战国末期韩国人，法家思想的集大成者。韩非子师从荀子，“喜刑名法术之学”，“非为人口吃，不能道说，而善著书”（《史记·老子韩非列传》）。韩非子曾多次向韩王提出兴国之策，但都不被采纳，于是发愤写了《孤愤》《五蠹》等十万言，后来集为《韩非子》一书，他希望通过著书立说向君主表达自己励精图治、富国强兵的思想。韩非

子生活的年代，各国先后都进行了变法，中央集权制度的经济基础和法制基础已经形成，儒家与墨家思想失去了往日的辉煌，道家小国寡民的思想已被国家统一的趋势所粉碎，法家思想成为建立封建的中央集权政治制度和治国理民的指导思想。

韩非子吸收了荀子的法治思想，对商鞅重法、申不害重术和慎到重势加以扬弃，形成了先秦时代法、术、势三者融为一体的思想体系，并成为治理国家、管理社会的基本方略。

1. 人性恶论

韩非子继承了荀子的人性恶思想。荀子认为，“目好色，耳好声，口好味，心好利，骨体肤理好愉佚，是皆生於人之情性者也”（《荀子·性恶》），“饥而欲食，寒而欲煖，劳而欲息，好利而恶害，是人之所生而有也”（《荀子·荣辱》）。同时，荀子强调人性虽然是恶的，但通过学习、教育，人可以有所作为，由恶变善。

韩非子认为，“人性自为”，“君臣异利”，不要期望人们自觉主动地为国家、社会效力。“主卖官爵，臣卖智力”（《韩非子·外储说右下》），“臣尽死力以与君市，君垂爵禄以与臣市”（《韩非子·难一》）。就是说，臣子想方设法全力换取君主的爵位和俸禄，君主则用爵禄换回臣子的智慧和力量。因为资源有限、利益争夺，君得多了，臣就少了；臣得多了，君就少了。“主利在有能而任官，臣利在无能而得事。主利在有劳而爵禄，臣利在无功而富贵。主利在豪杰使能，臣利在朋党用私。”（《韩非子·孤愤》）即君主的利益在于任命有才能的人做官，臣子的利益在于没有能力而得到职位；君主的利益在于依据功劳授予爵位、给予俸禄，臣子的利益在于无功也能享受富贵；君主的利益在于重用有才能的豪杰之士，臣子的利益在于朋比为党，牟取私利。不仅君臣之间互相计算利害得失，就是“父母之于子也，犹用计算之心以相待也，而况无父子之泽乎？”（《韩非子·六反》）人人都要谋取自己的利益，不能幻想别人仗义恩赐，要靠自己的力量去追求、创造。

2. 法道万能

韩非子从人性恶论出发，坚持治国必须严刑峻法。他斥儒家倡导的忠孝会制造天下大乱，认为只有法治才是治国的根本原则。“道法万全，智能多失”（《韩非子·饰邪》），即依据客观规律和法律治理国家万无一失，凭个人的智慧与能力容易失误。“以道为常，以法为本”（《韩非子·饰邪》），即治国理民要遵守客观规律，以法度为根本。依法办事，可以匡正君主的失误，制约臣僚的行为；可以治理混乱，利国利民。所谓“一民之轨，莫如法”（《韩非子·有度》），意思是统一民众的行为，最好的办法是健全法制、依法办事。

韩非子认为，立法必须遵守两个原则，一是“必因人情”，二是“法不两适”（《韩非子·问辩》）。前者即必须考虑人情，认识到人性自为、好利恶害，能够制约君臣异利的法律，才能达到治理臣民、治好国家的目的。“凡治天下，必因人情。”（《韩非子·八经》）后者即在人性自为、君臣异利、君民异利的情况下，法律不可能同时维护双方的利益，对侵犯国家利益的行为要予以制裁。也就是说，“法不两适”的基本精神是在法律面前君臣、君民不能平等，君主至上，国家至上，在维护君主利益、国家利益的前提下，才能讲究臣民利益。

韩非子认为，厉行法治的基本要求在于：“法者，编著之图籍，设之於官府，而布之於百姓者也”，“故法莫如显”，“是以明主言法，则境内卑贱莫不闻知也”（《韩非子·难三》）。即让法律成为条款，存案于官府，公布于百姓，做到家喻户晓，深入人心。“吏者，平法者也。治国者不可失平也”（《韩非子·外储说左上》），“法平则吏无奸”（《韩非子·饬令》）。即法律只有公正无私才能发挥作用。“法有立而有难，权其难而事成则立之。事成而有害，权其害而功多则为之。无难之法，无害之功，天下无有也。”（《韩非子·八说》）即没有弊端的法律、没有危害的事业是不存在的，拟定的法律即使有害，但权衡它能够成就事业，就应制定实施；成就某一事业有害，但利大于弊，就应努力追求。韩非子把功利作为法治的重要原则。“法省而民讼简”，“明主之法必详事”（《韩非子·八说》）。即法律简单明了，民众的诉讼就会减少；法律的内容要详尽完备，表述要准确无误。“法莫如一而固，使民知之。”（《韩非子·五蠹》）即法律要保持相对稳定，若朝令夕改，人们就失去了行为的准则。

3. 法、术、势相结合的思想体系

韩非子提出了以君权为中心，法、术、势相结合的治国思想。由于管理对象本性自利，比如君臣异利、君民异利，君主只有凭借“权势”与“法”和“术”互补才能有效管理国家。

所谓“势”，指君主的“权势”“势位”。“智者决策于愚人，贤士程行于不肖”（《韩非子·孤愤》），那么君主得出的结论一定是荒谬的。韩非子认为，贤能的人屈从于不肖之辈，因为他权小位低；无能的人使贤能的人屈服，是因为他权大位高。权势被贤能的君主用之，则天下大治；反之，则天下大乱。由于贤能的人少，不肖的人多，所以“权势”乱天下的多、治天下的少。韩非子认为，“势”与“法”的结合才是治理国家的有效方法，即君立法、吏执法、民守法，“抱法处势则治，背法去势则乱”（《韩非子·难势》）。势位确立、法治实施离不开谋略和方法，即所谓的“术”。他认为只有确立势位才可以用术，君主以术选拔、任用、考核臣子，以术识奸、防奸、除奸，维护权势。法与术互补，可强化势位；势与术互补，可强化法治和统治力量。

第四节　道家的管理思想

老子是先秦道家学说的创始人，姓李名耳，是春秋末期楚国人。老子的管理思想集中在《道德经》[①]（又称《老子》）一书中，全书共八十一章，分上下两篇，上篇自第一章至第三十七章，称《道经》，下篇自第三十八章至第八十一章，称《德经》，二者合称《道德经》。据史书记载，老子是一位学识渊博、坦诚直率、思维敏捷、言行一致、能洞察世情的人。老子的思想体系围绕“道”而展开，其“道德”言论充满了魅力。

一、道的理念

“道”是老子思想的核心。老子所谓的“道”是指人类生活的准则，是客观存在的宇宙本源，是万事万物产生和发展的规律，也是治理国家的规律和准则。

① 本节引文均出自《道德经》，不再一一注出。

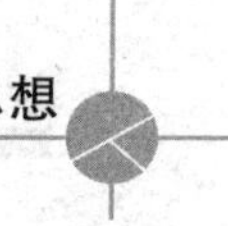

老子和先秦诸子一样，重视对“治国之道”的思考与阐述。比较而言，老子关于“道”的理念所涵盖的空间更为广阔。老子开宗明义地说：“道，可道，非常道。名，可名，非常名。无名，天地之始；有名，万物之母。”“天下万物生于有，有生于无。”即凡是可用言语表达的“自然之道”“可道之道”都非永恒不变之道，非真正的自然之道；凡是可用言语表达的万事万物的名称，也不是真正的自然之道的名称。因为真正的自然之道是一种无形、无声、无色、不被知觉的力量，它在恍惚、冥冥之中发挥着作用。自然之道就是“无”，万物生于有形的天地，有形的天地生于无形的道。老子所谓的“道”，不仅仅限于人类社会的范围，即所谓的“人道”，而且还包括“天道”“地道”，而天道、地道、人道都要服从自然之道。可见，老子关于“道”的理念强调的是“自然法则支配一切”，即“道法自然”。在老子看来，“道”早在物质生成之前就存在了，这是对原始朴素唯物论的重大贡献。

老子认为，“道”是介于天、地、人之间的桥梁。“人法地，地法天，天法道，道法自然。”即人生活在地上要受地的制约，必须以地为法则；地在天下，受天的支配，必须以天为法则；天地之间包括人在内的万物都要受道的制约，天必须以道为法则；道是先于天、地、人而生的一种无形、无声、无色、不被知觉的力量，这种力量受制于自然，必须以自然为法则。所以，人作为万事万物的一种，不需要接受干预、干涉。

老子关于“道”的理念，一方面揭示了真理的相对性，另一方面也告诉我们，管理必须认识客观规律，掌握并自觉遵守客观规律。

二、人性理念

先秦诸子中，孔子和孟子认为人性本善，故主张仁政、德政；韩非子认为人性本恶，所以强调法治。老子并未直接讨论人性问题，但综合其言论不难看出，老子所持的是“人性本恶”理念。

“五色令人目盲，五音令人耳聋，五味令人口爽。驰骋田猎，令人心发狂。难得之货，令人行妨。是以圣人为腹不为目。故去彼取此。”即华丽的服色容易使人的眼睛受到伤害；美妙的音乐容易使人耳朵受到损伤；甜美的食物容易使人的口味受到破坏；纵情猎场，使人发狂；稀缺的物品，诱人行窃或抢劫，使人品行败坏。因此，圣人只求内在的饱腹，而不受外在美观的驱使，所以舍弃后者而取前者。老子认为，人的本性是有欲、有私、贪恋物，常常不能抵御外在的刺激，人类社会的矛盾与争斗概源于此。

另一方面，老子拒绝以仁义、孝慈或法制等手段矫正人性的缺陷，认为这会加重社会纷争和冲突。“大道废，有仁义。智惠出，有大伪。六亲不和，有孝慈。国家昏乱，有忠臣。”意即当“大道”被废弃之时，人们才倡导所谓的仁义；智慧产生了，人们行为伪诈；家庭失去和睦，人们要求父慈子孝；国家陷于昏乱，忠臣受到奖励。“上德不德，是以有德。下德不失德，是以无德。上德无为而无以为，下德无为而有以为”，“故失道而后德，失德而后仁，失仁而后义，失义而后礼”。即具备“道”的修养的国君，不倡导仁、义、礼、智，而有自然的品德；不具备“道”的修养的国君，倡导仁、义、礼、智，所以失去了自然的品德。上德的无为是无心的，下德的无为是有心的。所以失掉了道然后才有德，失掉了德然后才有仁，失掉了仁然后才有义，失掉了义然后才有礼。

老子认为，人类社会应重新恢复“道”，废除仁义、孝慈、礼法等人为干扰，净化人类本性，达到“见素抱朴，少私寡欲”的境界，这样才能实现理想的社会秩序。

三、无为而治思想

老子从遵循自然法则出发，提出了“无为无不为”的思想。“为学日益，为道日损，损之又损之，以至于无为。无为无不为。取天下常以无事，及其有事，不足以取天下。”意思是说，研究学问，知识一天天增多；遵循自然法则，压力、负担趋于减少，从而达到“无为”。无为方能实现无所不为。治理天下应经常以无事处之，否则就不可能治好天下。老子认为，宇宙本源是道，道无为；人应遵循道，顺乎自然法则。“为者败之，执者失之。是以圣人无为故无败，无执故无失。”即有为的人常常失败、受损失，圣人无为，所以不会失败，不受损失。老子认为，坚持“有为”，盲目、固执蛮干的人，注定要失败。只有遵循自然法则，才能立于不败。

从无为而治出发，老子认为：“我无为而民自化，我无事而民自富，我好静而民自正，我无欲而民自朴。”即统治者无为，百姓自然顺化；统治者无事，百姓自然富足；统治者保持清净，百姓自然端正；统治者没有欲望，民风自然淳朴。“道常无为而无不为。侯王若能守，万物将自化。”即道永远是无为的，没有一件事物是道所为。统治者如果能够遵循道的法则，万事万物都将自动地归化。正如火车运行必须有既设的轨道，方能安全到达目的地，若火车脱离了轨道，必酿成事故。

四、朴素的辩证法思想

老子认为，宇宙万物相互联系、相互依存，是矛盾的统一体，体现出朴素的辩证法思想。

老子认为，刚与柔、阴与阳、福与祸、质与量、美与丑、善与恶、有与无、难与易、长与短、高与下、音与声、前与后等，它们既相互对立，又相互依存，彼此发展到一定程度，便各自向相对的方向转化，这就是道，是自然法则。

（1）刚与柔。“兵强则灭，木强则折。强大处下，柔弱处上。”即用兵逞强就会失败，树木太强大会被摧折。强大最终要走向柔弱，柔弱最终要走向强大。“天下莫柔弱于水，而攻坚强者莫之能胜，以其无以易之。弱之胜强，柔之胜刚。”即万物没有比水更柔弱的，然而水能战胜刚强的事物，这是无法改变的事实，弱小的能够战胜强大的，柔弱的能够战胜刚强的。老子把水作为最柔弱的代表，然而它却能战胜最刚强的事物。

（2）阴与阳。“万物负阴而抱阳，冲气以为和。人之所恶，惟孤、寡、不毂，而王公以为称。故物或损之而益，或益之而损。”即事物虽有不同，但都是背后为阴气，胸前为阳气，阴、阳二气通过交流得以和谐。人们所憎恶的“孤”“寡”“不毂”，侯王却用以自称。所以，万事万物受到减损时，反而使之增益；得到增益时，反而使之减损。

（3）福与祸。老子认为：“祸兮，福之所倚；福兮，祸之所伏。”福与祸内部都包含着

否定自身的因素，它们可以互相转化。今日之福构成他日之祸，父祖之祸，遗为子孙可能是福。

(4) 质与量。老子强调质与量的关系，认为量变推动了质变。“合抱之木，生于毫末。九层之台，起于累土。千里之行，始于足下。”即合抱之粗的大树，由毛尖小的幼芽长成；九层之高的平台，由土堆积累而成；千里之远的行程，始于迈出的第一步。

(5) 老子认为：“天下皆知美之为美，斯恶已。皆知善之为善，斯不善已。故有无相生，难易相成，长短相形，高下相倾，音声相和，前后相随。”即当人们都知道美之为美的时候，就有了丑；都知道什么是善的时候，就有了恶。所以，有和无、难和易、长和短、高和下相辅相成，音和声由相互对立而和谐，前和后由相互对立而相随。

五、“少私寡欲”的行为准则

老子要求人们“少私寡欲”“无私无欲”“清心寡欲”，认为人的本性是“好逸恶劳”或“好吃懒做”，有着强烈的私利欲望，但他并不主张依靠隆礼或法治对人加以改造、教化。

“古之善为道者，非以明民，将以愚之。民之难治，以其智多。以智治国，国之贼。不以智治国，国之福。”老子认为，先古圣贤善于以道治国，不是用道使人民聪明，而是用道使人民愚朴。人民难以治理是因为他们心机太多。所以用智术治国是一大害，放弃智术是国家之福。老子认为，绚丽的色彩、美妙的音乐、精美的饮食、珍异的宝物、纵情田猎等享乐根本不应该让人民知道，使他们“为腹不为目”，这本质上是一种愚民政策。老子提出“圣人治：虚其心，实其腹，弱其志，强其骨。常使民无知无欲”，即圣贤治理国家的方法和目标应该是：净化人民的灵魂，满足人民的温饱之需，淡化人民对名与利的追求，增强人民的体质，永远使他们缺乏政治知识和欲望。老子甚至主张倒退到“结绳记事”的原始状态。

第五节 墨家的管理思想

墨子是墨家学说的创始人，姓墨名翟，是战国初期鲁国（一说宋国）人。墨子出身寒微，掌握许多手工业技能。他曾做过宋国大夫，游历过卫、齐、楚、魏等国。

墨家学派的活动贯穿整个战国时代，是当时与儒家并立、对社会产生重大影响的学派。《韩非子·显学》曾说：“世之显学，儒、墨也。”“显学”即最有影响、最有权威的学派。墨子的学生众多，据《吕氏春秋》记载，孔子和墨子的学说大行其道，“孔墨之弟子徒属充满天下”。墨家经典是《墨子》，系墨家门徒对墨子言论的记录，其内容涉及哲学、逻辑学、自然科学等。遗憾的是，随着统一的封建国家的形成以及“罢黜百家、独尊儒术”政策的实施，墨家学说遭到统治者的歧视和遗弃，秦汉之后趋于衰微，甚至被湮没。直到清朝末期，有识之士认识到了墨学的价值，墨家思想才重新为世人所关注。

一、兼爱思想

兼爱即“兼相爱”。“兼”的本意为一手执两禾，引申为两种以上的行为同时进行；“相”即彼此、交互。兼相爱即每一个人都要爱所有的人。

墨子认为：“凡天下祸篡怨恨，其所以起者，以不相爱生也。”（《墨子·兼爱中》）即人与人的祸、篡、怨、恨，皆由不相爱所生。他说，诸侯只知道爱自己的国家，而不爱其他国家，所以不惜动用举国之力攻击、侵略他国。卿大夫只知道爱自己的家，而不爱别人的家，所以借全家之力抢夺他人之家。人们只知道爱惜自己的身体，而不爱别人的身体，所以不惜使用全身的力量损伤他人之身。如此，诸侯之间不能相爱，必然发动战争；百姓之间不能相爱，必然互相损害；君臣之间不能相爱，就失去了恩惠与忠诚；父子之间不能相爱，就没有慈爱和孝顺；兄弟之间不能相爱，就不会和睦相处。如果天下的人都不能相爱，就必然造成强大的压迫弱小的、富贵的欺凌贫穷的、高贵的蔑视卑贱的、奸诈的谋算诚实的。“今若国之与国之相攻，家之与家之相篡，人之与人之相贼，君臣不惠忠，父子不慈孝，兄弟不和调，此则天下之害也。”（《墨子·兼爱中》）

墨子认为，贤人治理天下，必须首先知道混乱由何而生，才能对症下药。他强调“兼相爱、交相利，此圣王之法，天下之治道也”（《墨子·兼爱中》），即“兼相爱、交相利”是治理国家的根本原则，是处理人与人之间关系的基本准则，是兴利除害的关键所在。墨子把“爱”和“利”作为善恶标准、道德规范，强调仁者爱人，人与人之间要互爱。他所谓的“利”不是一己之私利，而是社会利益、百姓公利，所谓“兴天下之利，除天下之害”（《墨子·兼爱中》）。利不仅是经济上的“财利”，同时也包含着“义”的内容，是一个政治道德标准。墨子把义、利二者看作同一事物不可分割的两个方面，凡符合“兼相爱、交相利”的行为谓之义，否则就是不义。

二、尚贤思想

古往今来，治国安邦都离不开贤能之人，选贤任能是墨子管理思想的重要组成部分。中国古代所谓的“贤”指“善行也”“多才也”，墨子认为，贤必须是“厚乎德行，辩乎言谈，博乎道术”（《墨子·尚贤上》），即道德高尚、善于言辞、广知道术谓之贤。现代我们称“德才兼备”。

1. 尚贤任能，为政之本

墨子认为，尊重贤才是治理国家的关键，尚贤任能是政治统治的根本。他说，统治者都希望国家富强、百姓众多、社会稳定，然而国家并不富裕、人口没有增加反而减少、社会混乱，究其原因在于未能尊重贤才、任用能人。“国有贤良之士众，则国家之治厚，贤良之士寡，则国家之治薄。故大人之务，将在于众贤而已。”（《墨子·尚贤上》）即贤良之士众多，就能有效治理国家，使国家强盛，否则国家就走向衰微，所以要广聚贤良人才。贤良之士是“国家之珍”“社稷之佐”（《墨子·尚贤上》），应使他们受到尊重、赞誉。墨子特别强调对士（知识分子）的重视和使用，“入国而不存其士，则亡国矣。见贤而不急，

则缓其君矣”，“缓贤忘士，而能以其国存者，未曾有也”（《墨子·亲士》）。即治理国家必须体恤、爱护士，否则就会亡国；不能亲近贤能的人，是对国君的怠慢；不重视贤才，绝不可能有效治理国家。

墨子认为，晋文公重耳逃亡国外而后匡正天下，越王勾践受辱而后成为震慑中原的国君，齐桓公称霸于诸侯，关键都在善于用人。

2. 不拘一格，选贤任能

墨子认为，治理国家必须“进贤事能”。“进贤”即通过选拔贤人、罢黜坏人，使“贤者众，而不肖者寡”；“事能”即“听其言，迹其行，察其能而慎予官”（《墨子·尚贤中》）。墨子的“进贤事能”观主要包括：一是察能授官。墨子认为，选贤任能首先要听“其言”、观“其行”，评价“其德义”“其思虑”，以衡量一个人是否贤能。墨子反对贵族世袭，主张不拘一格在社会各个阶层中荐贤举能，不问身世。“圣王之为政，列德而尚贤，虽在农与工肆之人，有能则举之，高予之爵，重予之禄，任之以事……故官无常贵，而民无终贱。有能则举之，无能则下之。”（《墨子·尚贤上》）在墨子看来，做官的不可能永远尊贵，百姓不一定始终卑贱，圣王之道，“不辩贫富贵贱、远迩亲疏，贤者举而尚之，不肖者抑而废之”（《墨子·尚贤中》）。墨子视任人唯亲是置国家安危于不顾，认为只有选贤任能，“有力者疾以助人，有财者勉以分人，有道者劝以教人。若此，则饥者得食，寒者得衣，乱者得治”（《墨子·尚贤上》），社会就安定了。二是举公义、避私怨。即选拔贤才必须从国家大局出发，从公心出发，不能计较私人恩怨。三是不苛求贤人。即不能要求贤者十全十美，毫无瑕疵。所谓“良剑期乎利，不期乎莫邪”（《墨子间诂·墨子佚文》），“良弓难张，然可以及高入深。良马难乘，然可以任重致远。良才难令，然可以致君见尊。是故江河不恶小谷之满已也，故能大”（《墨子·亲士》）。就是说，良剑重要的是锋利而不在于是否是莫邪；良弓难张，但它能够射高、射远；良马难驾，但它可以驮重去远方；良才难以驱使，却可以帮助君主获得尊重。所以，统治者要无条件地选贤任能并贯彻始终。

三、尚同思想

“尚同”与“尚贤”是墨子管理思想不可分割的两个方面。“尚同”，即在国家治理结构中，各级官吏和普通百姓都要服从最高统治者的意志，贯彻集权管理原则。“尚同”和“尚贤”一样，都是“为政之本”，只有统一意志、统一行动，才能实现天下大治。

墨子“尚同”思想的脉络是：在广泛细致地掌握下情、集众人之智慧和胆识的基础上，由统治者制定出切合实际的政策，然后通过各级官吏贯彻到基层，上下一心，同心同德，治理国家。在墨子看来，社会混乱的根源在于没有统一的意志，缺乏统一的道德标准。因此，他主张“选择天下贤良、贤知、辩慧之人，立以为天子，使从事乎一同天下之义”（《墨子·尚同中》）。即选择天下贤明、富有智慧、善于雄辩的人为天子，主持天下政务，统一天下道德标准。

墨子强调管理中的服从关系，“天子之所是，皆是之。天子之所非，皆非之”，只有“一同天下之义”，才能实现“天下治”（《墨子·尚同上》）。墨子同时认为，即使各级官吏都是贤者，也不能避免因长官主观臆断而造成决策失误，保证天子正确地“发宪布令”的方法是“上通下情”。他认为，各级官吏必须充分掌握民情，把握是非标准，才能做出正确判断，否则，善者不赏而暴者不罚，天下必然大乱。

四、节用思想

“崇俭黜奢”是先秦诸子的普遍主张，但墨子的论述更为全面、深入。节用抑奢在墨子管理思想体系中特色鲜明、地位突出。

“圣人为政一国，一国可倍也。大之为政天下，天下可倍也。其倍之，非外取地也，因其国家去其无用之费，足以倍之。”（《墨子·节用上》）就是说，圣人治理一个国家，该国财力可以加倍；扩大到治理天下，天下财富可以加倍。其中的原因不是对外掠夺土地，而是去掉了不必要的费用，完全可以实现财力加倍。墨子认识到，在当时的生产条件下，单靠强化生产管理不可能使财富成倍增长，必须倡导“节用”思想，通过贯彻“节用”思想以增加国民财富。墨子认为，增加财富不能依靠“外取地也”，即不能以掠夺他国的土地与财富为手段，而应立足本国，着眼于“去无用之费”，通过“节用”来实现。背离了“节用”原则，就谈不上富国富民，所以，“去无用之费，圣王之道，天下之大利也”（《墨子·节用上》）。墨子反对“奢侈之君”，也反对“淫僻之民”，因为“俭节则昌，淫佚则亡”（《墨子·辞过》）。

第二编
管理职能

第四章 决 策

决策是管理活动的核心内容。不论管理者在组织中地位高低，都需要制定和实施决策。管理者的地位越高，决策的作用和影响越大。本章主要阐述决策的类型、决策与预测的关系、决策理论、决策体制、决策过程、决策方法与规则等。学习决策理论，对于提高管理者的科学决策水平和管理绩效具有重要的意义。

第一节 决策概述

一、决策的含义与类型

1. 决策的含义

“决策”一词是现代管理学中广泛使用的一个概念。就词义而言，决策可以有两种解释：一种是从静态上理解，决策是指已形成的“决定”，一般作为名词来使用；另一种是从动态上理解，决策是指做出决定的过程，一般作为动词来使用。现代管理学中所讲的决策主要是指后一种意思，也就是把决策看作一种动态的过程。从管理学的角度来看，决策是指管理者根据对客观规律的认识，为一定的管理行为确定管理目标，制定并选择管理方案的过程。①

人类的活动总是伴随着决策的过程。人们在进行活动之前，总要想一想如何做，“想”实际上就是决策。随着社会生产力的发展，社会分工越来越广泛，组织管理越来越复杂，决策也变得越来越困难。决策的正确与否往往关系到一个组织的前途和命运。对于现代管理而言，决策具有重要的地位和作用。

2. 决策的类型

为了把握不同决策之间的共性与个性特征，为人们进行正确决策提供理论依据，通常根据不同的标准对决策进行分类。

根据决策目标所涉及的规模和影响程度不同，决策可分为战略决策和战术决策。所谓战略决策是指决策目标所要解决的问题带有全局性、方向性以及影响深远的决策。所谓战术决策是指为了达到组织目标所采取的程序、途径、手段和措施的决策。

根据决策内容的具体情况不同，决策可分为程序化决策和非程序化决策。所谓程序化决策是指决策过程的每一步骤都有规范化的固定程序，这些程序可以重复地使用于解决同类的问题。程序化决策也称常规决策。所谓非程序化决策是指决策过程没有固定程序和常规办法，解决的问题是非重复出现的管理问题。非程序化决策也称非常规决策。

根据决策所处的时期不同，决策可分为平时决策和危机决策。所谓平时决策是指在一个相对稳定的时期，决策者针对各种管理问题所做出的决策。所谓危机决策是指当组织的重大安全利益和核心价值观念受到严重威胁或挑战而使组织生存处于危机时期，决策者做出的重要决策和应急反应。平时决策一般属于常规决策或程序化决策。危机决策通常属于非常规决策或非程序化决策。“危机特指有一定时限、要求迅速做出决策的突发性事件乃至灾难。”② 危机决策是一种特殊类型的决策。危机的突发性、紧急性及其所造成的不确定性前景，为决策带来了难度。它要求决策者在相当有限的时间里和相当有限的资源约束条件下做出重大决策和快速反应，以便把危机所造成的损害限制在最低范围内。一般而言，危机决策的构成需要具备三个要素：第一，决策问题的发生、发展具有突然性、急剧性，需要决策者当机立断；第二，可供决策者利用的时间和信息等资源非常有限；第三，事态的发展危及决策单位、决策者的根本利益，并且决策的后果很难预料。

根据决策所要解决的问题不同，决策可分为初始决策和追踪决策。初始决策是指决策者对从事某种活动或从事该种活动的方案所进行的初次选择。追踪决策是指在初始决策的基础上对组织活动方向、内容或方式所做出的重新调整。初始决策是在对组织内外环境的某种认识的基础上做出的，而追踪决策则是由于这种环境发生了变化，或者是由于组织对环境特点的认识发生了变化而引起的。组织中的大部分决策都属于追踪决策。与初始决策相比，追踪决策具有以下特点：第一，回溯分析。回溯分析就是对初始决策的形成机制与

① 张永桃．行政管理学．北京：高等教育出版社，2003：131.

② 叶海卡·德罗尔．逆境中的政策制定．王满传，尹宝虎，张萍，译．上海：上海远东出版社，1996：5.

环境进行客观分析，找出失误的原因，以便去误取正，有针对性地采取调整措施。初始决策是在分析当时条件和预测未来的基础上制定的，而追踪决策则是在原来方案实施后并发现环境发生了重大变化，或与原来认识的环境有重大区别的情况下进行的。因此，追踪决策必须从回溯分析开始。通过回溯分析，找出初始决策失误的原因和合理的因素，为新的决策提供良好的基础。第二，非零起点。初始决策是在有关活动尚未开始，对环境尚未产生任何影响的前提下进行的。追踪决策则不然，它所面临的条件与对象已经不是处于初始状态。也就是说，追踪决策是在决策方案已经实施了一段时间，客观环境已经受到了某种程度的改造、干扰与影响的情况下进行的。此时，决策方案的实施不仅消耗了人、财、物等资源，而且也对周围环境发生了一定的影响。因此，追踪决策是非零起点的决策。第三，双重优化。初始决策是从已知的各种备选方案中选出最优方案，而追踪决策则需双重优化。也就是说，追踪决策所选的方案，不仅要优于初始决策方案，而且要在能够改善初始决策实施效果中的各种可行方案中，选择最优或最满意的方案。因为只有这样，追踪决策才有实际意义。前一重优化是追踪决策的最低要求，后一重优化是追踪决策力求实现的根本目标。

根据决策所具有的条件和可靠程度不同，决策可分为确定型决策、非确定型决策和风险型决策。所谓确定型决策是指在决策环境和条件完全确定的情况下，决策者所做出的决策。在确定型决策中，决策者可以准确地把握决策目标，了解每种决策的结果。所谓非确定型决策是指在决策环境和条件不确定的情况下，决策者所做出的决策。在非确定型决策中，决策者可以知道各种行动方案在各种不同条件下所获得的结果，但无法估计未来各种环境条件出现的概率。所谓风险型决策是指决策者有一个明确的决策目标，可以知道不同行动方案在不同环境条件下所获得的结果，虽然不能完全判断未来出现的是哪一种环境条件，但是可以预测其出现的概率。

二、决策与预测的关系

所谓预测是指人们对客观事物未来发展的性质、状态及变化趋势所作的估计和测算。任何事物的运动、变化都呈现出一定的规律性，这是人们能够预测的前提。但是，事物的规律常常以隐蔽的形式存在，人们在把握这些规律时往往要受到多种因素的影响。现代科学技术的发展为科学预测提供了手段和方法，使科学预测成为可能。因此，预测既需要开发人们的创造性思维、增强人们的知识能力，又需要运用现代科学技术方法。从这个意义上讲，我们又可以把预测理解为，借用现代科学技术和方法对客观事物未来发展趋势所做的有科学依据的推理和判断。预测与决策关系密切。

1. 预测服务于决策

现代社会经济的发展要求人类的活动能在正确的决策下进行，而正确的决策又必然要建立在科学预测的基础之上。预测作为一种手段能为人们提供关于事物未来的信息，帮助人们预先勾画出事物未来发展的大致轮廓，并提出多种有科学依据的假设和判断。尽管预测勾画的未来轮廓将来能否出现还存在着随机性，但是预测是根据事物以往的发展规律对未来所做出的估计和判断，为决策提供了一种预警系统。它使决策者能够高瞻远瞩地看到未来，较好地把握可能遇到的机会，迎接可能到来的挑战，防止决策的失误。因此，科学的决策必须有科学的预测。特别是现代管理的任务越来越复杂，事物变化越来越快，预测和决策更紧密地构成了前后相续的两个环节。

2. 预测贯穿于决策的全过程

决策是一个完整的统一过程，它起码包括问题的发现、目标的确定、方案的选优和追踪决策等阶段。在决策过程的每一个阶段都离不开预测。在发现问题阶段，预测可以根据对信息资源的分析、对事物历史发展规律的判断，找出实际状况与社会期望之间的差距，为问题的发现提供必要的手段和方法。在目标确定阶段，预测可以向决策者预示事物的未来发展趋势，帮助决策者确立决策目标。在方案选优阶段，预测可以帮助决策者探讨实现决策目标的各种方案，对每一方案的执行后果进行分析和预测，从而为备选方案的择优提供判断的依据和尺度。在追踪决策阶段，预测可以根据决策执行的情况，预测决策目标的实现程度，及时修正决策，避免造成更大的失误。总之，预测是保证决策达到预期目标、避免决策失误的必不可少的基础和前提。

3. 预测和决策的区别

预测和决策的区别表现在：预测侧重于对客观事物的科学分析，决策侧重于对有利时机和目标的科学选择。预测强调客观分析，决策突出领导艺术。预测是决策科学化的前提，决策是预测的服务对象和实现机会。在现代管理中，预测和决策往往是结合运用的。

第二节　决策理论

一、决策理论学派

1. 决策理论学派的产生

决策理论学派是由社会系统学派发展而来的。早在20世纪30年代社会系统学派的创始人巴纳德就提出了“决策”这一概念，并把决策作为主要研究对象，试图论证决策在管理中的重要性。尽管巴纳德的观点在当时没有引起人们的广泛注意，但是社会系统学派关于组织的决策过程研究为决策理论学派的产生奠定了一定的基础。

决策理论学派的代表人物是美国著名的管理学家和社会科学家赫伯特·西蒙和詹姆士·马奇。赫伯特·西蒙1943年毕业于美国的芝加哥大学，获经济学博士学位。西蒙长期研究组织中的决策问题，由于他在决策理论研究方面做出了突出贡献，被授予“1978年度诺贝尔经济学奖”。西蒙的代表著作主要有《管理行为》和《管理决策的新科学》等。詹姆士·马奇1953年毕业于美国的耶鲁大学，获博士学位，曾担任斯坦福大学管理学教授，主要从事组织理论研究。马奇的代表著作有《组织》（与赫伯特·西蒙合写）和《公司行为的一种理论》。

第二次世界大战以后，以赫伯特·西蒙和詹姆士·马奇等人为代表的管理学家以社会系统理论为基础，吸收了行为科学、系统理论、运筹学和计算机科学等学科的研究成果，逐步形成了决策理论学派，为决策理论的产生与发展做出了重要贡献，在管理学界产生了重大影响。

2. 决策理论学派的观点

第一，强调了决策在管理中的重要性。决策理论学派认为，决策贯穿于管理的全过程，管理就是决策。决策不单是十字路口的选择，而是涵盖了从情报收集到拟订计划到决定的全过程。决策不单是最上层人员的工作，而是从上层到中层、基层乃至作业人员的共同工作。就组织而言，组织的活动是集团活动，其中心过程就是决策。制订计划的过程是决策；选择方案的过程也是决策；组织的设计、决策权限的分配等都是组织上的决策问题。所以，决策贯穿于管理的各个方面和全过程。

第二，分析了组织在决策中的作用。决策理论学派认为，组织是作为决策者的个人所组成的系统。决策需要系统的知识，需要具备预测能力、想象能力及评估判断能力。因此，在管理决策时必须充分发挥组织的作用，努力创造条件，帮助组织解决知识不全面、价值体系不稳定及竞争环境的可变性等问题。决策要成为组织中许多集团参与的结果，成为一种“混合的决策”。在管理决策中，上级不应代替下级决策，而应给下级提供决策前提，包括价值前提和事实前提，以此贯彻组织意图。价值前提是对行动进行判断的标准，事实前提是对活动环境及其作用方式的说明。

第三，阐述了决策过程。决策理论学派认为，决策不只限于从几个备择方案中选定一个方案，而是包括几个阶段和涉及许多方面的整个过程。决策过程包括情报活动阶段、设计活动阶段、抉择活动阶段、审查活动阶段。这四个阶段在管理者的时间表上占有不同的分值。管理者通常要用大部分时间来收集情报，判断需要采取行动的新情况；用较多的时间独自或和同事们一起去设计行动方案；用较少的时间来选择方案；用少量的时间对已做出的抉择进行审查和评价，以便总结经验，为新的决策做准备。决策过程的四个阶段一般是按照顺序排列的。但是，在决策过程中，阶段循环的实际情况要复杂得多。不管阶段循环多么复杂，从决策的总过程来看，还是可以分辨出这四个阶段的。

第四，提出了决策的准则。决策理论学派认为，决策者在管理决策中不可能达到最佳程度，而只能追求一种满意的决策结果。因为，人们没有求得“最优化”的才智和条件，所以在现实决策中只能满足于“令人满意”的标准。最佳决策的前提是决策者的行为完全理性化，而满意决策的前提是决策者的行为有限理性化。在管理决策中，只有采取“满意准则”，才是更合理、更可行的。

第五，归纳了决策的类型。决策理论学派根据决策所给定的条件不同，将决策分为程序化决策和非程序化决策两类。他们认为，程序化决策往往重复出现，处理时有固定的程序；非程序化决策则是偶然出现或首次出现，因而处理时无固定的程序。

第六，研究了信息对决策的影响。决策理论学派认为，信息在决策过程中具有重要的作用。信息联系是一个双向的过程，包括从组织的决策中心向组织的各个部分的传递，也包括从组织的各个部分向组织的决策中心的传递。他们认为，当代是信息大量产生、形成“信息爆炸”的时代。在管理决策中，重要的不是获得信息，而在于对信息进行加工和分析，使之对决策有用。决策者需要的是对决策有意义的信息。所以，必须重视信息的处理效果，避免信息在收集、加工、传递过程中出现阻塞或歪曲现象。

二、理性决策理论

理性决策理论的思想渊源可以追溯至古典经济学理论。因为在古典经济学理论中已提出了经济行为的最大化原则，即追求最大利润。随着现代管理技术的发展和决策分析手段的科学化，人们迫切希望决策成为科学和理性的行为，因而逐渐形成理性决策理论。理性决策理论的主要内容有：

第一，提出了“最优决策准则”。理性决策理论认为，决策者是理性人，可以通过对决策问题的理性分析，设计出解决问题的全部方案，然后经过评估比较选出最优的决策方案。选优的标准是成本最低、效益最大、结果与目标最为一致的方案。

第二，设计了严格的决策程序。理性决策理论将决策程序划分为六个步骤：发现问题；提出目标；设计方案；预测后果；分析比较；选择最优方案。该理论认为，这六个步骤是紧密相连的，决策时必须严格按照决策程序一步一步地进行。

第三，要求掌握详细的决策信息。理性决策理论要求决策时必须能够得到全部详细的决策信息，这样才能保证设计方案的客观性。决策者只有设计出全部的决策方案，并对每一个方案都进行准确的预测和正确的评估，才能保证选出的方案是最经济有效的方案。

理性决策理论把决策过程看成是一个理性分析的过程，所要求的决策条件在现实中很难满足。许多管理学家在看到理性决策理论的缺陷的同时，提出了新的决策理论。其中最有代表性的是赫伯特·西蒙的有限理性决策理论。有限理性决策理论认为，在决策过程中不存在最优决策，而只有满意决策，主张以“满意决策准则”代替“最优决策准则”。按照西蒙的观点，人类的绝大多数决策都属于有限理性决策。有限理性决策理论强调了决策理论的实用价值，使决策理论与决策实践趋于一致，因而具有积极的意义。

三、渐进决策理论

渐进决策理论是由美国著名的政治学家和政策科学家查尔斯·林德布洛姆提出来的。林德布洛姆认为，决策分析并不是万能的。对于什么是决策问题，不同的人会有不同的认识和看法。决策受到决策者价值观的影响，由于不同的人有不同的价值观念，所以选择决策方案往往会发生冲突与矛盾。特别是决策是一个前后衔接的过程，过去的决策不可避免地会对今天的决策产生有形或无形的影响，这实际上在某种程度上排斥了“巨变”。

因此，林德布洛姆提出了渐进决策理论。渐进决策理论的主要内容有：

第一，决策过程是一个按部就班的过程。渐进决策理论认为，决策过程是一个非常复杂的活动，牵涉到一个领域与多个领域的关系，受到多种因素的影响，存在不可量化的和可变的因素。面对如此庞杂的决策内容和复杂的客观环境，决策很难一步到位或一蹴而就。决策必须按照既定的程序，一步接着一步地逐步进行。

第二，决策方案是在原有决策的基础上所做的修改。渐进决策理论认为，任何决策方案的制定都依赖于一定的客观环境，原有的决策、惯例、传统、社会文化等都是现行决策方案制定的约束因子，决策者在决策时必须考虑原有决策方案的影响，在原有决策方案的基础上做些修改。

第三，决策必须控制风险。渐进决策理论认为，决策方案的实施依赖于决策环境，如果决策导致社会不稳定，决策方案就难以实施。因此，渐进决策理论主张决策必须控制风险，保持决策的连续性，反对决策的大起大落。

林德布洛姆的渐进决策理论迎合了第二次世界大战以后西方国家公众求稳定的思想，因而该决策理论受到了许多国家的重视。作为一种决策理论来讲，渐进决策理论有其合理的一面。首先，在决策过程上，渐进决策理论将决策过程看成是一个前后衔接、不间断的过程，这种观点符合唯物辩证法思想。其次，在决策方法上，强调事物变化量的积累，主张由量变而导致质变，同时又不至于引起大的社会动荡，这些观点有其合理的成分。最后，在决策方案选择上，渐进决策理论注重决策者决策能力的有限性与客观事物发展的无限性之间的矛盾，主张边决策、边执行、边修改、边完善，这种决策思想对管理决策具有一定的指导作用。

当然，渐进决策理论也有一定的局限性。它过于强调在原有决策方案的基础上修修补补，容易束缚人们的思想。这种理论只适合于在相对稳定的环境中运用，一旦发生社会危机，渐进决策理论就显现出它的保守性。

四、集团决策理论

集团决策理论是由美国的政治学家戴维·杜鲁门和厄尔·莱瑟姆提出来的。集团决策理论认为，公共决策是社会中不同集团相互斗争的结果。所谓公共决策是指某一特定时间里，集团间的争斗所达到的平衡。它体现了那些一直试图获取优势的、相互竞争着的党派或集团之间出现的均势。集团决策理论的主要内容有：

第一，集团的互动是公共决策的核心内容。集团决策理论认为，在实行民主政治的社会中，由于社会利益的多元化会形成多种利益群体，产生多个利益集团。在公共决策中，各个集团为了各自利益的最大化往往运用各种方式、手段、途径向决策者施加压力，以影响决策。

第二，决策方案是各个集团相互斗争、相互妥协的结果。集团决策理论认为，由于集团压力的作用，决策方案往往会偏于压力较大的集团一方，而失势的集团则被迫做出妥协、让步。当集团互动与竞争处于均衡状态时，公共决策呈现相对稳定。当均衡被打破时，公共决策要随之变化，从而形成新的决策方案，达到新的均衡。

第三，各个集团占有的资源不同，对决策的影响力不同。集团决策理论认为，集团对公共决策的影响力由其成员的数量、财力的状况、集团的实力、领导者的能力、集团的凝聚力以及与决策层的关系等因素来决定。“在任何时候，公共政策都反映占支配地位的集团的利益，随着各集团的力量和影响的消长，公共政策将变得有利于其影响增加的那些团体的利益，而不利于其影响下降的那些团体的利益。”①

集团决策理论给我们提供了一个特殊的视角，使我们能够窥视在多元政治体制里如何

① 詹姆斯·安德森. 公共政策. 唐亮，译. 北京：华夏出版社，1990：22-23.

在集团竞争中使相互对立的利益得以聚合、整合和综合为统一的公共利益，并据以制定公共政策。在这个意义上，它具有很强的洞察力和解释力。①

五、精英决策理论

精英决策理论又称为杰出人物决策理论。精英决策思想最早可追溯到法国空想社会主义思想家圣西门。圣西门认为，人类社会是以政治精英为塔尖的一座金字塔，位于塔尖的政治精英是社会的决定力量。因此要想改变社会，就必须从塔尖入手，使新兴资产阶级的优秀人物成为社会精英，以便做出开明、合理的公共决策。1970 年美国政治学家托马斯·戴伊和哈蒙·齐格勒合著并出版了《民主的嘲讽》，系统地提出了精英决策理论。精英决策理论的主要内容有：

第一，社会分化为掌权的少数人和无权的多数人。只有少数人才有权为社会分配价值，而公众则不能决定公共政策。

第二，少数的统治者与杰出人物不是被统治的公众的代表，精英人物主要来自社会中经济地位较高的阶层。

第三，非精英人物向精英人物的转化是一个缓慢的过程，在非精英人物中，只有那些接受了精英人物基本观点的人，才能进入精英集团。

第四，在基本价值观和维护社会制度方面，精英人物的看法是一致的。

第五，公共决策所反映的不是公众的要求，而是反映了精英人物的主要价值观，公共政策的变化将是渐进性的，而非革命性的。

第六，活跃的精英人物很少受公众的直接影响。相反，精英人物对公众的影响远远超过公众对他们的影响。

精英决策理论在一定程度上反映了一些国家公共决策的实际情况。但是，精英决策理论也有一定的局限性。这一决策理论的最大缺陷是：忽略了在实行民主政治的国家中公众的参与能力，以及公众参与对公共决策的影响作用。

第三节 决策体制

决策体制是指由决策机构和决策人员组成的组织体系及其制度。良好的决策体制是公共决策过程顺利运行的组织保证。现代决策体制按其功能区分，可分为决策中枢系统、决策咨询系统和决策信息系统。

一、决策中枢系统

决策中枢系统是公共决策的核心，是由拥有决策权的领导机构和人员组成的。决策中

① 宁骚．公共政策学．北京：高等教育出版社，2011：246．

枢系统在决策体制中处于统率和支配地位，享有最高决策权，并承担公共决策的主要责任。决策中枢系统的主要任务有：

1. 确认决策问题

决策问题是公共决策的逻辑起点。在决策过程中，决策问题不一定是决策中枢系统发现的，但决策问题必须经过决策中枢系统的确认，方可提到决策的议事日程。决策中枢系统从众多的社会公共问题中，根据各种问题的性质和轻重缓急，及时抓住需要解决的关键问题，以便制定解决问题的对策。

2. 明确决策目标

决策目标正确与否直接关系到决策方案的选择，关系到决策的成败。决策中枢系统一般根据公众的利益诉求、决策环境、决策条件以及价值偏好，确定相应的决策目标。决策中枢系统确定决策目标的过程实际上也是一个价值选择的过程。

3. 组织决策方案的设计

现代决策的一大特点是“谋”与“断”的分离。由于决策方案的设计是一项科学性、技术性很强的工作，因而通常由决策咨询系统负责承担。决策中枢系统一般根据决策目标及其要求，负责组织有关专家或决策咨询系统进行决策方案设计，并为他们创造良好的工作环境，使他们能够独立自主地进行决策方案的设计和评估工作。

4. 选择决策方案

最终择定决策方案是决策中枢系统的一项重要任务，也是决策中枢系统行使决策权的重要表现。在决策过程中，虽然咨询系统、信息系统也参与了决策过程，特别是咨询系统参与了决策方案的设计与评估，但是咨询系统和信息系统的参与只能起到辅助决策的作用，最终拍板定案的只能是决策中枢系统。决策中枢系统在对各种备选方案进行分析预测和比较的基础上，选出一个相对满意的决策方案。

决策中枢系统的决策方式可以是单一的首长负责，也可以是委员会集体负责，两者各有利弊。前者的优点是决策速度快，责任明确，适应现代管理发展的需要；后者的优点是集思广益，可以弥补个人知识经验的不足，减少决策的失误。

决策中枢系统在公共管理中处于十分重要的地位，公共决策的正确与否和决策中枢系统有着重要的关系。决策中枢系统要很好地履行自己的职责就必须提高其组成人员的素质。因为素质是决策者实施决策行为的资格，是决策者发挥决策功能的基础，决策者决策素质的高低直接影响着决策水平的高低。

二、决策咨询系统

决策咨询系统是由公共决策研究组织和各类专家、学者组成，运用现代管理理论和技术手段，相对独立地进行决策研究、决策方案设计和公共决策咨询的组织体系。决策咨询系统也被称为公共决策的“思想库”或“智囊团”。

现代社会分工精细，科技发达，信息量剧增，国际交往日益频繁，单靠决策者个人能力无法收集和处理大量的决策信息。同时，现代公共管理更加复杂，管理环境瞬息万变，需要决策者抓住时机，迅速做出决断。就管理者面临的决策问题而言，多是复杂的多目标决策问题，一项重大决策往往涉及政治、经济、文化、社会生活等各个领域，需要多学科的知识和丰富的经验。显然，决策者所拥有的知识、能力和他们所要解决的决策问题以及承担的决策职责是不相称的。为了弥补这一缺陷，现代决策出现了“谋”与“断”的分离，即咨询建议权与决策选择权的相对分离，随之产生了决策咨询系统。决策咨询系统在决策过程中的任务有：

1. 发现决策问题

决策咨询系统以敏锐的洞察力和特有的专业知识能力，运用现代科学技术手段，通过调查研究，发现一些具有影响的决策问题，并对这些问题进行综合分析。决策咨询系统可以主动向决策中枢系统提出有关的决策问题，促使决策问题早日进入决策日程，帮助决策中枢系统发现和确认决策问题。

2. 参与决策方案的设计、评估和论证

现代决策问题非常复杂，一个决策问题的解决涉及多种因素，有多个解决方案。决策方案的设计需要多方面的专业知识和技能，因而在现代管理中决策方案的设计任务通常由决策咨询系统承担。决策咨询系统是专门负责研究公共决策的组织，由专家、学者组成，所以在决策方案设计方面具有专业知识优势。决策咨询系统不但参与决策方案的设计，而且还参与决策方案的评估和论证，分析各种决策方案的利弊，帮助决策中枢系统选择决策方案。

3. 提供决策预测研究

科学地预测是公共决策的基本前提。决策咨询系统的专家、学者以其超前的眼光和预见性，能够正确地预见和把握形势，对事物未来的发展趋势做出比较准确的估计，为决策中枢系统提供参考。

决策咨询系统是现代决策体制的重要组成部分，在现代决策中具有不可替代的作用。由于决策咨询系统可以相对独立地开展科学研究，因而它有效地保证了决策的科学性和可靠性。决策咨询系统作为决策中枢系统的智囊和参谋要很好地发挥作用，其组成人员必须具有广博的知识、创新的思维和健全的人格，不能趋炎附势、弄虚作假、见风使舵。同时，决策中枢系统也要尽可能地为决策咨询系统提供良好的工作环境，鼓励他们独立自主地开展科学研究。

三、决策信息系统

决策信息系统是指由专业信息人员所组成，从事信息的收集、加工、传递等活动，为决策中枢系统提供决策信息的组织体系。决策信息系统在决策过程中具有重要的地位和作用。它是决策中枢系统的神经系统。现代社会是一个信息社会，公共管理的决策活动离不开信息。决策问题的发现、决策目标的确立、决策方案的拟订以及决策方案的评估与选择都依赖于决策信息。可以说，决策信息是现代决策的基础，是决策思维的原料。决策信息质量的高低决定了决策的正确性、可行性，决策信息越多、越全、越准、越及时，管理决策思维的广度和深度越大。决策信息系统具有三大任务：收集信息、加工信息、传递信息。

1. 收集信息

现代社会是一个复杂多变的社会，有着丰富的信息资源。随着社会经济和科学技术的发展，信息量不断增加，信息更新速度加快。管理决策需要捕捉大量的决策信息，从大量的信息中发现问题、解决问题。决策信息系统承担着收集信息的功能。收集信息要注意几点：一是收集信息的范围要尽可能广泛，既收集决策系统内部的信息，又收集决策系统外部的信息。收集决策系统内部的信息便于了解各部门的情况，协调部门工作；收集决策系统外部的信息便于了解社会公众的要求，帮助决策者确定决策问题、明确决策方向。二是信息收集注意历史的延续性。因为任何决策问题的发生、发展都有一个连续的过程，收集某一决策问题的历史信息有助于了解问题发生的全貌。三是信息收集要有预测性。决策信息系统作为公共决策的神经系统，信息收集一定要有超前意识，这样才能够为决策提供有效的信息支持。四是信息收集要真实。尽管信息收集后有一个加工的过程，但在信息收集阶段仍然要强调信息的真实性。

2. 加工信息

加工信息主要是对收集来的信息进行鉴别、筛选、分析、综合和浓缩，将有用的信息进行分类、编排和存档。加工信息要求：一是及时。信息使用价值的大小与提供信息的时间快慢成正比。因此，加工信息应及时，尽量减少滞留时间。二是准确。准确是决策信息系统的生命线，决策信息系统在加工信息时，应该对信息的质量进行认真研究，去掉那些失真、有害、无价值的信息，保证信息的真实、准确性。

3. 传递信息

传递信息是指借助一定的信道，把决策信息传递给决策中枢系统和决策咨询系统。决策信息的传递渠道一般有三种类型：一是纵向传递，主要是将不同层次管理组织之间的决策信息进行传递；二是横向传递，主要是将同一层次管理组织及部门之间的决策信息相互传递；三是综合传递，既包括纵向传递，又包括横向传递。三种信息传递渠道构成了一个复杂的信息传递系统。决策信息传递的速度直接关系到决策的成功与否，如果信息传递速度慢，决策环境事过境迁，信息也就失去了它的使用价值。决策信息传递要求传递的路线尽可能短捷，传递的渠道要畅通，避免在信息传递过程中出现信息失真现象。

第四节　决策过程

决策是一个过程，它有内在的规律性。决策按照客观过程的规律性可以分为几个既相互独立，又前后联系的阶段，构成一个有序的工作程序。现代决策过程一般有下述几个步骤。

一、发现问题

现代决策的形成过程是一个从发现决策问题到抉择决策方案的过程。可以说，发现问题是决策过程的起点。因为，任何决策都是为了解决一定的问题而制定的，决策者只有发现了问题才能知道为什么要决策，以及如何决策。所谓决策问题是指决策者的主观标准与管理对象实际状况之间的差距或矛盾。问题不管是否被发现，都是一种客观存在。发现问题必须研究现状，首先要找出决策者的主观标准，然后根据这个标准去检验管理对象的实际状况，从中找出差距。决策者的主观标准源于对客观事物的分析，这种分析应该建立在对公众利益诉求综合的基础之上。发现问题要做好以下三方面的工作：

（1）察觉问题。问题的产生往往是由管理对象在管理过程中出现的偏差引起的。察觉问题需要建立一个良好的问题察觉机制，能够及时收集大量信息，根据对信息资料的研究分析，准确地发现和提出问题。

（2）界定问题。界定问题就是对问题的性质、范围、程度、价值或原因进行认真分析。界定问题是发现问题的关键，也是确立决策目标的基本依据。当察觉某一问题时首先要搞清楚问题的性质，是属于经济问题，还是属于政治问题或其他性质的问题，了解问题涉及的范围和影响程度，考察问题产生的原因。只有这样才能够对问题做到胸中有数，才能有效地确立决策目标，制定解决问题的方案。

（3）陈述问题。陈述问题是运用一些可操作性语言，对问题进行明确表述的过程。陈述问题要做到真实详尽，切忌人为扩大或缩小，尽量缩短报告链条，减少报告层次。

二、确立目标

决策目标是决策者在制定或实施决策时所确立的预期标准或结果。决策目标在决策过程中具有十分重要的地位。决策目标不仅为决策方案设计和择优提供了标准，也为决策执行确立了方向，同时还为决策评估提供了基本尺度。确立决策目标应注意以下问题：

（1）决策目标要有针对性。任何决策目标都是针对具体的决策问题而提出来的，如果决策目标没有针对性，决策方案的设计就没有根据。因而确立决策目标时必须有的放矢，切中问题的要害，选准解决问题的突破口。

（2）决策目标要有明确性。决策目标的明确性是要求确立决策目标的语言表达明确、具体、清晰，内涵界定准确，不能产生歧义，凡能量化的目标尽可能量化。

（3）决策目标要有时效性。确立决策目标一定要包含实现目标的期限，期限的规定可以根据决策问题的性质和要求有所不同。如果决策目标没有时间期限的规定，决策目标就失去了实现的意义。

（4）决策目标要有可行性。决策目标的可行性主要取决于决策目标实现条件的具备程度。一是实现决策目标所需要的资源是否具备，如人力、物力、财力资源等；二是间接制约决策目标实现的环境条件是否具备，如国际国内政治环境、社会环境、经济环境等。确立决策目标应具有先进性和合理性，决策目标既要高于现实水平，又必须是在现有条件下通过一定的努力可以实现的。

（5）决策目标要有规范性。决策目标的规范性包括几层含义：一是决策目标不能和国家宪法、法律相抵触；二是决策目标要符合社会的道德规范。

三、拟订方案

拟订决策方案是在决策目标明确的前提下，探讨拟订解决决策问题、实现决策目标的各种可能性途径和方法的过程。拟订决策方案是决策过程的关键环节，方案的正确与否直接关系到决策目标的实现和决策执行的后果，影响到管理决策的效能。拟订决策方案要注意两点：

(1) 提供多种备择方案。现代决策理论认为，决策在一定意义上是一种选择，没有选择就没有决策。任何问题的解决都存在着多种可能的途径和方法。现代决策就是要在诸多方案中进行选择，从中选出比较优秀的决策方案。所以，为了保证决策时有充分的选择余地，必须拟订一定数量的决策方案。

(2) 考虑决策方案的多因素性。公共管理的内容非常广泛，涉及社会生活的各个方面，包括政治、经济、文化、社会、技术等诸多因素。一项问题的解决往往牵涉到许多方面、许多领域，因此拟订决策方案必须立足于全方位思考，尽可能把诸多因素都考虑进去。在拟订决策方案时要求方案设计人员要深入实际，进行调查研究，掌握大量第一手资料，为决策方案的设计提供充足的依据。同时要尽可能发挥专家和咨询机构的作用。

四、选择方案

选择方案是依据一定的客观标准，在对各备择方案进行分析评估的基础上，从中选出一个较优的方案。

选择方案之前应该先对决策方案进行评估。决策方案评估主要是对决策方案效果进行预测性分析和比较。因为，任何决策方案都是面向未来的，为了保证决策方案的正确，必须对决策后果进行科学的预测，这是决策方案选择过程的一个重要环节。

决策方案评估以后就进入到选优阶段。首先，要有一个选优的标准。在不同的时期，对不同的决策问题，决策者选择方案的标准是不一样的，这要通过讨论来达成一致意见。其次，方案的选优只能是一个相对的概念。由于决策是一个非常复杂的系统工程，受到多种因素的影响，决策的环境又是在不断地发展变化，因而任何决策方案都不能保证十全十美、万无一失。再次，方案的选优需要决策者具有良好的心理素质和果断的决策才能。方案的选择是人的主观行为，决策者的个人素质对方案的选择起了一定的作用。在方案选择中，决策者要努力克服自己心理因素所产生的偏差，客观全面地分析方案，权衡利弊，及时拍板定案，避免延误决策时机。同时又要谨慎从事，防止决策失误。

第五节　决策规则与方法

一、决策规则

所谓决策规则是指决策者在选择决策方案时遵循的决策程序和方法。现代政治是程序政治，程序就是一系列规则。公共决策涉及决策权力的配置和决策责任的分担，因此必须制定和遵循一定的规则。“决策规则划定了一个范围，政治竞争者必须在此范围内制定其战略和策略，并开展政治斗争。”[①] 不同的决策规则对最终决策方案的选择具有重要的影响，决策规则的改变可以导致决策结果的变化。

1. 全体一致规则

全体一致规则也称为“一票否决制”，即所有拥有投票权的决策者都对决策方案投赞成票，或者没有一票反对，在这种情况下，决策方案才能够被通过，并转化为公共决策。全体一致规则具有以下特征：

(1) 决策成员在形式上享有平等的决策权。按照全体一致规则，决策方案只有获得全体决策成员的同意才能够得以通过，这就必须赋予每一个决策成员同等的决策权力，保障每一个决策者的权益。

(2) 个体选择对集体的决策结果具有决定性的影响。按照全体一致规则，每一个决策者的否决都将导致决策方案被否决。在这种情况下，每一个决策者的个体选择对集体的决策结果都具有决定性的影响。因此，全体一致规则要求任何一个决策者都不能将自己的意志强加于其他决策者，不能将自己的利益凌驾于其他决策者的利益之上。

(3) 决策结果达到“帕累托最优”。按照全体一致规则通过的决策方案必须对所有决策者来说都是最佳方案，都是令人满意或者至少是可以接受的。因此，决策结果必须充分照顾每一个决策者的利益偏好与要求。这就使决策结果达到了“帕累托最优”，即所有决策成员都能够因为最终决策方案的选择而获得一定的利益，或者说，没有人因此而受到利益损失。

从公平的角度看，全体一致规则具有很多诱人之处，但在现实中很难见到这一规则的运用。尽管从理论上说，决策者共同受益获得双赢、共赢的结局是可能的，但从现实的角度看，要达到一个决策者均满意、利益互不损害的“最优”方案是非常困难的，在有些情况下甚至是不可能的。这是因为，决策主体的价值取向、兴趣爱好、利益预期具有多样化。为此，决策者不得不多次讨价还价，极少出现一次就能解决问题的情况。由于决策者为某一决策方案的通过而付出的时间、精力、物质消耗等决策成本可能远远超过由此得到的收益，因此就会导致许多“无奈的选择”或决策中的“策略性行为”。[②] 正因为如此，全体一致规则不适合决策成员较多的组织决策。

2. 多数裁定规则

多数裁定规则是指在决策过程中，按照少数服从多数的原则，以得票最多的决策方案作为最终择定的决策方案的规则。多数裁定规则有两种基本形式：简单多数规则和绝对多数规则。

(1) 简单多数规则。

简单多数规则是指选择决策方案时，以得票最多的决策方案为最终择定的决策方案，而不要求该方案的得票数过半数。因此，简单多数规则也称为“相对多数规则”。它是现代决策中应用最广泛、程序最简单、最易于为人所接受的一种决策规则。一般而言，简单

① 加布里埃尔·A. 阿尔蒙德，宾厄姆·鲍威尔. 比较政治学：体系、过程和政策. 曹沛霖，等，译. 上海：上海译文出版社，1987：275.

② 陈振明. 政策科学——公共政策分析导论. 北京：中国人民大学出版社，2003：153.

多数规则要求决策群体的成员数量为奇数，比如，一个由9人组成的决策群体对于决策方案A、B、C进行选择。投票结果显示有4人选择了A方案，3人选择了B方案，2人选择了C方案，尽管有5人没有选择A方案，但是A方案得票最多，那么A方案就可以作为最终择定的决策方案。简单多数规则实际反映的是“小多数”人的意愿。

简单多数规则是一种容易达成一致，并迅速采取行动的决策规则。但是，简单多数规则也存在一些缺陷。由于择定的决策方案不要求投票者过半数，以得票最多者为择定标准，而得票最多者实际上代表的只是“小多数”人的意愿，是许多少数派中最大的少数派，这样就容易形成少数控制多数、损害多数利益的局面，增加决策的外部风险。

(2) 绝对多数规则。

绝对多数规则是指选择决策方案时，要求决策方案的得票数必须超过半数才能作为最终择定的决策方案。因此，绝对多数规则也称为“过半数规则”或“比例多数制”。在决策过程中，为了反映大多数人的意愿就需要对投票规则做出明确规定，一般要求赞成票的比例达到1/2或2/3或3/4等多数票。如果在第一轮投票中没有任何一个决策方案超过绝对多数规则的相关规定，通常在两个得票最多的备选方案中进行第二轮投票，票数领先者确定为最终择定的决策方案。

绝对多数规则具有两大特点：一是决策过程中无须每个决策者都投赞成票，只要有超过半数的人投赞成票，决策方案就得以通过，因而决策成本较低；二是按照绝对多数规则择定的决策方案对全体决策者都具有约束力，少数持反对意见者必须服从多数人所做出的决定。

绝对多数规则虽然大幅度地降低了决策成本，但是绝对多数规则也不是尽善尽美，仍存在着一些缺陷。一是出现“多数剥削少数”的现象。因为，按照绝对多数规则选择的决策方案要求全体决策成员都要服从，这就意味着多数人把自己的意愿强加给少数人，忽略了少数人的利益；二是出现“周期多数”或“投票悖论”的现象，即决策结果随投票顺序的不同而变化。假设在一次投票中有三种备选方案A、B、C，经过争论，选民的意见可划分为三种：甲类选民占选民总数的10%，其政策偏好是A>B>C，乙类选民和丙类选民各占选民总数的45%，其政策偏好分别为B>C>A和C>A>B（见表4-1）。①

表4-1　　投票悖论

选民	第一选择	第二选择	第三选择	占选民总数的百分比
甲	A	B	C	10%
乙	B	C	A	45%
丙	C	A	B	45%

投票的具体程序是：选民先对A、B、C中的任意两个方案加以选择，然后就第一轮的获胜方案与剩下的第三种方案进行投票。根据不同的投票顺序可以划分为三种不同的政策议程。第一种议程（结果：C），第一轮：A对B，A以55%对45%取胜；第二轮：A对C，C以90%对10%取胜。第二种议程（结果：B），第一轮：A对C，C以90%对

① 陈庆云．公共政策分析．北京：北京大学出版社，2006：129-130．

10%取胜；第二轮：C对B，B以55%对45%取胜。第三种议程（结果：A），第一轮：C对B，B以55%对45%取胜；第二轮：B对A，A以55%对45%取胜。

由此可以看出，三种不同的投票顺序导致三种不同的决策结果，最终择定的决策方案不一定优于其他两个决策方案，而是由于投票顺序不同所致。这说明绝对多数规则存在着投票悖论，能够控制政策议程的人就有机会操纵投票顺序和决策方案的选择。

多数裁定规则是一种决策的程序和方法，不涉及决策的内容。一般地说，决策规则包括的范围越广，决策集体通过决策方案时要求的赞同票的百分比越高，该决策规则的保护作用越强。但同时由于利益受到损害的少数派更容易集中所需要的票数，来阻止决策方案的通过，因此决策的效率越低。由于利益保护和决策效率之间的冲突关系，因此没有一种多数决策规则能够同时最大限度地满足保护与效率的要求。实际上不可能运用某一种多数规则来做出所有的决策，不同种类的决策问题应该适用于不同的决策规则。①

二、决策方法

决策方法是指在决策过程中为了做出最优选择而运用的各种方法与技术的总称，是为了实现决策方案的优化而必须借助的手段，也是决策任务得以完成的桥梁。决策方法主要有定性决策方法和定量决策方法。

1. 头脑风暴法

头脑风暴法，亦称专家会议决策法，是指采用开会的形式，将有关专家聚集到一起，依靠专家的创造性思维，对有关决策问题进行讨论，从而做出决策的方法。

（1）实施头脑风暴法的步骤。

第一，明确议题。会议组织者必须在会前确定好议题，并使与会者明确了解这次会议需要解决的问题。

第二，确定人选。一般以8～12人为宜。与会者人数太少不利于交流信息、激发思维，而人数太多则会减少每个人的发言机会，影响会场气氛。在选择与会专家时要考虑以下几个因素：一是参加者的专业背景应力求与所论及的决策对象一致。二是如果参加者彼此认识，应从同一职位（职称或级别）的人员中选取。三是如果参加者互不认识，则可从不同职位（职称或级别）的人员中选取。不论参加者的职位、职称或级别的高低，都要一视同仁。

第三，“热身”阶段。为了使头脑风暴法的实施取得较好的效果，可以在会前做一些与决策问题相关的准备工作。比如，收集一些有关资料预先给大家参考，以便与会者了解与议题有关的背景材料和外界动态；提出一两个与会议主题类似的小问题来激发与会者的兴趣，促使与会者的大脑开动起来并处于兴奋状态，从而形成一种紧张而热烈的氛围，以激发与会者更多的创造性思维。

第四，介绍问题。主持者以明确的方式向所有与会者阐明问题，但不能表露出自己的设想，以免把与会者的思维限定在某个轨道上。

① 赵成根．民主与公共决策研究．哈尔滨：黑龙江人民出版社，2000：296.

第五，专家提出方案。问题叙述清楚以后，就进入了头脑风暴会议最中心的环节，即由与会专家通过畅谈提出各种方案。在提出方案的过程中，会议主持者应该随时给予启发和引导。

第六，会后设想处理。通过组织头脑风暴畅谈会，往往能获得大量与议题有关的设想，至此任务只完成了一半。更重要的是对已获得的设想进行整理、分析，以便选出有价值的创造性设想来加以开发实施。头脑风暴法的设想处理通常安排在头脑风暴畅谈会的次日进行。设想处理的方式有两种：一种是专家评审，可聘请有关专家及畅谈会与会者代表若干人（5人左右为宜）承担这项工作；另一种是二次会议评审，即由头脑风暴畅谈会的参加者共同举行第二次会议，集体进行设想的评价处理工作。

（2）实施头脑风暴法的原则。

第一，“庭外判决”原则。头脑风暴法必须坚持当场不对任何设想做出评价。在会议过程中，既不能肯定某个设想，又不能否定某个设想，也不能对某个设想发表评论性的意见。对各种意见、方案的评判必须放到会议结束以后才能进行。这样一方面是避免阻止创造性设想的产生，保证与会者的思维自由化；另一方面是让与会专家精力更加集中，有利于创造性设想的大量产生。

第二，自由畅想原则。创造一种自由的气氛，参与者不应该受任何条条框框的限制，大胆地放开思维，任意地自由想象，从不同角度、层次和方位展开想象，提出尽可能多的具有独创性的想法。

第三，追求数量原则。头脑风暴法的首要目的是要尽可能多地提出设想。参与者应该在会议过程中展开思维，多提设想，而设想是否可行以及质量问题都留待会后再做评价。设想越多，产生创造性设想的可能性越大。

第四，取长补短和改进原则。除提出自己的意见外，鼓励与会者对他人已经提出的设想进行补充、改进和综合，从而使某一设想更加完备或更具有可行性。

2. 德尔菲法

德尔菲法是在20世纪60年代由美国兰德公司首创和使用的一种决策方法。德尔菲是古希腊的一座城市，因阿波罗神殿而驰名，由于阿波罗有着高超的预测未来的能力，故德尔菲成了预测、策划的代名词。所谓德尔菲法是指采用函询的方式咨询专家们建议的方法。通常专家们在提出意见后以不记名的方式反馈回来，组织者将得到的初步结果进行综合整理，然后再反馈给各位专家，请他们重新考虑后再次提出意见；经过几轮匿名反馈过程之后，专家们的意见基本趋于一致，组织者依此得出预测的结果。

（1）德尔菲法的特征。

第一，匿名性。德尔菲法采用函询的方式来征求相关专家的意见，被咨询的专家在彼此互不知晓的情况下发表各自的意见，在完全匿名的情况下交流思想。这样专家们可以免于受到学术权威、职称、口才、“潮流”思想等的影响，可以自由地提出自己的设想。

第二，多次信息反馈。专家之间的交流是通过回答组织者的问题来实现的，一般要经过若干轮反馈才能做出最后的决策。在反馈过程中，每个专家可以根据反馈信息进行更加全面的考虑，做出更为理智的判断。

第三，决策结果的统计特性。德尔菲法对决策结果采用统计评定回答的方法，以算术平均值来代表专家们的意见，能够把整个小组的意见都包括在内。

（2）德尔菲法的应用程序。

第一，设计函询调查表。德尔菲法的调查表不仅提出问题，还兼有向被调查者提供信息的责任。在设计函询调查表时，咨询的问题要集中和有针对性。

第二，组成专家小组。德尔菲法是由专家以匿名的方式提出设想，再对这些设想相互质疑和修改，从而达成一致的一种决策方法。专家小组的规模一般以20～50人为宜。

第三，进行函询调查。在设计好函询调查表并确定了专家之后，就要寄发调查表，向专家小组成员征求意见。经过若干轮反馈后做出最后的决策。

第四，分析统计结果。在函询过程结束后，组织者需要对统计结果的价值取向和可信度做出分析，以决定是否将其作为决策依据或参考。

德尔菲法在具有许多优点的同时，也存在着一些不足。比如，德尔菲法的结果统计是以中位数和四分点为基准的，而对偏离中位数的“奇异点”则予以抛弃，而这些“奇异点”可能正是创造性思想的所在。

3. 方案前提分析法

方案前提分析法是通过分析、评估决策方案赖以成立的前提，从而达到分析、评估决策方案本身的方法。由于方案前提分析法不是讨论方案本身，而是讨论方案的前提，这样就能较好地避免决策中一些人为因素的消极影响。方案前提分析法的关键在于找出方案的前提。通过直接讨论前提假设，达到间接选择方案的目的。

方案前提分析法作为一种行之有效的分析方法，一般要经过以下几个步骤：

第一，分析方案，找出各种方案的前提假设。通常是先找出各个方案的初步前提，然后再深入下去，找出初步前提的前提，这样渐次推进，越深入越好。为了取得方案前提分析法的满意效果，应当尽量做到前提假设同方案本身没有明显的联系，否则将有可能妨碍结论的客观性。

第二，在找出各种方案的前提假设之后，将前提假设提交会议全体参与人员讨论。在没有任何限制的情况下，全体人员畅所欲言，对这些前提假设展开充分的论证。

第三，在充分讨论的基础上，决策中心对各种不同的意见进行综合，集思广益，做出比较科学的选择。

方案前提分析法的特点是“迂回探索”。虽然方案前提分析法只讨论方案的前提和假设，但决不能由此认为这一方法对方案本身不做任何考虑。事实上，在这一方法的实施过程中，方案本身一直隐含在各种前提假设之中。对方案前提假设的论证过程，实质上也是一个对各种不同方案进行取舍的过程。

4. 决策树法

决策树法是用树型图的形式对各种方案进行比较，从而获得最优方案的风险型决策方法。

（1）决策树的构成要素和绘制。

整个决策树由决策节点、方案枝、状态节点、概率枝和结果点五个要素构成。其中决策节点是决策树的根基，它表示决策问题的起点，一般用正方形符号“□”表示。在绘制决策树时，需要画出决策节点，由此引出方案枝。例如，某商家想要开拓新的市场，组织一些专家进行讨论，确定首先以哪种产品开拓新市场。由决策节点引出的方案枝是解决问题的途径。通常来说，解决一个问题往往有许多可供选择的方案。所以方案枝通常是两枝或两枝以上。例如，该商家经过组织专家讨论后，提出了以食品业开拓新市场和以服饰业开拓新市场两种方案，决策任务就是要从这两个备选方案中选择出最优方案。状态节点就是方案枝的终点，它表示一个备选方案可能遇到的自然状态的起点，一般用圆形符号"○"表示。从状态节点引出的概率枝表示不同方案下的不同自然状态。例如，无论是以食品业还是服饰业开拓新市场，都会面临未来市场"景气"与"不景气"两种自然状态，因为人们无法确切地知道未来市场的状态如何，只能用一定的概率表示每一自然状态发生的可能性，因此把未来自然状态的线路称为概率枝。概率枝后面则是结果点，一般用三角符号"△"表示，它表示执行某一特定方案在某一自然状态发生时可能达到的结果，通常指盈利额和亏损额。例如，如果通过专家讨论和决策，认为以食品业开拓市场会带来市场的景气，那么它的可能盈利情况便是它的结果点。

整个绘制过程是从左到右。第一，绘出决策节点，用正方形符号表示；第二，按照不同方案数从决策节点绘出若干直线，叫作方案枝；第三，在各方案分枝末梢绘出状态节点，用圆形符号表示；第四，由各个状态节点绘出若干概率枝，每一概率枝引出一种自然状态；第五，在概率枝末梢绘出结果点，用三角形符号表示。根据以上情况我们可绘出如图 4-1 所示的决策树。

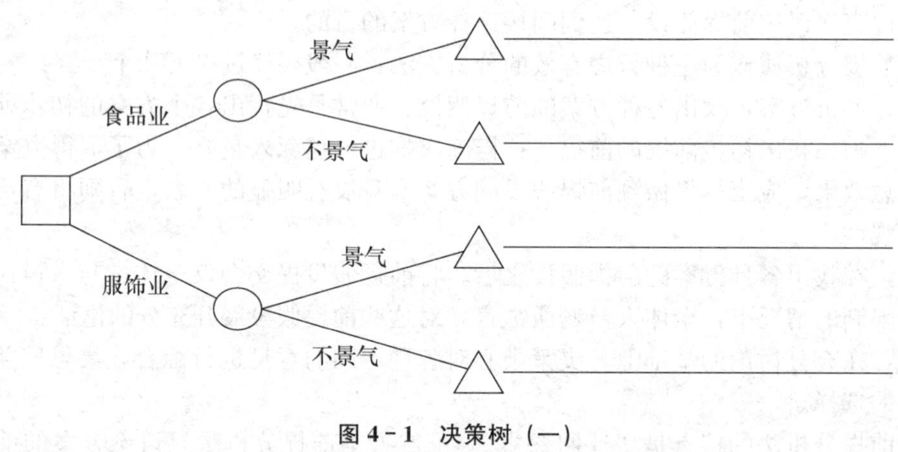

图 4-1　决策树（一）

（2）运用决策树法的步骤。

在运用决策树法进行分析和决策时，应遵循以下基本步骤：

第一，把待决定的问题以决策树的形式绘出图形，按一定顺序表示出各不同方案的相互联系，区别决策节点和各状态节点（最好给每一决策节点和状态节点做上标记），以便适当地归类并对计算进行核校。

第二，标注每一状态节点分枝出现的概率值。这些数据最好是客观概率，若无法得到客观概率，就尽量使主观概率准确些。

第三，进行必要的计算并将计算结果写在决策树的树梢上。

第四，进行不同方案的比较，选出最佳方案。

需要注意的是，计算损益期望值时，要根据不同方案在不同自然状态下的损益值得出方案的综合损益值，记在该方案的状态节点上；然后再比较各个方案的综合损益值，选出综合损益值最大的方案。其余方案可标记上“不用”的符号，这叫作“剪枝”。在比较综合损益值时，应把实施方案所花的费用扣除，最后可把最优方案扣除实施费用后的综合损益值记在决策点上。

例如，某市想发展本地经济，需要耗资 40 万元调查和论证。有两个方案：一是投资 260 万元发展轻工业，成功的概率是 80%，如果成功则能获利 600 万元，失败的概率是 20%，如果失败则会损失 100 万元；二是投资 160 万元发展畜牧业，成功与失败的概率各 50%，如成功则能获利 600 万元，如失败则会受损 100 万元。将这些数据标注在决策树上就构成了附有概率和经济效果的决策树图示（见图 4-2）。

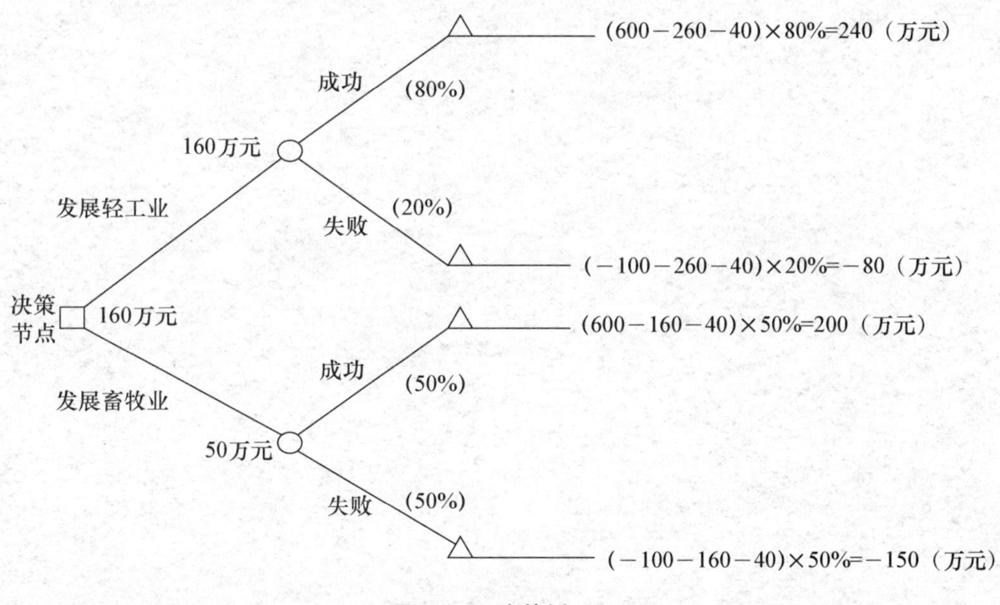

图 4-2 决策树（二）

在上面的例子中，“发展轻工业”的方法成功时获利较少［600－260－40＝300（万元）］，但它的成功率有 80%；失败时损失的总费用不少［－100－260－40＝－400（万元）］，但它的概率只有 20%。而“发展畜牧业”的方法成功时获利 400 万元（＝600－160－40），获利较大，但成功率只有 50%；失败时损失总计 300 万元（＝－100－160－40），损失概率也是 50%。那么，如何衡量这两种方案的优劣并做出选择呢？为此，我们引入一个求加权平均数的公式。根据此公式可以计算出以轻工业开拓新市场和以畜牧业开拓新市场这两种备选方案的准确期望值：

E(F)＝300×0.8＋(－400)×0.2＝160(万元)(发展轻工业)

E(G)＝400×0.5＋(－300)×0.5＝50(万元)(发展畜牧业)

因为 160 万元大于 50 万元，表示“发展轻工业”比“发展畜牧业”更有利。所以，我们决策时就选择发展轻工业。

决策树法是管理人员和决策分析人员经常采用的一种行之有效的决策方法。这种方法用树形图的形式对各种方案进行比较，给决策者以更全面、更直观的信息，以便决策者做出最佳的选择。决策树法适用于风险型决策，而那些不能运用数量和概率统计的决策问题，则不适用决策树法。另外，决策树法中所需的概率统计往往都是根据以往经验估计出来的，因此带有很强的主观性。

第五章 组 织

管理学中的“组织”有两种含义：一是作为名词，指为实现特定目标，依据一定的权力与责任、权利与义务关系，按照分工与合作规则而构成的群体——机构体系，管理总是要通过这样的组织来运作；二是作为动词，即作为管理的一项职能，指设计、构建上述机构体系的活动。本章介绍作为机构体系的组织的构成要素，组织机构的类型，正式组织与非正式组织，管理组织理论，组织结构与组织结构模式等问题。

第一节 组织概述

一、组织的构成要素

任何组织都由一定的要素构成，正是这些要素的存在并发挥作用，组织才得以承担职责，实现特定的功能。组织的基本构成要素包括目标、人员、物财、信息、机构、职位、权责、程序、规制等。

1. 目标

目标是组织的第一要素，表现在：组织是为了实现一定的目标而建立起来的；目标决定了组织的活动内容与活动方向；目标决定了组织内的机构设置、人员配备、权责划分；目标使组织成员形成协作意愿，使组织形成统一认识、统一领导、统一指挥、统一行动；目标的纵向层级划分和横向部门划分决定了组织的层级设置与部门配置；组织资源的分配、使用，组织变革都紧紧围绕着实现目标而展开。

2. 人员

人员是组织的主体，是唯一具有主观能动性的组织要素，表现在：人是组织目标体系的设定者和承担者；人是组织（机构、制度等）的设计者；人是权力的拥有者和行使者，是责任的承担者和履行者；人是组织各类资源的创造者、分配者、使用者；组织存在与运行的目的归根结底是为了满足组织成员的需要，促进组织成员的全面发展与自我实现。不同的人在组织中扮演的角色不同，可能是管理者，可能是被管理者，也可能二者兼具。人员的素质以及人与人之间的关联状态决定了组织的功能。

3. 物财

经费、场所、设施、设备及各类用品，是组织赖以存在并开展活动的物质基础。日常生活讲“巧妇难为无米之炊”，行军作战讲“兵马未动，粮草先行”，对管理组织而言，“财政为庶政之母”，“工欲善其事，必先利其器”。物财是任何组织都不可或缺的要素。

4. 信息

信息包括组织内外的各种情况和资料，如企业内部各类人员、财、物情况，企业的技术开发、生产加工、营销、内部协调能力，外部的市场需求和竞争态势，国内外经济发展形势等。由于信息是组织内外各种事与物的客观存在与运动规律的表征，所以，信息是以人为主体的社会性组织中最活跃的要素，管理决策及指挥、反馈、监督、控制、协调等管理职能，本质上都不过是信息的获取、加工处理和利用。

5. 机构

机构是组织的实体，是组织目标的载体。为实现分工合作并适应组织目标纵向层级划分和横向部门划分的要求，组织机构相应地由纵向不同层级、横向不同部门构成，它们共同形成了组织机构体系。不同层级的机构，地位高低、权力大小、责任轻重各异，它们自上而下形成一条权力线，上领导下，下服从上；同一层级的组织机构，各自在特定范围内行使权力、履行职能、承担责任，它们既相互分工，又相互合作。组织机构体系的设置及权责划分是否合理、明确，是影响组织效率的关键性因素。

6. 职位

职位是依据组织目标的需要而设立的具体工作岗位，它具有以下特征：职位以工作为中心而设置，不受人的因素的影响，即所谓“固定的职位流水的人”，当某一职位没有合适人选时，称之为“职位空缺”；职位的数量明确、具体，由组织编制明文规定；职位有类别划分，任何职位都可归于相应的职位系列和职位等级。

7. 权责

从本质上看，任何组织都是一个相对封闭的权责结构与体系，通过权责划分对组织系统中各层次、部门、人员之间的指挥与服从或平等协作关系予以确认，从而保证权力运用的合法性、合理性、正当性，保证职能责任落实到位，保证组织稳定、有序运行。

8. 程序

程序反映了组织活动开展的动态过程。当代管理注重程序，比如决策讲程序，计划讲程序，协调讲程序，控制讲程序，原因在于程序是对组织活动过程的成功经验的概括与总结。组织活动的程序化既可防止工作中的随意性，又可以通过精简工序，消除不必要的环节，提高组织活动的效率。

9. 规制

规制即组织的规章制度。它是以规范性的书面文件形式对组织的宗旨、职能范围、任务结构、权责关系、活动方式、运行程序、行为规范等的明确规定，是否拥有明确的规制是正式组织与非正式组织的重大区别之一。所谓“无规矩不成方圆”，规制对组织机构及其成员具有普遍约束力，在维护组织秩序、确保组织稳定方面具有不可替代的作用。规制是否健全完善是考察一个组织成熟度的重要指标。

二、组织机构的类型

组织的规模和业务复杂程度不同，其机构设置也不尽相同。按照企业内部各种机构在管理分工体系中的职能，企业机构可分为业务管理机构、职能管理机构和行政事务管理机构。

1. 业务管理机构

业务管理机构是直接从事生产经营管理的机构。如工业企业的供应科、各生产车间、分厂、仓库、销售科等；商业企业的采购科、各商品部、批发部、分销店、门市部等。业务管理机构是企业机构的主体，其规模和专业化程度对其他部门的划分和建立有着决定性作用，它们都是随着分工深化逐步从业务管理机构中分离出来的。

业务管理机构的主要职责是对外负责建立经济联系，如建立货源基地、签订经济合同、处理各种业务纠纷等；负责从供应到销售的全部业务工作，如原材料的供应、商品的采购、生产加工、库存和销售等。

企业或是由于业务过程复杂，或是由于生产经营的产品繁多，或是由于供应地区广泛，或是同时由于上述几种原因，通常要设置若干业务管理机构。在同时设置若干个业务管理机构的情况下便产生了业务机构之间如何分工的问题。业务管理机构一般都按产品实行专业化分工，以利于掌握各种产品的特点并据此组织生产经营，提高企业经济效益。但在大企业中，仅按产品划分业务机构是不够的，往往辅之以按地区、按生产经营过程等划分机构。

2. 职能管理机构

职能管理机构是指那些具有计划、指导、监督和调节业务活动功能，直接为业务活动服务的管理机构。例如企业财务科、计划科、统计科、劳动工资科、物价科、公共关系部、广告宣传部、企业管理部等。职能管理机构虽然不直接从事生产经营活动，但与生产经营活动直接相关。企业管理水平的高低，经营管理活动能否正常进行，在很大程度上依赖职能管理机构能否正常履行职能、发挥作用。因此，企业必须重视职能管理机构的建设，有计划地提高各职能管理机构人员的业务水平。

职能管理机构是企业机构的重要部分，是企业最高领导人的参谋或助手，受经理、厂长的直接领导。其主要职责是：

（1）在本机构的职责范围内，对业务管理机构的相关人员或工作进行指导、监督并在专业技术上给予帮助。职能管理机构除非经理、厂长授权，不能以自己的名义向业务管理机构下达指示命令和布置工作。

（2）及时收集企业生产经营中所需的各种信息并予以整理加工，供企业最高管理层在决策和指挥生产经营时参考。

（3）在市场调查、市场预测的基础上，提出决策建议，为经理、厂长出谋划策，是企业最高领导人的参谋和助手。

（4）负责协调企业与公众及社区的关系，维护企业信誉，树立企业的良好形象，促进企业与社区关系的良性循环。

职能管理机构的规模和专业化程度主要取决于企业的规模。一般而言，小型企业管理工作量小，一般只配备若干职能管理人员，不设职能管理机构。中型企业往往把管理职能相近的职能人员组织在一起，建立综合的职能管理机构，以减少管理人员、节约管理费用。大型企业必须建立分工明确的职能管理机构，以适应生产经营的需要。

3. 行政事务管理机构

行政事务管理机构是不直接从事生产经营活动，且与产品生产经营活动也没有直接联系而进行日常行政事务管理的机构，如秘书科、办公室、保卫科、总务科或行政科等。行政事务管理机构的主要职责是：办理文件往来、处理日常行政事务；负责企业的安全保卫工作；管理固定资产，供应物资、设备，组织职工生活服务等。

三、正式组织与非正式组织

依据性质和活动方式的不同，组织可以分为正式组织和非正式组织。正式组织是按照一定的程序设立，具有明确的组织目标、机构与职位体系和规章制度。正式组织一般都有清晰的边界，即能够明确判定一个人是否属于该组织。政党、政府、各类企事业单位都属于正式组织。非正式组织是在人际交往过程中，基于兴趣、爱好、情感等因素自发形成的组织。非正式组织一般没有清晰的边界、明确的制度。管理组织职能的重点是正式组织，但必须正视非正式组织的存在，关注其作用。

管理学对非正式组织的研究起源于霍桑实验，社会系统学派的代表人物、美国学者巴纳德首次提出了“非正式组织”概念。非正式组织存在于正式组织之中，对正式组织的活动既有积极的促进功能，也有消极的阻碍作用，须认真对待。

1. 非正式组织的积极作用

非正式组织对正式组织的积极作用主要表现在协助工作、分担领导、增加稳定、发泄感情、制约领导等。

（1）协助工作。正式组织的工作计划、决策和工作程序大多是事先制定的，缺乏随机应变能力。而非正式组织则往往不受工作程序的约束，具有高度的弹性，对于临时发生的急迫问题，常能寻求非正式途径及时而有效地解决。能否发挥这一作用，取决于主管人员是否接受并尊重非正式组织，也取决于能否使正式组织与非正式组织利益协调一致。

(2) 分担领导。在与主管人员保持良好关系并采取合作态度的条件下，非正式组织能够主动地协助工作并积极提供意见，从而分担正式组织主管人员的领导责任，减轻领导的负担。

(3) 增加稳定。非正式组织能给人以吸引力，从而增强组织的稳定性，减少人员流动。

(4) 发泄感情。非正式组织可作为职工受到挫折时发泄感情的通道，并能协助职工解决困难，给予其安慰。

(5) 制约领导。非正式组织往往有监督制约领导者的作用，使其不敢滥用权力。

2. 非正式组织的消极作用

非正式组织对正式组织的消极作用主要表现为保守倾向、角色冲突、滋生谣言、不良压力等。

(1) 保守倾向。非正式组织是为了达到特定的个人目标与满足个人的愿望而自由组合起来的，具有维护现状的保守倾向。因此当正式组织采取变革措施或追求卓越时，它们常常持否定态度。

(2) 角色冲突。当正式组织和非正式组织的利益发生冲突时，会使个人处于左右为难的境地，增加了服从正式组织的思想顾虑。

(3) 滋生谣言。以感情为基础，非正式组织往往成为一些谣言、小道消息的产生地和传播的重要渠道。

(4) 不良压力。正式组织和非正式组织都有行为标准和规范，对个人都有约束力，甚至造成压力。但非正式组织的压力较正式组织往往更加沉重，如讽刺、挖苦、打击、造谣等，可能迫使个人脱离正式组织的行为规范。

3. 非正式组织管理

管理实践中，要正确对待非正式组织，利用其积极作用，防止和克服其消极影响。

(1) 一分为二。人是有感情的，当正式组织不能完全满足个人需要时，必然有非正式组织出现。不能把非正式组织和我们日常所说的小集团、小圈子、小宗派等同起来，更不能和非法组织混为一谈。对非正式组织要一分为二，认清其消极作用，肯定其积极功能，关键是如何引导以及怎样处理领导与非正式组织的关系，处理得当它将是正式组织的必要补充和支持。

(2) 无害支持。非正式组织只要不是非法组织、流氓集团，就不要采取取缔或限制的办法。疏导胜于防堵，防堵可能会引起反抗或不满。只要不妨碍组织目标，不仅允许其存在，而且一般不要伤害非正式组织的利益，坚持无害支持原则。

(3) 目标结合。领导的主要精力应放在正式组织上，但要使正式组织的利益尽量和非正式组织的利益结合起来。

(4) 为我所用。对非正式组织要加以疏导利用，比如团结非正式组织的领袖并发挥其作用，积极采纳非正式组织的合理意见，使非正式组织为正式组织服务。

第二节 组织理论

一、组织理论概述

组织理论是管理理论体系的重要组成部分，它以组织现象和组织发展规律为研究对象，以组织设计与管理为实践内容。西方组织理论的演变大致经历了下述四个阶段。

1. 古典组织理论阶段

古典组织理论主要包括以泰勒为代表的科学管理组织理论，以法约尔为代表的一般管理组织理论，以韦伯为代表的科层组织理论。它们的共同特点是从制度规范的角度对组织展开研究，提出了一系列的组织设计与管理原则。比如科学管理组织理论倡导的标准化原则、例外原则；科层组织理论倡导的专业分工、权责一致原则；一般管理组织理论倡导的统一领导、统一指挥、纪律、秩序等原则。古典组织理论的缺陷在于，忽视环境因素对组织的影响，忽视组织的动态特性，忽视组织成员的社会性需求。

2. 行为科学组织理论阶段

行为科学组织理论亦称新古典组织理论，主要包括：以梅奥为代表的人际关系组织理论，以巴纳德为代表的组织平衡理论，以西蒙为代表的决策过程组织理论。它们的共同特点是以组织中人的问题为研究中心，用动态的观点考察分析人类行为、人际关系对组织的影响。比如人际关系组织理论注重人员行为、动机的研究，强调以民主方式进行管理，激发人员积极性；组织平衡理论视组织为人际交往构成的系统，追求个体与群体、正式组织与非正式组织的协作平衡；决策过程组织理论强调组织是由作为决策者的个人组成的系统。行为科学组织理论的缺陷是忽视组织原则、组织结构、组织制度的作用。

3. 系统科学组织理论阶段

20 世纪 60 年代以后，系统论、信息论、控制论等理论与方法在组织理论研究中被广泛使用，形成了以卡斯特、罗森茨韦克为代表的系统分析组织理论，以劳伦斯、伍德沃德为代表的系统权变组织理论等系统科学组织理论。其中，系统分析组织理论认为，组织是一个有机的开放系统，是一个受经济、文化、社会等环境因素影响的生态系统；组织是在与环境的相互作用中形成并维护自身的工作流程，应保持组织与环境的动态平衡。系统权变组织理论认为，组织必须随机应变，不存在统一的、一成不变的组织模式，不能生搬硬套某一特定环境中形成的所谓有效的组织模式，而应该依据环境变迁和组织自身的变化来确定。

4. 创新发展阶段

20 世纪 80 年代以来，组织理论进入了创新发展阶段，彼得·德鲁克、迈克·哈默、彼得·圣吉等做出了突出贡献。彼得·德鲁克强调组织应以绩效管理为中心，重视发展战略、顾客满意、分权管理、员工自我价值实现等；提出组织应通过压缩层级、合理分权、绩效评估以适应环境。迈克·哈默认为，依据专业分工而设计、建立的金字塔式集权组织模式，确实曾发挥过积极的作用，但 20 世纪 80 年代以后，这种组织模式必须进行“再造”，因为组织环境发生了根本变化。这种变化可概括为“三C”，即顾客（Consumer）主导化、竞争（Competition）激烈化、变革（Change）持久化。企业再造就是从根本上重新思考，革新企业流程，以期在成本、质量、服务、速度等绩效标准方面收到显著成效。彼得·圣吉于1990年出版的《第五项修炼》，创立了学习型组织理论。该理论认为：20世纪90年代“最成功的企业将会是学习型组织，因为未来唯一持久的优势，是有能力比你的竞争对手学习得更快”。彼得·圣吉提出了通过实现“自我超越”、改善“心智模式”、建立“共同愿景”、加强“团队学习”和进行“系统思考”等建立学习型组织的五项技术。

此外还有资源相依理论、交易成本理论、组织生态理论等众多的组织理论。下面介绍几种具有代表性的组织理论。

二、科层组织理论

科层组织理论的代表人物马克斯·韦伯，出生在德国一个有着广泛政治和社会联系的富裕家庭，他是一个对社会学、宗教、经济学和政治学都怀有极大兴趣的学者。韦伯先后撰写了《新教徒伦理》《经济史》《社会组织与经济组织理论》等书，其中《社会组织与经济组织理论》对组织理论做出了重大贡献。在管理思想史上，韦伯被誉为“组织理论之父”。

科层组织理论最重要的贡献是揭示了组织权威类型，提出了一系列组织设计与管理的原则。

1. 组织权威类型

韦伯认为，任何组织都必须以某种权威为基础才能实现目标，只有权威才能变混乱为秩序，但不同组织赖以建立的权威不同。他认为，古往今来，组织赖以建立的权威有三类，即传统权威、超凡权威、合理-合法权威。

所谓传统权威，是以对社会习惯、社会传统的尊崇为基础而形成的权威，比如酋长制下酋长的权威，长老制下长老的权威，世袭制下君主的权威等。

所谓超凡权威，是以对领袖人物的相貌、品格、信仰或超人智慧等人格特征的尊崇为基础而形成的权威。人们服从超凡权威，不是基于既定的法则或职位，而是相信超凡人物的超凡人格。

所谓合理-合法权威，是以对法律确立的职位权力的服从为基础而形成的权威。韦伯指出，合理-合法权威与其他权威的根本区别在于：前者体现的是法治社会的特质，后者体现的是人治社会的特质。

2. 科层制组织的基本特征

科层制组织的基本特征，亦即其设计与管理原则如下：

（1）法定权力为基础。科层制组织理论认为，只有建立在合理-合法权威基础上的组织（称之为科层制组织或官僚制组织），才能有效地开展活动，是理想的组织。

（2）严格的等级制度。各种职位都按权力等级组织起来，形成一个完整的指挥系统。在这个系统中，下级接受上级的控制和监督，对自己的行为承担责任。

（3）职业化原则。管理人员都是专职的，享有固定的薪金待遇。管理人员的职业化，有利于培养他们的集体协作精神，鼓励他们忠实于组织。

（4）专业化原则。任职者必须经过训练掌握专门知识与技能。依据正式考试的成绩或在培训中取得的技术资格挑选组织成员。

（5）任命制与由职择人原则。除了某些必须按规定选举产生的公职人员外，其他人员均应委任产生。人员选用要完全根据职位要求，满足职位所需的资格条件。职位人员必须称职，同时不能随意撤换。

（6）照章办事原则。严格依照法律或制度规定的职责、权限、程序和标准办事，不受个人情感因素影响，不看人办事，因人而异。照章办事原则也称为理性原则、非人格化原则。

（7）公私分明原则。要求公务活动与私人事务、公域与私域要截然分开，公私分明。比如，为公务活动配置的设备，严禁私用；公务时间，禁止处理私人事务。

科层组织理论适应传统农业社会向现代工业社会转变的需要而产生，具有里程碑性质，影响深远。其局限性表现在：过分强调职权划分的作用，忽视协调、配合以及克服本位主义的问题；过分强调层级节制关系，忽视下级人员的积极性和创造性；过分强调组织的规章制度、静态结构，使组织陷于僵化，丧失弹性和应变能力；科层组织理论过于理性化，实施过程中必然面临种种困难。

三、组织平衡理论

组织平衡理论的代表人物是切斯特·巴纳德，他是美国高级经理人、管理学家、社会系统学派的创始人，代表著作是1938年出版的《经理人员的职能》。组织平衡理论在下述方面做出了贡献。

1. 组织是一个协作系统

巴纳德认为，组织不是人的简单集合，而是有意识地建立和调整了的人与人之间相互联系、相互作用的系统。巴纳德认为，组织的产生是人们协作愿望的结果，许多个人办不到的事情，通过协作可以办到。人们在选择是否加入某个组织时，都以个人的目的、愿望、动机为依据，主要考虑加入组织后所承担的义务和所得到的利益是否平衡；而他们是否会继续留在组织中，也取决于他们对组织是否满意及满意的程度。

2. 组织的基本要素

巴纳德认为，组织的产生和发展，只有通过协作意愿、共同目标、信息交流这三个基本要素的结合才能实现。

协作意愿是组织建立的第一要素，其意义在于自我克制，交出部分个人行为的控制权，实现个人行为的非个性化。实现组织良好的协作意愿，需要注意两个问题：其一，组织成员协作意愿的强度与组织系统的规模成反比例关系，也就是说，一般情况下，组织规模越大，综合性越强，组织成员的协作意愿越弱，反之，则越强；其二，组织成员协作意愿的强弱是动态变化的。

共同目标是任何组织都不可缺少的要素，离开共同目标，组织就失去了存在的前提和前进的动力。认识组织目标，需要把握两点：一是组织目标不是单一的，而是多样化的，它包括效益目标、发展目标和稳定目标等，而且组织的某些具体目标有时是相互矛盾的；二是为了适应客观环境的变化，组织目标需要不断修正、调整。

关于共同目标，巴纳德提出了三个值得注意的问题。第一，组织共同目标不仅要被组织成员认识和理解，而且必须被组织成员所接受。第二，组织成员在理解组织共同目标时，协作性理解和个人性理解会发生矛盾。所谓协作性理解，是指组织成员从组织整体利益出发，客观全面地理解组织共同目标。所谓个人性理解，是指组织成员从个人利益出发，主观片面地理解组织共同目标。因此，主管人员的重要职责就是向组织成员灌输组织共同目标，统一对组织共同目标的认识。第三，必须区分组织共同目标与组织成员的个人目标。一个人之所以愿意为实现组织共同目标做出贡献，是因为实现组织共同目标有助于达到个人目标。因此，个人目标的实现是个人参与组织活动的决策基础，如何协调组织共同目标与个人目标的关系是主管人员的又一重要职责。

信息交流是连接协作意愿和共同目标的纽带，组织的一切活动都以信息交流为基础。巴纳德认为，组织信息交流的原则是：第一，信息交流的渠道要为组织成员所了解，最重要的是要使信息交流的渠道成为惯例，即尽可能固定化；第二，组织的每个成员都必须有一个上级并向其汇报工作，每个人都必须同组织保持明确的正式关系；第三，信息交流的线路必须尽可能地直接和短捷，以加快信息交流的速度；第四，信息交流时应利用完整的信息线路，逐级沟通，维护各组织层次的权威和职责；第五，作为信息交流中心的各级管理人员必须称职，即具备有关技术、人事等方面的能力；第六，组织在行使职能时，信息交流的线路不能中断。

3. 权威接受理论

传统观念认为，权威是建立在等级系列或组织地位基础上的，巴纳德则自下而上解释权威，认为权威的存在必须以下级的接受为前提，而下级对权威的接受是有条件的。

巴纳德认为，当一个组织成员接受了另一个组织成员的指示或建议时，他们之间就发生了权威关系。“一个命令是否有权威取决于接受命令的人，而不取决于‘权威者’或发布命令的人。”① 巴纳德不仅提出了一个全新的权威概念，而且还阐释了接受权威的条件，这就是：第一，使组织成员能够理解所下达的命令，因为一个不能被理解的命令不可能有权威；第二，使组织成员认识到这个命令与组织的共同目标是一致的；第三，使组织成员认识到这个命令与他们的个人利益是一致的；第四，组织成员的精力和体力允许他们接受这个命令。

4. 管理人员的职能

巴纳德认为，管理人员作为一个信息交流系统的联结中心，应致力于实现协作，有三种主要职能：

（1）建立和维持一个信息交流系统。为此，管理人员一要设计信息联系的线路图，划分职责范围；二要保证一个良好的人事系统；三要善于发出一些隐含性的指令，默许非正式组织的存在，避免发出明显拒绝的指令。

（2）促使组织成员提供必要的服务，努力调动下属的工作积极性。即要把组织成员引入一定的协作关系中，激发他们的积极服务精神。

（3）规定组织的目标，确定实现目标的具体步骤。

① 巴纳德．经理人员的职能．北京：中国社会科学出版社，1997：129.

四、组织生命周期理论

美国管理学家格林纳提出的组织生命周期理论认为，组织像任何有机体一样有其生命周期。组织的生命周期由创业、聚合、规范化、成熟、再发展或衰退五个阶段构成，处于不同阶段的组织，其内部结构、领导方式、管理体制和职工心态各异。组织在每一阶段的后期都将毫无例外地面临某种挑战或危机，必须采取一定的策略迎接挑战、化解危机，以维护组织的稳定与发展。

1. 创业阶段

这是组织的幼年期，其特点是：人员少，机构简单，业务量有限，认识统一；权力集中，创业者统一行使指挥权；组织的创立、生存、发展取决于创业者的个人智慧和能力，称“成长经由创造力”；管理者一般是技术型或业务型，不重视管理。通过艰苦创业，组织规模得以扩大，业务量增加，组织关系趋于复杂，依靠领导者个人的智慧和能力越来越不能有效解决组织面临的问题。因此，创业阶段后期，组织内管理问题频发，领导者无能为力，组织陷入“领导危机”。

2. 聚合阶段

这是组织的青年期，具有三个明显的特点：一是组织发展迅速，成效显著。组织规模扩大，员工数量增加，且员工的归属感强烈、生产积极性高昂，产值、利润提高，组织影响力扩大。二是创业者通过实践磨炼和经验积累成为有效的管理者，或组织引进了专门的管理人才，管理水平得以提高。三是适应组织规模扩大化而确定新的组织目标和组织发展战略，以集权管理方式保证组织目标和组织发展战略的实现，称“成长经由命令”。随着组织规模的继续扩大，集权的管理方式受到挑战，比如中下层缺乏必要的独立性和自主性，因束缚而不能创造性地开展工作，组织失去了机动性和灵活性。这时，组织成员对集权管理方式产生高度不满，而由于高层管理者已习惯于强制推行政令的集权管理方式，组织内上下之间的矛盾不可避免，组织陷入“自主性危机”。

3. 规范化阶段

这是组织的中年期。经过持续发展，中年期的组织已有较大规模，比如生产经营单位增加，跨地区经营和多元化发展战略实施，组织层级完备、分工细密、结构复杂化。为克服“自主性危机”，保持组织的稳定并持续发展，必须采用授权的管理方式，构筑分权的组织结构模式，使中下层享有独立的管理权力，称“成长经由授权”。规范化阶段后期，由于管理权力过于分散，组织各层次、部门各自为政，本位主义盛行，损害了组织的完整性和统一性，危及组织目标及组织整体战略，使组织陷入“失控危机”。

4. 成熟阶段

为克服“失控危机”，保证政令统一、步调一致、有令必行、有禁必止，强化合作协调关系，组织必须通过改革以实现某种程度的集权，即将已经下放给中下层的管理权力重新收回以集中行使。由于组织成长历史已经证明，高度集权或过分分权都不利于组织的管理和发展，组织不可能再恢复到集权管理方式（聚合阶段）或分权管理方式（规范化阶段）。克服“失控危机”的出路是：增强最高领导层的监督和调控能力，建立健全层级与部门之间的协调合作机制，强化组织的整体规划，构建管理信息系统，成立委员会组织，或采用矩阵式组织结构模式，健全规章制度体系，完善工作程序等。其目的在于：维护各层级、各部门必要的自主权力，激发他们的创造力；实现最高领导层对组织整体的有效控制。成熟阶段后期，组织机构臃肿、人浮于事，教条主义、官僚主义盛行，“文山会海”普遍存在，组织陷入“官僚主义危机”或“硬化危机”。

5. 再发展或衰退阶段

面对“官僚主义危机”或“硬化危机”，最高领导层的认识、态度以及由此而采取的应对措施决定组织的生死存亡。可供最高领导层选择的基本策略，一是头痛医头、脚痛医脚，消极应对；二是洞察危机、周密计划，推动组织的变革与创新。前者使组织趋于衰退，直至死亡，后者使组织趋于稳定、成熟，获得进一步发展的机会。为克服教条主义、文牍主义，确保组织的活力与生机，一方面，必须强化组织成员的团队意识，培养他们的合作精神，探索并形成有效的协作机制，为此，文化建设便成为组织面临的重要课题。另一方面，组织应采取系统的变革措施，如精简机构、分流人员、完善制度、明确责任、实施更有效的激励等。

组织生命周期理论给我们的启示是，任何组织都有自身的发展阶段，每个阶段都面临着不同的矛盾或危机，只有采取有效的化解矛盾、克服危机的策略，才能获得进一步发展的机会，否则便会衰退、夭折。

五、学习型组织理论

学习型组织理论的代表人物是美国学者彼得·圣吉，他在1990年出版的《第五项修炼》一书中，首次系统地提出了全新的“学习型组织”概念。学习型组织理论影响巨大，许多组织纷纷提出以“学习型组织”为建设目标，比如“学习型社会”“学习型国家”“学习型城市”“学习型企业”“学习型家庭”等。

学习型组织是一种新型的组织形式，是按照学习关系构建起来的上下、左右、内外互动的有机组织。该理论提出了建设学习型组织的“五项修炼”。

1. 实现自我超越

所谓自我超越，是指组织成员要不断学习，克服成见，勇于接受新观念和新方法。彼得·圣吉认为，在日常生活与工作中，每个人都容易自我设障、画地为牢、作茧自缚，所以人人都需要全面而又彻底地检查自己，突破自我，超越自我。自我超越不是一种能力，而是一个过程，这一过程的动力就是创造性张力。自我超越是组织全体成员的修炼，没有个人的自我超越，就不会有组织整体的进步与发展。实现自我超越的路径在于突破三大极限，即突破自我极限、规章极限和死亡极限。

2. 改善心智模式

心智模式是受知识、经验的影响而形成的较为成熟、稳定的思考问题的方式，它影响人的思维和行为。比如乐观的心智模式和悲观的心智模式，多疑的心智模式和谨慎的心智模式。心智模式有三个基本特点：一是根深蒂固，不易改变；二是自我感觉良好；三是所有人的心智模式都有缺陷。比如成功者的刚愎自用、失败者的悲观厌世；乐观者常常看不到难以克服的困难而盲目自信，悲观者常常因过于消极而失去良好机遇。改善心智模式，是指要审视、抛弃旧的并建立新的思考问题的方式。改善心智模式的方法是：换位思考，以史为镜、以人为镜，时常反思自己的行为；克服障碍以敞开心扉与人沟通；有效表达自己的思想、情感，敢于提出自己的意见、建议。

3．建立共同愿景

愿景是人脑中浮现的关于未来境况的图画，共同愿景则是组织未来的图像。建立共同愿景，即在组织成员的积极互动下，形成组织的共同目标。彼得·圣吉强调，共同愿景应以个人愿景为基础，应有利于社会、有利于组织发展、有利于个人成长、有利于家庭幸福。共同愿景将引导组织资源的投向，引导组织成员的行为，激发组织成员的斗志。建立共同愿景的要求：第一，以自我超越为基础；第二，共同愿景是在人与人的互动中激荡形成的；第三，领导者要善于发现并捕捉每一个的思想火花，服务于共同愿景的构建；第四，经常描绘愿景，鼓舞人员斗志；第五，共同愿景应随环境的变化而调整。

4．加强团队学习

加强团队学习要求组织成员相互学习、相互促进，形成良好的合力关系。团队学习的目的是实现团队智商大于个人智商之和，这就决定了团队学习的基础是进行“深度会谈”，即学习者敞开胸怀，畅所欲言，把所讨论的问题谈深谈透。“所有参与者必须将他们的假设‘悬挂’在面前”，“所有参与者必须视彼此为工作伙伴”。① 团队学习的障碍是“自我防卫”，它使“深度会谈”无法进行。比如，绝不提自己没有把握的问题，绝不提分歧性建议，绝不提质疑性意见，而只提折中性观点，甚至讲大话、空话、套话、官话、假话等。总之，只有克服自我防卫障碍，才能发挥团队学习的作用。

5．进行系统思考

系统思考就是用系统的观点分析认识问题，不能只见“树木”而不见“森林”，也不能只见“森林”而不见“树木”。进行系统思考即用系统的观点考察组织，考察组织的发展战略和管理方法。系统思考的基本方法有：看长期处理近期，看全局掌握局部，看动态把握静态。系统思考的要点包括：整体思考、动态思考、本质思考和非线性思考。

五项修炼中，改善心智模式和加强团队学习是基础，实现自我超越和建立共同愿景是向上的张力，进行系统思考是核心，也是学习型组织理论的精义所在。其他四项修炼只有与系统思考融为一体，才能收到最佳效果，系统思考也只有借助其他四项修炼才能发挥作用。

第三节　组织结构与组织结构模式

一、组织结构的层级化

1．组织机构的层次划分

现代组织集中了众多从事各种业务的人员，由于一个领导者指挥、监督的人员数量是有限的，所以组织的领导者不可能对每个人员直接进行指挥，这就需要在最高管理者到基

① 彼得·圣吉．第五项修炼．郭进隆，译．上海：上海三联书店，1998：277.

层工作人员之间设置一个或多个管理层次，实行逐级指挥和管理。管理层次的设置是实施有效管理所必不可少的，但并不是说管理层次越多越好。管理层次过多可能会产生三种弊病：首先，管理层次多，管理人员多，管理成本高；其次，管理层次多，信息传递缓慢且容易出现失真；最后，管理层次多，拉长了管理距离，造成管理者脱离群众、脱离实际现象，助长官僚主义作风。

管理层次的数量主要取决于组织规模和管理幅度。在其他条件既定的情况下，组织规模与管理层次成正比例关系，即组织规模越大，管理层次越多；组织规模越小，管理层次越少。管理幅度是指一级组织下辖机构的数量，或一个领导者直接指挥和监督下级人员的数量。管理幅度是决定管理层次的最基本因素，在其他条件不变的情况下，它与管理层次成反比例关系，即管理幅度大，管理层次少；反之，管理幅度小，管理层次多。

管理学把管理幅度小、管理层次多的组织结构称为高耸结构；把管理幅度大、管理层次少的组织结构称为扁平结构。

2. 影响管理幅度的因素

管理幅度的合理确定，一般需要考虑的因素有：下属工作地点、场所分散程度；下属工作相似性、复杂程度、变动性；业务活动的复杂性、标准化程度，绩效考核的难易程度；通信与监控手段的有效性；下属人员的德、智等基本素质。

管理幅度的合理确定是个难度较大的问题，目前尚无一个公认且合理的方法。美国洛克希德导弹与航天公司在20世纪70年代进行的管理幅度研究，总结出影响管理幅度的六个因素，并将每个因素分为5级，对每一因素的每一级都根据实例调查统计给出了一个影响管理幅度的权数（见表5-1）。对应于某一级的诸因素权数之和给出了建议的标准幅度（见表5-2）。还有研究认为，对企业来说，上层管理者管辖人数以3～6人为宜，下层管理者的管辖人数可增至7～11人，对于负责粗加工的班组长可以增至20～25人。由于业务性质等各种原因形成过大的管理幅度难以改变时，一个变通的解决办法是给主管领导者增设副职。

表5-1　影响管理幅度的因素及其分级、权数

影响因素	分级				
	1	2	3	4	5
职能相似性	完全相同①	基本相同②	相似③	基本不同④	根本差别⑤
地区邻近性	完全在一起①	同在一个办公楼②	在同一工厂区的不同办公楼③	在同一地区的不同地点④	不在同一地区⑤
职能复杂性	简单重复的工作②	日常公事④	稍微复杂⑥	复杂多变⑧	非常复杂并多变⑩
指导与控制工作量	管理与训练工作量很少③	管理工作量有限④	需要定量管理⑨	经常连续不断地管理⑫	始终密切地管理⑮
协调工作量	与其他人的联系很少②	与其他人有一些联系④	便于控制的较多的相互联系⑥	相当密切的相互关系⑧	相互间接触面广，但不是经常发生⑩
计划工作量	规模与复杂性小②	规模与复杂性有限④	相当规模的复杂性⑥	要相当努力，政策性强⑧	管理范围大，政策性很强，要求非常努力⑩

表 5－2　　建议的管理幅度

影响管辖人数诸因素的权数和	建议的标准人数
40～42	4～5
37～39	4～6
34～36	4～7
31～33	5～8
28～30	6～9
25～27	7～10
22～24	8～11

3. 组织的扁平化趋势

20 世纪 90 年代以来，西方国家掀起了减少管理层次、裁减中高级管理人员的浪潮，组织结构趋于扁平化。原因在于：

第一，许多公司希望改变管理层次过密、管理人员过多、管理费用过高的状况。

第二，技术进步使部分管理人员和白领职员成为公司的多余人员。许多白领职员在公司的工作主要是负责传递和处理信息，而网络提供了快速、便捷、低成本、高效率的信息传输方式。过去一些需要白领职员手工操作的统计核算等工作现在也完全可以由计算机代替。

第三，竞争日趋激烈和产品生命周期缩短，为提高决策和反应速度，公司不得不精简管理层次。

第四，希望通过精简中间管理层次以使处于生产或服务第一线的职员获得更大的自主权，以激发其主观能动性。

不仅是企业，在电子政务背景下，政府机构中管理者及其下属，都可以利用信息技术手段随时了解对方的状态和意图。这样，一个管理者就能够同时指挥和指导更多的下属人员，为政府机构从高耸的金字塔型结构转变为更加灵活的扁平型结构提供了技术支持。

二、组织结构的部门化

组织结构不仅涉及层级化，同时也涉及部门化，管理组织都是层级化和部门化的统一。组织结构的部门化是指组织系统中横向部门的划分，即一级组织所辖部门的数量，也称职能制。

专业化是现代管理的基本特征之一，部门化则是管理专业化的具体体现。部门化的作用是：一个部门只承担相应专业范围内的职能任务，便于人员精通业务；业务相同的组织自上而下形成条条管理，便于形成统一的专业管理方针政策；各部门分工负责，便于各级管理者集中精力考虑大政方针问题。但部门化也有其局限性，表现在：易形成不同专业部门之间的条条分割，各部门之间的协调与沟通困难；各专业部门自上而下形成的条条管理，使组织的中下层形成“条块”状态，不便于统一领导、统一指挥；部门设置的标准难以掌握，若专业划分太粗，则不利于工作，若专业划分太细，则会导致部门林立、机构臃肿，进而使部门之间目标不明确、权责不清楚。

管理组织部门划分的标准主要有四类：一是按组织的功能划分。即把工作性质相同和工作内容相近的职能任务归于一个部门管理，同类事务由同一部门承担。这是各类管理组织最基本的部门划分标准。二是按管理的程序划分。即按管理工作的步骤或环节划分部门，比如把部门划分为：决策部门、执行部门、监督部门和反馈部门等。三是按地域划分。即依据自然、社会和历史条件划分区域，在不同区域内分别设立部门。四是按管理的对象划分。即以管理对象，比如人员、物财、信息等的不同来划分部门。

管理组织部门划分的原则：一是合理确定专业门类，专业划分以粗细适中为宜；二是明确规定各部门的职责范围和权限范围，防止职责不清和权力交叉；三是明确各部门的隶属关系，对于必须受双重领导的部门应明确主次领导关系；四是通过简政放权和职能社会化，尽量减少部门设置；五是适应管理的需要，不断完善组织的横向部门体系，比如加强参谋部门、监督检查部门建设等。

三、组织结构模式

管理组织结构模式主要有：直线制、职能制、直线职能制、事业部制、矩阵制、多维制等。

1. 直线制

直线制是一种产生最早，也最为简单的组织结构模式。这种组织结构模式由最高主管至基层工作人员自上而下建立垂直的领导关系，不设职能机构，形同直线，因此叫直线制（见图5－1）。

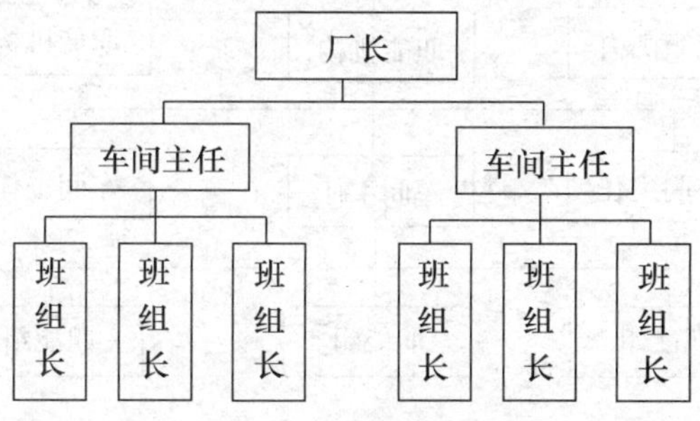

图5－1 直线制

直线制的机构简单、权力集中、命令统一、决策迅速，具有指挥灵便、职责明确、效率高的优点，适用于规模较小、生产技术与工艺过程比较简单、产品单一的企业或组织。直线制实行没有职能机构的个人管理，它要求各级主管人员必须具有多方面的业务知识和技能。由于各项工作都由领导者亲自处理，容易使他们陷入烦琐的日常行政事务中。

2. 职能制

职能制是“科学管理之父”泰勒首创的组织结构模式。所谓职能制就是在组织内部除设置层级管理机构外，还按管理职能设若干职能管理机构（见图5－2）。职能管理机构既协助行政主管工作，又在各自的职权范围内分别领导下级业务机构。

职能制的优点是实现了管理专业化，可以充分发挥职能管理机构和职能管理人员的作用，减轻了领导者的负担。但由于实行多头领导，政出多门，常常使下级业务机构无所适

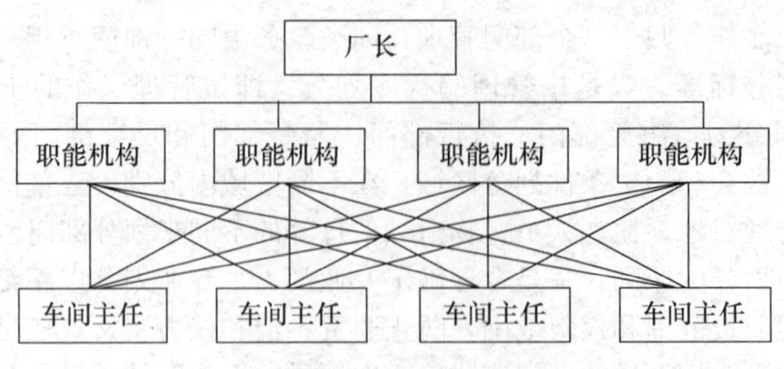

图 5-2 职能制

从，破坏了统一领导的原则。总体上说，职能制结构模式弊大于利，故泰勒提出之后，并未得到推广应用，但其管理专业化观点为组织结构模式所广泛借鉴。

3. 直线职能制

直线职能制将直线制和职能制融为一体，其特点是行政主管对下级管理机构和职能管理机构均实行直线式的垂直领导；职能管理机构是本级行政主管的参谋和助手；上级职能管理机构与下级职能管理机构之间是指导关系而不是领导关系，没有行政主管的授权不得以自己的名义向下级管理机构下达命令和指示；下级管理机构的负责人就业务活动直接向上级主管负责（见图 5-3）。

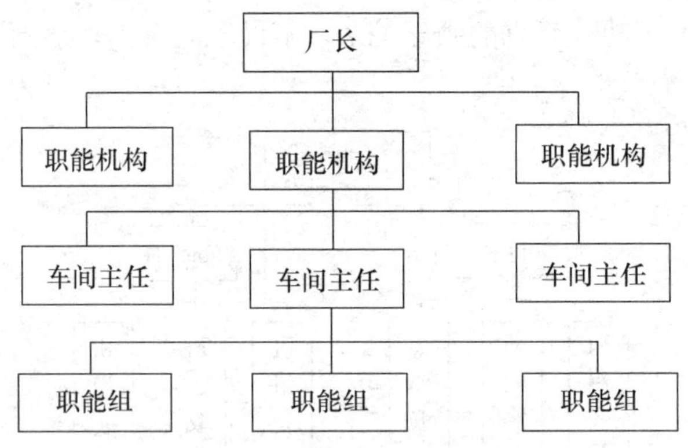

图 5-3 直线职能制

直线职能制一方面具有直线制统一指挥、统一领导的优越性，避免了多头领导、政出多门现象；另一方面又吸收了职能制管理专业化的优点，既充分发挥了职能管理机构的参谋作用，又弥补了最高管理人员在职能管理领域知识、能力和经验方面的不足。我国大中型工商企业组织普遍采用直线职能制。实践中要注意各部门之间的协调，防止争功诿过、踢皮球现象的发生，否则，可能使直线制和职能制的弊端一并暴露出来。

4. 事业部制

事业部制是国外大型企业普遍采用的一种组织结构模式。其主要特点是把企业的生产经营活动，按产品或地区分别建立事业部，实行企业集中决策、事业部独立经营的管理方式；企业最高管理层主要负责研究和制定企业的方针政策、总目标和长期计划，对事业部的管理只保留人事决策、财务控制、价格管理、规定利润额或销售额的权力；每个事业部都是实现企业目标的基本经济单位，实行独立核算、自负盈亏；各事业部都是一个利润中心，分别承担完成利润计划的责任；事业部可根据生产经营的需要设置组织机构，并统一管理本事业部的人、财、物和产、供、销等活动（见图 5－4）。

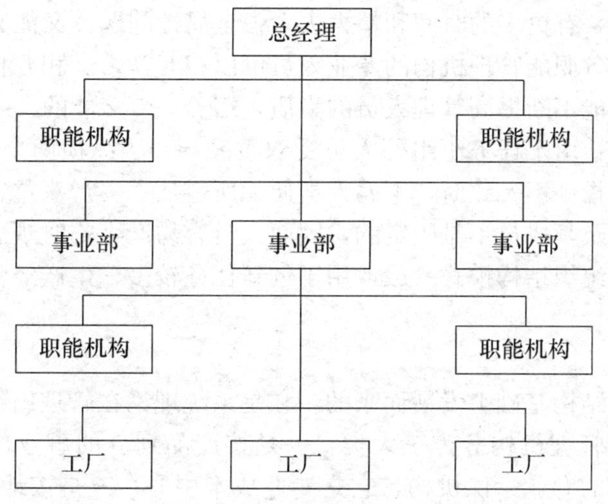

图 5－4　事业部制

事业部制的优点是有利于企业最高管理层摆脱日常行政事务，成为真正的决策机构；有利于增强事业部领导的责任心，发挥其搞好本单位生产经营活动的积极性和主动性；有利于促使各事业部开拓市场、调整产品结构、增强市场适应能力，提高企业经济效益；有利于培养和考核干部，提高管理人员的素质。

事业部制的缺点是职能管理机构重叠，管理人员多，管理费用大；各事业部之间协调困难，易出现本位主义，忽视企业整体利益等。

5. 矩阵制

矩阵制组织结构模式将管理机构分为两类：一是传统的职能管理机构；二是为完成某项专门任务，由各职能管理部门人员联合组成的专门任务小组。专门任务小组由专人负责，称业务经理。任务小组内的工作人员受职能部门和任务小组负责人的双重领导，完成任务后，各自返回所在部门。如果企业中的专门任务小组有若干个，这种专门任务小组的横向关系和原来的纵向关系，就构成了一个矩阵，故称矩阵制组织结构模式（见图 5－5）。

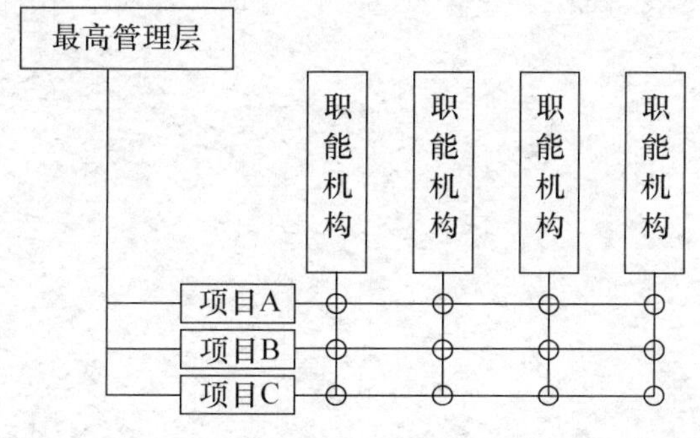

图 5－5　矩阵制

矩阵制的优点是：可以使职能管理机构的专业人员集思广益，迅速完成某项任务，既提高了相互协调的灵活性，又加强了组织的整体性。这种组织结构模式使多项专门任务在一个组织中平衡协调地完成，既避免了各部门的重复劳动，又减少了成本支出；既能使企业主管摆脱日常事务，有更多的时间和精力去考虑全局性问题，又能充分发挥各职能部门的作用。矩阵制下，各职能管理机构的专业人员可以相互学习、相互促进、取长补短，既能加快工作进度，又能不断提高管理人员的素质，培养一专多能的人才。

矩阵制的缺点是：由于任务小组的人员受双重领导，当纵横两个管理系统协调不好，来自两个管理系统的指令不一致时，下属人员便无所适从；实行双重领导会产生职能不清问题；由于任务小组及其成员不是固定的，因而人员容易产生临时观念和不安全感，对工作有不良影响。这种组织结构模式一般适用于创新任务较多、生产经营复杂多变或以科技开发为主的企业。

6. 多维制

多维制是在矩阵结构基础上发展而来的，它是系统理论在管理组织中的具体应用。多维制组织结构模式把管理机构分为三大类：一是按产品划分的事业部，它是产品利润中心；二是按职能划分的专业参谋机构，它是专业成本中心；三是按地区划分的管理机构，它是地区利润中心。

多维制下，事业部经理不能单独做出决定，而是由产品事业部经理、专业参谋部门和地区部门的经理三方共同组成产品事业委员会，对各类产品的产销进行决策。这种组织结构模式适用于跨国公司或规模较大的企业。

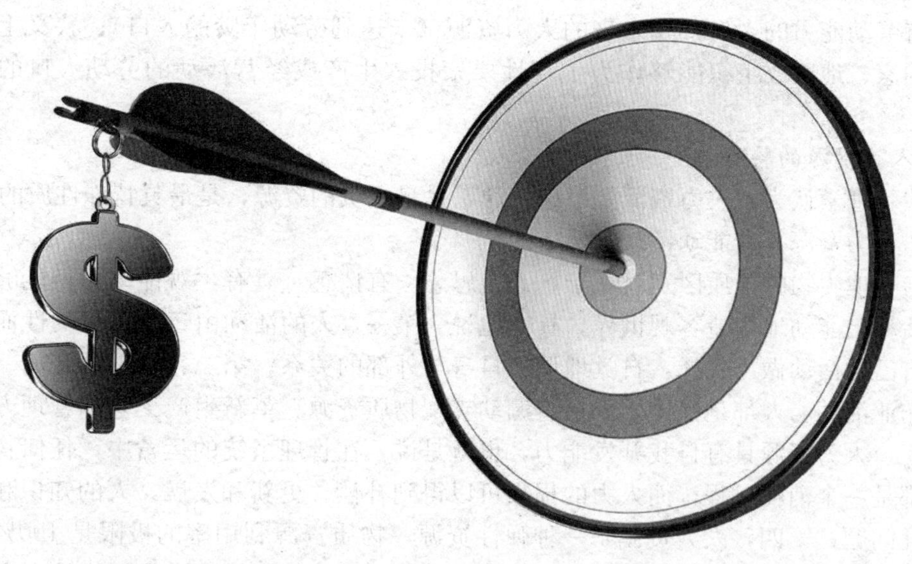

第六章 人力资源管理

人力资源是现代管理系统的第一资源，是最具特殊性质的资源，它具有能动性、时效性、时代性、重复开发性、生产和消费双重属性等特点。本章主要阐述人力资源管理理论的产生与发展，传统人事管理与现代人力资源管理的区别，人员分类管理，人力资源规划与员工招聘，绩效考核与薪酬管理，员工培训与职业发展等现代人力资源管理的重点内容。

第一节 人力资源管理概述

一、人力资源的含义与特点

1. 人力资源的含义

人力资源管理是指综合运用现代科学技术方法丰富人的知识、提升人的能力、激发人的活力、发挥人的潜能。

何谓人力资源？广义上看，是指一个国家、地区或组织现在和未来已经成为或可能成为生产性要素的人口，包括现实的人力资源（当前从事生产活动的人口）、潜在的人力资源（具有劳动能力的人口）和未来的人力资源（未达到劳动年龄的人口）；狭义上看，是指一个国家、地区或组织能够作为生产性要素投入生产或经营活动的劳动人口的数量和素质。

2. 人力资源的特点

现代管理学认为，人力资源是第一资源，是最宝贵的资源，是最具特殊性质的资源。

（1）人力资源具有能动性。

人与其他生物的本质区别就在于，人有思想、有情感，具有主观能动性，能够有目的地开展活动、能动地改造客观世界。具体地说，第一，人的活动由于具有目的性而能够有效地对自己的活动做出抉择，自觉地调节自身与外部的关系；第二，管理系统的一切管理活动和作业活动，人都是主体，承担着调动支配物质资源、革新生产工艺和管理方式等职能；第三，人力资源具有自我开发能力，也就是说，在管理系统的运营中，任何物质资源的使用都是一个消耗过程，而人力的损耗可以得到补偿、更新和发展，人的知识和技能不存在损耗问题；第四，人力资源是一种弹性资源，物质资源利用率的极限是100%，人力资源却很难确定一个极限值，例如，运用激励手段开发人力资源的潜能可能是奇迹般的。

（2）人力资源具有时效性。

一般说来，物质资源可以长期储存，如矿产资源，长期储存后品位、质量一般不会下降，资金存入银行还可以生息。人力资源则不同，储而不用会荒废和退化，用非所长会造成极大的浪费。因为人从事工作的自然时间是有限的，而且人在生命的不同阶段的工作能力是有别的，人的智力、知识、技能不断发生变化，如果没有得到及时的开发、利用，就会失去原有的作用和能力。实践也证明，人的知识技能若得不到利用和发挥，会挫伤其积极性，造成心理压力，使其应有的社会价值得不到实现，这种损失常常是无法弥补的。

（3）人力资源具有时代性。

人总是生活在一定的历史条件和社会环境中，不同时期社会经济发展的整体水平决定了人的整体素质与水平。因而，人力资源具有时代性，它反映了所处时代的社会关系、生产力水平和生产方式状况，人力资源赖以生存的社会条件影响和决定着人的认识能力、创造能力，即决定着人力资源的质量、能力等。所以，人力资源只能是具体的某一时代的人力资源，所谓人力资源的开发与管理，不可能延伸到历史上某一时刻或未来的某一人群，一个国家可以在财政方面通过赤字方式向子孙借贷，也可以通过对矿产资源的破坏性开采掠夺本属于后代的资源，但却不可能把尚未出生的人口纳入管理系统加以利用。

（4）人力资源具有重复开发性。

重复开发是一种可持续开发。随着科学技术的发展，人们在探索物质资源开发的可持续性，比如，对物质资源进行多重开发，综合利用，促进可再生资源的生成，但物质资源是无法进行重复开发的，比如，一定的石油生产出塑料，就不能再生产出其他产品。因为，物质资源经过一次开发、二次开发、再次开发等多次开发而形成最终产品后，就不能再继续开发下去了。人力资源则不同，可以进行重复的、持续的开发。就管理系统所处的

社会而言，人力资源表现为人口的再生性；对一个具体的人来说，到他的生命终结之前，或者说到他的职业生涯结束之前，都是可以持续地加以开发的。如果说人的体力可以重复地、持续地加以开发，那么人的智力、知识、技能则会在不断地开发中持续增长。

（5）人力资源具有生产和消费双重属性。

人力资源的生产性即人首先是物质财富的创造者，是有条件的创造者；人力资源的消费性即人力资源的保护与维持需要消费一定量的物质财富，是无条件的消费者。人力资源的生产性创造物质财富，消费性则维护和发展人力资源，总体上说，人力资源的生产性大于其消费性。这就意味着，当人力资源数量过剩、素质较低、结构不合理，与社会和经济发展不相适应时，就会造成人力资源与物质财富资源的浪费，所以要加强人口控制，提高人口素质。

二、人力资源管理理论的产生与发展

现代人力资源管理由早期人事理论发展而来，19 世纪末 20 世纪初，泰勒科学管理理论的诞生，标志着人事理论的形成。早期人事理论强调以科学、定量的方法提高职工的劳动生产效率，比如泰勒制所倡导的制定标准定额、实行标准化、采用差别计件工资制度、使用第一流的工人等，法约尔所倡导的劳动分工、统一指挥、统一领导、合理的报酬、个人服从组织等。在科学管理条件下，组织为职工提供操作工具，负责对职工进行培训，实行以工资报酬为基本形式的激励措施。传统人事理论把人员视为生产要素，认为人们工作的目的就是追求金钱以养家糊口，他们不关心劳动安全，也没有精神追求。

20 世纪中期，以传统人事理论为基础的传统人事管理模式逐步成熟，成为管理的支持系统。其主要内容包括：员工招聘、岗前培训、工时记录、报酬支付、在岗培训以及人事档案管理等。20 世纪 50 年代，人事管理领域得以扩展，内容增加，比如工资管理、基础培训，比如劳资关系咨询并由此出现了劳资关系专家。20 世纪 60 年代至 70 年代，人事管理在整个管理系统中的地位日益突出，比如，越来越多的人介入人事管理工作，包括高层领导者、专家学者等；人事招聘、选拔、培训、绩效评估和报酬支付等人事管理活动广泛开展，对组织系统产生了重大影响；有计划的培训以及培训手段的系统化，使一大批培训专家脱颖而出；人事预测、绩效评估开始受到重视。这最终促使 20 世纪 70 年代末 80 年代初人力资源管理的兴起。

由传统人事管理转变到现代人力资源管理，人事管理的性质发生了根本变革。其中的原因除生产力发展、环境变迁、市场竞争的影响外，20 世纪 20 年代至 60 年代在西方国家展开的人际关系运动以及行为科学理论发挥了直接的促进作用。关注人的因素是人际关系运动时期人事理论与实践的基本特点，具体表现在：一是工业心理学家开始进入生产经营领域，许多企业、公司依靠专家筛选、配备、训练人员；二是维护雇员利益，保障雇员健康和安全的法律法规相继颁布；三是随着工联主义的兴起，工人在劳资谈判中的力量增强，工人的工资与福利待遇逐步提高；四是许多公司、企业设立了人事部门，依靠人事部门的工作创造组织内部良好的人际氛围。

与科学管理时期相比，人际关系运动寻求创造一种劳资之间的良好情感，但仍保留着传统人事管理的许多特征，故可以将人际关系运动视作由传统人事管理向当代人力资源管理的过渡或转折。

三、传统人事管理与现代人力资源管理比较

20 世纪 70 年代末以来，西方发达国家的工商企业管理领域率先开始了从传统人事管理到现代人力资源管理的变革，这是人事管理领域的一次革命性转变。目前，人力资源的开发利用已扩展到各行各业，形成了一套与传统人事理论及实践完全不同的人力资源管理理论与模式。

1. 对人的认识不同

传统人事管理视人和机器、工具一样，是实现管理目标的手段。这一理念决定了传统人事管理的范围狭窄，主要是人事招聘、工时记录、工资管理、人事监督、劳资关系处理等。

现代人力资源管理视人为资源，视人为管理系统最重要、最宝贵的资源，确立了人力资源开发的新理念。主要包括：第一，人力资源是第一资源理念。当代社会的四大资源是人力资源、信息资源、财力资源与物力资源，而人力资源，尤其是高层次的人力资源是科学技术的载体，是科学技术转化为生产力不可替代且不可缺少的中介。第二，人力资本理念。人力资源作为特殊的主体性资源，不仅具备认识其他资源的能力，而且有自我认识功能；不仅具有开发其他资源的愿望、动机和能力，也有自我开发的愿望、动机和能力。如同其他资源可以被人们认识并开发利用转化为资本一样，人力资源也可以被认识，并开发利用转化为人力资本，而且“所有资本中最有价值的是对人本身的投资”①。第三，人才商品化理念。人才商品化理念不仅是强调人才具有商品的一般属性，可以进入市场依据价值规律自由交换，而且承认人才的特殊属性，即所有权和使用权可以相对分离，人才所有权始终属于个人并受法律保护，购买方只能在一定条件下以一定的方式拥有人才使用权。

总之，人力资源是管理系统最重要的资源。人力资源具有主观能动性，能对自身行为做出选择，能积极主动地调节与外部环境的关系。主动性与创造性是人力资源的显著特征，人力资源的开发不仅是使用和消耗，也是一个促进、提高与完善的过程。

2. 管理原则不同

传统人事管理强调以事为中心，管理过程关注事而忽视人，或把人视为“执行命令的机器”；或依据政治标准，一味强调“个人服从组织”“服从安排，听从调遣”“哪里需要到哪里去”，否认个人需要与个性；在管理机制上实行自上而下的垂直管理，无视个人意愿与要求；在管理内容上陷于“调出调入天天找，工资考勤统计表，实习培训探亲假，生老病死办劳保”的窠臼，人员调进调出和职位安排成为人事管理活动的中心内容。

现代人力资源管理坚持以人为中心，视人力资源为第一资源，强调关心人、尊重人、满足人的需要，重视综合运用现代激励手段调动人的积极性，促进人的全面发展。因此，现代人力资源管理的范围更加广泛且呈扩大趋势，内容更加充实且日趋丰富。除人事招

---

① 加里·S. 贝克尔. 人力资本. 北京：北京大学出版社，1987：5.

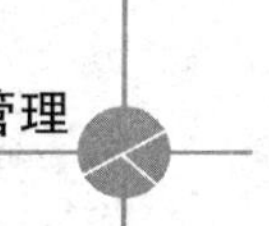

聘、岗位培训、工时记录、工资管理、监督控制、劳资关系协调处理等传统人事管理业务外，现代人力资源管理增加了许多新的内容，比如人力资源规划、人力资源预测、人力资源开发、人事绩效评估、人事沟通与参与、新的技术方法引进、塑造组织文化、营造组织环境，等等。它要求将组织全体成员，甚至组织之外可能为我所用的人力资源进行统一的规划、预测，统筹安排，制定科学合理的人事选拔、培养、任用、调配、激励等政策措施，调动人员的工作积极性和创造力，以充分开发人力资源，增强组织活力，提高组织效益。

3. 管理方法不同

传统人事管理方法简单、僵化，缺乏灵活性和机动性，表现为依靠机械、刻板、严格的纪律或规则对人员进行强制性约束、控制，是"家长式"的管理方法。组织成员是消极、被动地接受管理，没有参与组织决策与管理的机会。

现代人力资源管理注重采用主动开发性、有预见性、更具灵活和应变特点、更加人性化的管理方法。人力资源管理要求组织各部门运用整体思考、动态思考、本质思考等系统分析方法实施管理，以实现人与人之间、人与组织之间的协调合作；开辟渠道鼓励员工参与组织决策与管理，倡导实现自我指导和自我管理。现代人力资源管理方法既讲科学性，又注重艺术性，既讲定性分析，又注重定量分析。

4. 管理内容不同

传统人事管理的主要任务是为组织招募人员，填补空缺，人事活动局限于给人找位置、为事挑人选；制定并监督执行有关"进、管、出"等人事管理政策，即所谓把好"三关"。人事管理部门常常被作为纯消费部门，人事活动的支出被认为是应尽可能节省、缩减的成本费用之一。

现代人力资源管理则着眼于未来，注重人力资源的预测、规划和开发。人力资源管理不仅要考虑组织当前的人员配备、人员结构、人员素质及人员需求，更要立足现实，面向未来，重视人力资源的规划与开发。人事部门要根据组织的战略目标和发展规划，预测组织对人力资源的需求，并积极采取措施满足这种需求；要提供各种形式的培训和发展机会，促进人的全面发展，充分发掘人力资源潜力。人力资源管理把引进人才、培训人才和激励士气方面的投入视为重要的投资，因此在制定预算时不以节约为目的，而是与资金或信息方面的投入一样，谋求在特定时期内的回报与效益。

5. 人事部门在组织中的地位不同

传统人事管理把人事活动视为非生产、非效益性活动，不重视对人事管理规律的研究和人事管理方法的改进，故人事部门在组织系统中的地位较低。比如从事人事管理工作的人员进不了决策层，20 世纪 70 年代以前，美国企业的人事经理很少能够参与公司的高层决策。

现代人力资源管理部门在组织系统中的地位突出，除处理具体的人事事务外，还是协调管理系统、提供决策预案的中枢性机构；人力资源管理者不仅进入最高领导层，还成为决策层的核心成员。而且企业的其他领导者也同样关注、重视人力资源的开发与管理。在美国，大型企业人力资源部门的主管一般为公司的副总裁，是最高决策层的核心成员，我国大型企业也有这一趋势。

四、人员分类管理

人员分类是人力资源管理中的一项基础工作。在人力资源管理实践中形成了两种典型的人员分类制度：一种是以工作人员的官阶为中心的品位分类；另一种是以职位为中心的职位分类。

1. 品位分类

品位分类是依据资格条件把人员划分为不同的品位等级的人事分类方法。品位分类制下，职位人员既有官阶，即品位，又有职位。品位等级反映人员的地位高低、资格深浅、报酬多寡；职位决定人员的权力大小、职责范围、工作难易程度。官阶与职位相对分离，既可以有官无职或有职无官，也可以官高职低或职高官低。

2. 职位分类

职位分类是根据工作性质、权力大小、责任轻重、所需资格条件以及工作难易程度对组织系统中的职位予以分门别类，划分出不同的类别和等级，以作为人事管理依据的人事分类制度。

3. 品位分类与职位分类的比较

品位分类以“人”为中心，职位分类则以“事”为中心。品位分类以人员的资格条件为分类依据，以品位的高低确定待遇，强调的是人的资格条件，比如受教育程度、功绩等。以人为中心，有利于选拔“通才”，培养人的综合能力，促进人的全面发展。职位分类以人员的工作职位为分类依据，以权力大小、责任轻重、工作难易程度确定待遇，强调的是职位工作与职位要求。以事为中心，便于选拔专门人才，做到人适其事、事得其人。

4. 职位分类与品位分类的发展趋势

职位分类与品位分类各有利弊，发展应用中应让两种方法相互结合、相互渗透，以收到最佳效果。公务员系统普遍采用职位分类与品位分类相结合的分类制度，前者有利于人和事的统一，实现了职位一致、适才适用；后者简单易行，使人力资源管理工作富有弹性，便于人员调配和交流。

品位分类与职位分类的相互结合与渗透表现在两个方面：一是采用职位分类的组织，正有意识、有目的地逐步改革调整职位分类的结构，简化职位分类的程序，比如减少职系的数量，压缩职务等级的层次；二是实行品位分类的组织，开始借鉴职位分类的做法，比如重视对职位的系统调查、评价和分类等。

五、人力资源管理的基本内容

现代人力资源管理包括人力资源规划、工作分析和设计、员工招聘与甄选、培训与开发、绩效管理、薪酬管理、劳动关系管理与社会保障、职业生涯发展等八个方面，余下各节将对其中六项内容进行重点介绍。

其中工作分析和设计中，工作设计是基础，是指为了达到组织目标、合理有效地处理人与工作的关系而采取的，对与满足工作者个人需要有关的工作内容、工作职能和工作关

系的特别处理。工作分析是对组织中各个工作职位的特性、规范、要求和流程，以及能够胜任该职位工作人员的素质、知识、技能等要求进行描述，并将这些信息编制形成工作说明书。一个完整的工作说明书包括职位标识、职位概要、履行职责、业绩标准、工作关系、使用设备、工作环境和工作条件、任职资格等内容。

劳动关系管理与社会保障中，劳动关系指的是劳动者与用人单位之间在劳动过程和经济活动过程中产生的关系。正确处理劳动争议是劳动关系管理的重要内容。社会保障是国家和社会为保护弱者，维护社会公正，以达到社会和谐与社会安全的制度与措施，主要指养老、失业、医疗和工伤保障制度。另外，要依法实施各种劳动保护制度，保障劳动者的合法权益不受侵犯，避免劳动者在工作过程中各种因素对其造成的损害，维护员工的劳动力水平。

第二节　人力资源规划与员工招聘

一、人力资源规划的流程

人力资源规划是根据组织的战略目标，科学地预测组织在未来环境变化中人力资源的供给与需求状况，制定必要的人力资源获取、利用、保持和开发策略，确保组织对人力资源在数量和质量上需求的长期计划。人力资源规划按照工作顺序可大体分为全面调查、科学预测、整体规划以及动态应用四个阶段。①

1. 全面调查

明确人力资源管理所处的组织内外部环境是科学制定人力资源规划的关键。制定人力资源规划所需的内部信息包括组织现有员工的年龄、性别、婚姻状况、健康水平、知识与经验、能力与潜力、兴趣与爱好、目标与需求等；外部信息则包括劳动力市场结构、劳动力市场供求状况、劳动力的择业偏好等。科学与成功的人力资源规划必须基于人力资源相关信息的准确性和充分性，基于对目前的人力资源进行的评估，因此，诸多组织的人力资源管理部门都建立了人力资源信息系统，并借助相关应用软件提升人力资源规划的有效性。

2. 科学预测

人力资源规划旨在实现组织在各个阶段人力资源使用的平衡性，防止组织在某个时期因人力资源发生短缺或过剩而影响组织战略的实施。预测阶段是人力资源的技术阶段，具体包括人力资源的供给预测和需求预测，只有先准确预测人力资源供求，才能通过各种措施达到人力资源的平衡。

3. 整体规划

根据人力资源预测的结果，制定人力资源规划和相关人力资源管理政策，使人力资源

① 谭力文，刘林青．管理学．北京：科学出版社，2009：228.

规划成为指导组织招聘和用人的依据。人力资源规划包括人力资源总体规划与人力资源业务计划两个层次，即宏观和微观两个层面。各项业务计划实际上是人力资源总体规划的展开和具体化。

4. 动态应用

在完成整体规划后，组织应当严格按照计划实施人力资源的开发与管理，并定期对计划的执行结果进行评估。但由于组织终究处在一个开放和动态的环境中，无论是总体规划还是业务计划都应该根据组织内外部环境的变化进行修改或更新。因此，对人力资源规划及其执行的反馈十分重要，及时反馈信息能够提高人力资源规划的实时性和有效性。

二、人力资源规划的内容

人力资源规划包含较多内容，一般包括人力资源补充计划、人力资源调配计划、人力资源开发计划以及员工职业发展规划等。

1. 人力资源补充计划

人力资源补充计划是指基于人力资源供求预测，对未来一段时间内组织所需要补充的人力资源的类别、数量、质量及补充来源（组织内部或外部）等做出预先的安排。例如，组织内部由于退休、辞职、解雇等常规人事调动造成岗位空缺，或者因组织发展扩张而形成新的岗位，这些情况都需要组织提升人力资源的数量与质量。

2. 人力资源调配计划

人力资源调配计划是指为了适应组织变化和发展，根据对员工素质的评价，通过人力资源内外调动的方式，对组织的人力资源配置进行合理的调整。在实践中，组织往往通过员工内部调动的方式更好地实现人与岗位的匹配和协调，这种调动分为两种类型：一是水平流动，即在同一级的不同岗位之间实现流动，通常表现为轮岗或换岗；二是垂直流动，即在不同职务层级之间实现流动，通常表现为晋升或者降职。

3. 人力资源开发计划

人力资源开发计划是指根据组织发展的需要，就组织人力资源开发的对象、目标、内容、方式、时间等进行事先设计和安排，以期通过人力资源开发获得组织发展所需要的各类人员的计划。通过对人力资源的开发，员工的技能与素质可以得到提升。人力资源开发的主要途径为培训，组织通过有计划、有组织、有步骤地对员工进行分门别类的培训，提升其个人素质和专业技能。除了培训，绩效考核也是人力资源开发的一种重要途径。

4. 员工职业发展规划

员工职业发展规划是指组织对员工的职业生涯所做的计划安排。为了保持组织发展所需要的各类员工，组织必须向员工提供职业发展预期，让员工知晓，随着组织的不断发展和员工自身的成长，组织的各类员工都可以在组织中获得应有的职业发展空间。为此，需要组织根据自身的发展战略与目标，明确各类岗位员工的职业发展规划。

人力资源规划的各个子计划相互关联，例如，组织所需要的人力资源除了可以通过外部招聘的方式获得，也可以通过内部调配填补空缺；员工在晋升或调岗前，需要根据新的岗位要求对其进行相应的岗前培训；对员工如何进行培训以及调配，也应该考虑员工的职业生涯规划，具体如图 6－1 所示。

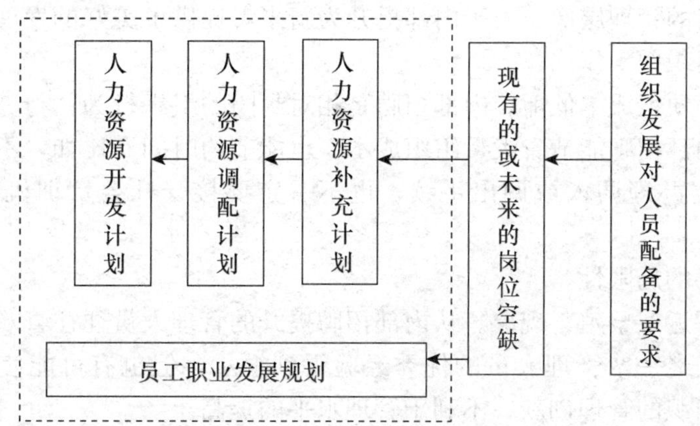

图 6－1　人力资源规划系统

资料来源：邢以群．管理学（第二版）．杭州：浙江大学出版社，2008：241．

三、员工招聘

员工招聘是组织及时吸引具备资格的人员并鼓励他们加入本组织工作的过程，员工招聘是一个复杂、系统并具有连续性的工作，涉及组织的各个部门及相关环节。员工招聘有两种基本途径，一是内部招聘，二是外部招聘。两种招聘途径各有优劣、各有其适用范围。

1．内部招聘

内部招聘是指组织的岗位空缺由企业内那些已经被确认为接近提升线的人员或平级调动的人员来补充。组织一般非常重视内部招聘。

（1）内部招聘的优势。

第一，被选聘人员能迅速开展工作。内部人员长期工作、生活在组织之中，对组织的生存环境、组织面临的困难和问题、组织文化与传统的认识更全面、准确、客观，具有开展工作所必备的人际基础。所以内部人员能快速适应新的岗位工作的需要，在短时间内完成角色转换，打开工作局面。

第二，保证被选聘人员的素质和能力。内部人员了解组织，也被组织所了解。领导者对下属人员的素质、能力等有着较为全面、客观的认识；组织人事部门、档案部门对组织成员的成长过程、工作绩效、所受奖励与处罚等有着系统的记录；组织成员之间在长期工作、生活中相互了解。这就使组织可能对内部招聘人员进行深入考察和系统评估，保证所选聘人员质量。

第三，利于鼓舞士气，调动组织成员积极性。内部招聘尤其是内部提升给人带来希望，每个组织成员都知道，只要在工作中不断提高能力、丰富知识，就有可能被分配担任更重要的工作。因此，内部招聘能更好地维持成员对组织的忠诚，使那些有发展潜力的员工自觉积极地工作。

第四，有利于吸引外部人才。加入这种组织，担任管理职务的起点虽然比较低，有时甚至需要从头做起，但是凭借自己的知识和能力，花较少的时间便可熟悉基层的业务，从而迅速提升到较高的管理层次。由于内部提升为新来者提供了美好的发展前景，因此外部人才会乐意加入组织中工作。

第五，手续简便，成本低廉。内部招聘是相对封闭的组织行为，与其他组织无直接必然关系。因此，内部招聘能节省大量组织成本，也能节约时间。比如，不需要广告策划与宣传费用，不需要办理调入或调出手续，也不一定要接受社会培训机构或咨询机构的帮助。

（2）内部招聘的局限性。

第一，造成“近亲繁殖”现象。从内部招聘提升的管理人员往往喜欢模仿上级的管理方法。这虽然可使老一辈管理人员的优秀经验得到继承，但也有可能使不良作风得以发展，从而不利于组织的管理创新，不利于管理水平的提高。

第二，因操作不公或心理原因造成内部矛盾。内部提升中，在若干个内部候选人中提升一个管理人员，可能会使落选者产生不满情绪，从而不利于被提拔者展开工作。

第三，人员选择的有限性。当组织内部人才储备数量有限或质量不高，不能适应组织发展需要时，若一味坚持内部选聘人员，将使不称职者占据组织岗位，使组织得不到一流的管理人才。

2．外部招聘

外部招聘是按照一定的程序和标准，从组织外部选择符合组织要求的人员。现代管理的开放性、竞争性使得各类组织都更多利用外部招聘来选择员工。

（1）外部招聘的优势。

第一，可以发挥“外来优势”。“外来优势”体现在没有“历史包袱”：一是外部招聘人员在组织中的人际关系尚处“空白”状态，不存在任何恩怨关系，便于开展工作；二是对于外部招聘人员，组织成员只知其当前工作能力和工作绩效，便于树立威信和权威。

第二，利于缓和组织成员之间的紧张关系。如果员工发现自己的同事，特别是原来与自己处于同一层次、具有同等能力的同事提升而自己未得到提升时，就可能产生不满情绪，懈怠工作，不服从管理，甚至拆台。从外部选聘可能使这些竞争者得到某种心理上的平衡，从而利于缓和他们之间的紧张关系。

第三，能够为组织带来新鲜空气。来自外部的候选人可以为组织带来新的工作方法与经验。他们没有太多的条条框框束缚，工作起来可以放开手脚，从而给组织带来较多的创新机会。

第四，人员来源广，选择余地大。外部招聘扩大了人员选择范围，开阔了人员选择渠道，使人员选聘在更大空间展开。

（2）外部招聘的局限性。

第一，外部招聘人员不熟悉组织情况，进入角色较慢。外部招聘人员面对的是一个新的、陌生的组织和环境，不熟悉组织结构、组织功能、工作流程等。

第二，外部招聘人员存在一定的风险。对外部招聘人员一般通过各种甄选手段选择，但是任何测试和评价都不能保证客观、全面地反映一个人的素质和能力。一旦测试和评价出现误差，员工招聘将面临风险。

第三，影响内部员工士气。如果组织经常从外部招聘管理人员，且形成制度和习惯，则会堵塞内部员工的升迁之路，从而挫伤他们的工作积极性，影响他们的士气。

总之，内部招聘与外部招聘各有利弊。研究表明，内外结合才能产生最佳效果。至于结合的具体方式应从战略层面上考虑组织的发展阶段、性质、地位、面临的环境，从技术层面上考虑招聘的岗位以及上岗时间要求等。员工招聘是选择内部招聘还是外部招聘，不能一概而论。可以确定的是，员工招聘的成败决定了组织的成败。

四、人员甄选

人员甄选是指组织通过科学、合理的测试工具，选择与组织要求相适合的人力资源的过程。人员甄选的方法包括简历筛选、笔试、面试、测评、工作样本技术、评价中心技术以及体检等。

1. 简历筛选

甄选工作的初始阶段，通过对应聘者投递的申请表或简历等材料进行筛选，了解应聘者的教育背景、工作经历、工作偏好等基本内容，核验信息的真实性，将初步符合条件的人员留下来，进入下一轮甄选环节。

2. 笔试

笔试是使用频率较高的一种人才甄选方法，对求职者的基本知识、专业知识、管理知识、综合分析能力以及语言表达能力进行测试。在我国，对公务员的选拔就首先以笔试的形式呈现。

3. 面试

面试是组织甄选人员最常用的方法。面试的目的是了解应聘者的真实情况，观察应聘者的外表、言语表达、行为表现以及反应能力等。通过面试，选聘者可以获得关于应聘者更加直观、丰富的信息，对于人员的选聘非常有益。面试可分为结构化面试、非结构化面试和半结构化面试。结构化面试是指提前设计好面试问题进行程序化提问，我国公务员考试采用结构化面试的方法。非结构化面试是根据面试的具体表现灵活随机提问。半结构化面试是前两种方法的结合。

4. 测评

测评以心理测量为基础，通过标准化和客观化的测量方法对求职者的人格特质、职业的适应性和能力倾向进行测量。在甄选过程中，测评对预测求职者未来的工作绩效有较大帮助。常见的测评包括认知能力测验、个性和兴趣测验、成就测试和诚实度测试等。

5. 工作样本技术

这一技术就是选取工作中的几个关键环节，要求应聘者在没有事先准备和没有他人帮助的情况下，进行实地操作，以考察其实际工作能力和绩效。这一方法所获得的信息更直接、更真实，评价结果也更为客观和公正，但实施成本较高。

6. 评价中心技术

评价中心技术是指通过把候选人置于相对隔离的一系列模拟情景中，采用一定测评技术和方法，例如无领导小组讨论、文件筐处理、管理游戏、小组问题解决、案例分析、演讲辩论等，观察和分析候选人在模拟情景下的行为表现以及工作能力，以测量候选人的管理技术、管理能力和潜能等的一个综合、全面的测评系统。

7. 体检

体检一般是甄选过程的最后环节，但对身体素质有特殊要求的岗位一般提前进行。一个良好的体魄是组织对员工的基本要求。

第三节 绩效考核与薪酬管理

一、绩效考核的方法

绩效，是指活动的结果和效率水平。绩效考核，或称为绩效考评或绩效评价，是人力资源管理部门和业务部门主管依据特定的绩效考核目标，借助多种行为化和标准化的测量技术或方法，收集有关信息，建立测量指标体系，设定工作标准，对组织员工的行为能力、工作态度以及产出状况等进行客观评价，从而提升组织产出水平的管理控制过程。绩效考核是人力资源管理的关键环节。

绩效考核需要采取一定的考核方法，近年来，随着人力资源管理实践的丰富，绩效考核方法也更为多样化。下面就几种较为常用的绩效考核方法进行介绍。

1. 关键绩效指标法

关键绩效指标（KPI）是将组织工作流程中的关键行为进行定量化形成的指标，是针对对组织目标发挥增值作用的工作产出而设定的，它将组织中有效的和无效的工作内容区别开来。基于关键绩效指标对绩效进行管理，能够保证员工真正对组织有贡献的行为受到鼓励。

2. 评分法

这是绩效考核中常用的方法。它一般由组织的管理者列出反映员工绩效的因素，比如我国公共管理人员考评的内容分为德、能、勤、绩、廉等，企业则一般包括劳动态度、业务水平、贡献大小等，管理者结合员工个人的表现对这些因素进行打分。这是一种较为快捷方便的绩效考核方法。

3. 目标管理法

目标管理（MBO）最早是由美国管理大师彼得·德鲁克提出的，他认为，不是有了工作才有目标，而是有了目标才能确定每个人的工作。目标管理现在广泛应用于企业的管理实践中。根据目标管理法，企业制定整体目标和战略，各经营单位和部门根据总目标分配主要目标，各部门管理者和其上级设定本部门具体目标，部门内各成员参与设定自己的具体目标，每个员工都确定有若干具体的指标，这些指标是衡量和评价员工绩效的依据。目标确定后，组织内部各成员为了实现目标而努力工作，考核者定期检查目标的进展情况并向有关单位和个人反馈，基于绩效的奖励将促进目标的成功实现。

4. 排列法

排列法又称为排序法，是绩效考核中一种简单易行的方法，通常由上级主管根据员工的工作情况对其下级员工按表现优劣进行排序。为了提高精确度，也可以将工作进行适量分解，分项按照优良的顺序排列，再求总平均的次序数，作为绩效考评的结果。

5. 相对比较法

相对比较法是指将一个员工的工作绩效与一个或多个员工的工作绩效进行比较，以此确定该员工绩效水平的方法。具体形式有分组比较法和成对比较法。分组比较法中，评估者将员工进行分组，排在小组前面的为绩效出色的员工，排在后面的为绩效不佳的员工；成对比较法是根据某种考评要素将每个员工都与评估组的其他员工进行成对的比较，评出其中的“优”和“劣”，然后将每位员工获得的“优”加在一起，进而排出员工绩效的总次序。

6. 360°评价法

360°评价法又称为全方位全视角考核法，这种评价方法不同于原有的单纯由上级对下级进行评价，而是通过上级主管、同事、下属和顾客对员工进行全维度考核，这样更能全方位、准确地考核员工的工作业绩。同时，员工通过360°评价的反馈信息，更能全面了解自身的优势和劣势，了解组织内外部对其自身的期许和要求，进而改进自己的工作。使用这种评价方法，在一定程度上能够增加员工的自主性和积极性，增加其对组织的满意度和忠诚度。

7. 平衡计分卡

平衡计分卡是加强企业战略执行力的有效的战略管理工具。这种方法将考核划分为财务、顾客、内部流程、学习与成长四个维度，其优点是打破了传统的只注重财务指标的业绩管理方法，让管理者在决策的时候能够对各个目标进行综合考虑，不顾此失彼。平衡计分卡是现代组织员工绩效考核的来源和基础。

除了上述介绍的绩效考核方法，还有自我评价法、行为定位评分法、等级法等，在实际考核中，往往将多种方法结合起来，以保证考核的公平性和有效性。

二、绩效考核的流程及偏差控制

1. 绩效考核的基本流程

绩效考核一般包括考核准备、衡量绩效、绩效反馈面谈、制订绩效改进计划四个阶段。

（1）考核准备阶段。绩效考核的准备阶段包括制订考核计划、确定考核主体、培训考核主体和公布考核信息四部分。

（2）衡量绩效阶段。这一阶段进入正式的绩效考核过程，根据前期的准备情况和确定的考核方法进行考核。

（3）绩效反馈面谈阶段。绩效反馈面谈是绩效考核中非常重要的环节，可以让被考核者了解自身表现与组织期望之间的符合程度。一般由考核者和被考核者单独进行，考核者先对被考核者的工作提出肯定，然后指出其工作中存在的问题和需要改进的地方，进而对被考核者进行一番鼓励，使其认识到自己的闪光点并激励其改进不足。

（4）制订绩效改进计划阶段。一轮绩效考核结束后，总结这次绩效考核的经验问题，为新一轮绩效考核做准备。考核结果要以书面形式告知本人，听取本人意见，考核结果要存入本人档案。

2. 绩效考核中常见的偏差及控制方法

如前所述，绩效考核是人力资源管理的主要依据之一，只有确保考核工作的公正性、客观性，才能发挥其管理价值。实践中，由于多种因素影响而使绩效考核常常出现偏差，制约了考核功能的发挥。这些偏差主要有主观好恶偏差、晕轮效应偏差、近因效应偏差、刻板印象偏差、暗示效应偏差、集中趋势偏差等。

主观好恶偏差包括价值取向和感情取向好恶偏差两类。前者指考核人员偏爱或厌恶某些考评指标而影响对考核对象做出客观公正的评价；后者指考核人员的情感因素，比如人际关系、部门关系等对考评过程、考评结果产生影响。克服主观好恶偏差的方法是：严格考核人员遴选标准，比如作风正派、立场坚定；明确考评标准，严格依据考评标准评价考评对象；考评工作公开、透明，发挥民主监督作用。

晕轮效应偏差是指绩效考核中，因考核对象的某一特征、品质或行为表现异常鲜明、突出，从而淡化甚至掩盖了其他方面的表现，造成考核结果不客观。晕轮效应也称以点代面效应，比如对业务能力突出的考核对象，评价时可能忽视其道德品质，或对因过错而造成组织损失的考核对象，评价时可能忽视他在其他方面的表现和贡献。克服晕轮效应偏差的方法是：依据考核指标体系逐项做出评价；不同考核指标所占分值或权重单独计算，不得合并或转移，即不允许所谓的“将功抵过”“以功抵错”，反之亦然。

近因效应偏差是由时间和心理因素而引起的误差，即考核者主要依据考核对象的近期表现对其做出评价。从心理上看，越是近期发生的事情、行为，人们的记忆越清晰、印象越深刻；而时间的流逝使过去曾经发生的事情或行为趋于模糊、淡忘。近因效应给人们一种暗示，即越是接近绩效考核期，越要表现出主动性、积极性，以争取理想的考评结果。克服近因效应偏差的方法是实现绩效考核工作的规范化、制度化，比如建立日常考核评价制度，以日常考评结果为阶段考评、年度考评的基本依据。

刻板印象偏差是考核者对某一类人员笼统、机械、僵化的主观认识影响考核结果而形成的误差。刻板印象是对人简单、片面、固执的看法，它束缚人的思想，妨碍对他人做出全面、客观的评价。比如，认为老年人一概保守而缺乏创新，年轻人热情有余但不够稳健，高学历者一定有能力、低学历者一定平庸，男性员工果断但不细致、女性员工谨慎但缺乏主见。克服刻板印象偏差，要求考核者消除先入为主思想，承认被考核者的个性特点，依据考核标准对比其工作表现，实事求是地做出评价。

暗示效应偏差是指考核人员自觉或不自觉地受他人，特别是领导者、技术或学术权威的暗示而对被考核者做出不正确、不准确的评价。绩效考核中，主动接受暗示迎合他人是原则问题，不自觉地接受暗示是态度问题。克服暗示效应偏差的关键是保证考核评价工作的独立性，考核人员独立思考、独立做出评价。

集中趋势偏差是因为考核对象的工作表现与工作绩效相差较小，无法拉开档次而造成的考评误差。其症结在于考核方法不得当，考核标准简单、笼统，因此应重构考核指标体系，重新选择考核方法。

三、薪酬管理的内容

1．薪酬的构成

薪酬是指员工从企业那里所得的各种直接的和间接的经济收入，在决定员工工作满意度、吸引和留住优秀员工、激发员工的工作热情和积极性、提高组织凝聚力、改善组织工作绩效和企业文化建设等方面起着非常重要的作用。薪酬通常包括三种形式：基本薪酬、绩效薪酬和福利。

基本薪酬是指一个组织根据员工所承担或完成的工作或是员工所具备的完成工作的技能或能力而向员工支付的相对稳定的报酬。基本薪酬是整个报酬系统中相对不变的部分。根据支付依据的不同，基本薪酬包括职位薪酬、技能薪酬和知识薪酬等。

绩效薪酬一般又称绩效工资，是将员工收入与其绩效水平结合起来的一种薪酬支付方式。员工或群体的绩效水平是支付薪酬的依据，绩效水平越高，绩效薪酬越高。现代人力资源管理的薪酬体系中，绩效薪酬的地位越来越重要，它打破了传统的固定工资形式，这一薪酬形式对员工能够起到较强的激励作用，员工通过提升自身绩效，进而提升绩效薪酬。

福利是企业支付给员工的间接报酬。福利有货币形式，也有实物形式，各个企业或单位的福利待遇也不尽相同，各有特色。现代企业常通过丰富的福利来吸引员工加入组织。常见的福利包括社会保险、津贴、带薪休假、员工个人及家庭服务、员工持股计划等。其中社会保险包括养老保险、失业保险、工伤保险、医疗保险等；津贴包括交通津贴、服装津贴、节日津贴、住房津贴、购物补助、困难补助等。

2. 薪酬确定的原则

（1）与组织战略一致原则。薪酬的制定应该与组织发展战略相一致，围绕实现组织的战略目标来进行，对组织战略目标实现贡献较大的成员，其薪酬理应较多。

（2）按劳付酬原则。按劳付酬是指在确定员工薪酬时，应以其工作量和工作贡献度为依据，并适当考虑工龄、受教育程度和地区等因素。

（3）同工同酬原则。同工同酬是指相同的工作岗位报酬和待遇应该大致相同，可能会有所差别，但不能差别过大，否则容易引起员工的不满情绪。薪酬制定应当公平公正。

（4）比较平衡原则。比较平衡是指确定薪酬时应考虑同行业、同地区员工的薪酬水平，有一个横向的比较平衡，利于行业稳定和企业平稳发展。

（5）定期增薪原则。定期增薪受组织发展情况和地区经济发展水平的影响，并且，随着员工在组织中工作时间的增加、对组织的贡献度增加，应该适当增加薪资。我国公务人员也实行定期增薪制度，《公务员法》有明确规定。

（6）法律保障原则。法律保障原则是指员工依法签订劳动合同，同时薪资待遇也受到法律保障，任何组织和个人不得擅自更改或调整。

3. 薪酬管理

薪酬管理是指组织管理者根据内外部各种因素的变化，以及企业的经营战略和发展规划，对组织员工的薪酬水平、支付标准、发放形式、要素结构等进行确定、分配和调整的过程。

在薪酬管理过程中，需要首先确定薪酬管理目标，这一目标是根据组织人力资源管理的战略目标来确定的，进而选择薪酬政策，即组织考虑如何决定不同工作级别的平均薪酬以及同一级别中不同等级的薪酬。其次要确定薪酬水平，即确定组织内员工的平均薪资。最后确定薪酬结构。薪酬结构是指组织内不同工作类型薪酬的比较和等级，薪酬结构直接影响员工的工作士气和工作态度。

第四节 员工培训与职业生涯发展

一、员工培训

员工培训是为开发组织人力资源而有计划、有目的地对在岗人员业务知识、工作技能进行的培养、训练。现代组织的管理注重人力资源的合理利用和培养，要提高组织的应变能力就需要不断地提高人员素质，使组织及其成员能够适应组织内外部的变化并为组织发展创造条件。

1. 员工培训的特点

（1）对象复杂性。一方面，员工培训覆盖面广泛、功能完备，具有适应培训对象多方面发展需要的优势。另一方面，培训对象学历层次不同，个人阅历有别，能力偏向相异，学习兴趣与动机多种多样，总体上呈复杂状态。

（2）内容实用性。员工培训强调内容的针对性与应用性，这是由培训对象的成人特点及岗位工作需要决定的。普通教育通过较为成熟、稳定的培养方案和教学大纲规范教育内容，而员工培训的内容则更为机动灵活和实用，前期培训主要介绍公司基本情况、企业文化、愿景以及各项管理制度等，平时培训一般是根据需要什么教什么、缺什么补什么的原则确定。

（3）形式多样性。员工培训的形式多种多样，管理组织可以从目标任务的轻重缓急出发确定培训时间与培训时限，比如长期培训、中期培训或短期培训；可以从工作周期出发确定培训规模，比如全员培训、层级培训；可以从工作性质与要求出发，选择在职培训或脱产培训；还可以灵活机动确定培训地点、选择培训机构。

（4）方法艺术性。员工培训更注重采用启发、诱导、讨论、研究、观摩、考察等艺术性方法。在职人员具有生活、工作经验，具备专业、技术基础，拥有成熟的生理、心理素质以及自我控制能力、判断理解能力，艺术性的教育方法更能促进员工理论与实践的结合，提高学习效率。

2. 员工培训的方法与类型

员工培训的方法多种多样，组织应根据培训目标选择适用的有效方法。按照培训与工作的关系，可分为在职培训和脱产培训。

在职培训是人员在实际工作中得到培训，培训时不脱离岗位，不影响工作或生产。工作轮换和实习是两种常见的在职培训方式。所谓工作轮换，是指通过调动员工工作职位的方式来进行培训，轮换过程中员工可以在企业的不同部门学习并实践几种不同的工作技能。实习培训是大专院校与各类公司机构合作的形式，主要针对即将毕业的学生，学生通过实习提升自己，并且为公司注入新的活力。

脱产培训是在专门的培训场所进行培训，由于培训对象脱产学习，没有工作压力，时间集中，精力集中，其知识技能水平提高迅速。脱产培训还可以暂时缓解冗员问题。常见的脱产培训包括课堂讲授、案例研究、情景模拟、网络培训等。但这种方法成本较高，培训内容容易与实际工作相脱节。

员工培训还可分为岗前教育、新员工培训、在职员工职业教育、全员培训四种类型。岗前教育体现了先培训后就业、先培训后上岗的就业思想。为保证组织新员工的质量，须在就业前就进行适当的教育、培训。新员工培训的目的是使新员工了解组织基本情况，达到相应职位的基本要求。在职员工职业教育是整个社会继续教育、终身教育的重要组成部分，这是组织提高成员素质、进一步满足组织需要的基本途径。为了尽快提高组织的整体素质，有必要进行全员培训，即组织全体人员都必须参加的各种层次的培训和教育。

二、职业生涯发展

职业生涯发展是个人在步入工作岗位所承担职务的连续的历程。员工个人的职业生涯发展关系到组织发展能否后继有人的问题，因此，组织也应关心员工的职业生涯发展。

1. 职业生涯发展阶段的划分

美国管理学者罗宾斯认为，人的职业生涯发展随着年龄的增长一般需要经历五个阶段，分别为职业生涯探索期、职业生涯建立期、职业生涯中期、职业生涯后期和职业生涯衰退期。

职业生涯探索期发生在就业之前，人们在职业生涯探索期形成了自己的职业理想或预期，直接影响人们进入组织后的工作以及职业选择。职业生涯建立期开始于寻找工作和找到第一份工作，这是人们步入社会的开始，为了让他们树立职业发展的信心，组织的管理者应该帮助他们尽快适应组织的内部环境，尽快掌握工作技能，这一阶段，个人随着进入组织以及工作和处事经验的增加，逐渐成熟起来。处于职业生涯中期的人已经积累了一定经验，有着特有的优势和劣势，一般成为组织的中坚力量，同时也承担着家庭和事业的双重压力，此时，组织应该在充分发挥他们的积极性的同时尽力减轻他们的压力和负担。职业生涯后期的人们已经接近退休，在组织内的资历较老，能够受到别人的尊重，组织应该充分发挥这批人的经验和余热，为组织的后来者传播健康良好的组织文化，传授工作的经验与技巧。职业生涯衰退期是指人退休后的阶段，组织在这一阶段要做好人力资源的后期保障工作，增加对退休员工的关爱。

2. 职业生涯规划

职业生涯规划是指一个人制定职业目标、确定实现目标手段的不断发展的过程。职业生涯规划可以通过建立职业生涯指导委员会、制定战略和建设企业文化、明确规划的重点和目标、设计职业发展途径、界定任职资格、规划员工个人职业生涯和制定人力资源支持政策等步骤开展。

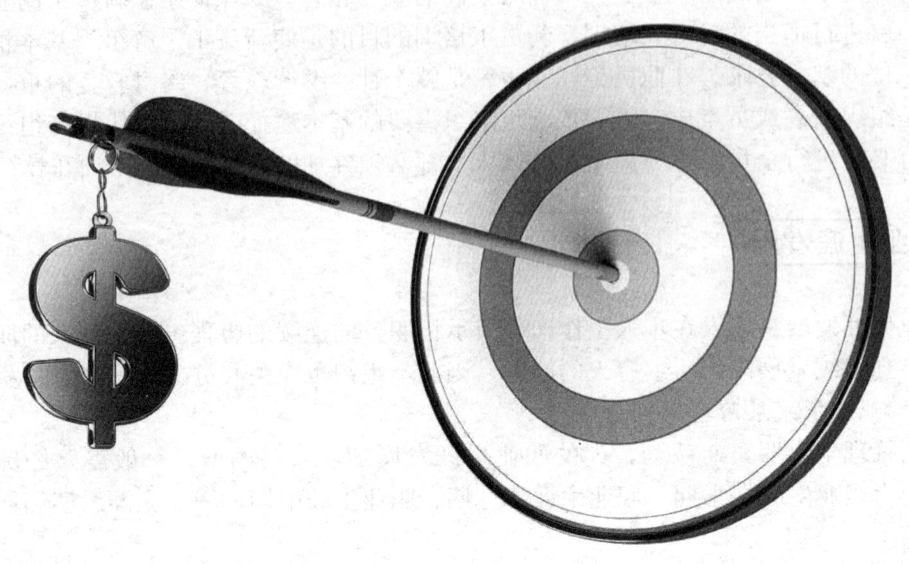

第七章　领　导

领导是管理的重要职能。人类社会是一个有组织的系统，人类的一切实践活动都是在组织的领导下有秩序地进行的。领导作为一种组织、指挥活动，贯穿于管理工作的各个方面。本章主要阐述了领导者的作用、领导者的权力、领导理论和领导艺术。学习领导理论，有助于提高领导技能和管理水平。

第一节　领导者

一、领导者的含义与作用

1. 领导者的含义

领导活动是任何社会组织共有的社会现象，从人类出现以来，领导现象就伴随和推动着人类社会的发展。大到一个国家，小到一个家庭，都存在着领导活动。“领导”有两种词性含义，作为名词的“领导”是指领导者；作为动词的“领导”是指领导活动、领导过程和领导功能。美国著名领导科学家约翰·科特认为：“‘领导’一词在日常生活中有着两种不同的含义。有时，领导指的是有助于引导和动员人们的行为和（或）思想的过程；另一些场合中，它指的是正式领导职位的一群人，希望他们起着这个词前一种含义中所指的作用。”① 从现代管理学的角度来看，领导者是指在社会管理活动中拥有权力或具有影响力的个人。正如美国学者斯蒂芬·P. 罗宾斯所说，“我们把领导者定义为能够影响他人并拥有管理职权的人员。”② 领导者通过示范、说服、命令等途径，动员组织成员以实现组织目标。领导者的含义包括以下内容：

第一，领导者存在于群体之中，一个人不能形成领导。人类社会活动的群体性、复杂性、组织性，决定了社会生活各个领域的活动都离不开领导，凡是有组织、有团体活动的地方就有领导的存在。正是基于群体生存与发展的需要产生了人类的领导活动。所有参加社会活动的人彼此都存在着领导与被领导的关系，都会感受到领导的存在和重要。

第二，领导活动是由领导者和被领导者共同完成的。领导活动的主体包括领导者和被领导者。尽管领导者和被领导者在领导活动中拥有的权力不同，所起的作用不同，但是领导活动是由双方共同完成的。因为，任何领导活动都需要领导者确立组织目标、实施决策方案、规范组织秩序，都依赖于被领导者积极地执行决策方案和实现组织目标。领导活动说到底是由领导者的组织、协调和被领导者的执行来共同完成的，单靠任何一方都构不成一个完整的领导活动。

第三，领导者的任务是激励和调动下属的积极性。领导者在领导活动中要采取一些手段调动下属的积极性，使其最大限度地致力于组织目标的实现。从这一个角度来讲，领导活动也是领导者对被领导者施加影响的过程。领导者不仅要指导下属“做什么”，而且要影响下属“如何做”，使下属表现出符合组织期望的行为。领导者采取什么手段激励和调动下属的积极性体现了领导的方法和艺术。

领导与管理既有联系，又有区别。一般认为，领导是从管理中分化出来的，领导活动与管理活动在现实生活中具有较强的复合性和相容性。③ 领导与管理的最大区别在于：领导是一种变革力量，而管理则是一种程序化的控制工作。领导不同于一般的管理，而是一种能影响他人去完成组织目标的管理活动。

2. 领导者的作用

领导者对管理活动具有决定性的影响作用，具体体现在指挥、激励、协调三个方面。

（1）指挥作用。人类社会的一切活动都是有意识的活动。人类社会生活的群体性、复杂性、组织性，决定了社会生活各个领域的活动都离不开领导，凡是有组织、有团体活动的地方就有领导的存在。领导者在团体活动中帮助组织成员认清所处的环境与形势，指明活动的目标和实现的途径，指挥和领导组织成员最大限度地实现组织的目标。

（2）激励作用。组织是由具有不同需求、欲望和态度的个人所组成的，因而组织成员

---

① 约翰·科特. 变革的力量. 方云军，等，译. 北京：华夏出版社，1997：2.

② 斯蒂芬·P. 罗宾斯，玛丽·库尔特. 管理学. 李原，等，译. 北京：中国人民大学出版社，2012：453.

③ 刘建军. 领导科学原理——科学与艺术. 上海：复旦大学出版社，2001：12.

的个人目标与组织目标不可能完全一致。领导者的目的就是把组织目标与个人目标结合起来，引导组织成员满腔热情地为实现组织目标做出贡献。这就需要领导者最大限度地调动组织成员的积极性，激发他们的工作热情，激励和鼓舞组织成员的斗志，充分发掘他们的工作动力。

（3）协调作用。组织活动是一个集体活动，在集体活动中存在着各种复杂的关系。因为个人的才能、理解能力、工作态度、进取精神、性格、地位等不同，加之组织外部各种因素的干扰，在实现组织目标的过程中，人与人之间、部门与部门之间不可避免地产生各种矛盾冲突，影响组织目标的实现。因此，领导者要发挥沟通协调作用，协调各方面的关系，解决各方面的矛盾冲突，领导组织成员团结一致地实现组织目标。

二、领导者的权力

1. 领导者权力的来源

领导的过程是领导者运用其拥有的权力对下属施加影响的过程，权力是领导的核心。美国学者弗伦奇和雷文将领导者的权力来源划分为：奖励权力、威胁权力、合法性权力、专业权力和参考权力。[①] 通常认为领导者的权力来源于以下方面：

（1）法定性权力。法定性权力是指由法律赋予拥有一定职位的领导者在其职权范围内依法行使的权力。法定权通常与职位联系在一起，得到下属的认可。

（2）奖赏性权力。奖赏性权力是指个人控制着对方所重视的资源而对其施加影响的能力。[②] 奖赏权源于被领导者期望奖励的心理，即被领导者感到服从于领导者的愿望和指示能够给他们带来所期望的利益，能满足他们的某种需要。奖赏包括物质和精神奖赏两方面。

（3）惩罚性权力。惩罚性权力是领导者对其下属不服从其领导所给予的一种强制性的剥夺，是强迫下属服从的一种权力。惩罚权源于被领导者的恐惧，即被领导者感到不按照领导的指示办事会受到惩罚，使自已的某些需求得不到满足。惩罚权包括物质处罚、批评、调职、开除等。

（4）感召性权力。感召性权力是指领导者拥有吸引他人的个性、品德、作风、行为等而引起人们的认同、赞赏和钦佩。感召性权力来源于领导者的个人魅力，包括无私工作、乐于奉献、刚正不阿、廉洁奉公、关心下属、作风民主等。

（5）专长性权力。专长性权力是指领导者拥有某些专业知识或特殊技能而产生的权力。人类社会管理活动非常宽泛，任何一个领导者都不可能精通所有领域的专业知识。但是作为一个领导者必须具有某一方面的专业技能，如大学校长必须懂得大学办学规律，具有正确的办学理念；法院院长必须精通法律知识；等等。领导者只有具有专长性权力才能赢得下属的拥戴。

2. 领导者的影响力

领导者的影响力是指领导者与他人交往中，影响和改变他人心理和行为的能力。领导

① 加里·尤克尔．组织领导学．陶文昭，译．北京：中国人民大学出版社，2004：169.

② 周三多．管理学．北京：高等教育出版社，2014：190.

者是一个组织正常运作和发展的发动者和推动者。在管理活动中，作为一个有效的领导者不仅要具有管理才能，还要具有一定的影响力。根据影响力的性质不同，可以将领导者的影响力分为强制性影响力和非强制性影响力。

强制性影响力是指领导者具有组织赋予并由法律、制度明确规定的正式权力而产生的影响力。所以强制性影响力也被称为职权，是根据职务依法确定的，具有不可抗拒性。领导者的法定性权力、奖赏性权力、惩罚性权力都属于强制性影响力。强制性影响力的产生因素有三个方面，即传统因素、职位因素和资历因素。由传统因素、职位因素、资历因素所产生的影响力都不是领导者的行为造成的，而是外界赋予的，其核心是法定权力。它对下级的影响带有强制性和不可抗拒性，使人产生服从感、敬畏感、敬重感。这种权力也叫位置权力或地位权力，它取决于个人在组织中的地位。领导者有了领导职务和领导地位，就有了这个职务法定的权力。这种影响力对被领导者的作用主要表现为被动、服从，它对人们心理和行为的激励作用是有限的。

非强制性影响力是指由领导者自身某些特殊条件而产生的影响力。这种影响力能让组织成员发自内心的、长时期地敬重与服从领导者。非强制性影响力既没有正式的规定，也没有组织赋予的形式。领导者感召性权力、专长性权力都会产生非强制性影响力。这种非强制性影响力属于自然性影响力，是靠领导者自身的威信和以身作则的行为来影响他人的。非强制性影响力产生的因素比强制性影响力要广泛得多，一般包括品格因素、才能因素、知识因素和感情因素等。非强制性影响力源于领导者自身的学习和修养，与权力没有直接的关系，是由领导者自身的素质与行为产生的。因此，要提高领导者的非强制性影响力就要不断地学习，吸取各种新知识，提高自己的知识能力和道德修养。非强制性影响力对被领导者的影响是自然而然、潜移默化形成的。它使被领导者的行为表现为自愿、主动地服从，没有压力感。因此，它对人们心理和行为的影响和激励作用大。

三、领导者的素质

1. 领导者的个体素质

领导者在管理活动中发挥着重要的作用，作为一个优秀的领导者必须具有良好的素质。因为，只有具有优秀的品质、丰富的知识、卓越的才能的领导者才能对被领导者产生影响力，才能对组织产生凝聚力，才能有效地实施领导活动。一代之治有一代之才，在不同的历史时期，对领导者的素质有不同的要求，即领导者的素质具有时代性的特征。但是，领导者作为管理活动的组织者和指挥者，其素质要求也有稳定性的一面。美国著名领导学家华伦·本尼斯认为，一个不败的领导者应该依靠三条腿来支撑：一是坚定的雄心壮志；二是领导工作的才能；三是优秀的道德品质。这些是领导者素质的最基本结构。① 通常认为，领导者的个体素质应包括以下几方面：

（1）政治素质。政治素质是指领导者的“德”，即在政治方向、政治品德、思想作用

① 朱立言. 行政领导学. 北京：中国人民大学出版社，2002：119.

和工作作风方面的表现。现代管理的领导者是具有政治色彩的人物，其品德是最重要的。孔子说："为政以德，譬如北辰，居其所而众星共之。"(《论语·为政》)领导者只有具有高尚的品德，才能产生影响力和凝聚力。习近平在谈到选人用人时强调："好干部要做到信念坚定、为民服务、勤政务实、敢于担当、清正廉洁。"① 作为一个领导者，在政治素质方面应该有坚定的政治信念，高尚的道德品质，乐于奉献的精神，坦荡的胸襟和谦虚谨慎的作风，能够廉洁奉公，勤政为民。

(2) 文化素质。文化素质是指领导者的文化程度和文化素养。古人云："才以学为本"，"非学无以广才"，"非学无以明识"，"非学无以立德"。学问知识是一个人智慧的来源，是德才发展的基础。作为一个领导者，在文化素质方面应该具有三方面的特点：一是专业知识的深度。领导者从事的都是具体的管理工作，领导者只有掌握本行业的专业知识，成为行家里手，才能了解本部门的工作发展变化规律和前沿动态，有效地领导组织的工作。二是社会知识的广度。领导工作是一项复杂的创造性劳动，面对各种复杂的社会问题，领导者必须具有广博的社会知识和阅历，才能应对复杂的局面。三是管理知识的娴熟度。管理是一门科学，具有自身的规律和特点。领导者除了要有实践经验以外，还必须学习管理知识和理论，用理论指导实践。

(3) 业务素质。业务素质是指领导者的能力，即领导者的"才"。能力素质是各方面综合素质的体现，是在长期的社会实践中发展起来的，是领导者的一种内在素质。一个人即使在各方面都有良好的素质，如果没有领导能力和才干，也不能成为一个合格的领导者。领导者的业务素质包括五个方面：一是思维能力。思维能力是指对客观事物进行观察、分析和思考的能力。作为一个领导者要勤于思考，善于发现问题、解决问题。二是决策能力。决策是领导者的一个重要职能，领导者要根据事物的发展变化和资源分布情况，科学地制定决策目标，选择最佳方案，实施管理活动。三是组织能力。管理活动的实施需要调动大量的人力、物力和财力，领导者要根据工作任务的需要，合理配置人员和机构，协调各方面的关系，指挥全体成员协调一致地行动。四是协调能力。领导者的主要工作对象是人，要做人的工作，必须具有协调人际关系的能力，善于化解各种人际矛盾，团结组织成员共同前进。同时也要了解各个人的才能，知人善任，充分调动各方面的积极性。五是应变能力。现代管理是一个动态的过程，随着客观环境的变化会出现一些新情况，新问题，领导者要具有应变能力，沉着机智地处理各种问题和突发事件。

(4) 身体素质。身体素质是指领导者健康的体魄和健康的心理。领导工作是一项复杂的创造性活动，必须要有强健的身体，才能确保领导者承担和完成各项管理任务，精力充沛地投入工作。同时，领导者还要有良好的心理素质以应付各种复杂的局面。

2. 领导群体的结构素质

现代领导活动是群体的领导活动，在组建领导群体时，既要重视领导者个人的素质条件，也要重视领导群体的合理结构。领导群体的结构素质一般包括以下内容：

(1) 丰富全面的知识结构。知识结构是指领导群体成员的文化素养和各个方面的知

① 习近平. 习近平谈治国理政. 北京：外文出版社，2014：412.

识。由于领导活动是一项复杂的创造性活动，涉及现代管理的各个方面，需要各个方面的知识，领导群体应该由不同层次、不同门类、懂得各种知识的成员组成。

(2) 较高的专业知识结构。专业知识结构是指领导群体成员的专业技能和专业特长。作为个体的领导者都有各自的知识、专业、智能偏向，是某一方面的专才。但是，现代管理客观上存在着领导者个人的专业化和管理对象的综合化与复杂化之间的矛盾。解决这一矛盾需要领导群体成员具有各种各样的专业知识结构，通过优化组合发挥专才的作用，从而产生整体功效。

(3) 较强的能力结构。能力结构是指领导群体成员的能力构成及其互补。领导群体是组织领导管理活动的核心，需要由具备各种各样能力素质的人组成。领导群体的能力结构一般包括观察能力、思维能力、创造能力、组织能力、指挥能力、协调能力、控制能力等。

(4) 合理的年龄结构。年龄结构是指领导群体成员的年龄构成。不同年龄段的人具有不同的特点，年轻人朝气蓬勃，敢想敢干；中年人年富力强，勇挑重担；老年人经验丰富，做事沉稳。领导群体在年龄结构上应该形成老、中、青相结合的合理梯队。合理的年龄结构是建立充满朝气和富有经验的领导群体的基本条件，是实现领导群体自然交替的基础，同时也可以弥补因为年龄差别带来的不利因素，避免领导工作中因年龄结构不合理而带来的问题。

(5) 良好的气质结构。气质结构是指领导群体成员在性格、兴趣、意志、风度、风格等方面的合理构成。领导群体成员由不同性格、志趣、风格的人组成，可以达到优势互补，弥补气质缺陷，保证领导工作积极稳重，避免出现急躁冒进和安于现状、不思进取的现象。

领导群体结构素质的核心是领导群体结构的优化组合。因为，领导群体结构的优化组合能够在领导者个体之间创造一个对个人的缺点、个人的工作失误相互谅解，对个人的优点、个人的工作成绩相互肯定、相互学习，对个人的各项工作相互支持与配合的良好环境，从而有利于领导者相互学习、博采众长，有利于领导者集中精力、全力以赴地投入工作，有利于防止领导群体的老龄化或出现“断层”，有利于发挥领导群体的整体功效。

第二节　领导理论

一、有关人的特性方面的理论

领导理论是把领导活动纳入科学研究的过程中，通过一些实证式的研究和逻辑化的推理，得出一些普遍性的结论。领导活动是由领导者与被领导者共同完成的，在领导活动中离不开人的作用。领导者对于被领导者的基本看法是否正确，对于领导行为及其有效性有着重大影响。可以说关于人的特性的研究是领导理论建立的基础。早在古典管理理论中就有学者探讨人的特性问题，以后随着社会进步和管理科学的发展，不断有学者对这一问题进行深入研究，形成了一些有代表性的理论和观点。通过对人的特性的研究，可以探讨领导者与被领导者之间的关系，建立激励机制，改进领导方式，提高领导的有效性。

1. X理论-Y理论

X理论-Y理论是美国行为科学家道格拉斯·麦格雷戈提出来的。麦格雷戈在担任奥第安克学院院长期间，对当时流行的传统管理观点和对人的特性的看法提出了疑问。他于1957年在美国的《管理评论》杂志上发表了《企业的人性方面》一文，提出了著名的X理论-Y理论。

麦格雷戈将传统的管理方法称为X理论。他认为传统的理论是以对人性的错误看法为基础的，这种理论把人看成是天生懒惰，厌恶工作；缺乏进取心，不愿承担责任；安于现状，反对改革；以自我为中心，忽视组织目标；不大聪明，易于受骗等。因此，为了提高劳动生产率，就必须采取强制、监督、惩罚的方法。麦格雷戈认为，X理论所用的传统的研究方法是建立在错误的因果观念的基础上的，而现实生活中的许多现象并不符合X理论。特别是随着人们物质文化生活水平的提高，仍然采用监督和控制的方法来进行管理就不能激励人们的行为。

基于以上原因，麦格雷戈认为需要有一种新的理论，把管理工作建立在对人的特性和行为动机更为恰当的认识基础之上，于是他提出了Y理论。Y理论的基本内容有：

第一，人是勤奋的，并不是天生的厌恶工作。人的行为受动机支配，只要创造一定的条件，人们就能主动把工作干好。

第二，在适当条件下，人们不但接受而且能够主动承担责任。

第三，个人自我实现的要求和组织目标的要求并不是对立的、矛盾的。

第四，人们愿意、也能够通过自我管理和自我控制来完成组织的目标。

第五，大多数人都具有较高的想象力和创造力，在现代工业条件下，人的智慧和才能只得到了部分发挥。

由此可见，Y理论是以人为中心的理论。在Y理论看来，人人都有成长和发展的潜力。利用人的本能动机，充分发挥人的潜在能力，则是领导者的重要职责。麦格雷戈认为，如果领导者在人性问题上，对人有了正确的认识，可以挖掘出令人想象不到的无穷的人力资源。

X理论与Y理论的重要区别在于：X理论认为下属的个人目标与组织目标是相互矛盾的，因此在管理上强调外部控制，主张依靠权威的力量作为指挥和控制的手段。而Y理论则认为下属的个人目标和组织目标应该相互融合，只要下属被说服接受组织目标，就能够主动地为实现组织目标而努力工作。因此在管理上Y理论强调启发内因，强调人的主观能动性，主张实行自我控制。这种对人的特性认识上的重大突破，其实质是建立在对下属充分信赖的基础上，让下属参与管理，使下属感到自己是非常重要的人，因而自豪地工作。

2. 不成熟-成熟理论

不成熟-成熟理论是由美国著名学者克里斯·阿吉里斯提出来的。该理论认为，在人的个性发展方面，如同婴儿成长为成人一样，也有一个从不成熟到成熟的连续发展过程。在这个过程中会发生七方面的变化（见表7-1）。

表 7-1 不成熟到成熟转变比较

不成熟的表现	成熟的表现
被动	主动
依赖	独立
以少量方式行事	以多种不同方式行事
错误而肤浅的兴趣	较深与较强的兴趣
时间和知觉性短	时间和知觉性较长
附属的地位	同等或优越的地位
不明白自我	明白自我，控制自我

阿吉里斯指出，由不成熟到成熟的变化是持续的、循序渐进的。一般人都是随着年龄的变化，生理不断变化，心理也由不成熟而日趋成熟。一个人在这个不成熟-成熟连续发展过程中所处的位置，就体现他自我实现的程度。

不成熟-成熟理论是在实验的基础上提出来的。阿吉里斯在长期对工厂工人的观察中发现，工人对工作漠不关心及不努力并不单单是惰性的原因，更多的是领导方式不善。传统的领导方式把工人当作小孩对待，完全束缚了工人对环境的控制能力。工人被指定从事具体的、过分简单的和重复性的劳动，完全是被动的。由于工人的主动性得不到发挥，工作没有挑战性，这样就阻碍了工人向成熟发展的功能。不成熟-成熟理论主张扩大组织成员的个人责任，给予组织成员在工作上成长和成熟的机会，以满足他们在社交、自尊、自我实现等方面的需要，激励组织成员更好地发展潜力来实现组织目标和个人目标。阿吉里斯要求实行一种“以现实为中心”的领导方式。这种领导方式具有诊断的技术，对自己和对别人有所认识，在任何时候都了解个人和组织的价值。通过这种了解和改进，能在健康的组织中培养出健康的个人，并使两者都实现自己的目标和需要。

3. *有关人性的四种假设*

有关人性的四种假设是由美国的心理学家和行为科学家埃德加·沙因加以归纳分类和排列的。沙因在《组织心理学》一书中将前人已经提出过的“经济人假设”“社会人假设”“自我实现人假设”和他自己提出的“复杂人假设”进行归纳排列，用来表示对人的特性的各种假设。

第一，经济人假设。经济人假设是古典经济学家和古典管理学家关于人的特性的假设，也就是麦格雷戈所称的X理论。这种假设起源于享乐主义，又受到19世纪理性主义的影响而形成，盛行于19世纪末和20世纪初。沙因将经济人假设归纳为四点：一是人是由经济诱因来引发工作动机的，其目的在于获得最大的经济利益；二是经济诱因在组织的控制之下，因此，人被动地在组织的操纵、激励和控制下从事工作；三是人天生以自我为中心，对组织需要漠不关心；四是人缺乏理智，易受到欺骗和煽动。

根据经济人假设，领导者应采取相应的管理方式：一是利用职权，发号施令，使下属服从，让其适应工作和组织的要求；二是实行严密的组织控制和制定具体规范的工作制度；三是以金钱报酬来收买下属的效力和服从。

第二，社会人假设。社会人假设是由梅奥等人依据霍桑实验提出来的。梅奥认为，人是社会人，影响人生产积极性的因素，除了物质金钱外，还有社会和心理的因素，包括人们对归属、交往和友谊的追求。人们在工作中形成的社会关系，对人们的士气起着重大的影响。沙因将社会人假设归纳为四点：一是人们工作的主要动机是社会需要；二是工业革命和工业化的结果，使工作变得单调而无意义，人们必须从工作的社会关系中去寻找工作的意义；三是非正式组织的社会影响比正式组织的经济诱因对人有更大的影响力；四是人们期望领导能满足他们的社会需要。

根据社会人假设，领导者不能把目光局限在完成任务上，而应当注意给予下属关心、体贴、爱护和尊重，尽量满足下属的社会需要。同时重视非正式组织的存在，鼓励上下级之间的意见沟通，建立起相互了解、团结融洽的人际关系和友好的感情。

第三，自我实现人假设。自我实现人假设是以马斯洛的需求层次论和阿吉里斯的不成熟-成熟理论为基础的。沙因认为，马斯洛的需求层次论中的高级需求是自我实现的需求。阿吉里斯的不成熟-成熟理论中，所谓成熟的个性也就是自我实现的人。麦格雷戈所讲的Y理论，事实上也是指自我实现的人。关于自我实现人的假设，沙因总结了四点：一是人的需求有低级到高级的区别，其目的是为达到自我实现的需求，寻求工作上的意义；二是人们力求在工作上有所成就，发展自己的能力，以更好地适应环境；三是人们能够自我激励和自我控制；四是个人的自我实现同组织目标的实现是一致的。在适当的条件下，个人会自动调整自己的目标，使之与组织目标相配合。

根据自我实现人假设，领导者应该以工作的合理安排来满足人们的需求，给下属提供更多的自我实现的机会。

第四，复杂人假设。沙因认为，经济人假设、社会人假设和自我实现人假设只适合于某些人和某些场合。由于人的内心世界是复杂多变的，人的需求也是复杂的，因而不能简单地把人性划归为一种类型。因此，他总结了复杂人假设的五个要点：一是人的需求是复杂的，会根据不同的发展阶段、不同的生活条件和环境而改变；二是人在组织中生活会产生新的需求和动机；三是人在不同的组织和不同的部门会有不同的需求；四是一个人在组织中是否感到满足、肯为组织效力，决定于他本身的需求结构和他同组织之间的相互关系；五是人依据自己的动机模式、能力及工作性质对不同的管理方式做出不同的反应。因此，没有一种适合于任何时代、任何人的管理方式。

根据复杂人假设，领导者应具体了解下属在需求和动机方面存在的差异，按照不同人的不同情况，采取不同的管理方式。由于复杂人假设强调对人性的认识要具体情况具体分析，因此对管理工作具有更强的实用价值。

二、领导特质理论

领导特质理论是指从领导者的性格、生理、智力及社会因素等方面寻找领导者特有的品质或应有的品质的理论，也称素质理论。[①] 早在20世纪30年代，心理学家们就对领导者的特质进行了大量研究，希望发现领导者与非领导者在个性、社会、生理或智力因素等方面的差异，但是没有取得理想的成效。从20世纪40年代末到70年代，随着行为主义

① 朱立言．行政领导学．北京：中国人民大学出版社，2002：93.

科学的崛起，对领导特质理论的研究进入了科学化的实验阶段，领导者的自然特征、社会特征、智力与能力、个性等因素逐渐得到研究者的重视，形成了众多的理论观点。20 世纪 80 年代以后，随着知识经济时代的来临，特质理论的研究取得了新的成果。

1. 早期领导特质理论

早期一些管理学家和心理学家以领导者的个性、生理或智力等因素为观测点，试图区分领导者与非领导者的差别，从中找出一个成功的领导者应具备的各种品质，以作为选拔领导者的依据。早期特质理论的研究主要集中在以下方面：

(1) 生理特质。领导者的自然相貌、身体状况和仪态举止等。

(2) 个性特质。领导者的性格、气质，如自信、热情、正直、负责、果敢、沉着、魅力等。

(3) 智力特质。领导者的智力特征，如记忆力、判断力、逻辑思维能力以及应变能力等。

(4) 工作特质。领导者的工作特点，包括责任心、创造性和事业心等。

(5) 社会特质。领导者的社会要素，包括沟通能力、指挥能力、协调能力、控制能力、人际关系等。

在早期众多的领导特质理论中比较著名的有亨利的领导特质理论和吉赛利的领导特质理论。

1949 年美国行为科学家亨利在调查研究的基础上归纳出了一个成功的领导者应具备的十二种品质：一是成就感强，把工作看成是最大的乐趣，对工作的关注和追求超过了对金钱、报酬和职位晋升的关注和追求；二是干劲大，工作积极努力，希望承担富有挑战性的工作；三是尊重上级，能以积极的态度对待上级，希望上级帮助自己进步，与上级关系好；四是组织能力强，能把混乱的事情组织得有条理；五是决断力强，能在较短的时间内对各种备择方案加以权衡并迅速做出选择；六是自信心强，对自己的能力有充分的自信，目标坚定不移，不受外界干扰；七是思维敏捷，富于进取心；八是竭力避免失败，不断接受新任务，树立新的奋斗目标；九是讲求实际，重视现在，不太关心不肯定的未来；十是对上级亲近而对下级较疏远；十一是与父母没有过多情感上的牵扯，一般不同父母住在一起；十二是忠于组织，忠于职守。

20 世纪 60 年代，美国学者吉赛利研究了领导者的个性因素与领导效率的关系。他认为，凡是自信心强、魄力大的领导者，成功的概率较大。到了 70 年代吉赛利又进一步指出影响领导效率的五种激励特征和八种品质特征。五种激励特征是：对工作稳定性的需要；对金钱奖励的需要；对指挥权力的需要；对自我实现的需要；对职业成就的需要。八种品质特征是：创造与开拓；指挥能力的大小；自信心强弱；是否受下级爱戴和亲近；决断能力强弱；成熟程度高低；才能大小；男性或女性。吉赛利认为，影响领导效率最重要的因素是指挥能力、职业成就与自我实现的需要、才能、自信心、决断能力等；其次是对工作稳定性和金钱奖励不重视、同下级亲近、创造与开拓、成熟程度等；至于性别则关系不大。

这个时期对领导特质理论的研究也存在一定的缺陷：一是忽视了下属的需要，破坏了领导者与被领导者的和谐与合作；二是没有指明各种特质之间的相对重要性；三是没有区分因果关系；四是忽视了领导行为发生作用的环境与条件。

2. 领导特质理论的新发展

20 世纪 80 年代以后，随着知识经济的发展对领导者的素质提出了新的要求，领导特质理论又有了新的发展。

美国学者詹姆士·M. 库塞基和贝瑞·波斯纳从1980年开始调查近千家企业及政府行政部门，而后又在1987年和1995年进行了两次调查。他们发现对于一个成功的领导者来说，排在前四位的特质是：诚实、有远见、懂得鼓舞人心、能力卓越。

美国领导学者德克兰研究领导特质理论时提出了领导素质的宪法模型。他认为，美国宪法随着时代的变化在具体观点和解释方面也会发生相应的变化，但基本原则保持不变，继续发挥作用。与此相似，随着时代的发展和环境的变化，领导者某些特质也会发生调整和变化，但其中基本的优良品质仍然会保留。德克兰认为这些基本优良品质可以分为四个方面：

第一，个性。领导者要公正、诚实、开放、有道德且值得信赖。他们为人诚恳，待人平等，有自知之明，善于调查，思想开放，勇于进取。

第二，想象力。领导者要富有想象力和创造性思维，能够把理想转变为切实可行的目标。

第三，行为。成功的领导者的行为表现出一定的共性，包括勤奋工作，目光远大，不因循守旧，开拓创新，大胆思考，态度积极，乐观向上，能够保持组织团结，经常与组织成员交流，容忍别人犯错误。

第四，自信。领导者取得成功的一个关键因素是自信。健康的自信有助于领导者承担风险。所谓健康的自信是指自信建立在对自己清醒的认识和对环境的正确评估之上，而不是傲慢自大和自我主义。领导者的自信是增强组织成员的信心、推动组织进步的保证。

德克兰用个性、想象力、行为和自信四个要素来建构领导特质的宪法模型，是否准确抓住了领导特质的核心，其理论框架还需要经受时间的检验。但是有一点可以肯定，自20世纪80年代以来，关于领导特质理论的研究一直是管理学研究的热点，产生了各种各样的观点。这些观点给我们提供了一个视角，使我们能够更好地了解领导者的品质，有助于提高领导者的素质。

三、领导行为理论

从20世纪40年代开始，随着行为科学的兴起，领导理论研究的重点逐渐转移到领导行为上来。领导行为理论认为，只有那些行为上表现为既关心生产（工作）又关心个人（下属）的领导者才是最有效的。换言之，那些天资聪明的人不一定能成为领导者，真正决定一个人成为领导者的因素是他的行为。研究者希望通过对领导者行为的研究，找出领导者行为与领导效率之间的关系，从而形成了一系列领导行为理论。

1. 领导作风理论

领导作风理论主要是研究领导者工作作风类型，以及工作作风对员工的影响，以期寻求最佳的领导作风。领导作风理论是由勒温提出来的。勒温以权力定位为基本变量，把领导者在领导过程中表现出来的极端行为分为三种类型。

（1）专制式的领导作风。这种领导行为，其权力定位于领导者个人手中。这是一种独断专行的领导行为。具有这种领导作风的领导者只从工作与技术方面来考虑，认为人类的本性是天生懒惰、不可信赖的，必须加以鞭策。

（2）民主式的领导作风。这种领导行为，其权力定位于群体。这是一种民主的领导行为。具有民主式领导作风的领导者主要从人际关系方面考虑管理问题，认为领导者的权力是由他领导的群体赋予的。在管理过程中，被领导者也应该参加适当的决策，被领导者受到激励以后，会自我领导，富有创造力，进而提高领导效率。

(3) 放任自流的领导作风。这种领导行为，其权力定位于职工个人手中。这是一种俱乐部式的领导行为。具有放任自流领导作风的领导者只是从福利方面考虑管理，认为权力来自被领导者的信赖，在实际工作中不能大胆管理。

勒温认为，在实际工作中，这三种极端的领导作风并不常见，大多数领导者所采用的作风往往是处于两种极端类型之间的混合型。

2. 领导方式理论

领导方式理论是由美国行为科学家伦西斯·利克特提出来的。1950—1970 年，利克特在担任美国密歇根大学社会研究中心主任期间和同事一起对企业的领导模式进行了长期研究。利克特认为，在所有的管理工作中，对人的领导是最重要的中心工作，其他工作都取决于它。各个企业，即使是同一行业的，也有生产效率高的和生产效率低的。造成这种生产效率差异的主要原因是各企业领导者所采用的领导方式不同。生产效率高的企业采用的是以职工为中心的领导方式，管理人员强调的是工作中的人际关系，只进行“一般性的”而不是“严密的”监督，结果使职工安心工作，团体中内聚力高，带来生产效率高。生产效率低的企业采用的是以工作为中心的领导方式，管理人员注意的中心是生产，对职工的监督过于严密、烦琐，往往对职工施加不必要的压力，对琐碎的事情横加指责，动辄予以批评和处罚，结果导致团体内聚力降低，职工不安情绪增多，生产效率降低。经过长期研究，利克特将管理的领导方式归结为四种类型。

(1) 专制-权威式。在这种领导方式下，权力集中在最高一级，决策与组织目标的设置一般由领导者做出，下级无任何发言权，只有执行权。领导者以命令的方式，甚至以威胁及强制的方式进行领导。在这种领导方式下，上下级之间缺乏沟通与信任，下级对领导者心存戒惧。组织中如果有非正式组织，通常会对正式组织的目标持反对态度。

(2) 开明-权威式。在这种领导方式下，权力控制在最高一级，但授予中下层部分权力。领导者与下属之间是一种类似于“主仆般”的信任，态度比较谦和。决策由高层领导者做出，但下属在一定程度上可以参与决策。在这种领导方式下，下属仍有恐惧、警戒心理，上下级之间的交往不是在地位平等和相互信任的气氛中进行的。在这样的组织中，非正式组织对正式组织的目标会持一种支持或反对的态度。

(3) 协商式。在这种领导方式下，重要问题的决定权仍属于最高层，次要问题可以由中下层做出决定。领导者对下属有相当程度的信任，组织中上下之间信息沟通较多，双方有较高的信任度。领导者一般采用奖励激励的方法调动下属的积极性。在这样的组织中，非正式组织对组织目标一般会采取支持的态度，偶尔会做出轻微的对抗。

(4) 群体参与式。在这种领导方式下，领导者对下属有完全的信心和信任。决策权和控制权不是集中于上层，而是分布于整个组织，各个部门可以广泛地参与决策。领导者与被领导者双方处于平等地位，如果出现矛盾和问题，双方民主协商讨论解决。在沟通方面，不仅有上下之间的信息交流，而且有同事之间横向的信息交流，信息在组织间流动比较畅通。非正式组织与正式组织通常是合而为一的，所有的力量都为实现组织目标而努力。同时，组织目标与个人目标也是一致的。

利克特认为，在这四种领导方式中，第一种是传统的领导方式，第二和第三种虽有程度上的差别，但并没有本质上的不同，二者都属于命令式或权力主义的。前三种领导方式可以统称权力主义领导方式。只有第四种才是效率高的领导方式。因为，对人的激励形式有四种，即经济激励、安全激励、自我激励、创造激励。利克特主张组织要不断地向其成员提供这四种激励，以促进组织成员完成组织的目标。

3. 领导四分图理论

领导四分图理论是美国俄亥俄州大学工商企业研究所的斯托格第和沙特尔教授在大量调查研究的基础上提出的一种领导方式理论。在研究的过程中，他们将一千多种描述领导行为的因素进行分析，最后归结为“抓组织”和“关心人”两大类。“抓组织”是指领导者的行为主要表现为重视组织设计、明确职责关系、确定工作目标和任务。“关心人”是指领导者的行为主要表现为尊重下属的意见、尊重下属的感情和需要、强调建立互相信任的气氛。斯托格第和沙特尔认为，领导行为是这两类行为的具体结合。他们将这两类行为进行不同的结合，构成了四种不同的领导方式（见图 7－1）。

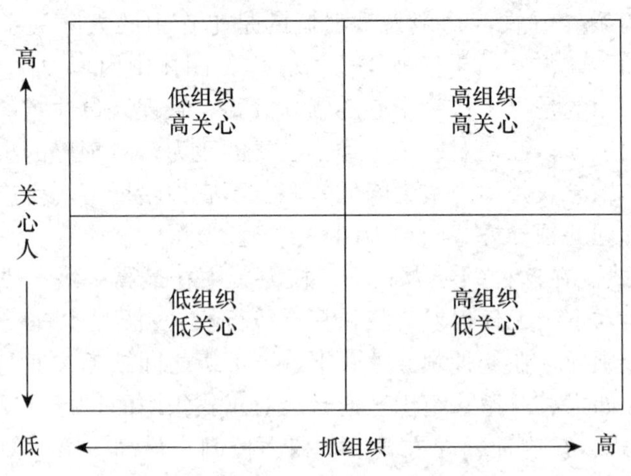

图 7－1　领导四分图

第一，低组织低关心。这种类型的领导者既不关心人，又不重视组织效率。一般来说，这是一种效果最差的领导方式。

第二，低组织高关心。这种类型的领导者对人十分关心，重视培养互相信任和互相尊重的气氛，但对组织效率却缺乏关心，是以人为中心的领导方式。

第三，高组织低关心。这种类型的领导者对组织的效率、工作任务和目标的完成都非常重视，但忽视人的情感和需要，是以工作任务为中心的领导方式。

第四，高组织高关心。这种类型的领导者把对人的关心和对组织效率的关心放在同等重要的地位，既能保证任务的完成，又能充分满足人的需要，是一种理想的领导方式。

斯托格第和沙特尔认为，对组织和对人都关心的领导者，其工作效率与领导效能必然也高。当然，在实际工作中采用哪种领导方式应该具体情况具体确定。

4. 管理方格理论

在领导四分图的基础上，美国得克萨斯州立大学心理学教授罗伯特·布莱克和简·莫顿于 1964 年提出了管理方格理论。他们认为，在评价一个领导者时，可以根据其对生产的关心程度和对人的关心程度，在一张九等分的方格图上寻找交叉点（见图 7-2）。

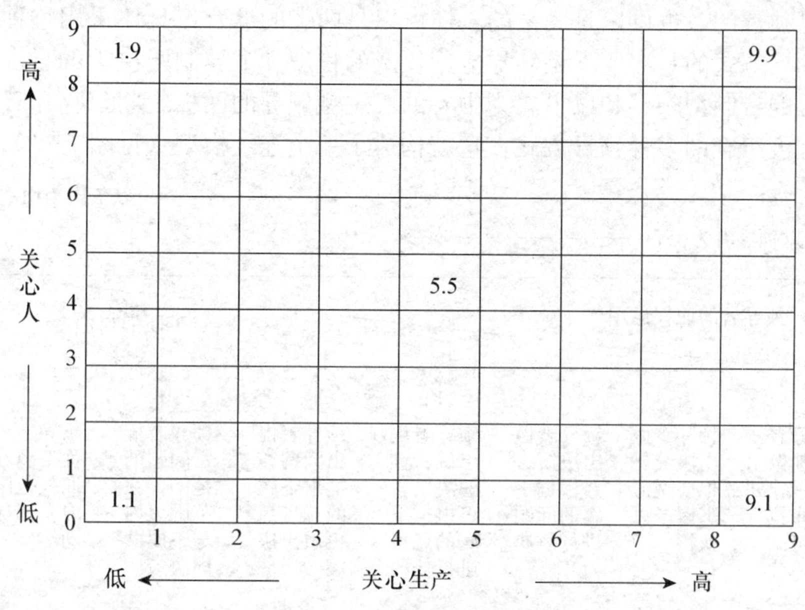

图 7-2 管理方格图

在这张九等分的方格图上，横坐标表示领导者对生产的关心程度，纵坐标表示领导者对人的关心程度，交叉点表示领导者的领导行为类型。据此，布莱克和莫顿将领导方式分为五种类型。

第一，贫乏型领导（1.1）。这种类型的领导者对人和生产都不关心，在任何事情上都想要保持不参与，只以最小的努力来完成必须做的工作。这种管理方式必然导致工作的失败。在实际管理中，这种管理方式很少见，所以称之为“贫乏管理方式”。

第二，任务型领导（9.1）。这种类型的领导者高度关心生产和效率，而不关心人，只准下属服从而不让其发挥才智和进取精神。领导者的权力很大，负责计划、指挥和控制下属的活动，以便达到组织的目标。

第三，中间型领导（5.5）。这种类型的领导者对人的关心和对生产的关心都保持正常状态，通过引导和激励的方式来完成领导的职责。但是，缺乏革新精神，安于现状，不能充分发挥下属的创造性。

第四，俱乐部型领导（1.9）。这种类型的领导者只关心人而不关心生产，对下属一味迁就，做老好人，认为只要下属心情舒畅，生产就能搞好，而对指挥、监督、规章制度等重视不够。

第五，战斗集体型领导（9.9）。这种类型的领导者既关心生产又关心人，能够使组织的目标和个人的需要最理想、最有效地结合起来。通过各种活动创造和谐的工作氛围，调动下属的工作积极性，使下属了解组织目标，关心工作成果，士气高涨地完成工作任务。

布莱克和莫顿主张，一个领导者应该客观地分析组织内外的各种情况，把自己的领导方式改造成为9.9型的战斗集体领导型，以求得到最高的效率。

5. 领导行为连续统一体理论

领导行为连续统一体理论是坦南鲍姆和施米特于1958年提出来的。该理论认为，领导者既可以是独裁的，也可以是民主的，还可以是两者的综合，具体采用哪种方式取决于组织环境。领导方式的基本要素是领导应用权威的程度和下属制定决策的自由权限，在以领导者为中心的专制型领导和以下属为中心的民主型领导的两极之间，存在着以上两个要素各种不同程度组合的多种领导方式，这就构成了一个连续模型（见图7-3）。

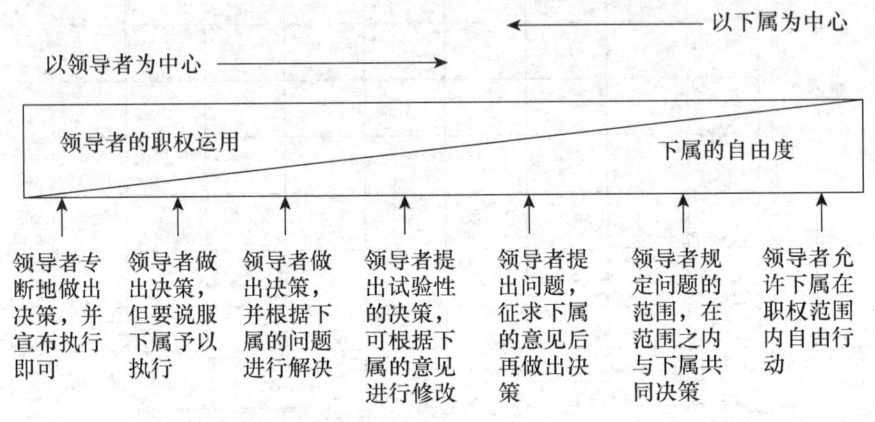

图7-3 领导行为连续模型

在领导行为连续模型的左端是专制型领导，即由领导自行决定一切，对下属实行严密的控制，要求他们完全按照领导的命令行事。这种领导方式对下属的意见和要求熟视无睹，下属缺乏自由度，因此缺乏工作积极性，但能保证命令的贯彻执行。在领导行为连续模型的右端是民主型领导，领导者很少行使权力直接控制下属。在一定范围内，下属具有决策和自由行动的权力。该种领导方式能使下属获得较大的心理满足，取得较高的工作效率。领导行为连续统一体理论认为，在专制型领导和民主型领导之间，有多种选择，并非非此即彼，有效的领导者应当根据自己的能力、下属的能力、工作的性质和任务要求等因素，灵活选择最为适当的领导方式。①

领导行为连续统一体理论要求有效的领导者要有较强的适应性，有相当的灵活性，从而应付不断变化的环境，并根据自己的能力、下属的素质和组织的目标，将权力有效地下放。

四、领导权变理论

领导权变理论形成于20世纪六七十年代。权变是指行为主体根据环境因素的变化而适当调整自己的行为，以期达到理想的效果。所谓领导权变理论是指领导者在不同的条件下，如何选择领导方式，以期达到理想的领导效果的理论。领导权变理论认为，领导是在

① 姜法奎，刘银花. 领导科学. 大连：东北财经大学出版社，2002：55.

一定的环境条件下通过与被领导者的交互作用去完成某一特定目标的行为，因此其领导的成效依赖于领导者本身的条件、被领导者的条件、环境的条件三个因素的交互关系。领导活动有效与否不仅与领导者素质和行为有关，而且与其所处的环境相关性更大，这就决定了领导者必须在不同的环境条件下，选择相应的领导方式，适应环境的需要，才能取得预期的效果。领导权变理论的贡献在于：第一，它使领导具有更强的艺术化色彩；第二，它使对领导的判断不再局限于道德标准。

1. 领导权变模型理论

领导权变模型理论是由美国学者弗雷德·菲德勒提出来的。他认为，任何领导类型都不可能十全十美，也不会一无是处，领导类型要与环境相适应。因此，他提出影响领导效果好坏的三个因素：

（1）领导者与被领导者的关系。这主要是指领导者对下属的信任依赖和尊重的程度，下属对其领导者的信任、喜爱、忠诚和愿意追随的程度，以及领导者对下属的吸引力。

（2）工作任务结构。这主要是指工作任务的程序化程度和明确程度，即被领导者对组织任务的理解程度。

（3）职位的权力。这是指与领导者相关联的职权以及领导者同上级和整个组织各方面所取得支持的程度，职权是由领导者对其下属的实有权力所决定的（包括聘用、解雇、指导、晋升、加薪等）。

菲德勒根据以上三种因素对领导者所处的环境进行分析。他认为，从以上三个变量来看，领导者所处的环境从最有利到最不利，共可分成八种类型（见表 7－2），其中领导者与下属关系好、工作任务的结构化程度高、职权强的环境是对领导者最有利的环境；而三者都缺的是最不利的环境；三者有一项或两项具备是领导的一般环境。菲德勒曾用了 15 年时间对1 200个团体作了调查分析，得出了以下结论：

第一，在团体情况最有利和最不利两种情况下，采用任务导向型的领导方式，效果较好。

第二，在团体情况一般的情况下，采用以人为中心的领导方式，效果较好。例如，在工作任务有严格明确的规定，但领导者却不受欢迎的情况下，采用以人为中心的领导方式，可以获得好的成效。

表 7－2　　菲德勒领导类型与情景变量之间的关系

对领导的有利性	情景类型	领导者与被领导者的关系	任务结构	职位权力	有效领导类型
有利	1	良好	有结构	强	任务导向型
	2	良好	有结构	弱	任务导向型
	3	良好	无结构	强	任务导向型
中间状态	4	良好	无结构	弱	人际关系型
	5	不良	有结构	强	人际关系型
	6	不良	有结构	弱	无资料
	7	不良	无结构	强	无资料
不利	8	不良	无结构	弱	任务导向型

按照菲德勒的模型，要提高领导的有效性，可以通过两种途径：一是改变领导者的领导方式；二是改变领导者所处的环境。所以，领导者的选择要视环境因素而定。如果一个单位的环境因素最好或最坏，就要选择以关心工作任务为中心的领导者；反之，应选择以

关心人为中心的领导者。

2. 路径-目标理论

路径-目标理论是由加拿大多伦多大学教授埃文斯于1968年首先提出来的，其后由其同事罗伯特·豪斯教授补充和发展，最后形成一种在国内外颇受重视的比较新的领导理论。该理论以期望理论和领导四分图理论为依据，强调领导者不仅要阐明对下属工作任务的要求，还要帮助下属排除实现目标的障碍，使其能够顺利达到目标。在实现目标的过程中，领导者要给予下属多种满足需要和成长发展的机会。领导者在这两方面发挥的作用越大，越能提高下属对目标价值的认识，激发下属的积极性。

路径-目标理论认为，领导者的效率是以他能激励下属达到组织目标并在其工作中得到满足的能力来衡量的，领导者要努力协助下属找到最好的路途，确定挑战性的目标，并消除在实现目标的过程中出现的重大障碍。路径-目标理论的内容包括以下方面：

第一，领导过程。路径-目标理论认为，管理行为只有被下属认为能导致其眼前的和未来的满足时，才能为下属所接受，并受到他们的欢迎。同时，只有管理行为把下属需求的满足同工作成绩直接联系起来，通过指导、引导、支持和报酬，使下属确切知道怎样达到目标时才能起到激励作用。因而，路径-目标理论的领导过程是：首先领导者确定下属的需要，提供合适的目标，通过明确期望与下属的关系，将目标实现与报酬联系起来；然后帮助下属消除实现绩效的障碍，给下属一定的指导。其领导过程如下：确认需要→建立目标→报酬与目标的关系→支持与帮助→绩效与满足→双方目标的达成。

第二，目标设置。该理论认为，目标设置的成功与否直接关系到领导活动的成果。目标既是全体成员努力的方向，也是检测个体和群体完成绩效的标准。在目标设置时，既要考虑到组织的需要，也要考虑到组织成员的需要，这样的目标才能获得组织成员的认可，才能产生方向性和激励性。同时，领导者要能够对工作目标加以控制，使下属在达到工作目标以后的报酬更有吸引力（即增加目标成果的强度），从而提高对下属的激励力。例如，领导者可以通过增加工资、提升职务、肯定成绩、予以表扬等来使目标更有吸引力。

第三，路径改善。该理论主张要通过明确途径、消除障碍和陷阱、增加实现个人满足的机会，以及对下属进行指导和训练等，使得达到目标的途径更易于实现。当下属的工作规定得不够明确时，领导者可以通过明确规定目标、给予支持性的监督、对下属进行训练等来减少工作的模糊性，从而增加达到工作目标的期望概率。当下属的工作已规定得很明确时，也就是说，当路径与目标的关系已很清楚时，就不要再采用指令性的工作结构。否则，会使下属感到没有必要和过于命令主义。这种情况下，应该增进对下属个人需要的考虑，如同情、赞扬、关心等。

第四，领导方式。路径-目标理论认为领导方式有四种类型：一是指令型。领导者发布指示，明确告诉下属做什么、怎么做。决策完全由领导做出，下属不参与。二是支持型。领导者对下属很友善，努力建立舒适的工作环境，更多地考虑下属的要求。但是，不太注意怎样通过工作使人满意。三是参与型。领导者在做决策时注意征求下属的意见，认真考虑和接受下属的建议。四是成就型。领导者向下属提出挑战性的目标，希望下属最大限度地发挥潜力，并相信下属能达到目标。当目标实现时，再制定新的目标，使下属经常处于被激励的状态。

路径-目标理论主张领导方式的选择要考虑两方面的权变因素：一是下属的个人特点，包括业务能力、受教育程度、对成就的需要、领悟能力、独立性、愿意承担责任的程度等。例如，有的人自视甚高，认为自己的能力和意志能够控制事物的发展，能够影响周围的事物。对这种人应该选择参与型的领导方式。有的人不喜欢过多地表现自己，喜欢在别人的指导下工作。对这种人应该选择指令型领导方式。二是环境因素，包括工作性质、权力结构、工作群体的情况等。例如，工作属于例行性或者任务明确具体、易于执行时，领导者应采取参与型的领导方式，让下属用自己的方法完成任务。如果工作任务模糊不清，下属无所适从时，领导者应提供较多的指导和支持，帮助下属明确工作任务和实现目标的路径，使下属获得较高的满意度。

路径-目标理论强调了在管理中对下属进行激励的作用，主张领导者根据不同的环境因素选择不同的领导方式。路径-目标理论的贡献在于指出了影响领导方式选择的权变因素，扩展了领导者行为选择的范围。

3. 领导生命周期理论

领导生命周期理论又称为领导寿命循环理论，是由俄亥俄州立大学的心理学家科曼提出来的。科曼在建立领导生命周期理论时，吸收了领导四分图理论和不成熟-成熟理论的研究成果，在此基础上加入了第三个因素——被领导者的成熟程度，从而建立了一种三因素的权变领导理论。

科曼认为，高工作高关系的领导并不经常有效，低工作低关系的领导也不一定完全无效，这主要取决于下属的成熟程度。领导生命周期理论认为，领导方式应由工作行为、关系行为、下属的成熟程度这三个因素来决定。随着下属成熟程度由低到高，形成一个生命周期，一般为：高工作低关系→高工作高关系→低工作高关系→低工作低关系。按照下属不同的成熟程度，领导方式可以分为四种类型（见图 7-4）。

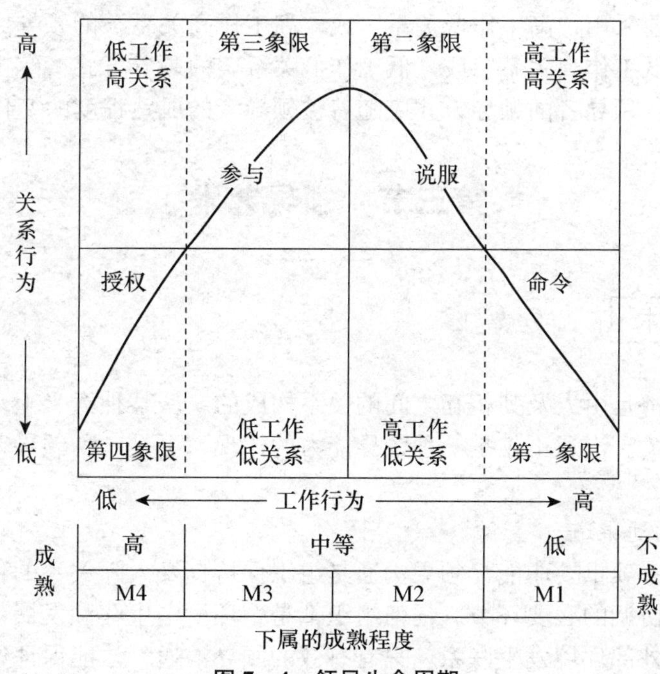

图 7-4　领导生命周期

图 7-4 中，横坐标代表以抓工作为主的工作行为，纵坐标代表以关心人为主的关系行为，第三个坐标测定下属的成熟程度。

工作行为：表示领导者用单向沟通方式向下属说明应该干什么，在何时、何地、用何种方法去完成任务。

关系行为：表示领导者用双向沟通的方式，用心理的、培养社会感情的措施指导下属，并照顾下属的福利。

成熟程度：表示下属对成就感的向往，承担责任的能力和愿望，以及个人具有的工作经验和知识的程度等。

高工作低关系：表示下属的平均成熟程度处于不成熟阶段，领导者应采取高工作低关系的领导类型，即命令式的领导方式。领导者以单向沟通的方式向下属规定任务：干什么，如何干。

高工作高关系：表示下属的成熟程度初步进入成熟阶段，领导者应采取高工作高关系的领导类型，即说服式的领导方式。领导者与下属通过双向沟通方式，相互交流信息，相互支持。

低工作高关系：表示下属的成熟程度进入较成熟阶段，领导者应采取低工作高关系的领导类型，即参与式的领导方式。领导者与下属通过双向沟通方式，相互交流信息，相互支持，欢迎下属参与决策，以鼓励的方式激励下属努力工作。

低工作低关系：表示下属的成熟程度发展到成熟阶段，领导者可以采取低工作低关系的领导类型，即授权式的领导方式。成熟度达到这个阶段的下属一般具有能力和愿望来担负起工作的重任。所以，领导者可以授权给下属，让他们各行其是。

科曼认为，下属的成熟程度既可用于同一个人在发展过程的不同阶段，也可用于在同一时期不同的人。例如，在同一单位中，低级科技人员的成熟程度较高级科技人员为低，对低级科技人员就要采用“高工作低关系”或“高工作高关系”的领导方式，而对高级科技人员则要采用“低工作高关系”或“低工作低关系”的领导方式。综上所述，领导生命周期理论的核心是：领导者的领导方式应随着被领导者的成熟程度的变化而变化。

第三节　领导艺术

一、领导沟通艺术

任何一个组织都是由人及其相互之间的关系构成的。从某种意义上来说，整个领导活动都与人际沟通有关。沟通不仅是一种领导能力的体现，更是一种领导艺术，有效沟通是领导成功的关键。

1. 开辟多元沟通渠道

沟通是管理的一项重要职能，领导沟通是组织保持良好人际关系的催化剂，同时也是保持组织内外关系协调的必要环节。任何组织都是在环境中生存和发展的，不可避免地要与组织内部和组织外部环境发生联系，只有有效的领导沟通，才能保证组织内部以及组织之间相互关系顺畅和工作协调。所以，实现有效沟通必须开辟多元沟通渠道。在管理实践中，沟通有多种渠道，如正式沟通与非正式沟通；上行沟通、下行沟通与平行沟通；单向沟通与双向沟通；口头沟通与书面沟通等。随着互联网的发展，网络沟通成为领导沟通的重要形式。网络沟通消除了领导者与网民之间的权力屏障，拉近了沟通双方的心理距离。领导者要采取积极主动的沟通态度，通过多种沟通渠道，加强组织内部以及组织外部的沟通，尤其是要善于利用网络沟通渠道，实现全方位实时沟通，以实现有效的科学管理。

2. 加强双方沟通互动

互动意味着沟通双方主客体关系的随机互换。在领导沟通中，首先，领导者要善于倾听下属的意见。倾听是一门艺术，善于倾听对于领导者来说尤为重要。管理大师德鲁克说："要想获得卓有成效的管理，管理者就要时常抽出时间和下属交谈。"① 当下属向领导者表达真实想法时，不论其想法正确与否，领导者都应该给予肯定，千万不能讽刺挖苦、冷淡漠视，或给予惩罚。美国心理学家威廉·詹姆斯说过，"人类本质中最殷切的需求是渴望被肯定"。有人认为一个成功的领导者应该花 65%的时间倾听，25%的时间发言，10%的时间才用于阅读和写作。由此可见，善于倾听是衡量领导者水平高低的一个标志。其次，领导者要主动问计。沟通是双向的，在管理沟通中，领导者不仅是收讯者，而且还是发讯者。组织的发展关系到组织成员的切身利益，应该看到群众中蕴藏着巨大的智慧与创造力，领导者要积极主动向组织成员征求意见，问计于民。最后，领导者要积极反馈。在管理沟通过程中，不论是下属主动提出的想法，还是领导者主动征求的意见，最终处理或采纳结果都要及时反馈。反馈不仅体现出领导者对沟通的重视，而且体现出领导者对下属的尊重和鼓励。在互联网时代，网络技术的发展为及时反馈提供了便利。领导者的反馈要尽可能地快捷、方便。

3. 克服沟通障碍

在沟通中由于各种因素的影响会产生沟通障碍。常见的沟通障碍有：

（1）传送障碍。沟通渠道受阻，沟通信息传送不顺畅。

（2）接收障碍。由于知识结构水平或文化差异，或者价值观念不同，领导者与组织成员之间彼此对沟通信息产生误判。

（3）语言障碍。语言是领导沟通的基础，是通过人的思维反映客观事物的符号。语言表达不准确、口头表达能力欠佳等都会产生语言障碍。

（4）地位障碍。组织是一个层级节制体系，上下级之间由于地位不同很容易产生沟通的地位障碍。

（5）组织障碍。如果组织规模庞大，中间管理层次过多，在领导沟通中会产生信息失真或"肠梗阻"现象。实现领导有效沟通必须消除各种沟通障碍，排除各种沟通干扰，保证领导沟通顺利进行。

二、领导协调艺术

协调艺术是领导者适应内外环境需要，优化各种管理活动要素，实现组织目标的行

① 何斯特. 德鲁克的管理课：百年经典十五讲. 北京：北京理工大学出版社，2011：216.

为。领导活动是由领导者和被领导者共同完成的，善于协调各方面的关系，是领导艺术的一个重要方面。领导的协调艺术既包括协调上级关系的艺术、协调同级关系的艺术，也包括协调下级关系的艺术。在协调上级关系的艺术方面，领导者要坚持工作性原则，既要服从上级的指示、命令，又不盲从，不唯书、不唯上，只唯实。在协调同级关系的艺术方面，领导者要顾全大局、相互尊重、友好合作。在组织内部，领导者协调与下级的关系至关重要，协调与下级关系的艺术包括：

1. 尊重下属

协调好与下属的关系，首先要尊重下属。应该看到领导者与被领导者，只有分工的不同，在政治上和人格上是一律平等的，没有高低贵贱之分。领导者一定要注意自身的修养，尊重下级、放下架子。① 对下属说话要和蔼可亲，不能高高在上、盛气凌人，一定要处处关心、尊重、理解下属，想方设法为下属提供发展机遇。“士为知己者死”，领导者的知遇之恩会极大地激发下属的工作热情，在组织内部产生一大批真诚的追随者。同时，领导者对下属要宽容大度。宽恕之心是领导者必备的品质，领导者要有博大胸襟和包容精神。② 当下属在工作中出现失误时，不要求全责备，“人非圣贤，孰能无过”，要允许下属犯“合理性的错误”。领导者要主动承担责任，以保护下属的工作积极性。只有尊重下属，宽容大度，与下属协调好关系，才能赢得下属的信任，形成良好的工作局面。

2. 榜样示范

榜样示范是指领导者以身作则，身体力行，严于律己，模范带头。在与下级关系协调艺术方面，领导者的榜样示范作用非常重要。榜样示范具有引导性与感染性的特点。引导性就是通过领导者的行为树立榜样的力量，使下属仿而效之，产生领导者所期望的效果。感染性就是在潜移默化中使下属受到教育，促使其心理和行为发生变化。从社会心理来看，人人都有从众需求，人人都会有意或无意地为自己寻求值得仿效的榜样。领导者以其占有领导岗位、拥有并行使权力的特殊身份，在社会成员心目中有着特殊地位。领导者要严于律己，处处起表率作用，要求下级做到的事情，自己首先必须做到。平时说话要和蔼，作风要民主。领导班子要团结。如果说，榜样的力量是无穷的，那么，领导者通过自身行为树立的榜样，其作用更是不可估量。

3. 疏导教育

疏导教育是领导者运用启发、诱导、商讨、教育的方法，使下属心悦诚服地接受并贯彻领导的意图。疏导教育是领导者与下级协调关系的一门艺术。在领导活动中，由于各种原因下级会在工作中出现失误、错误，甚至消极怠工。这时协调与下级的关系，采用疏导教育方式就非常必要。疏导教育方式是一种以人为中心的领导方式。其特点有：一是启发性，即通过启迪人的思想，促使他们自觉采取符合领导意图的行为，而不像强迫命令方式那样表现为一种外在形式上的强制性。二是科学性，即疏导教育的具体形式多种多样，不拘一格，完全要因人、因事、因时、因地而异。三是长期性，由于人们思想观念的形成周期较长，又处于不断变化之中，需要长期不懈地教育引导，不可能一劳永逸。疏导教育方

① 张传烈．领导艺术：特点及表现形式．政治学研究，2001（1）．

② 李成言．现代行政领导学．北京：北京大学出版社，2002：301．

式运用得当，能够充分挖掘人的潜能。在进行疏导教育时，领导者要处理好“禁”与“导”的关系。“禁”即禁止下属从事某些活动，“导”即引导下属从事某些活动。领导者在领导实践活动中应“禁”“导”并用，以“导”为主。

三、领导授权艺术

授权是指领导者将自身一部分权力授予下级去开展某一项工作。授权是在合理分工的基础上进行的，领导授权艺术是领导才能的体现。

1. 视能授权

授权的目的是合理分工，调动下级的工作积极性。有效授权是一项重要的管理技巧和领导艺术。一旦领导者把权力授予下级就意味着下级代表领导者的意图进行工作，所以授权一定要谨慎。在组织内部每个成员的工作能力、个人禀赋是不一样的，下级能力的强弱将直接决定授权目标的实现与否。领导者要根据下级的能力来合理授权，防止出现过度授权的现象，做到视能授权、授权有度。同时领导者对下级授权要坚持“用人不疑，疑人不用”的原则，对授予权力的下级给予充分信任，让他们大胆独立地开展工作。

2. 逐级授权

在现代管理中，组织一般都是按照科层制架构建立起来的。组织中存在着多个层级，在组织内部各个层级有不同的管理权限，上下级之间是领导与被领导的关系。领导授权艺术要求领导者在授权时必须清楚自己的职权范围，只能对自己的直接下属授权，不能越级授权，更不能将自己所不具有的权力授予下级。如果授权不当，就会扰乱正常的上下级关系，引起组织管理的混乱。逐级授权不仅明确了各级领导者的职权范围，而且可以实行层级之间的相互控制，防止出现权力真空、权力失控，或权力滥用的现象。

3. 适当控制

授权一定要在领导者的可控范围内，不能因为授权而导致大权旁落，局势混乱。授权时要明确授权的权限范围，使下属明确在哪些权限范围之内行使职权，防止下属越权。授权并不意味着对下属放手不管，而是适当分权，高层次地掌控。授权的同时要求下属经常汇报工作，以便了解下属的工作情况。当发现下属工作出现偏差时要及时纠正，并给予指导。如果下属出现严重工作失误，或者不能胜任工作时，应及时收回权力，或全面接收工作。为了保证适度监控，可控授权必须依赖有效的绩效考核制度。

4. 权责一致

权责一致是管理学的重要原则。在领导的授权艺术中必须做到权责明确，权责同授。在向下级授予权力的同时也授予下级相应的责任，必须让下级知道权力和责任是对等的，有多大的权力就要承担多大的责任。如果只有权力，没有责任，就会导致权力的滥用；如果只有责任，没有权力，则会导致下级无法开展工作，失去授权的意义。因此，领导者授权必须坚持权责统一的原则，以必要的责任约束下级的权力行使，使得整个授权行为都围绕着授权目标而展开，以确保授权的有效性。

第八章 激 励

现代管理强调以人为中心，如何充分开发和利用人力资源，如何调动组织成员的积极性、主动性和创造性，是至关重要的问题。激励作为管理的重要手段，对影响人们的内在需要或动机、调动人们的积极性发挥着重要作用。本章主要阐述激励的过程，重点介绍内容型激励理论、过程型激励理论、行为改造型激励理论等。作为一个管理者必须学会在不同的情境中采用不同的激励方法，对拥有不同需要的组织成员进行有效的激励。

第一节 激励概述

一、激励的含义与过程

1. 激励的含义

“激励”一词，通常被理解为激发、鼓励之意。具体地讲，激励是激发人的动机，诱导人的行为，使其发挥内在潜力，为实现既定目标而努力的过程。激励的形成机制表现为个人需求和它所引起的行为，以及这种行为所期望实现的目标之间的相互作用关系。激励的含义包括以下内容：

第一，激励的对象是人，准确地说是组织范围内的成员。激励主要是针对人的行为动机而展开的工作。明确激励对象，可以对组织成员的不同需求采用不同的激励方式。

第二，激励的目的是诱导人的行为，发挥人的潜力。人们的行为来自动机，动机源于需求。激励就是对人们的需求或动机施加影响，从而达到诱导人的行为、发挥人的潜力的目的。

第三，激励是一个持续反复的过程。激励是针对人们的需求或动机而进行的工作，而人们的需求或动机在内外环境的作用下会不断地变化、升华，激励也必须随着人们需求或动机的变化而持续反复。

2. 激励的过程

激励是一个将外部刺激内化的过程。激励的实质就是通过影响人的需求或动机，达到引导人的行为的目的。激励的过程实际上是了解人的需求，满足需求的过程，所以需求、动机、行为、满足就构成了激励的过程，如图 8-1 所示。

——→需求动机 —→行为—→满足

图 8-1　激励的过程

需求是指个体缺乏某种东西时产生的一种主观状态，它是客观需求在人们头脑中的反映。所谓客观需求，既包括人体所需要的，如食物、空气和水分等客观物质方面的生理性需求，也包括对文化艺术、友谊交往、政治生活和信仰等的社会性需求。

动机是为了满足某种需求而进行活动的念头或想法，它是推动行为的直接原因。产生动机需要两个基本条件：一是由于个体缺乏某种东西而引起的需求、欲望和驱动力；二是个体受到客观存在的刺激。前者是内部条件，后者是外部条件。

行为是指人们受某一需求所驱动，为达到某一目标所表现出来的活动。人的社会性行为一般是指动机性行为，即由动机引发、维持并指向一定目标的活动。所以动机性行为是内部需要和外部条件交互作用的结果。

满足是指经过一系列行为活动，人的需求得到了满足。但是这种满足只是暂时的，在内外环境的作用下，人们会产生新的需求，进而激发动机和行为。从需求到满足的过程是一个周而复始、不断进行、不断升华的循环。

从人的心理与行为过程来看，激励主要是指由一定的外部刺激，激发人的动机，使人产生不同程度的内在动力，并朝着希望实现的目标而努力的心理活动过程。从管理的本质看，激励是为了调动人的主动性、积极性与创造性的过程。管理者从组织目标出发，通过激励，使得组织成员实现组织目标与个人目标的有机统一，充分发挥自己的聪明才智。

激励过程实际上存在一个连锁反应，解释这一过程是非常复杂的，因为人的动机被激发的结果属于内在变量。它不是固定不变的，只能从其外在表现出来的行为与工作绩效加以判断。人的动机是以需求为依据的，未能获得满足的需求是产生激励的起点；人的行为由某种动机所引起，人的内心欲求，如希望、愿望等，会对人的行为起着激发、推动和加强作用。

事实上，在激励过程中，需求、动机、行为之间的关系是复杂的，并非等到一种需求满足后才会产生新需求，往往是需求、动机、行为与满足交织在一起。需求的内容是多样的，不同需求相互混杂，甚至发生矛盾和冲突。需求固然会引起动机和行为，但行为反过来也可能引起不同的需求。一个需求得到满足，还会有更多的潜在需求希望得到满足。而一个人的动机，在任何时候都是复杂与矛盾的。激励的过程不仅是一个持续反复的过程，也是一个复杂的过程。

二、激励因素与激励原则

1. *激励因素*

激励因素就是能影响个人行为的某种东西，它对一个人是否愿意做什么事情有重大影响。考察所有的激励理论，可以发现一个共同的基本原理：人们愿意做那些能够从中得到报偿的事情。这种能够得到报偿的事情，就是我们常说的“好处”，规范地讲就是“利益”。利益是那些能满足人们生存与发展，获得自由与幸福的资源与条件。利益（包括物质利益和精神利益）能激励人，能够满足需求的利益就是激励因素。

现实生活中，人们期望满足需求的东西与客观存在的东西不是对等的。人们想要获得的满足需求的利益与实际存在的利益之间有着巨大差距。这就需要激励，需要选定适当的激励方式，合理地分配利益。目前较多采用的激励方式有：目标激励、奖惩激励、竞赛与评比激励、关怀与支持激励、榜样激励等。不管运用何种方式，无非是使被管理者从中获得（或失去）利益，物质和精神上的需求得到（或得不到）满足。在所有的激励方式中，奖惩激励是最常用的。

2. *激励原则*

美国学者小克劳德·乔治在《管理他人的艺术：激励雇员》一书中曾专门讨论过激励原则。通常认为激励原则有：

（1）目标明确。为管理者自己和员工制定出切合实际的目标，这些目标既具有挑战性，又可以通过努力而实现。

（2）提前参与。员工能在管理者决策前有适当的参与，认真地表示自己的意见与观点。

（3）从实绩出发。管理者要努力地了解员工的工作表现，取得什么样的进展以及出现了什么问题，并能进行坦诚交流与反馈。

（4）及时交流。管理者应经常与员工交流情况，向他们解释要做什么和为什么做，以增进彼此了解，加强他们对管理者的信赖。

（5）重在鼓励。管理者应努力理解员工在谈论些什么，对他们的想法、建议要给予好评，使其感到自己的重要性。

（6）真诚相待。管理者应真诚地关怀员工成长与发展，并在适当时候向他们提出建议。

（7）表扬要坦率、真诚。公开表扬是用来鼓舞人的热情，提高其重要性的最强有力的方法之一。

（8）化解消极因素。管理者要经常坦率地找那些惹自己生气的人交换意见，而不要发火，把那些可能酿成重大危机的事件及时解决。

（9）思想开放。管理者要愿意听取新意见，即使那些与自己的想法大相径庭的看法。

（10）少批评。管理者只有在必要时才给予批评，而且只能在私下里进行，其目的是纠正与教育。

（11）尽可能使人们对工作感兴趣。这将有助于员工实现个人目标，从而能达到管理者的目的。

（12）不要怕放权。管理者要充分放手让员工在工作中大胆地干。

（13）少威胁。管理者不要用威胁手段强迫员工去完成工作，要消除不必要的威胁与惩罚。

（14）宽宏大量。管理者不要与员工争名利，一旦自己错了，要勇敢地承认自己错了。

（15）关爱员工。当员工需要支持时，要支持他们，为他们提供一些灵活性和个人选择的机会，包括积极寻找提拔他们的机会。

（16）确定目标。鼓励与帮助员工制定好自己的目标，保证让员工知道如何工作才能实现其个人目标。

乔治一再强调：最好的激励者不是一个粗暴或者自视高人一等、滥加恫吓的人，因为这样的人往往会使员工不满，甚至会不自觉地放慢他们的工作步伐；最好的激励者不是那种没完没了地唠叨生产和产量的人，因为这样的人往往少强调一点儿产量，多强调一点儿爱心更能带来高产；最好的激励者不是那种独断专行和包揽决策的人，因为这样的人往往很少能得到员工的支持。总之，一个好的激励者要学会尊重人，在管理工作中以人为中心，具有民主精神和虚心接受下属意见的工作作风。

第二节 内容型激励理论

内容型激励理论专门研究人类需求满足与行为发生的相互关系，主要包括马斯洛的需求层次理论、麦克利兰的成就需要理论和赫茨伯格的双因素理论，它们与过程型激励理论、行为改造型激励理论共同构成了激励理论体系。

一、需求层次理论

美国心理学家和行为科学家亚伯拉罕·马斯洛在1943年出版的《人类动机理论》一书中，提出了需求层次理论。

马斯洛于1934年获美国威斯康星大学心理学博士学位，并在该校任教五年，又先后任教于哥伦比亚大学和布鲁克林学院，1951年任布兰迪大学心理系教授兼系主任。马斯洛曾对猴子进行了认真的研究，并完成了关于猴子的性特征及其主导作用的博士论文。《人类动机理论》是马斯洛的早期著作，也是其代表著作。马斯洛撰写、发表、出版了大量学术论文、研究报告和著作，形成了自己完整的思想体系。

需求层次理论的主要内容有：

1. 人类的基本需求

马斯洛认为，人的基本需求按照重要程度和产生顺序依次可分为生理需求、安全需求、归属需求、尊重需求和自我实现需求五个层次。

生理需求是维持体内平衡的需要，包括维持生存和繁衍后代所必需的各种物质条件，比如衣食住行、婚姻等。生理需求是人类维持生存的最基本需求，是人类所有需求中的优势需求，也是需求层次系统的基础。毫无疑问，对那些长期遭受饥饿痛苦与折磨的人来说，所谓的极乐世界可能就是有丰富食品的地方，只要有食物保证就无比幸福。人在饥饿状态下，除了食物需求，对什么都没有兴趣，他梦见的是食物、记忆的是食物、思念的是食物。而写诗的激情、购买汽车的欲望、新皮革的诱惑、学术研究的兴趣都可能一概忘却。生理需求一般都与金钱相关，它是人类行为的最强大动力。

安全需求是对免除危险、消除威胁的各种需要。比如面对被解雇的风险要求职业保障；在危险条件下作业要求劳动安全；患病、年老条件下要求医疗保障与养老保障，希望消除战争和意外灾害等。马斯洛认为，即使是普通的孩子，也希望有一个安全、有序的环境，比如父母的保护。儿童容易出现恐惧反应，表明他们意识到某种安全隐患的存在。就人类整体而言，所有健康、正常的人都追求充分的安全保障。比如，人们普遍喜欢已熟悉的事和物，而不喜欢陌生或未知的事与物，反映出人类谋求安全的动机。

归属需求即渴望与他人建立情感上的联系，要求在社会中占有自己的位置，扮演一定的角色，得到他人的承认。比如，同家人、朋友、上司、同事以及邻里之间保持良好的关系；为他人提供并获取相应的友爱和帮助；归属某些团体以得到关心、爱护、支持、友谊等。与生理需求、安全需求相比较，归属需求更精致、细密，更难以捉摸，大多数人都有强烈的归属需求，若得不到及时满足，会影响精神健康，甚至导致精神疾病。

尊重需求即追求自尊、自重并能获得他人的好评与尊重。它包括两个方面：一是通过努力，以良好的品质和工作绩效使他人肯定自己的人格、劳动、工作、能力、品质、才干，并给予客观、公正的评价；二是希望自己在家庭、工作单位以至在社会上享有较高的地位，获取更多、更高的声誉、威望、赞扬，受到他人的尊重，发挥更大的影响。人类尊重需求的追求永无止境，这就决定了无论何人在这方面的满足都是有限度的。

自我实现需求是人类最高层次的需求，指一个人能从事自己最适宜的工作，发挥最大的潜力，充分展现个人的思想、情感、愿望、兴趣、意志和品质，证明自己的能力与才干，实现个人抱负和理想，并不断地自我创造和自我发展。自我实现人的基本特征包括：思想集中于问题；超然；自治；不死板；同别人打成一片；具有非恶意的幽默感；有创造性；现实主义；无偏见；不盲从；同少数特定的人关系亲密；等等。

2. 人类需求层次之间的递进关系

马斯洛划分的人类需求的五个层次中，处于低层的生理与安全需求属于物质需求，处于高层的归属需求、尊重需求和自我实现需求属于精神需求。一般来说，越是低层次的需求越容易得到满足，越是高层次的需求满足的难度越大。据马斯洛估计，在当时的社会条件下，生理需求的满足率约为85%，安全需求的满足率约为70%，归属需求的满足率约为50%，尊重需求的满足率约为40%，而自我实现需求的满足率只有10%左右。

马斯洛认为，人们首先追求的是较低层次的需求，只有在较低层次的需求得到合理满足后，才依次追求更高层次的需求，一般人都是按照需求的层级关系逐级追求、逐级满足。但这并非意味着不同层级的需求不会同时存在，而是说在某一特定时期总有某一层级的需求占主导地位，其他需求则居从属地位，占主导地位的需求左右着人的行为。另一种情况是，当已经满足的某一低层次需求受到威胁时，人们的需求追求则会转向相反的方向。比如，在战争、灾荒等非常时期，就可能牺牲归属、尊重需求，转而追求衣食住行等生理需求。

3. 人类需求的动态性、发展性与个体差异性

人类的需求具有动态性、发展性。个体的人在不同的成长阶段有着不同的需求，比如，婴幼时期，生理需求是绝对的优势需求，随着年龄增长，高层次的需求越来越多；随着收入的增加，物质财富的积累，精神需求趋于强烈。

就社会发展程度来看，在经济落后条件下，生理和安全需求更显重要，在经济发达条件下，人们追求的是高层次的需求。据行为科学家戴维斯估计，在美国，生理需求占主导地位的人从1935年的35%下降到1995年的5%，而自我实现需求占主导地位的人从1935年的3%上升到1995年的26%。[①] 可见，经济发展使人类的需求追求由低层次趋向于高层次。

人类需求的个体差异性还表现在对高层次需求，尤其是对自我实现需求的认识不同，政治家、实业家、艺术家、诗人，不一而论。在需求层次结构中，越往低层，人与人之间越具共性；越往高层，人与人之间越具差异性。

马斯洛需求层次理论是激励理论的基础。其一，它为我们研究人的行为提供了一个较为科学的理论框架，即从人的需求出发研究人的行为；其二，它将人类千差万别的需求归纳划分为五个层级，符合人们的心理发展规律，揭示了人的需求与行为之间的内在逻辑；其三，它分析了人类需求的多样化及个体差异性，为实践中丰富激励方法、采取灵活多变的激励措施提供了理论依据。

需求层次理论也有其局限性，主要表现在：其一，马斯洛对人类需求层次的概括过于简单化。事实上，人类的需求极其复杂多变，难以全面、完整地概括，比如对美的追求、求知的欲望、劳动的需求等，随着文明的进步，人类无疑还会产生更多更广泛的需求。其二，马斯洛对人类需求层次递进关系的分析过于机械。人类需求的层次递进并非是一个简单、机械的自然过程，由于所处环境及个性心理的差异，不同个体的需求层次有所不同，绝不是一个递进规律能够概括和揭示的。其三，需求层次理论存在一些难以解释的问题。比如，已经满足的需求对人类的行为动机不再有促进作用，那么，什么叫“满足”？“满足”的标准如何界定？再如，当一种需求满足之后，必将产生更高层次的需求，由较低层次需求转向较高层次的需求是否有一个时间距离？这个时间距离有多长？

二、成就需要理论

美国行为科学家戴维·麦克利兰提出的成就需要理论，是对马斯洛需求层次理论的发展和补充，对激励理论的完善和激励方法的创新具有重要价值。

---

① 孙耀君. 西方管理思想史. 太原：山西经济出版社，1990：309.

麦克利兰获哈佛大学硕士学位、耶鲁大学博士学位。他先后在韦斯利昂大学、康涅狄格女子学院、布林·莫尔学院任教，后任哈佛大学心理学教授。他还曾到亚洲、欧洲一些国家讲学，在美国和其他国家的政府机构任顾问，担任过麦克贝尔公司的董事长。麦克利兰的代表著作有1953年出版的《成就动机》和1961年出版的《有成就的社会》。

成就需要理论的主要内容有：

1. 人的社会性需要并非与生俱来

麦克利兰于1955年对马斯洛需求层次理论的一般性或普遍性提出挑战，对该理论的核心概念“自我实现”有无充分根据表示怀疑。他经过20多年的潜心研究得出的结论是：人类的许多需要都不是生理性的，而是社会性的；人的社会性需要绝不是先天的，而是后天的，是在生存环境、个人经历、培养教育条件影响下产生的；人的某一行为模式受到肯定、得到报偿后，会强化这种行为模式，并进一步形成需求倾向。所以很难从单个的角度概括归纳出共同的、与生俱来的心理需要。时代不同、文化背景不同，人的需要当然也就不同，所谓“自我实现”的内容与标准不可能一致。麦克利兰认为，马斯洛需求层次理论过分强调个人的自我意识、内省和内在价值取向，忽视了来自社会的影响，失之偏颇。

2. 人类社会性需要的内容

麦克利兰的成就需要理论侧重于对社会起因的研究。他认为，世界上的人大致可分为两类，少数人愿意接受挑战，艰苦工作，以便有所成就；而大多数人取得成就的愿望并不那么强烈。人们对成就的需要确实有强弱之分。麦克利兰把人的基本社会需要划分为成就需要、权力需要和社交需要。

（1）成就需要，即按高标准行事，或在竞争中取胜的愿望。麦克利兰认为，成就需要的强弱对个人成长、组织和社会的发展具有特别重要的作用。

成就需要强烈的人大都属于中产阶层，比如经理、自由职业者、专家、学者等。他们的行为特征是：关心事业的成败，喜欢接受挑战性的工作，能够制定明确的目标，愿意承担责任，学习努力，能够约束自己，不受别人的评价和社会压力的影响，善于把握社会，对与成就有关的字眼特别敏感。他们的品质特征是：其一，希望有独立解决问题的工作环境，以便展现并发挥自己的能力。成就需要强烈的人只有依靠自己的能力解决问题时，才会有成就满足感，如果凭借别人的帮助或偶然的机遇解决问题，就不会感到满足。所以应给他们分派富有挑战性的工作，并给予较大的自主权。在这种环境下，无须其他激励手段，他们也能积极开展工作。其二，在开展工作之前，能够在严密思考、周密计划的基础上，确定一个在自己看来不太困难、经过努力完全可以实现的目标。他们常常能合理安排工作，能有效地利用工作条件，使自己不断获得成就。其三，需要有明确的、不间断的关于自己工作成就的反馈，以确认工作成就得到了承认和肯定，并进一步追求新的成就。

如何强化人的成就需要，增进人的成就需要，麦克利兰提出了四种方法。一是立榜样、树楷模。有意识地组织宣传成功者、高成就者的典型事例，树立他们的良好形象，刺激人们建功立业、追求成就的动机。二是有目的、有组织、持续地反馈成就信息。比如定期公布工作成效，包括生产、销售、成本、产值、利润等方面的数据，并依据成就信息实施奖励，激发人们的成就感。三是改变自我判断，即强化人们的自信心、事业心和责任感，促使每个人相信自己的能力，坚信经过努力一定能够成功。四是控制遐想，即用正面的思想自我鼓励，克服消极意识的影响。比如运动员参赛时对自己反复讲一些鼓劲的话。

麦克利兰发现，尽管很多人都感觉自己有“做出成就的动机”，但在美国总人口中只有十分之一的人具有强烈的事业心和成就欲望。人们成就需要的强度取决于童年生活、成长环境、职业经历以及所在组织的类型。

(2) 权力需要。权力的本质是把自己的意志强加在他人心理和行为之上的能力，权力需要即影响和控制他人心理和行为的愿望。麦克利兰发现，具有高度权力欲望的人对影响和控制他人尤为关注，他们的行为特征表现为：一是寻求领导地位，具有获取权力、行使权力以影响、控制他人的强烈欲望；二是对组织内外的各种信息，特别是政治信息有着浓厚的兴趣；三是健谈、直率、头脑冷静、善于争辩，常常提出建议与要求；四是乐于承担责任，更愿承担有竞争性的工作任务。

麦克利兰认为，权力需要和成就需要都会使人们有杰出的表现，但二者还是存在区别。成就需要强烈的人，很难成为优秀的领导者。道理很简单，他们习惯于独立思考问题、认识问题、解决问题，不愿接受他人的帮助，少有影响、控制他人的愿望。一个高成就需要的人未必能领导组织取得成就，因为经理的责任绝不是追求自己的工作成就，而是要率领、激励众人取得成功。事实上，离开了他人的支持与配合，就不可能有领导者的成就。领导者首要的是发挥影响作用，对权力的追求应是其主要性格特征。

(3) 社交需要，即通过与他人交往，获取认可、理解、支持与尊重的愿望。具有高度社交需要的人，能从社会交往中获得最大的快乐，其行为特征：一是能积极寻求建立并保持与他人的友谊和亲密的感情关系，善于避免因被某一个体或团体拒绝而带来的痛苦；二是希望得到他人对自己的肯定与好评；三是乐于参加各种社会活动，勇于表现，善于沟通；四是能够理解人、尊重人，愿意向他人提供安慰和帮助。

麦克利兰的实验证明，不同的人有不同的需要，不同的需要决定了不同的行为选择。给一个人以特定的任务或工作，并告诉他可以自主选择一位工作伙伴，比如亲密的朋友、业务专家。结果发现，那些成就需要强烈的人会选择一位并不熟悉的业务专家，而高度社交需要的人选择了自己的密友。

3. 有效管理者的需要结构

事实上，所有的人都不同程度地存在以上三种需要，只不过强弱程度因人而异。麦克利兰的研究证明，权力需要对管理人员是最为重要的，有效管理者合理的需要结构通常是：高度权力需要、适度成就需要、低度社交需要。这是由管理者的职位特点、工作性质决定的。

三、双因素理论

美国行为科学家弗雷德里克·赫茨伯格提出的双因素理论，与马斯洛的需求层次理论有相似之处，但分析方法有所不同。

弗雷德里克·赫茨伯格获匹兹堡大学博士学位，曾先后在美国和其他 30 多个国家从事管理教育和管理咨询工作，是犹他大学的特级管理教授。他的代表著作是 1959 年出版的《工作的激励因素》和 1966 年出版的《工作与人性》。赫茨伯格等人于 20 世纪 50 年代末在美国匹兹堡地区对 200 名工程师和会计师进行了访谈，目的在于验证以下假设：人类存在两种不同性质的需要，即要求避开和免除痛苦的动物性、生理性需要；要求精神满足的非动物性、心理性需要。“双因素理论”正是此次访谈实验的研究成果。

赫茨伯格把影响人心理和行为的因素划分为保健因素（不满意因素）和激励因素（满意因素），认为提高劳动生产效率的关键在于使工作丰富化。

1. 保健因素（不满意因素）

赫茨伯格认为，使人们感到满意或不满意的因素是截然不同的，工作环境因素即工作本身之外的环境条件属于不满意因素，他称之为保健因素，具体内容包括：管理政策、管理方式、监督方式、工资收入、人际关系、安全状况、生活条件等。保健因素必须维持在一个可以接受的水平，否则就会引起人们的不满，但它并不具备激励作用，不可能激发人的主观能动性和创造性，只能防止因不满意而引发的怠工和对抗。不满意因素的作用如同人体的“保健”一样，它只是消除人生活与工作环境中那些有害健康的东西，能够预防疾病的发生；如同人们把红药水涂抹在伤口上，虽然不能促使伤口愈合，但可以防止感染。赫茨伯格所谓的保健因素相对应于马斯洛需求层次划分中的低层次需求。

赫茨伯格对传统的满意与不满意相对立的观点提出了修正。传统观念认为，满意与不满意是一个单独连续体相对立的两端，事实上，它们各自构成了独立的连续体，即满意的对立面是没有满意，不满的对立面是没有不满，从不满到没有不满这一连续体中的影响因素即保健因素。

2. 激励因素（满意因素）

赫茨伯格把从没有满意到满意这个连续体中的影响因素称为激励因素。激励因素是工作本身或工作内容方面的，比如工作富有成就感、工作成绩得到肯定、工作具有挑战性、负有更大责任、职业得到发展等。激励因素的具备，能激发人们的工作热情，促进劳动生产效率的提高；即使不具备激励因素，也不影响工作的正常进行。赫茨伯格所谓的激励因素相对应于马斯洛需求层次划分中的高层次需求。

保健因素与激励因素存在交叉、重叠现象。比如赏识属于激励因素，当得不到赏识时，可能表现出消极、被动。赫茨伯格等人曾对各种专业性和非专业性的工业组织进行了多次调查，对象包括教师、牧师、军官、女职工、工程师、科学家、会计师、家庭主妇、外籍职工、低层监督人员、农场管理人员、将要退休的管理人员等。他们发现，由于调查对象的差异，各种因素的归属有所不同，但总体上看，激励因素都属于工作本身或工作内容方面的。

3. 不同需要追求者的心理与行为特点

赫茨伯格认为，人的需要都可以归结于保健需要或激励需要，不同需要的追求者，其心理与行为特点不同（见表 8-1）。

表 8-1　　不同需要追求者的心理与行为特点

保健需要追求者	激励需要追求者
1. 受环境因素的激励	1. 受工作内容的激励
2. 对工作环境各个方面的不满是经常的而且日益强烈，比如工资、监督、工作条件、地位、工作安全性、公司的政策与管理方式、人际关系	2. 对较差的保健因素有很高的忍耐力
3. 保健因素的改善可产生强烈的满足	3. 对保健因素的改善反应微弱
4. 当保健因素改善时，获得的满足是短期的	4. 当保健因素改善时，获得的满足是短期的
5. 当保健因素没有得到改善时，导致强烈的不满	5. 当保健因素需要改善时，将产生轻微的不满
6. 从工作成就中得到的满足微乎其微	6. 从工作成就中得到巨大的满足
7. 对于所从事的工作的种类和性质漠不关心	7. 能表现出对所做工作的喜爱
8. 对工作和生活通常表现出玩世不恭的态度	8. 对工作和生活通常表现出积极的态度
9. 不能从工作经历中获得业务上的进步	9. 从工作经历中获得业务上的提高
10. 易受外界的影响 (1) 极端的个人主义和极端的保守主义 (2) 照搬管理信条 (3) 做事比总经理还像总经理	10. 对信仰的态度是：严肃而坚定
11. 由于才能可能在工作中获得成功	11. 可能是辉煌的成功者

4. 提高效率的关键在于使工作丰富化

赫茨伯格认为，人事管理有三种学说：一是以组织理论为依据，强调人的需要或不合逻辑，或多种多样，人事管理的职能在于从实际出发，以恰当的方式把工作组织起来；二是以工业工程为依据，强调人是按照力学原则适应环境，并由经济所激励的，人事管理的职能在于拟订出最恰当的刺激方案，并设计出能有效利用人力这部机器的特殊工作条件；三是以行为科学为依据，强调把重点放在个人工作态度、团体情绪、组织的社会心理培养方面。

赫茨伯格赞同行为科学的主张，认为提高劳动生产效率的关键不在于使工作合理化，而在于使工作丰富化，以便有效地利用人力资源。他不主张使用“工作扩大化”这一概念，认为扩大化强调的只是工作范围更大些。

工作丰富化具有两层含义：一是职务内容的扩大化；二是工作意义的丰富化。

由于职务内容的扩大化，工作内容也会有更多的变化，从而可以消除因重复操作带来的单调、乏味感。尽管它只意味着职务工作范围的扩大，只增加了一些与此类似的工作而并没有增加责任，但它至少能保证员工没有“单调乏味感”，从而没有“不满意感”，给员工带来“较低层次”的满足。

而工作意义的丰富化则是企图在工作中建立起一种更高的挑战性和成就感。按照各种激励理论的研究和分析，这无疑能给员工带来较高层次的满足感。哈罗德·孔茨认为，可以通过下述方法使工作丰富起来：(1) 在决定某些事情，如工作方法、工作顺序和工作速度，或接收还是拒收材料等方面，给工人以更多的自由；(2) 鼓励下属人员参与管理，鼓励工人之间相互交往；(3) 让工人对他们的任务有个人责任感；(4) 采取措施以确保员工能够看到他们的任务对企业的产品和福利是怎样做出贡献的；(5) 最好在基层主管人员得到反馈之前，把员工的工作完成情况反馈给他们；(6) 在分析和变动工作环境的物质方面时，如办公室或厂房的温度、照明和清洁卫生等，要让员工参与。

赫茨伯格的双因素理论是激励理论的重要组成部分，在国内外有着很大影响，但也存在一些缺陷。第一，实验中调查取样数量较少，且缺乏代表性。工程师、会计师等在工作、生活方面条件较好，对他们的调查研究结论很难适用于一般员工。第二，影响人们心理和行为的两大因素相互联系，并可相互转化，把二者截然分开不够妥当。第三，赫茨伯格没有使用“满足尺度”的概念，其结论中人们要么满意、要么不满意。这显然过于简单化。

第三节　过程型激励理论

过程型激励理论是在内容型激励理论的基础上发展起来的。它以“未满足”的需要为出发点，研究人类需要的满足与行为之间的关系，揭示激励力量的形成及影响因素，主要包括弗鲁姆的期望理论、亚当斯的公平理论和波特-劳勒模式。

一、期望理论

美国行为科学家维克托·弗鲁姆在 1964 年出版的《工作与激励》一书中，首先提出了比较完备的期望理论。

弗鲁姆获美国麦吉尔大学硕士学位、密歇根大学博士学位，曾在宾夕法尼亚大学、耶鲁大学任教，并在不同的公司担任过顾问。他的代表著作除《工作与激励》外，还有 1973 年出版的《领导和决策》。

与内容型激励理论以“满足-生产效率”假设为依据，认为人是为满足某种需要而行动不同，期望理论是以“不满足-生产效率”这一假设为依据，认为正是由于人们感到不满足，生产效率才得以提高。弗鲁姆认为，管理实践中各种激励因素作用力的大小，取决于人们对他所能得到的结果的期望价值和他认为得到该结果的概率。用公式表示为：

$$M=V\cdot E$$

其中，M 为激励力量，即调动人的积极性、激发行为动机的强度；V 为目标效价，即达成目标后满足个人需要的预期价值；E 为期望值，即达到目标并获得相应价值的概率。目标效价与期望值的不同结合，会产生不同的激励力量：

高 M＝高 E·高 V

中 M＝中 E·中 V

低 M＝低 E·低 V

低 M＝高 E·低 V

低 M＝低 E·高 V

这就是说，要调动工作积极性，必须处理好三方面的关系，即个人努力与绩效的关系、绩效与奖励的关系、奖励与满足个人需要的关系。

1. 个人努力与绩效的关系

需要是人类行为的原动力，人的一切行为努力都希望得到主观设定的报偿，以满足某种需要。如果人们权衡比较个人能力与工作目标，认为取得既定绩效的概率较高，即通过努力可以得到相应的报偿，他们就会坚定信心，持之以恒，不懈努力。反之，如果人们认为组织设定的目标非个人能力所及，即无论如何努力都不可能达成目标，所谓的报偿可望而不可即，他们就会丧失信心，望目标而却步，行为上消极被动。

可见，人们行为积极性的高低首先取决于个人努力与绩效的关系，取决于对个人能力大小与绩效目标高低的比较判断。因此，管理者的行为选择应该是：一方面，科学合理地确定工作目标，使之切实可行，具有行为激励作用；另一方面，坚持能位一致原则，依据人的能力大小、能力偏向分配安排工作，并通过有效的工作指导和有针对性的人事培训，使人员能力与绩效目标相适应。正确处理努力与绩效的关系是调动人员积极性的基础。

2. 绩效与奖励的关系

客观地说，许多人努力工作、做好工作并非是其终极目的，重要的是在达到绩效后可得到相应的报偿，即奖励。这里的关键在于：人们的工作绩效和他们所期望的奖励之间是否有必然的联系——有绩效必有奖励、有绩效未必有奖励、绩效和奖励没有关系。工作绩效与奖励之间的相关性问题决定了人们不同的行为选择：从积极努力到消极被动。假设公司总经理对业务员小吴说：“如果你努力学习，取得 MBA 专业学位，销售部副经理就非你莫属。”这件事对小吴的激励作用至少有三种情况：其一，小吴认为：“总经理一向不遵守诺言，许诺从不兑现，我怎么能相信他的话呢?”激励的力量几乎为零。其二，小吴认为：“总经理的话只是戏言，鼓励我努力进取罢了，但只要我坚持不懈、持之以恒，总是有希望的。”激励的力量形成。其三，小吴认为：“总经理从无戏言，言出必行，他的话是认真的，绝非简单地鼓励我攻读 MBA 专业学位。”此时，激励的力量最大。

可见，人们行为积极性的高低还取决于绩效与奖励的相关性，由此决定了管理人员的行为选择：一是制定和执行科学合理的工资分配与奖励制度，使工作绩效和奖励有机结合；二是信守诺言，言出必行，严格执行绩效奖励标准。

3. 奖励与满足个人需要的关系

人们希望通过努力所得到的奖励能满足自己某一方面的需要，比如生理需要、安全需要、归属需要、尊重需要、自我实现需要，或权力需要、成就需要、社交需要。所得奖励是人最重要、最迫切的需要，还是一般性可有可无的需要，甚至根本就不需要，决定了激励力量的大小、有无。

激励力量是驱动个人行为的内在动力，由于人们的经济条件、社会地位以及资历、年龄、性格、性别等方面的差异，他们的需要结构、需要满足度不同。因此，同一种奖励对不同需要的人激励效果不同。比如，对面临经济压力的王某，物质刺激最能满足其个人需要，激励效果最佳；而相同的奖励对生活无忧的李某不会产生明显的效果。再如职务提拔，对急于晋升的李某无疑有着强大的吸引力，激励力量最大；而对持“无所谓”态度甚至拒绝心理的王某，激励力量几乎趋于零。

弗鲁姆的期望理论“不仅体现了需要理论的各种基本观点，而且更完整地反映了工作动机或激励的基本规律。因此，期望理论是所有激励理论在实践中应用最广泛的一个理论”①。

管理学者对期望理论的批评集中在两个方面：一是弗鲁姆强调了期望、效价等内在心理对人的行为动机的决定作用，而忽视了批评、惩处等负强化因素在管理控制中的作用；二是弗鲁姆的期望理论关于“理性人”假设问题，即认为人都是理性的，追求最大利益是所有人的行为出发点，他们绝不会做出不利于自己的行为选择。事实上，人的行为并非绝对理性，任何人都可能因一时冲动而产生非理性行为。

二、公平理论

管理实践中，人们往往对资源分配中的公正合理性有着强烈的主观感受。这种感受会受到多种因素的影响，一旦形成这种感受，将直接影响人的情绪与工作态度。因为，奖酬的公正性是影响动机的一个重要方面，所以也是一个强有力的激励因素。

美国行为科学家亚当斯根据社会心理学中的认知失调理论于20世纪60年代提出了公平理论，也称社会比较理论或等价理论。公平理论侧重研究利益分配，尤其是工资报酬分配的合理性、公平性对人的心理和行为的影响，人们主要通过纵、横两方面的比较以判断所得报酬是否公平。

1. 公平的含义及影响

亚当斯认为，员工的工作态度与生产积极性，不仅取决于他（们）所获报酬的绝对量，而且还取决于他（们）所获报酬的相对量。所谓绝对量，是指实际获得量；所谓相对量，是指自己获得的报酬与他人的比较，以及自己现在获得的报酬与过去的比较。亚当斯特别关注人们对投入与收益比率进行的比较。他指出，人们觉得公平，是因为人们感到他们得到的收益与他们的投入，如时间、努力、经验等是相称的；反之，人们觉得不公平，是因为他们的收益与投入不相称。

亚当斯的理论说明，管理者不能仅看到报酬分配中的绝对量，还要关注员工所获报酬的相对量。即使在某些时候，员工获得可观的绝对量，但分配的相对量仍被员工感受是不公平的，这同样会挫伤其积极性。若绝对量是不公平的，相对量也是不公平的，则他们的主动性就更难发挥了。只有产生分配上的公平感，员工才会心情舒畅，努力工作。所谓公平与不公平感的产生，都是比较的结果，是在与他人或自己进行比较后的主观感受。人们进行比较时，会选取相应的比较标准与内容，这显然带有较大的主观性。再加上比较结果也包含着若干个人的主观认识，所以对公平的认识并非是一个简单的问题。形成这种认识的原因是多方面的，有自身的素质、价值观、比较方法与对利益的追求等因素。通常情况下，少数人常常过低估计自己的收益与他人的投入，而过高估计自己的投入与他人的收益。

2. 不公平条件下人们的心理与行为表现

亚当斯认为，如果有人产生了不公平感，他会采取特定的措施，调整自己的主观认识

① 孙彤．组织行为学教程．北京：高等教育出版社，1998：246.

或行动以满足其需要。他可以通过采用下列方式中的任何一种，重新确立公平感：

(1) 改变自己的投入与收益。若觉得自己投入多了，会有意识地减少对组织的贡献；若觉得自己的收益少了，会采取措施谋求更多的报酬。

(2) 改变他人的投入与收益。若觉得他人投入少了，会千方百计地使他人加大投入；若觉得他人收益多了，则会要求管理者减少他人的收益。

(3) 既改变自己的投入与收益，又改变他人的投入与收益。

(4) 通过自我解释，使得客观上的不公平变为主观上的公平，达到自我安慰的目的。所谓的“精神胜利法”就是一种造成虚假公平感的方法。

(5) 调换一个比较对象，该对象不是收益比自己小，就是投入比自己大，或兼而有之。人们常说的“比上不足，比下有余”，就是通过改变比较对象，以获得主观上的公平感。

(6) 为了摆脱由不公平感所造成的情绪波动，以及心理上的不平衡，往往通过发牢骚、泄怨气，或制造人际矛盾等手段，去得到“新的补偿”。

(7) 如果一个特定环境总是使人感到不公平，员工就会要求离开这个环境，到组织中另一个地点或部门工作，甚至是调出组织。

总之，对于被激励者来说，(不) 公平感的存在会 (弱) 强化他的行为动机。因此，激励者应该努力创造一种公平感，以强化被激励者的行为动机。

公平理论的基本观点是客观的。该理论的核心内容：“人们不仅关心所得报酬的绝对量，而且关心所得报酬的相对量”，这对于在管理中正确处理工作绩效与报酬之间的合理性很有启发。对于某些不公平现象，人们可以忍受一段时间，但公平问题长期得不到解决，其负面效应的积累就会造成突发性的事件与后果，这值得管理者高度警惕。

公平理论的不足表现在：只注重分配公平，即物质报酬数量分配的公平，忽视了程序公平，即确定利益分配程序的公平。证据表明，分配公平比程序公平对人们的影响虽然更大、更直接，但程序公平更容易影响人们的组织承诺，影响对上司的信任和流动意图。事实上，程序上的公平常常决定着利益分配的公正。现代公平理论研究的重大突破就在于扩展了公平的内涵，程序公平成为一个新的课题。

公平本身是一个极其复杂的问题，公平理论不能提供具体标准。其一，公平与个人的主观判断有关。所谓公平或不公平，在很大程度上是一种个人或团体的感觉，可能是错误的、不准确的，也可能是正确的。一般人总是高估自己的投入、低估自己的报酬。其二，公平与个人所持的标准有关。一定量的投入或报酬，不同的人可能会做出不同的判断，原因在于所持标准不同。另一方面，公平本身还是一个相对的概念，绝对公平就意味着不公平，比如平均主义、“大锅饭”。其三，公平与绩效评定有关。现代管理主张按劳取酬，依据绩效定报酬。但问题在于如何测评绩效？是依据完成任务的数量、质量，还是工作中的努力程度、劳动量付出？是依据工作的繁简难易程度，还是工作能力、资历？是脑力劳动支出，还是体力劳动付出？我们可以强调绩效，但许多情况下，绩效评估是复杂而困难的事情。其四，公平与评定人员有关。绩效由谁来评定？是组织还是个人，是领导还是群众？不同的人会得出不同甚至相反的结论。

三、波特-劳勒模式

波特-劳勒模式是美国行为科学家莱曼·波特和爱德华·劳勒在他们合著的《成绩对工作满足的影响》(1967 年)一文和《管理态度和成绩》(1968 年)一书中提出的一种激励模式。

莱曼·波特获耶鲁大学博士学位，曾任教于加利福尼亚大学伯克利分校，后任加利福尼亚大学管理研究院院长和管理及心理学教授。爱德华·劳勒获加利福尼亚大学伯克利分校博士学位，曾在耶鲁大学任教，后任密歇根大学心理学教授和社会研究所组织行为室主任。

波特-劳勒模式是 20 世纪 60 年代至 70 年代有着较大影响的激励理论之一，其内容如图 8-2 所示。

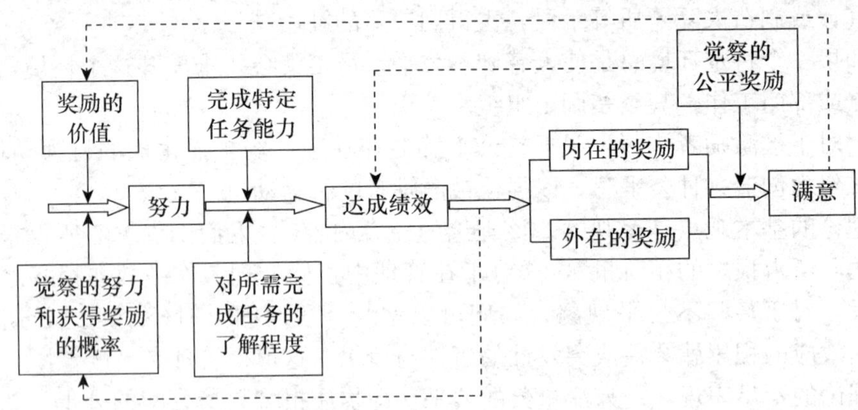

图 8-2　波特-劳勒模式

波特-劳勒模式的基本观点是：一个人的努力程度由工作获得报偿的价值(奖励的价值)和个人觉察的努力以及获得奖励的概率所决定。一个人的工作绩效不仅依赖于努力程度，同时还依赖于个人能力、个人的“角色认识”(对所需完成任务的了解程度)以及所处环境的限制。①

第一，个人是否努力以及努力程度取决于激励力的大小。激励力源于两个方面：一是对奖励价值的主观判断；二是觉察的努力和获得奖励的概率。所谓觉察的努力是个人对目标难易程度的认识，即对需要付出努力大小的推断。所谓获得奖励的概率是对努力之后可能获得奖励的主观评价，即期望概率。显然，当一个人能明确意识到奖励价值大、付出努力可以完成目标任务、获奖概率高，他将积极努力，乐意付出；反之，会消极被动，丧失行为积极性。

第二，工作绩效不仅取决于努力程度，还取决于个人能力以及对所承担目标任务的了解程度。由于人与人之间能力方面存在着差异性，比如能力大小、能力偏向，即使付出了相同的努力，工作绩效也不可能相同。对承担目标任务的难度认识充分、方法技术运用得

① 杨静光. 古今管理理论概要. 北京：中共中央党校出版社，2005：124.

当、环境把握准确，有利于提高工作绩效。尤其是对于较为复杂、异常艰巨的目标任务，个人能力以及对目标任务的理解对工作绩效的影响更大。

第三，奖励的价值应以工作绩效为标准。要使人们认识到，只有达到目标任务，才能获得相应的奖励。先有努力与结果，后有物质或精神上的奖励，而不是先有奖励，后有努力与结果。奖励有内在奖励与外在奖励之分，前者指由于工作绩效突出而获得的报偿，如表彰、尊重、自我实现等；后者指工作表现、工作绩效之外的报偿，如工资、职业保障等。内在奖励与工作绩效直接相关，满足人的高层次需要；外在奖励与工作绩效无必然关系，满足人的低层次需要。工资、职业保障并非取决于人的行为表现和行为结果。

第四，一个人对奖励满意与否以及满意程度取决于他对奖励是否公平的判断。内在奖励和外在奖励并不直接同“满足”相联系，必须经过“觉察的公正奖励”的调节。也就是说，人们要把自己所得奖励的价值与自己认为应该得到的奖励的价值相比较，若二者相一致就会感到满足，具有激励作用。如果认为所得奖励低于自己理解的“公平报酬”，无论奖励量有多大，他都不会感到满足，从而影响他以后的行为。

第五，人们对所得奖励满意与否以及满意程度将影响下一次承担目标任务的行为。满意会带来进一步的努力，不满意会造成努力程度降低，甚至可能离开工作岗位。

总之，波特-劳勒模式是对激励系统比较全面、完整的概括，它告诉我们：奖励与绩效之间并不是简单的因果关系，奖励未必能收到预期的效果；激励作用的发挥，还必须考虑到奖励内容、奖励制度、组织分工、目标设置、公平考核等一系列综合因素，考虑到满意程度反馈对努力程度的重要影响。

第四节 行为改造型激励理论

内容型激励理论、过程型激励理论的共同点在于，强调通过认识、把握人的内在心理状态，如需要、期望、目标等，以实现激发人的行为动机、预测人的行为的目的。行为改造型激励理论认为，人就像一只“黑箱”，其内心状态犹如黑箱内的东西，是未知的、不可知的。事实上，预测和控制人的行为也无须了解人的内在状态和心理过程。这方面影响较大的理论有强化理论和归因理论。

一、强化理论

强化理论又称行为修正理论，其代表人物是美国的心理学家和行为科学家布尔赫斯·弗雷德里克·斯金纳。他于1931年获哈佛大学心理学博士学位，并在哈佛大学任教近30年。1968年获美国全国科学奖章，是第二个获此奖项的心理学家。斯金纳是极端的行为主义者，他关注的是预测和控制人的行为而不是推测人的内在心理状态和心理过程。斯金纳的代表著作是1938年出版的《有机体的行为》。

1. 强化的含义

强化指对某种行为肯定或否定的后果（奖励或惩罚）能在一定程度上决定该行为今后

是否会重复发生。换言之，只要控制行为的后果（奖或惩），就可以达到控制和预测人的行为的目的。斯金纳提出了一种“操作条件反射”理论，认为人和动物一样，为达到某种目的会采取一定的行为，当行为后果对自己有利时，这种行为就会在以后重复出现并不断得以强化；当行为后果对自己不利时，这种行为就趋于弱化或消失。人们行为的“强化”或“弱化”实质上是依据行为结果做出的修正、调整。

2. 强化的类别

（1）依据作用发挥的差异，强化可以划分为积极强化、消极强化、惩罚、消退四种。它们既可单独使用，也可结合使用。

积极强化，也称正强化，是指对某种行为予以鼓励、肯定、奖赏，使之更加频繁地发生并不断强化。比如通过对积极性行为的表扬、奖励，使人的行为更加积极、主动。

消极强化，也称负强化，是指通过撤销、解除消极行为后果（惩罚）以鼓励积极性行为的方法。消极强化也是一种奖励，只是奖励的方式显得“消极”。比如小王以前因纪律观念淡薄，不能严格遵守公司的作息时间规定而经常受到批评和处罚，近期则表现良好，从未发生迟到或早退现象，批评和处罚随之撤销。

惩罚是指对某种消极行为采取具有警戒性的强制措施，以期降低这种行为出现的概率或消除这种行为的方法。比如对违反劳动纪律、损坏公共物品的人以警告、罚款、减薪、降职等，其最终目的在于杜绝此类行为的再次发生。

消退是指撤销对某种所谓的“积极”行为的强化，以降低该行为出现的概率或消除这种行为的方法。消退发挥的是抑制、制裁作用，本质上是一种惩罚。比如对那些爱做表面文章、善于在领导面前表现自己、喜欢打小报告的人而采取的视而不见、不予理睬的方法。

积极强化与消极强化发挥的是诱导、鼓励作用，属于奖励性强化措施；惩罚和消退发挥的是抑制、惩戒作用，属于惩罚性强化措施。

（2）依据使用频率和时间方面的差异，强化可以分为连续强化和间断强化。

连续强化是对所有积极行为都及时采取措施予以鼓励、支持。

间断强化即非连续的强化，又可分为固定比例强化、可变比率强化、固定间隔强化和可变间隔强化。其中，固定比例强化是按组织设定的时间、标准实施强化，具有一定的规律性，作用稳定而持久。比如计件工资、超产奖励等。可变比率强化是指具有较强的灵活性、随机性，没有明确的既定标准的强化，比如分等级奖励。固定间隔强化是指按组织设定的时间标准定期实施的强化，如计时工资、月度奖、季度奖、年终奖等。可变间隔强化是指不设时间标准，根据需要而灵活采取强化措施，比如随机检查、临时评估等。

3. 强化的原则

（1）设立目标体系。对组织而言，明确、具体、完整的目标体系是衡量人们行为绩效并实施强化的基本依据。对个人而言，目标任务的难易程度以及获得奖励的大小、期望值的高低决定着行为方向与行为动力。因此，组织主管人员应把总体目标进行系统分解，划分为若干横向目标和纵向目标，组织机构及其人员每实现一项分支目标都应及时予以强化，并随着分支目标一个个地完成，持续进行强化，以增强人们的信心，提升组织的凝聚力。

(2) 快速反馈，及时强化。人们的积极行为发生后，通过快速反馈，及时使组织领导者予以关注，就能发挥正强化的作用。如果领导者视而不见，这种行为发生的可能性就会减少以至消失。另一种情况是，人们的消极行为并未引起领导者的注意，这种行为将得到强化，发生的频率趋于提高。及时强化使人们随时知道行为结果，或奖或罚，奖励的多少，惩罚的轻重，便于增进强化的时效性。

(3) 奖罚结合，以奖为主。强化必须有奖有罚，奖罚结合。奖励强化人的积极行为，促使人更加努力地工作，同时也使他人受到鼓励和鞭策。惩罚使人吸取教训，也使周围的人受到教育，发挥警戒作用。只奖不罚，对消极行为是一种默许、纵容；只罚不奖，无法调动人们的行为积极性。之所以强调以奖为主，是因为奖励是正面积极的鼓励、引导，利于形成和谐的组织氛围。相反，惩罚是一种负面抑制，它只能告诉人们不该做什么，而不回答应该做什么。正如斯金纳所说："受过惩罚的人，并不会因此就改弦更张，不再我行我素了，他充其量也不过学会了如何免于惩罚而已。"① 惩罚容易使人产生挫折感，损害人的自尊心和自信心，严重的还会形成逆反心理，甚至失去理性，产生攻击行为。

(4) 奖人所需，形式多变。要使奖励成为真正的强化因素，发挥奖励的强化作用，就必须因人而异、形式多变。人们的性格特点各异，生存状况有别，这就决定了各自有着不同的需要和动机以及不同的主导需要和优势动机，决定了人们对某种具体奖励所持的态度相异。比如，有的人更重视物质奖励，有的人更重视精神奖励；有的人以金钱为优势动机，有的人以晋升为优势动机。所以奖励应形式多变，因人而异。但应把握奖励的频率，防止因厌倦心理而削弱强化的作用。

(5) 多用不定期奖励。定期的奖励在人们的预料之中，是一种"必然""必须"，其强化作用呈递减趋势。不定期奖励的非预料性、间歇性，使人感到意外、惊喜，强化效果更为明显。

斯金纳的强化理论有助于我们理解人的行为，正确引导人的行为。因为任何一种行为都有相应的后果，行为的后果在一定程度上决定了这一行为在将来是否重复出现以及重复出现的频率。因此，通过对行为与结果相互关系的分析，可以发挥引导与控制作用，使人们知道不同行为的具体后果，并依据对行为后果的判断有目的地开展活动。

二、归因理论

美国行为科学家、心理学家凯利和韦纳等人提出的归因理论，近年来受到了广泛重视，成为工作激励的重要理论依据。

归因是心理学术语，指依据人的外部表现或行为特征对其心理状态做出解释和推断。归因理论的研究内容集中在以下三方面：一是人员行为的归因，即依据人们的外在行为和表现，对其心理活动做出推论；二是人员心理活动的归因，即研究人们心理倾向的形成及心理活动展开的影响因素；三是对未来行为的预测，即依据人们的心理活动规律和习惯化

① 孙彤. 组织行为学教程. 北京：高等教育出版社，1998：255-256.

的行为表现，对他们在未来一定环境条件下可能发生的行为做出评估、判断。

归因理论认为，人们的动机和行为的起因复杂多样，许多因素无法直接观察、确认，无法做出准确判断，但人们的行为和认知，尤其是和知觉密切相关，因此要研究知觉与行为的相互关系。归因理论所要解决的主要问题就是通过分析人们的认识过程，揭示内在力量和外在力量（内因与外因）与人们的行为之间的相互关系。20 世纪 80 年代至 90 年代，归因理论研究侧重下述两个方面。

1. 人们行为的内部原因或外部原因

归因理论认为，在人的知觉过程中，人的行为可归结为内部原因或外部原因，前者指知觉者本人的特点，后者包括知觉对象的特点、知觉者与知觉对象交往时所处的情境。至于最终归结为内部原因或外部原因，要依据下列标准确定：（1）一贯性标准，即人们的行为在不同的时间、地点是否统一，是否保持一致。（2）普遍性标准，即知觉对象在其他人身上是否引起了相同的反应。（3）差异性标准，即知觉者对其他知觉对象是否以同样的方式做出反应。

上述标准可由以下例子说明：某业务员（知觉者）对公司的《业务人员奖惩细则》（知觉对象）持反对态度、抵触行为。究其原因，可能是内部原因，即业务员自身因素的影响；也可能是外部原因所致，比如这项细则不尽合理或不够公平。依据上述标准，首先要看该业务员是一贯反对这项细则，还是由于偶然的心境不佳或其他原因；其次要看公司大多数业务员是否反对这项细则；最后要看该业务员对公司其他方面的规章制度是否都持反对态度。如果该业务员对公司所有规章制度一概持反对态度，而其他业务员大多数支持这项细则，那么就应归结为内部原因，即业务员个人因素所致。如果该业务员对公司其他方面的规章制度持赞成态度，而这项细则又受到大多数业务员的反对，那么就应归结为外部原因，即细则本身因素所致。

2. 成功或失败的归因倾向

归因理论认为，人们的行为获得成功或遭到失败主要归因于努力、能力、任务难度和机遇等。可以从三个方面来认识：一是内因或外因，努力和能力属于内部原因，机遇和任务难度属于外部原因；二是稳定性，能力和任务难度属于稳定因素，努力和机遇属于不稳定因素；三是可控性，机遇和任务难度是不可控因素，努力属于可控因素，能力在一定条件下是不可控因素，在另一种条件下可以是可控因素。

韦纳的研究证明，人们把成功或失败归因于何种因素，不是一般的认识方法、认识水平问题，而是对工作态度、行为积极性有着直接、重大影响的问题。

例如，把成功归结为努力或能力等内部原因，会使人感到满足或自豪；把成功归结为任务难度或机遇等外部原因，会使人感到幸运和感激；把成功归因于任务容易或能力强等稳定因素，能激发行为积极性；把成功归因于幸运、机遇、巧合等不稳定因素，对工作积极性的影响难以把握。与之相对，把失败归结于内因，会使人感到内疚和无能为力；把失败归结于外因，会使人气愤和敌意；把失败归因于稳定因素，会挫伤工作积极性，伤害自尊心和自信心；把失败归因于运气不佳、努力不够等不稳定因素，有可能激发斗志，诱发积极性行为。

归因理论帮助我们认识、理解人们的归因倾向，掌握成功或失败归因的规律，以便指导和培养人们正确的归因倾向，客观地分析总结工作中的经验与教训，不断提高管理水平和工作效率。也有学者认为，归因理论把人们的行为后果主要归因于内在的心理活动，忽略了人们心理活动产生的客观条件。归因理论往往做出单因素的归因结论，事实上，人们的行为常常应归因于多种因素，且受社会经济、政治、文化、自然地理等综合因素的影响。

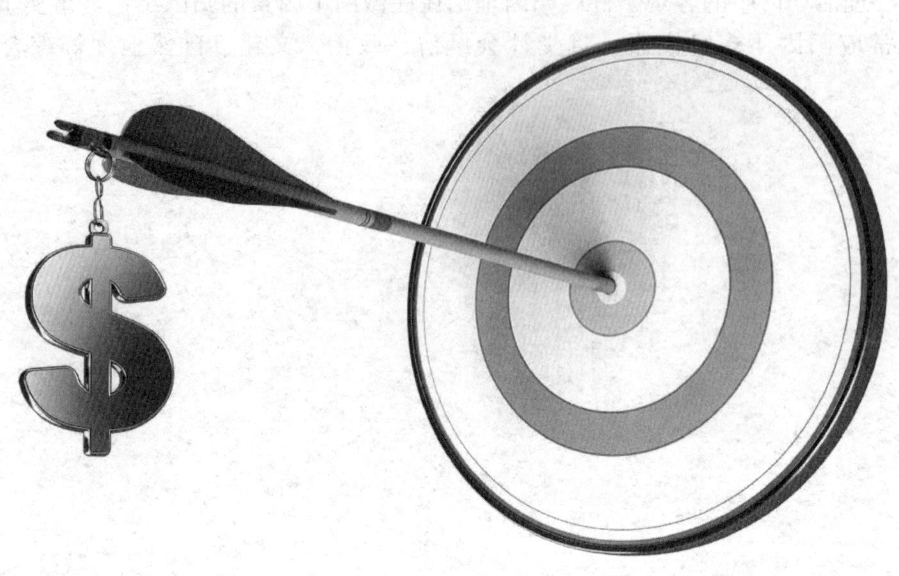

第九章 控 制

控制是管理的基本职能之一，是对组织的管理活动及其效果进行衡量和校正的过程，其目的是确保组织目标以及为此而拟订的计划得以实现。自控制论创立以来，管理学通过吸纳控制论的理论和方法体系，对管理控制的过程进行科学分析，揭示了管理控制的内在机理。本章主要探讨控制的含义、内容、作用，管理控制的类型与过程，传统控制方法与现代控制方法等内容。

第一节 控制概述

一、控制的含义

管理控制是指管理者根据计划目标的要求，对计划执行情况进行监督、检查，及时发现和纠正计划执行中的偏差，以保证计划目标实现的过程。控制可以理解为一系列的检查调整活动，即控制活动；又可理解为检查和调整的过程，即控制过程。

管理控制的目的在于指出计划执行过程中的偏差和错误，及时采取有效措施加以调整和纠正，以保证实际工作和计划相一致，使各项活动保质保量按时完成，达到既定目标。控制对管理活动的正常开展和目标的达成，对管理工作方向的准确性，对提高管理工作的效益和效率等，都发挥着重要的保证作用。

管理控制要有效进行，必须具备两个前提：一是要有计划。计划是控制的依据，控制是完成计划的重要手段。计划又是控制的标准，标准愈明确，控制效果就愈明显。二是要有组织机构。由于控制的目的是对实施计划的活动进行监督、检查，并采取纠正措施以确保计划的实现，因此必须建立控制的组织机构，明确由哪个单位、哪些人员负责实施控制。

管理控制不是一瞬间的活动，而是存在于管理的各个环节、各个阶段的一个有序的过程。一般包括确定标准、衡量成效和纠正偏差三个步骤。确定控制标准是从计划中选出多层次、多形式的目标，建立起可以考核的定量或定性的完整的目标体系。衡量成效是根据已确定的标准，衡量执行情况，通过对实绩与标准之间进行比较，对工作做出客观评价。纠正偏差是在衡量工作成效的基础上，找出需要纠正和调整的偏差，分析造成偏差的主要原因，并根据不同情况采用不同的方式，进行及时有效的纠正。

管理控制的基础是信息。管理控制与信息反馈密不可分，离开了信息反馈，便无法进行控制。

检查监督是管理控制的主要手段。必须对管理组织及管理人员的活动进行有效的检查监督。没有有效的检查监督，不可能有真正的控制。通过检查监督，可以督促和推动工作，及时发现执行中的意外情况，防止失控。

二、控制的内容

控制作为管理的一项重要职能是由管理者来承担的，或者说，管理者日常管理活动的主要内容就是从事控制工作。那么，管理者控制什么？以下几个方面可以作为管理者从事控制工作的主要参考点。

1. 人员

管理者是通过他人的工作以实现其目标的，为了实现管理目标，管理者需要而且也必须依靠下属人员。所以，管理者使被管理者按照所期望的方式工作是非常重要的。在管理的每一个层级中，都存在着管理者对被管理者工作情况的控制：其一，通过各种方式观察被管理者的工作并纠正出现的问题；其二，作为一种常规的方法，通过对被管理者的工作进行系统化的评估，使每一位下属的绩效都得到鉴定，然后根据绩效情况找出原因，加以解决。

2. 财务

管理者在控制工作中，应把更多的注意力放在组织的财务状况上。当然，在企业组织中，管理者对财务状况的关心无须多言，对于企业组织的管理者来说，只是一个如何提高财务控制技巧的问题。在一些非营利组织中，管理者往往容易忽视管理中的财务控制问题，以至于出现危机时才意识到财务控制的意义。所以，财务控制适用于一切组织，所有的管理者都应关心组织运行中的财务问题。

3. 作业

日常管理的绝大部分内容是作业控制，而且一切管理工作的根本都要归结到作业控制的成功与失败上来。因为，一个组织的成功或失败，在很大程度上取决于它在生产产品或提供服务上的效率和效果。比如，一个教学机构的全部管理活动最终都要落实到教学工作的正常开展上来，并尽可能地提高教学质量；如果无法实现对日常教学工作的控制，那么其他方面的管理工作做得再好也没有意义。

4. 信息

管理者需要信息以完成他们的工作任务。不精确、不完整、过多的或延迟的信息，将会严重阻碍管理活动。所以，应当重视信息的作用，开发出有效的管理信息系统，使它能在正确的时间、以适当的数量、为正确的人提供正确的数据。

5. 组织绩效

组织绩效是管理者关注的核心，这是由管理的效益原则决定的，管理者的一切管理行为都是以绩效为宗旨的。所以，管理者应经常根据组织整体绩效的状况来实施控制。在一些大的组织中，往往需要设立专门的机构经常地考察和衡量组织的整体绩效或效果，以便为管理者实施控制提供参考。

三、控制的作用

控制根源于管理系统存在与发展的需要，任何组织的活动都需要控制。因为，一个组织在制订计划时即使进行了全面的、细致的预测，考虑到了各种实现目标的有利条件和影响目标实现的因素，但由于环境条件是变化的，管理者受其本身的素质、知识、经验、技巧的限制，预测不可能完全准确，制订出的计划在执行过程中可能会出现偏差，还会发生未曾预料到的情况。这时，控制就发挥执行和完成计划的保障作用，而且可能在实际控制中产生新的计划、新的目标和新的控制标准。通过控制，能够为管理者提供有用的信息，使之了解计划的执行进度、执行中出现的偏差以及偏差的大小等情况，并据此分析偏差产生的原因。对于那些可以控制的偏差，通过查究责任，予以纠正。对于那些不可控制的偏差，则立即着手修正计划，使之符合实际。“控制的目的在于指出工作中的缺点和错误，以便加以纠正并避免重犯。”①

就组织成员来看，在一个管理系统中，是否每一个组织成员都履行了自己的职责，他的工作绩效如何，需要及时地加以评估并找出原因，以便确定全体组织成员下一步的行动。如果绝大多数组织成员都能够完成自己所承担的任务，就证明原有的方案是正确的，是可以继续实施的；如果绝大多数组织成员完成任务的情况都未能达到计划要求，就证明原有方案存在问题，需要加以修改。一些关键部门或关键职位的人员，虽然只是组织成员中的极小部分，如果在履行职责上与管理系统的要求存在着偏差，也需要及时找出原因并

① 法约尔．工业管理与一般管理．迟力耕，张璇，译．北京：机械工业出版社，2007：135.

做出相应的调整，否则势必造成消极影响。

就整个管理系统而言，现代管理内容的复杂性和管理环境的变动性决定了一切计划和预设方案都不可能尽善尽美，只可能在大方向上保持与组织目标的一致，各种各样的疏漏不可避免。然而任何微小的疏漏如果不及时地得到弥补，都可能酿成大的失误，所以，需要及时地发现计划和预设方案中的不足之处，并加以修正。管理环境的变化也可能使计划和预设方案中的合理部分变得不合理和不适用，对此如果不能及时发现并采取对策，就可能功亏一篑。当管理环境发生重大变化时，有可能使组织目标完全失去意义，这时，如不能及时知觉并改变组织目标，就会危及组织的生存。“尽管计划可以制订出来，组织结构可以调整得非常有效，员工的积极性也可以调动起来，但是这仍然不能保证所有的行动按计划执行，不能保证管理者追求的目标一定能达到。”①

第二节 控制的类型与过程

一、控制的类型

控制的类型多种多样，从不同的角度可以对控制做出不同的分类。例如，按业务范围可以分为生产控制、质量控制、成本控制和资金控制等；按控制对象的范围，可以分为局部控制和全面控制；按管理者与控制对象的关系，可以分为间接控制、直接控制；按管理者的控制方式，可以分为集中控制、分散控制、分层控制；按控制的客观形式，可以分为复合控制、动态控制；按控制的内容和效果，可以分为程序控制、稳定控制和最优控制；按控制发生在一个完整的管理过程中的阶段性，可以分为前馈控制、现场控制和反馈控制；等等。这里主要介绍前馈控制、现场控制和反馈控制。

1. 前馈控制

前馈控制是一种在计划实施之前，为了保证将来的实际成果能达到计划的要求，尽量减少偏差的控制。由于前馈控制把控制活动提前到管理过程的前端，因而也被称作预先控制或事前控制。前馈控制是一种面向未来的控制，它是在组织运行之前对“条件”的控制，在还没有产生结果时就对可能发生的偏差做出估计，并力图加以避免。通常情况下，前馈控制表现为针对可能出现的问题而做出的管理上的努力。例如，管理者依据过去和现在的销售情况，通过预测分析，认为销售额将下降到更低的水平，背离期望目标，他会制订新的技术改革和产品引进计划、新的广告计划、新的推销计划，以改善销售的预期结果。再如，飞碟运动员为了纠正子弹与飞碟之间的时滞问题而通过预判瞄准飞碟飞行的前方射击；农药生产经营企业须依据气象和虫情预报提前组织农药生产、储备；《三国演义》中诸葛亮在周瑜“放火”之前，已于华容道设下伏兵，以待败退的曹兵等，都是典型的前馈控制。前馈控制避免了一些消极后果，是一种比较经济的控制。

① 斯蒂芬·罗宾斯．管理学：第4版．黄卫伟，等，译．北京：中国人民大学出版社，1997.

前馈控制的效果取决于对情况的观察、规律的掌握、信息的获得、趋势的分析和可能发生的问题的预计，它具有防患于未然的优越性。但是，前馈控制是比较困难的。因为组织活动尚未展开，而控制的效果又必须在组织的运行中体现出来，它不可能建立在真实可靠的信息基础上，只是根据情报预测而做出控制。当然，大量的管理活动是有事实可以借鉴的，可以使管理人员在前人经验的基础上获得一种预见未来的直觉能力。同时，当代管理科学的发展提供了各种各样新的技术手段，比如，在管理的实际过程发生之前建立数学模型、进行模拟演示，甚至做一些临境体验。正是由于存在着许多具有规律性的因素，有许多作用于管理系统的因素是可以预测的，所以，可以运用前馈控制，促使那些对系统有积极影响的因素出现，消除那些对系统不利的因素。但未来毕竟是一个未知的领域，在实际的管理过程中，各种各样完全出乎人们意料的情况都可能发生，这就是前馈控制的困难所在。

2. 现场控制

现场控制是一种发生在计划执行过程中的控制，是直接对计划的执行情况进行现场检查，并纠正其偏差。由于现场控制是在工作过程中进行的，因此又被称作随机控制、实时控制、即时控制、过程控制等。现场控制往往表现为管理者深入到具体的管理活动中，进行直接的指导和监督，对一些事前未能估计到的偏差立即加以纠正。现场控制是比较及时的控制，因而损失往往较小。许多现场控制是以前馈控制为基础的，在计划的制订中，管理者往往根据系统运行中不确定因素的比例，留出适当的弹性空间，同时给予各级主管部门和管理者按照事先规定的标准进行即时解决问题的权力，使他们能够随时进行现场控制。

与前馈控制相比，现场控制往往是在偏差已经出现但尚未造成严重后果的情况下进行的，它可以分析研究造成偏差的根源，并预测偏差继续发展的可能方向，然后做出控制。它兼有前馈控制和反馈控制两个方面的特征。由于现场控制对已经出现的偏差进行即时纠正，需要对实时信息做出及时的反应，因而对管理者的管理水平、领导能力要求较高。可以说，现场控制的有效性在很大程度上取决于管理者的个人素质、个人作风、指导的表达方式，特别是管理者的“言传身教”具有很大的示范作用。这就要求管理者在进行现场控制时，应当亲临第一线进行认真仔细的观察和监督，以计划为依据，服从组织原则，遵从正式指挥系统的统一指挥，逐级实施控制，避免单凭主观意志行事。

3. 反馈控制

反馈控制是一种针对结果的控制，是由管理者通过分析以前计划的执行结果，将它与控制标准相比较，发现偏差及造成偏差的原因，拟定纠正措施，防止偏差发展或继续存在的控制活动。由于反馈控制是在计划执行中偏差已经出现并造成了一定后果的情况下进行的，所以也称事后控制。当管理者从信息反馈中发现偏差、分析原因、采取措施、纠正偏差时，往往是偏差已经发生、损失已经造成。而从偏差的出现到发现偏差、分析偏差、纠正偏差，又有个时间延迟问题，从而又造成了损失的扩大。所以说，反馈控制不是一种最好的控制。但是反馈控制却是使用最为普遍的控制，主要是因为预测往往要受到各种条件限制；人们在执行计划中也会出现大量的失误，前馈控制和现场控制都难以避免所有偏差。所以需要对已经出现的偏差进行分析，并根据分析结果，调整或改变计划执行的方案，以求在下一个管理环节中避免偏差的再度出现。

反馈控制的功能还表现在发现原先计划中的不合理方面，并加以修正。这就是在管理系统运行的中间阶段，根据中期结果及时发现问题，排除隐患，避免造成严重后果。即使一个完整的管理过程已经完成，反馈控制也是必要的，因为任何管理活动都是一个不断往复的连续的动态过程。前一管理过程的反馈结果往往是后一管理过程前馈控制的前提。从某种意义上看，一切控制都建立在信息反馈的基础上，所以人们往往在更广的意义上把一切控制都称作反馈控制。

二、控制的过程

控制是一个过程，它贯穿于整个管理活动的始末。在组织目标的实施中，不断地在计划与实施结果之间进行比较，发现两者之间的差距，并找出这种差距的原因和制定新的改进措施，这就是控制过程。也就是说，控制过程是由三个步骤或三个交叉重叠的要素构成的，即确立标准、对照标准检查实际绩效，以及采取措施纠正偏差。

1. 确立标准

组织运行和管理活动的展开是否沿着实现目标的方向进行，需要有一个判断标准，否则，就无法确定是否需要控制和应当怎样控制。标准是控制的基础，对照标准，管理人员可以判断绩效和成果，而离开标准，就无所谓判断和评估。所以，管理控制过程的第一步就是拟定具体标准。所谓标准，是一种测量单位或尺度，是一种模式、规范或指标。标准的类型很多，但所有标准的确立都取决于所需衡量的绩效和成果。因此，标准是从目标而来的，因为一切绩效和成果都是针对目标而言的。有效的管理活动总是首先确定组织行为的总体目标，然后将总体目标进一步分解为各个具体的计划、方案、步骤、措施等，从而形成一系列具体的控制目标。管理者根据这些具体目标，对管理系统中的各种活动及各个环节进行监督、检查、评估，并根据反馈信息所反映的事实情况，修订总体目标或纠正实施方案及行为。

2. 检查实际绩效

标准一经确立，控制过程就主要表现为对照标准检查管理系统中各项活动的绩效，这实际上是控制过程的信息收集阶段，也是为纠正偏差这个狭义的“控制”提供切实的准备活动。通常通过评估、考核、检查等活动发现计划、方案与实际情况之间的偏差，同时认真分析和研究造成偏差的原因。计划、方案与执行中的实际情况之间的偏差，可能表现在质量、数量、时间和效益等诸多方面，造成这些偏差的原因，也往往是多种多样的，既可能是目标计划和方案不正确、不明确的原因，也可能是执行过程中的原因；既可能是外部因素的变化、干扰造成的，也可能是由于内部某个环节的失误造成的。只有具体分析造成偏差的原因，才能找到有效控制的措施。因此，对于评定绩效和成果而言，主要问题是如何及时收集适用和可靠的信息，并将其传递到主管人员手中。

3. 纠正偏差

在衡量绩效后，如没有偏差发生，或偏差在设定的“限度”之内，那么该控制过程只需前两个步骤就已完成，这就是设定标准和及时对照标准检查实际绩效。但是，如果发现了偏差或不一致时，管理者就需要考虑采取第三个步骤，即纠偏行动，努力使绩效符合标准。当然，作为控制过程的一部分，设定标准的目的就是避免偏差发生，而对照标准进行检查的活动，更是为了发现偏差。所以，没有偏差出现，表明控制活动已经发挥了它的功能，而出现了偏差，就对控制活动发挥其功能提出了进一步的要求，即采取措施纠正偏差。在控制过程中，纠正偏差往往比制定标准和对照标准检查是否出现偏差还要困难，因为，已经出现的偏差可能是由复杂原因引起的，必须找出造成偏差的真正原因，才能确定采取什么措施加以纠正，否则，就是无的放矢。另一方面，纠正偏差的活动可能涉及一些主要的管理职能。针对偏差产生的原因，管理者可能采用制订计划或修改目标的方法来纠正偏差；也可能利用组织手段进一步明确职责、补充授权或对组织机构进行调整；也可能用撤换责任部门的主管或是增配人员的办法来纠正偏差；还可能通过改善领导方式、增加物质鼓励等办法来纠正偏差。无论采取什么措施，控制活动都有可能不得不面对组织运行中已经形成的惯性，这些惯性阻碍着任何新的纠正偏差活动的开展，并会进一步推动偏差的扩大化。因而，克服这些惯性不仅需要花更大的力气，而且需要认真谨慎，防止产生负面作用。

控制是一个连续的过程，它使管理工作成为一个闭路系统。在多数情况下，实施控制既是一个管理过程的终结，又是一个新的管理过程的开始。控制绝不是仅限于衡量计划执行中出现的偏差，控制的目的在于通过采取纠正措施，把那些不符合要求的管理活动引导到正常的轨道上来，使管理系统稳步地实现预定目标。纠正偏差的措施可能涉及重新拟定目标、修订计划、改变组织机构、调整人员配备，并对指导或领导方式做出改变等。这实际上是开始了一个新的管理过程。因此，控制不仅是实现计划的保证，而且可以积极地影响计划的制订。正是由于这个原因，控制活动成为贯穿于整个管理活动始终的一条主线，只要有管理，就必然意味着控制，随着管理活动的开始、管理系统的运行，控制过程也不断地、周而复始地连续展开。

第三节　控制的方法

一、传统控制方法

随着社会的不断进步和管理方法、管理技术的不断革新，管理控制的方法和技术日新月异，层出不穷。但自从人类社会诞生至今，一些被实践证明行之有效的传统控制方法仍在不同组织、部门中发挥着重要作用。

1. 现场观察法

现场观察法是一种最古老、最直接的控制方法。高层管理者通过现场观察，可以发现组织目标与计划的执行、完成情况，了解有关职能管理部门呈报的数据是否属实，了解员工对组织的意见或合理化建议，并及时发现组织运行中存在的问题。职能管理部门通过现场观察，可以了解计划的执行情况以及有关规章制度的遵守情况等信息。而基层管理者通过观察，则可直接对组织任务的完成情况做出判断与分析。现场观察法的最大优点在于可以获得真实的第一手信息。不仅如此，现场观察法还可以帮助管理者发现员工中的优秀人才，判断组织系统的运转是否正常，从下属的合理化建议中获得灵感与启发。此外，现场观察法还可以起到对员工的激励作用，营造一种和谐的组织氛围。

现场观察法的消极作用也不容忽视。比如，下属或员工可能为应付管理者的观察而制造假象，可能将视察视为对他们工作的干涉与猜疑，等等。尽管如此，在组织规模日益扩大、层级节制日趋规范以及自动控制技术充分发展的社会背景下，现场观察法仍是一种值得肯定和提倡的控制方法。

2. 统计数据资料分析法

统计数据资料分析法是管理者对组织或部门活动中的各种统计数据和资料进行分析，发现问题并采取纠正措施的方法。管理者要善于利用组织或部门的统计数据资料进行控制，以增强控制的针对性、有效性。一般而言，以数据、图表或曲线图形显示的统计数据分析，可以对组织活动的趋势及其相互关系做出明确的判断。

管理者将组织活动的统计数据资料作为控制的重要参考时，应注意保持统计数据资料的及时性和真实性。具体而言，就是要保证统计数据资料定期、无误、以规范的形式（如统计报表）呈报到管理层，从而使领导见微而知著，及时消除因种种意外情况和环境变化导致的工作偏差。

3. 专题报告分析法

专题报告是用来向管理者全面、系统地阐述计划进展情况、存在问题与原因、采取的措施及效果、潜在的问题等情况的一种形式。通过对专题报告的分析，有利于管理者对具体问题进行控制。例行的会计与统计报表虽然能提供一些必要的信息，但往往不充分。这时，管理者可以利用专题报告分析法进行控制。

专题报告的主要目的在于为管理控制提供必要的信息依据，它一般由部门或下级单位完成，也可由领导身边的参谋小组完成。一般来说，从事复杂业务活动、富有经验的领导者做深入调查的时间往往受到限制，但他可以聘用数名训练有素的分析人员，组成一个参谋小组，让他们专就某一个重要问题开展调查研究工作，然后做出专题报告。这种参谋小组具有敏锐发现问题的能力，他们所提出的专题报告，对改进组织活动、提高组织绩效具有异乎寻常的作用。参谋小组所提出的专题报告应具有以下特点：及时；重点突出；简洁扼要；提出中肯改进意见；等等。一般情况下，管理者对报告质量要求的程度决定了运用专题报告进行控制的效果。

4. 人员控制法

管理者在人事管理方面的控制工作，具体体现在员工工作表现、成绩评价和主要人事比率的分析两个方面。

管理者对员工的表现与绩效进行全面、客观的评价，有利于激励先进，督促后进。这种评价、鉴定与分析可分为以下几个步骤：第一，工作分析。即管理者对员工所从事工作、岗位的内容进行具体、细致的分析。第二，制定工作标准。即在工作分析的基础上，管理者要制定衡量员工能力及工作表现方面的合理标准，以利于衡量员工的工作表现、绩效，并予以相应的奖惩。第三，衡量、鉴定员工的工作表现及成绩。其方法既可以是抽样检查，又可以是现场检查。管理者要结合实际情况，客观、灵活地把握工作标准。第四，评价与反馈。管理者通过对员工工作表现及成绩的衡量，做出相应的评价，并将结果反馈给相关人员。第五，分析组织中各种人员的比率与组织任务、组织目标的关系。组织中的人员比率，主要有管理者与业务人员的比率、后勤人员与业务人员的比率、员工调动的比率、员工旷工缺席的比率等。通过分析这些比率关系是否合理，管理者可以发现组织中存在的问题，并采取适当的措施，合理确定组织中的各种比率。

二、现代控制方法

1. 程序控制方法

程序是对组织或部门中操作或事务处理流程的一种描述、计划与规定，它确立了处理那些重复的例行问题的标准和方法。程序具有以下特征：

第一，程序是一种优化了的计划。程序是对组织中日常工作过程及工作方法的提炼与规范，它明确了处理组织中日常问题及处理物资流、资金流、信息流的例行办法，为组织人员提供简捷、明确、实用的行动方案。

第二，程序具有系统性。管理者只有认识到程序原本是“系统”，才能充分发挥程序控制的作用。一个复杂的管理程序，往往会涉及多个职能管理部门、工作岗位、主管与专业人员，以及各种类型的管理活动，如调研、计划、审核等。因此，应将管理程序视为一种系统，用系统的观点和方法分析并设计程序。

第三，程序是一种控制标准。程序通过文字、格式与流程图等方式，对组织的业务处理过程做出严格而明确的规定，既便于执行者按程序办事，也便于管理者的督促与检查。

程序控制是依据程序所提供的标准而展开的控制活动。由于程序通常都会影响到组织内部的各个部门，所以依据程序开展控制是十分必要的。另一方面，不合适地运用程序控制法，往往会带来一些副作用，比如抑制组织内部的创新活力，不能对环境变化做出及时反应，滋生组织的官僚化倾向，等等。

程序并非任何情况下都是有效的，我们称之为程序失效。导致程序失效的因素是：

（1）程序冲突。组织内部不同的职能管理部门为了各自的运行，会试图建立一些本部门的程序（制度），如果这些程序（制度）之间缺乏有效的协调，难免会造成程序的交叉、重叠、矛盾等冲突现象，从而导致程序失效。

（2）过分依赖程序。管理人员在解决出现的问题时，应综合运用程序、授权、指导、沟通、协调等手段。如过分依赖程序的控制作用而忽视其他手段，则往往造成相反的效果。

（3）程序过时。现代社会中，组织面临的是高度开放、瞬息万变的外部环境，组织应根据环境的变化不断调整目标和计划。程序是为组织目标和任务服务的，如果程序不能随组织目标和任务的调整而相应调整，则程序就会因过时而失去效用。

（4）对程序不了解。如果管理人员对程序的内容知之甚少，不了解程序运行所需要的成本，或不能及时消除程序之间的冲突现象，那么程序的失效就难以避免。

实践中，管理者要实现有效的程序控制，避免程序失效，应注意以下几个方面：

（1）将程序视为一个系统。从系统的观点分析，任何一个程序都是一个系统；同时，从组织的整体角度分析，程序又是一个更大系统的有机组成部分。将程序视为系统，有助于管理者追求组织整体的最优化而非局部利益，可以促使管理者从整体角度分析并设计程序，使各种程序的重复、交叉与矛盾减少到最低限度。

(2) 将程序减至最少。很明显，程序控制存在着一些弊端，如对环境的适应能力较差，不利于调动员工的积极性，往来公文过多，增加办公费用，等等。因此，管理者应充分考虑这些因素，将程序减至最低限度。

(3) 保证程序的计划性。从本质上看，程序也是一种计划，进行程序设计必须服务、服从于组织整体目标的实现和效率的提高。管理者在制定程序时，必须充分考虑其必要性、可否收到预期效果以及是否有助于实现计划等问题，否则，程序就会成为影响组织生存与发展的消极因素。

(4) 关注程序运行所需的费用。对程序进行分析，应考虑其运行费用因素。尽管程序运行中的一些费用是无法准确估算的，但评估程序的运行对促进程序的合理化、减少程序运行成本是十分有益的。

(5) 控制程序的运行。这需要做三方面的工作：一是将有关程序的规定汇编成册，发放给组织中的管理者及员工；二是培训、指导员工进行正确的程序操作，使员工明确制定程序的必要性及目的；三是采取有效措施，确保员工可以及时、正确地接受新的程序，保证员工按照预期的要求开展工作。

(6) 使程序具有权威性。确保程序控制的有效性，应满足两方面的要求：既要保证程序设计的合理性、科学性，又要严格执行既定程序，保证程序的权威性。怎样才能保证程序的权威性呢？具体而言，程序的科学性与合理性是基础；管理者应成为遵守程序的典范；实现程序监督的规范化、制度化、长期化；等等。

2. 预算控制方法

预算指组织或部门在一定时期内有计划的财务活动的表现形式。预算作为一种主要的控制手段，属于计划的范畴，是对未来一段时期内组织收支情况的设计。管理人员可以根据预算指标来衡量计划的执行情况，并据以采取有针对性的控制行动。

预算种类众多，这里按照内容划分，将预算分为经营预算、投资预算和财务预算三类。

经营预算，是指经营性组织或部门在日常活动中所发生的各种基本收支的预算。例如，企业的经营预算主要包括销售预算、生产预算、直接材料采购预算、单位生产成本预算等。其中，销售预算是预算控制的基础。

投资预算，是指针对组织或部门的固定资产购置、改造、更新、新建等投资活动，在可行性分析的基础上编制的预算。它具体反映了投资时间、数量、资金来源、预期收益等情况。一般而言，投资预算应与组织的发展战略紧密联系起来。

财务预算，是指组织或部门在计划期间内，反映有关现金收支、经营绩效及财务状况的预算，主要包括现金预算、预计收益表与预计资产负债表等。财务预算可以成为各项经营业务和投资的整体计划，故亦称“总预算”。

预算作为一种重要的控制工具，具有有利于管理者制定控制标准、协调组织资源、评价组织对资源的运用情况、对管理者和员工工作进行评价等作用。但是，在实际的预算编制和执行过程中，由于过于推崇预算方法的作用，或预算编制本身的失误，会导致出现一些副作用，比如缺乏灵活性、过于烦琐而难以执行、预算目标实际上取代了组织目标，等等。所以，必须慎重选择预算控制的具体方法。实践表明，以下两种方法能够有效地避免传统预算方法可能产生的负作用：

（1）零基预算法。

零基预算法与传统的预算法截然不同。传统的预算编制，一般均以基期的各种项目费用的实际开支为基础，根据计划期间各种变动因素的情况来确定各项费用。零基预算法则不然，其基本的指导思想是在编制预算时，不以过去的实际开支为标准，而以组织目前的需求和发展趋势重新估量，通过对每项费用开支合理性的重新审定，在成本-效益分析的基础上确定预算。

与传统的预算方法相比，零基预算具有以下较为明显的优势：有利于控制组织内部的各种随意性开支，对组织的预算膨胀趋势起到制约作用，可大大节约成本；有利于高层管理者将精力集中于战略性的重大项目上，并将组织的当前目标、实现的效益与长远目标有机地结合起来；有利于对整个组织做全面的审核；有利于提高管理者在计划、预算、控制等方面的水平。

零基预算的编制，可分为以下几个步骤：

第一，管理者在审核预算之前，应明确长远目标与近期目标之间的关系，建立起可以量化考核的目标体系。

第二，审核预算时，以零为基点评价组织的一切活动。要求所有申请预算的项目或部门均须提交下一年度的计划；凡新增项目，必须提交可行性分析报告；所有继续进行的活动或项目，均须提交计划完成情况的报告；等等。

第三，确定真正必要的项目或活动之后，根据新的目标体系重新确定各项管理活动的先后次序。

第四，进行成本-效益分析，科学审定每项工作的支出和收益，编制预算，使资金按照重新核定的标准支用和回收。

（2）项目预算法。

项目预算法是一种把组织目标分解为项目，从项目出发合理配置资源的方法。这种预算法兼顾了组织可用资源状况，着眼于目标及规划的实现，强调项目成本的最小化。因此，项目预算法不仅适用于各类企业，而且还广泛应用于政府的管理工作中。其主要特点有二：

一是强调选取实现组织目标的最佳项目，着眼于对实现项目各种方案的费用效果分析。费用效果分析是指对不同方案实现目标的效果及所需费用进行综合评价，在此基础上择取最佳方案。通常情况下，可以运用数学模型对费用与效果的关系、变化模式进行定量化描述。

二是按规划的项目进行分阶段拨款，而不是简单地按会计科目在过去的基础上分配资金。例如，某国家的国防部运用项目预算法，将款项分为研究、制造、试验与评定四类项目，分别拨付海、陆、空三军及国防部的独立单位。同时，将上述四类项目分为 340 个分项。为了对项目拨款进行审核，还需要确定 340 个分项中每一分项的费用水平，以此作为拨款的标准。如果某项目的某一分项预算超过了标准，则必须履行特别的审批程序。

另外，受主客观因素的制约，在公共部门内部推行项目预算法也面临着一些困难，主要包括：

一是公共部门现行的会计制度与实行项目预算的要求还不相适应。

二是公共部门往往缺乏明确、具体的目标，这无疑会阻碍项目预算的实施。

三是公共部门中的财务人员习惯于传统的预算方法，可能会对新的预算法产生抵触情绪。

四是目前尚缺乏完整的进行费用效果分析的目标与方法体系。

尽管项目预算法的推行面临着诸多困难，但作为改革公共部门、实现有效管理的有益尝试，项目预算法毕竟是一种有巨大潜在意义的控制方法，应在实践中予以推进和完善。

3. 全面控制方法

在管理领域，大多数控制方法都是针对某项具体工作、任务而设计的，这些方法在组织或部门的整体控制方面具有一定的局限性。另外，许多控制方法是以对背离计划的偏差进行评价、分析所获得的信息为依据。那么，有没有一种控制方法，使得在工作、任务开展伊始就能够预防偏差的产生呢？全面控制方法可有效地解决这些问题。

全面控制方法是针对局部控制方法的局限性而产生的，它包含多种具体的控制方法。通过运用这些方法，管理人员能够根据组织（或者组织的部门、某一工程项目）的战略目标来衡量、评价其整体工作成效。管理实践表明，全面控制方法在很大程度上借助的是财务控制方法，组织可以通过对经济指标和财务方面的测量来达到控制目的。因为对于经营性组织而言，资金是其获得生存与发展的基础，利润是衡量组织效率的最直观的标准。即使对于非经营性的组织而言，开展全面控制一般也是运用财务控制方法的。

全面控制方法主要有损益控制法、投资报酬率分析法和管理审计等。

（1）损益控制法。

损益控制法是指根据组织或部门的损益分析表，对其经营状况、管理绩效进行综合控制的一种方法。因为损益分析表能够显示该组织在一定时期内损益的具体情况，进而有助于说明直接造成损益的各种因素，管理层可以根据分析结果对组织的利润、支出或直接影响利润、支出的因素进行控制。损益分析有助于发现组织中全局性的问题，并使控制工作针对关键问题而有的放矢。

损益控制法也存在一些局限性，比如：核算工作和组织内部的票据传递的工作量很大；在全面衡量组织的总体工作绩效方面存在一些不足之处；运用这一方法要求部门的负责人拥有相当大的自主权，所以可能不利于组织内部的协调和统一；有些公共部门缺乏收入、利润及支出的统计，因此，适用损益控制法面临一定的困难。因此，在运用损益控制法时，要注意采取措施尽量避免它的负面影响。

（2）投资报酬率分析法。

投资报酬率分析法的基本做法是，以投资额与利润之比，从绝对数和相对数两方面衡量整个组织或组织内部某一部门的绩效并依此进行控制。许多组织都把这一方法作为评价组织整体工作绩效的主要方法。投资报酬率分析法与损益控制法具有相似之处。二者的区别在于：投资报酬分析法不是将利润视为一个绝对的数字，而是将其视为组织运用投资的回报。投资报酬率的计算方法是：

投资报酬率＝利润总额/投资总额×100％

在实行分权制或事业部制管理的组织或部门中，投资报酬率分析法有助于促使事业部的管理者从组织最高主管的角度分析本部门的经营状况，实现各分权单位的目标与组织整体目标之间最大限度的一致化。这一分析方法的局限性也显而易见，因为建立一个有效的投资报酬率控制系统并非易事；而且，它不利于管理者创新意识与风险意识的培养，使管理者在新产品、新技术的投资方面受到限制。

（3）管理审计。

管理审计指组织或部门全面、系统地评价、分析管理工作绩效的一种控制方法，其实质就是针对整个组织开展的审计。它是一种侧重于管理职能方面的审计，力图从宏观上发现并纠正管理工作中出现的问题，因此被认为是一种发现问题的最全面、最有力的控制技术。管理审计与内部审计的区别在于，后者涉及的范围较广，是对组织经营状况的审计，而管理审计的目的则仅仅是评价管理工作或者管理系统的质量。

通常情况下，管理审计指的就是外部审计，即由组织或部门以外的专业审计机构对某一组织或部门的财务程序、财务经济往来情况进行有目的的综合检查。要保证管理审计的质量，必须做到以下几点：

一是开展管理审计的公司应该是专业的和被社会公认的，它能够胜任评价组织管理系统及其管理人员素质的任务。

二是开展管理审计的公司应该是独立的，以保证审计结论的客观性。

三是开展管理审计的公司应熟悉审计工作和管理服务工作，并开展充分的内部调研，制定科学的评价标准。

四是开展管理审计的公司及其管理审计活动得到审计对象的管理层和顾问小组的帮助与支持。

第三编
管理方法与技术

第十章　系统分析、网络计划与精益管理

系统分析是为解决人类生活和社会系统中不断涌现出的众多复杂问题而发展起来的一种以人为中心、为管理决策服务的科学和技术。网络计划是指运用网络图全面反映整个工作的流程，它是关键路线法和计划评审法的综合。精益管理是以一种集约化、精益求精的管理思维和方法来寻求最少的投入和最大的产出。本章主要阐述系统分析方法与技术、网络计划方法、精益管理方法与技术的原理与运用。

第一节　系统分析方法与技术

一、系统分析的概念与作用

早在 20 世纪 20 年代，一般系统论的创始人、奥地利理论生物学家贝塔朗菲就已经提

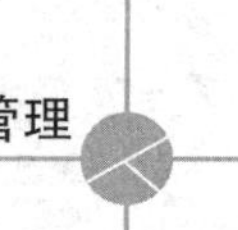

出系统的概念。直至1968年贝塔朗菲发表了《一般系统理论：基础、发展和应用》才最终奠定了该学科的学术地位。系统分析方法是于20世纪50年代被引入中国的，到了80年代才由著名科学家钱学森对系统科学做出了全面的研究。可以说，系统科学是一门较新的学科，但它发展很快，如今已被广泛地应用于通信理论、生物和系统工程、哲学、经济及公共领域的分析和研究。

系统论在不同的应用学科具有不同的内涵，但作为一般系统论，贝塔朗菲认为，"系统是处于一定相互联系中并与环境发生关系的各组成部分的整体"①。钱学森教授则提出把"极其复杂的研究对象称为系统，即相互作用和相互依赖的若干组成部分"②。这里我们主张把系统定义为：由相互作用、相互依赖的若干组成部分按照一定规律结合而成的，具有特定功能的有机整体。

系统分析是一种决策辅助技术，它采用系统的观点和方法对所研究的问题进行分析并提出各种可行的方案或策略，进行定性和定量的评价，帮助决策者提高对所研究问题的认识程度，以便选择正确的行动方案。

系统分析应用在不同的专业领域中，有不同的分析方法和途径，不同学科的专家可结合自身学科的特点发展出各自系统分析的定性和定量工具。系统分析是一门具有普适性的学科。它能够解决政府、企业、军事、工业、农业、服务业、交通和通信等方面的各种特殊的管理与计划问题，提供加以验证的理论、模型和技巧。而且当旧的体系不再具有实用性时，系统分析还可用来评估是否需要重新修改有关的理论、模型和分析技术，并提供相应的手段。

系统分析具有十分重要的作用，表现在几个方面：促使决策者用整体的眼光看待问题，避免片面性和盲目性；提高决策者的决策效率，增强决策能力；帮助人们理解政策决定，从宏观的角度进行政策研究和比较；为人们研究系统要素提供理论指导，并鼓励人们注意各系统中的层次结构和特点；有助于开拓新的知识领域。

系统分析也有其局限性，并不是所有的问题都适合用来做系统分析。比如，有些问题凭借决策者的经验就可加以解决，进行系统分析成本过高；盲目迷信定量分析、模型分析，忽视了问题的文化、价值、理念等非理性背景；政治色彩浓重或涉及权力干预的问题，系统分析相对来说就失去意义。

二、系统分析的内容与过程

1. 系统分析的内容

系统分析是一种复杂的工作，根据不同的切入点可进行不同内容的分析。根据系统的组织情况和与外界的关系，可以对系统进行整体分析、结构分析、层次分析、相关分析和环境分析等。

（1）整体分析。整体分析是系统分析必不可少的一部分，系统论的核心思想之一是

① 贝塔朗菲．一般系统论的历史与现状．外国社会科学，1978（2）．

② 钱学森．论系统工程．长沙：湖南科学技术出版社，1982：10．

“整体大于各部分之和”，只有把系统作为一个整体来把握时才能看清其本质。因此要追求对整体进行优化分析，达到目的的过程即是整体进行提高的过程。

（2）结构分析。结构指的是系统内部各个要素的排列组合方式。系统中的要素按照不同的组合方式排列，就会使系统整体产生不同的性质和功能。进行结构分析的目的就是要通过研究结构，对各要素进行适当的组合，从而达到系统功能优化的目的。

（3）层次分析。系统既有结构又有层次性。系统的层次性既可从“等级性”上考虑，又可从“侧面性”上考虑。等级性是指任何一个系统都可以从高到低，或者从低到高分成若干等级。侧面性则指系统内的任何一个级别都可以分成若干个既独立又相互联系的部分，而部分又可以看成该级别内的下一个层次。

（4）相关分析。系统中的要素并不是孤立存在的，相反，一个要素的变化会引起其他要素的变化。同时，系统外部环境的变化也会影响到系统的变化，系统的变化又会反作用于环境。这种相关关系是可以测定并予以量化的，其结果就是找出相关系数。

（5）环境分析。环境是系统存在和发展的外部条件，实际上环境分析就是一种系统外部关系分析。同时环境分析又与系统分析密切相关，任何一个系统都不可能脱离环境而孤立存在。环境与系统是相互作用、相互影响的关系。系统与环境进行物质、能量、信息的交换，从而维持自身的动态平衡。

2. 系统分析的过程

在应用系统分析解决问题时，必须遵循以下逻辑过程：

第一步，确定目标。目标既是系统分析的一个构成要素，也是系统分析的出发点。目标的确定需要考虑系统环境要求以及系统本身的优势和存在的问题。目标需要具有可行性与合理性，一旦目标出现错误，那么整个系统分析即失去价值。

第二步，拟订方案。在确定目标之后，下一步就要对实现目标的方案进行拟订。分析者要尽可能地寻找或设计出实现目标的各种备选方案，并分析各个方案的优劣。

第三步，选择可行方案。对范围广泛的备选方案进行比较和评估，筛掉不可行的方案，最后选定最有希望获得成功的若干方案，以备进一步分析。

第四步，选择计算准则。计算准则是人们用来评估可行方案达到目标或结果程度的尺度。计算准则的选择要根据所研究问题的复杂程度和性质，以及分析要求的解析水准等来确定。计算准则提供了一种将目标、可行方案和结果联系起来的工具，包含准则指标、变量规模、风险和不确定程度等。

第五步，应用模型技术。模型是系统分析中一个常见的量化工具，它可以用来研究或预测采取一项行动的结果，而不必等到实际采取行动之后再去衡量。在系统分析中，应用模型技术的主要内容包括模型建构和模型体系的分析技术。选用的模型类型及其定量程度取决于所要研究问题的变量规模、参数关系和选择的方案数目等。

第六步，生成要输入的数据。在系统分析过程中，数据的收集至关重要，既要利用现有数据，又要通过分析和预测产生新的数据，还要尽量获取实际的运行数据，然后根据计算准则、模型的要求确定所需要的输入数据，并制成相应的格式。

第七步，运行和操作模型。当数据齐备并输入模型之后，模型就可以运行，并得到在各种不同情况或行动方案下的计算结果，进行灵敏度、风险和效应分析。

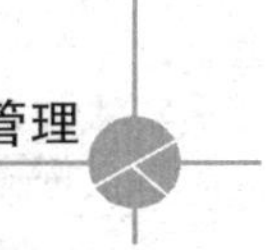

第八步，分析结果。在模型运行并得到结果之后，就要对结果进行分析，做出可行方案的排序，提出效应分析结果和推荐意见，编写出各种必需的文件和说明，提供给决策者作为决策的依据。

第九步，回馈。可行性方案选定并执行后，要对执行的结果进行评估，并最终回馈给分析系统，以便在下一次进行系统分析时吸取经验和教训。

以上环节形成了系统分析的完整过程。系统分析过程实际上是一个数据处理与信息转换的过程。从系统分析的起始工作开始，一直到采取决策行动为止的每个步骤和环节都有着信息分析的成分。因此，系统分析是一种解决问题的基本工具，系统分析人员必须对系统的状态、系统的变化、系统的信息给予足够的注意。

三、系统分析的方法和技术

1. 系统分析的方法

与社会科学的一般方法论一样，系统分析的方法论也有三个相互关联的基本范畴：行为研究、价值研究、规范研究。行为研究解决“是什么”的问题；价值研究回答“喜好什么”的问题；规范研究解答“应该是什么”的问题。

此外，系统分析还要研究可行性问题，即回答“这样做是否可能”。可行性研究回答的问题是：这样做是否行得通？领导和社会大众是否会同意这样做？可行性研究是对规范研究中所提出的方案进行全面考察，以确认其是否在客观现实的能力与可能之中。系统分析的可行性研究是一个系统，包括政治可行性、经济可行性、社会可行性以及技术可行性等。这些方面的可行性分析各自发挥着不可替代的作用，同时它们又是相互联系、相互作用的。这就要求决策者或分析人员在进行可行性分析时，适当考虑好先后顺序、限制条件、单独考虑的时机、综合考虑的时机、可能得到的收益以及潜在的问题等。

2. 系统分析的主要技术

从某种意义上说，系统分析过程就是在系统分析方法论的指导下，运用定性、定量分析技术对所研究的问题进行分析和评价。系统分析的方法论和技术是保证进行系统分析活动的重要工具。系统分析作为一种科学的决策辅助技术，主要包括定性分析与定量分析两类。

（1）定性方法。

任何系统都有一种质的规定性，系统分析的定性方法就是从事物的质的方面考虑，把有关性质分析甚至某些超理性因素都包括在内的分析方法。系统分析的定性方法涉及许多方面，除了可行性分析之外，还涉及超理性分析、社会文化分析、未来分析等方面。

理性化的分析方法认为，严密的逻辑推理是获得最优化决策结果的唯一合理方法。依靠那些不能直观的、不可把握的超理性，只能得到含混不清的政策结论，并因此将政策实施引向失败。理性并不是任何情况都可以或可能得到的，而超理性分析方法恰恰是与理性分析方法相对应的一种系统分析技术。

超理性因素是指使人脑不经过逻辑思维作用就直接产生行为和决策的各种因素。例如，判断、直觉、创造力、洞察力、预见能力、隐含的知识、信仰、领袖的魅力、忠诚、意志、超感交流，以及人对客观事物所产生的心理体验。由于各种超理性因素常常对系统分析过程产生重要影响，事实上，领导者有时就是根据直觉判断做出正确决策的。

社会文化因素在很大程度上也是主观的、非定量的考虑。社会文化分析与超理性分析有相似之处。在系统分析中，如果忽视了社会文化因素，就会变得机械、简单、幼稚，歪曲社会事物真相，甚至把某种完全错误的观念或事实当作分析工作的基础。下列因素在社会文化分析中应该被考虑到：发展因素，如社会前进方向、公民进步程度、发展阶段预测、社会效率提升、改革计划、社会思潮等；环境因素，如民族意愿和自尊、政治上的稳定与局限、国际经济关系、教育与知识水平、历史习惯、宗教价值观等；组织因素，如权威和领导能力、集中与民主程度、职工满意程度、工作态度、职业安全感、承担责任的意愿、雇员士气以及创造性、流动性等。管理中，有时一种正确的管理理论却得不到预想的结果，就是因为它与社会文化或价值观不相容，而失去了实行的基础。

系统分析中，未来分析是很重要的。从某种意义上讲，系统分析是人类干预自己命运的工具，而未来分析则是路标。未来分析要做的工作是：预测并确认一系列未来环境的不同状况及相应的政策要求；明确规定各种假设和价值标准并对未来进行规划；通过灵敏度分析将当前的政策制定和不同的前景联系起来；广泛考虑政治、经济、社会和技术上的政策可行性；根据过去和当前的趋势，包括那些没有先例的情况，确定重要的政策问题并预测有可能产生的危机等。分析人员在对未来进行思考和研究时，经常会面临组织内部的障碍。如组织的急迫问题和日常繁忙的工作通常会“挤掉”对未来进行分析的时间，管理和决策人员常常把最主要的力量用于解决当前的急迫问题；大多数领导者偏爱短期的具体项目和特殊的目标，而不重视不确定的未来，或者不愿意把今天的资源用于尚无明确目的的、不确定的明天；有关未来的规划，往往同时意味着将权力交给规划者，或使那些建议被组织采纳了的人得到某种发挥作用的机会，从而导致另一部分人的抵制等。因此，分析人员必须善于摆正未来分析和当前工作的关系，向领导者讲清楚情况，做好群众的思想工作，这是系统分析人员必须面对的又一任务。

（2）定量方法。

系统分析中的定量方法，是指借助于经济学、数学、统计学、计算机科学以及决策理论等来进行逻辑分析和推理，以求得更精确地认识和把握系统的方法。由于定量分析能使有关的知识精确化、专门化、条理化，使量的比较成为可能，因而它比其他方法更客观、准确和严密，能够直观、具体、明确地反映和发现研究对象所处的状态及运动变化。

系统分析中的定量分析可以分为确定型分析和随机型分析。

确定型分析方法和技术是指那些可用于只有一种势态，并在做出可接受的假定之后，其变量、限制条件、不同的选择都是已知的，因而其结果也是确定的或可以预见的方法或技术。它又分较多的类别，各有其适用的范围，并且需要不同的知识支持。当然，它都是在数学基础上运作的。

随机型分析方法和技术是指应用于不确定型或风险型决策的分析方法与技术。当存在

一个以上势态，并且需要估计和确定每一种可能的状态时，就要碰到随机模型问题，这就需要计算在每一种势态下用每一种决策选择所得的输出结果。因而可供选择方案的数量将很大，这时就可以用数学、统计推理和概率论等学科的方法，在可以接受的假定条件下减少不确定性。有时，随机的局面可以化为确定性模型来处理，如从可能发生的多种情况中选择一种最有可能发生的未来势态，或只分析其中最坏的态势或最好的态势等。

第二节 网络计划方法

一、网络计划方法的产生与运用

网络计划方法是指应用网络图全面反映整个工作的流程、计划内各项工作之间的相互关系和进度，通过时间参数的计算，找出关键路线与机动时间，以对计划进行优化的一种科学管理方法。它是关键路线法和计划评审法的综合。

网络计划方法起源于美国。在 20 世纪 50 年代以前，人们曾广泛地应用横道图来反映和制订计划。横道图又称甘特图，是由美国人 H. F. 甘特发明的。编制横道图的方法，是将生产或工作任务的组成工序，按照完成任务的顺序和时间，画在一张具有时间坐标的表格上，并用带状线条（或者组线条等）表示完成各个工序的起始时间、结束时间和延续时间。横道图可以清楚地表明总工期和各个工序的进度安排，对提高管理工作水平，促进生产的发展和行政效能的提高，起到了重要作用。但是这种计划方法也有很大的局限，因为它把计划中的各个工作看成是孤立、静止的工作，而不是把计划看成一个有机的整体。因此，横道图不能表明各个工作（或工序）之间错综复杂、相互联系、相互制约的关系，因而也就分不清关键环节和非关键环节，所以难以通过图表找出缩短工作周期、合理利用资源、降低成本和提高效率的最优方案。这种局限性在庞大复杂的计划中表现得尤为突出。因此，随着生产技术的迅速发展，工程规模不断扩大，管理工作日益复杂，横道图越来越不适应计划工作的要求。在此情况下便产生了网络计划方法。

从 1956 年起，美国就有一些数学家和工程师开始探讨这方面的问题。1957 年，美国杜邦化学公司首次采用了一种新的计划管理方法，即关键路线法（critical path method，CPM），第一年就节约了 100 多万美元，相当于该公司用于研究发展关键路线法所花费用的 5 倍以上。1958 年，美国海军武器局特别规划室在研制北极星导弹潜艇时，应用了被称为计划评审技术（program evaluation and review technique，PERT）的计划方法，使北极星导弹潜艇比预定计划提前两年完成。统计资料表明，在不增加人力、物力、财力的既定条件下，采用 PERT 就可以使进度提前 15%～20%，节约成本 10%～15%。1965 年网络计划方法在我国得到了推广，因为其主要特点是统筹安排，所以它被称为统筹方法。它在科研、军事、生产、管理等方面的应用都在不断扩大。现在，我国各类大型工程项目的管理中已普遍应用这一方法，在对外援建，尤其是“一带一路”建设项目中，获得了很好的效益。因此，也有人把它称为项目管理技术。

关键路线法和计划评审技术是独立发展起来的计划方法，在具体做法上有些不同。CPM

假定每一活动的时间是确定的，而 PERT 的活动时间基于概率估计；CPM 不仅考虑活动时间，也考虑活动费用及费用和时间的权衡，而 PERT 则较少考虑费用问题；CPM 采用节点型网络图，PERT 采用箭线型网络图。但两者所依据的基本原理基本相同，即通过网络形式表达某个项目中各项具体活动的逻辑关系，现在人们又将其合称为网络计划方法。

二、网络计划方法的优点和作用

网络计划方法的优点和作用，主要表现为以下五点：

（1）有利于科学掌握全局。网络图是一种用直观图形表示的、有逻辑和数学根据的计划模型，它能完整地反映一项计划所包含的全部工作以及工作之间的相互关系，因而有助于区分各个执行者的职责，并能有效避免遗漏那些为完成整个计划所必须要完成的工作。

（2）有利于抓住重点和关键。网络计划方法以数量关系反映出整个计划中的关键路线，可使工作人员不把精力浪费在那些对完成整个计划影响不大的非关键工作上，而把主要精力放在关键工作上。在工作进行中又可以通过资讯反馈清楚地发现问题和分析问题，找出症结，明确替代资源，从而找出最好的解决方案。

（3）能够最大限度地提高效率。网络计划方法可以应用最优化原理去合理地安排计划中的各项工作，从而能以最短的工作时间、最少的资源、最低的费用去完成计划任务。

（4）有利于提高预见性。网络计划方法可以使管理人员根据执行计划的反馈信息，及时地预见可能偏离计划的情况，并据此采取相应的措施加以协调，使计划自始至终处于管理者的监督和控制之中。

（5）可以更方便地使用现代工具与技术。网络计划方法可以有效地使用电子计算机，从而大大提高制订计划的效率。可以更好地运用数学知识，更多地运用现代分析技术，从而更科学地安排工作。

总之，网络计划方法在管理中具有较强的科学性和系统性，是按照系统论与系统方法的原则来安排工作和项目的，因而能够使计划工作做到统筹兼顾、全面平衡、科学安排，是一种很有效的计划管理方法。这种方法一经问世，就被迅速而广泛地应用到各个部门，取得了显著的经济效益。

三、网络图的绘制

1. 网络图及其基本概念

网络图是用一系列箭线和圆圈来表明一项任务或一个工程中所有工作的先后顺序和相互关系的图解模型。它是网络计划的基础。要掌握网络图的绘制，必须了解以下概念及其含义：

（1）工程（任务）。它是一个广义的概念，既可代表一项工业工程或建筑工程，也可以代表一项社会管理工程或公共管理任务，有时甚至就是一项工作。一般来说，我们都可以把它看作是需要进行计划的一个系统。

（2）工序（工作）。它是组成工程的基本要素之一，这里是指整个任务的一个工作单

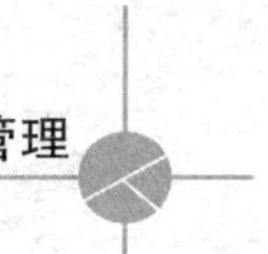

元，它需要一定的人力、财力、物力，经过一定时间才能完成。组成工程的这些工序（工作）之间有严格的逻辑关系。

在网络图中，用实箭线表示工序的活动过程，箭尾（从左开始的网络图的箭线左端）表示工序活动的开始，箭头（箭线右端）表示工序活动的完成。在不带有时间坐标的网络图中，箭线的长短与工序所需时间的长短无关，即箭线的长短可以是任意的。但在带有时间坐标的网络图中，箭线的长短必须按时间坐标的比例绘制。

在网络图中，一般在箭线的上面标上工序活动的名称或代号，在箭线的下面标上工序活动所需要的时间。

任何一项工程都由若干道工序组成，把表示各道工序的多条箭线，按照工程的时间顺序从左至右，以它们的内在逻辑排列起来，就可以为网络图构建出基本框架。

在网络图上除了有实箭线外，还经常出现虚箭线，又叫零箭线，它表示工序时间为零的一种“虚”活动。它既不消耗任何资源，也不消耗时间，因此也没有活动名称，它只是说明工序活动之间的逻辑与关系，表明工序活动间的制约。

根据工序在网络图上的位置、关系不同，工序可分为中间工序、紧前工序、紧后工序、平行工序、串联工序等。

中间工序是指前后都有工序的工序。若有工序B与C，都需要在工序A完成后才能开工，则工序A的紧后工序是B、C，工序B和C的紧前工序是A。平行工序（又称并联工序），是指为了加快工程进度，可以同时进行的工序。但它们的开始时间、结束时间和工序进行时间都不一定相同。串联工序是指首尾相连的工序。

（3）事项（又称节点、事件）。它表示工序的开始或结束，是相邻工序在时间上的分界点，用注有编号的圆圈表示，也就是两个或两个以上箭线的交结点。

根据事项在网络图中的位置，可以把事项分为始点事项、终点事项和中间事项。

始点事项（又称总开工事项），是网络图的开始事项。在始点事项发生之前，任何工序都没有也不能开始，故也称网络始点。一项工程的网络图中只有而且必须有一个始点事项。

终点事项（又称结束事项），是网络图的最后一个事项。在一切指向它的工序完成以前，终点事项不能发生，因此也称网络终点。一项工程的网络图中只有而且必须有一个终点事项。

在网络图中，始点事项和终点事项以外的其他事项，均称为中间事项。中间事项对它前面的工序来说是结束事项，对其后接工序来说又是开始事项。所以，中间事项又可以分为开始事项和结束事项。所谓开始事项是指在网络图中，与一个或多个工序箭尾相连接的事项，即某一个或多个工序开始的事项。所谓结束事项是指在网络图中，有一个或多个工序箭头所指的事项，即这些工序结束的事项。

（4）线路（或路线）。线路是指从网络图中的始点事项开始，顺着箭头所指的方向连续不断地到达终点事项，中间由一系列首尾相连的事项和箭线所组成的通道。只要是事项和箭线不同，都会构成新的通道，因此，一个网络图中会有多个通道，也就是会有多条线路。

2. 工序间基本的相互关系及其表示方法

网络图中工序间的相互关系多种多样，但可概括为两种基本的相互关系，即逻辑关系与组织关系。逻辑关系是指工序之间存在的客观的、固有的、不能随意改变的内在关系，而组织关系则是指由人们的主观能动作用决定的可以改变的相互关系。例如，放映电影只有放映了上集才能放映下集，这是不能随意改变的，这是逻辑关系。又如要办培训班，只有设计了学习内容、有了办班时间和地点才能通知学员来报到，这是不能随意改变的，这也是逻辑关系。但是，是先落实学习内容还是先找办班地点，还是同时进行，这可以由人们主观能动作用决定，是可以改变的，这是组织关系。

由此可见，找出工序间的逻辑关系是建立网络图的基本条件，只有在确定逻辑关系后才能处理组织关系。由于逻辑关系是确定的，在逻辑关系确定之后，网络计划的质量如何，相当程度上取决于组织关系处理得如何，也就是主观的决断水平如何；而进行主观决断时，主要应考虑效果、时间、资源、人力等因素。

3. 绘制网络图的规则与方法

（1）绘制网络图的规则。

第一，网络图是有方向的。工序应按时间顺序从左向右排列。一般来说，随着工程的进度，工序的编号也逐次增大。与网络终点相连的工序，其编号都是较大和最大的。编号也可采用非连续编号，即可留有余号，空着几个跳着排序，这样当事项有增减时，可以局部改动，不致打乱全部编号。但网络图中绝不允许出现编号相同的箭线。

第二，任何一项工程的网络图中只能有一个始点事项和一个终点事项。工程中凡没有紧前工序的工序应统一由始点事项引出，没有紧后工序的工序应统一进入终点事项。

第三，网络图中不能有回路。也就是说，不可以有循环现象，否则将造成逻辑上的错误，使这些工序永远达不到终点。

第四，箭线要用直线（包括斜向直线和水平直线）表示，但也可以用折线，这样便于在图上填写有关时间参数。尽量不画或少画交叉线。在无法避免交叉线时，交叉线可直接通过，但最好设一个小弯表示（也称暗桥）。当一个事项引出的箭线或注入的箭线较多而显得过于密集时，可以用一条“母线”与各箭线相连。

（2）绘制网络图的基本方法。

绘制网络图的方法，一般有顺推法、逆推法、重点工序法三种。

第一，顺推法。顺推法又叫前进法，就是从始点事项开始，首先确定由始点事项开始的工序，然后根据工序之间的衔接关系，确定每个工序的紧后工序。这样，把各个工序都由前面排到后面，一直排到终点事项为止。

第二，逆推法。逆推法又叫后退法，这种方法与顺推法正好相反。它是从终点事项开始，首先确定直接进入终点事项的工序，然后根据工序之间的衔接关系，确定每个工序的紧前工序，这样，把各个工序都由后面排到前面，一直排到始点事项为止。

第三，重点工序法。从最重要的工序排起，考虑哪些工序放在它的前面，哪些工序放在它的后面，按各工序的相互关系来安排。

应用上述三种方法绘制网络图的结果是相同的，一般多应用第一种方法。

4. 绘制网络图的步骤

第一步，确定目标。网络图的绘制应从确定目标开始，即一个组织决定什么任务要应用网络计划方法，要达到的预定目标，应采取哪些技术和组织措施来保证预定目标的实现等。

第二步，收集、研究编制网络图所需的资料。一般分两步完成：一是根据计划的来源

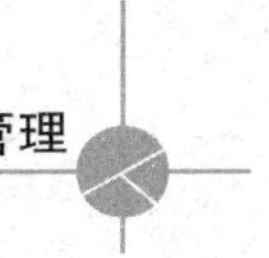

广泛收集绘制网络图所需的资料；二是对有关资料进行现场调查研究。

第三步，划分工序项目。首先可以根据不同的计划要求，将整个系统分成若干层次的分系统（也叫子系统），然后把每一个分系统分解为若干个工序，这样既可以使网络图简明清晰，也便于编制和控制。一般可按下列原则来划分分系统：按不同执行单位划分；按工作时间先后划分；按使用不同的工具、设备和器材划分；按工作方法不同划分。

第四步，确定每一个工序的时间定额和劳动定额。

第五步，确定工序间的相互关系，也就是确定该工序的紧前工序、紧后工序和平行工序等。在确定工序间的相互关系时，应该按照先确定逻辑关系再确定组织关系的顺序进行。最后是列出全部工序的明细表。表中要说明每一工序的名称（代号）、内容、各工序之间的相互关系及所需时间。表 10-1 是研制新产品的多道工序之间的关系和工序进度的示意表。四个栏目分别表示工序代号、活动内容、紧前工序、所需时间（日或月）。

表 10-1　　研究新产品的多道工序之间的关系和工序进度明细表

A	市场调查	—	5
B	产品研制	—	10
C	资产筹备	—	10
D	可行性分析	A	4
E	产品设计	B	7
F	成本计划	D	3
G	生产计划	F	3
H	设备计划	E、G	5
I	器材筹备	E、G	10
J	设备筹备	C、H	10
K	人员筹备	E、G	8
L	设备布置	J	7
M	人员安排	K	5
N	生产	I、L、M	10

第六步，绘制网络图。绘制网络图可以按照如下环节进行：

（1）勾画草图。在勾画草图的时候，要集中全部精力正确地反映工序之间的相互关系，而不必在图形的美观和清晰上下功夫。首先画出没有紧前工序的工序，然后依次画出相关工序的紧后工序、平行工序等。

（2）检查调整。勾画好草图后，应认真检查一下网络图中工序的相互关系体现得是否正确，如果发现错误要予以纠正。最终的结果是所有工序一个不丢，并保持相关关系正确，同时还要使网络图一目了然。

（3）节点编号。按前面叙述的规则进行。

（4）进行综合平衡，选择最优方案。这要在填写各时间参数、计算时差，然后确定关键路线并考虑整个工程生产周期的基础上进行。所谓关键路线，就是网络图上所有线路中用时最长的线路。由于整个工程的时间是由关键路线决定的，因此该线路上的所有工作都没有机动时间，必须完全按计划进行，不能拖延。而时差则是各工序和非关键路线上可提前和延后的时间。为了使工程更有保证，我们可根据各项工作的性质进行网络调整，进行平衡分析，比如重新分析各工序关系，把那些能并列进行的尽量并列进行，这样就能使网络时间缩短，从而找到最优工作方案。

（5）按最优方案绘制执行网络图。在箭线上方标注工序的名称或代号，在箭线的下方标注工序的延续时间。同时需要考虑图面的整洁、清晰问题，如关键路线，应将它画成一条粗线或双线，标画在图的显著位置；工序箭线尽可能采用水平线或水平折线等。

图 10－1 即是根据研制新产品的工序关系和工序时间示意表绘制的网络图。

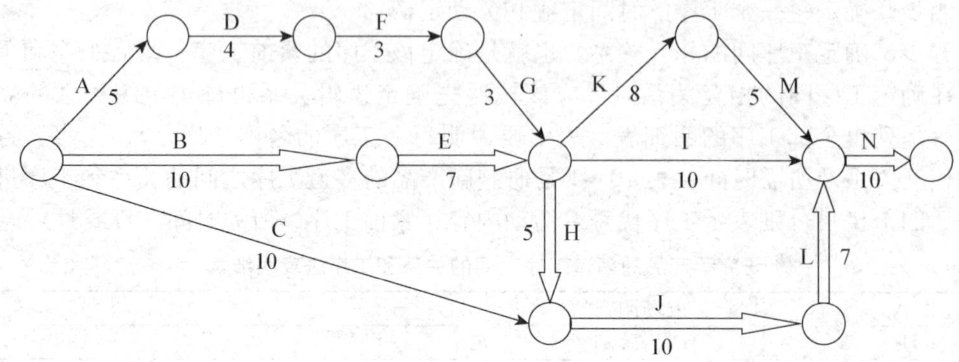

图 10－1　网络图

5. 网络图的简化与合并

一项工程，往往需要由很多的部门和单位共同完成。整个工程的指挥部门需要绘制的网络图经常是跨单位的，因此综合程度比较高，每道工序包括的工作内容较多。它是以各单位完成整个工程局部的网络图为基础的。而各单位绘制的网络图，工序的划分比较细致，每道工序所包含的工作内容较少，因此工序的综合程度比较低。将工序综合程度较低的网络图，合并为工序综合程度较高的网络图，从而使工序数目减少，称为网络图的简化。而把若干个局部的网络图合并成一个网络图，称为网络图的合并。

四、网络图时间参数的计算与关键路线的确定

1. 网络图时间参数

网络图的时间参数主要包括以下几个：

（1）工序时间。即完成某一工序所需要的时间。

（2）工序最早可能开工时间。除没有紧前工序的工序外，任何一个工序都必须在紧前工序完工后才能开工。工序最早可能开工时间就等于它的紧前工序的最早可能完工时间，或称工序最早可能开工期。

（3）工序最早可能完工时间。即从工序最早可能开工时间开工，所能达到的完工时间，也称工序最早可能完工期。

（4）工程最早完工时间。在网络图中的各道关键工序，都按照最早可能开工时间开工，这时的工程完工时间，称为工程最早完工时间，或称工程最早完工期。

（5）工序最迟必须开始时间。即在不影响工程最后期限的前提下，工序最迟必须开工的时间。因为在网络图中的非关键路线上存在时差，各道工序可以允许在一定范围内推迟一定的时间开工，所以对非关键工序，就有一个最迟必须开工时间，或称最迟必须开

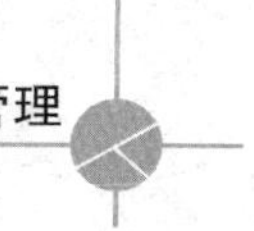

工期。

(6) 工序最迟必须完工时间。即从工序最迟必须开工的时间开工，所能达到的完工时间，或称工序最迟必须完工期。

(7) 事项最早时间。即任何一个事项最早可能开始的时间，是从始点事项起到本事项的最长路线上各道工序的工序时间之和。

(8) 事项最迟时间。一个事项若晚于某一时间，就会推迟工程最早完工时间，这样的时间称为事项最迟时间。一般情况下，终点事项的最迟时间等于工程最早完工时间。

(9) 工序时差。即在不影响工程最早完工时间的前提下，工序的完工期可以推迟的时间。它是工序允许延误的时间。其数量等于工序结束事项（箭头事项）的最迟时间减去工序开始事项（箭尾事项）的最早时间，再减去工序时间。

网络图上的总时差反映了网络计划中各道工序及各条线路上工序时间的不平衡。它在确保不影响工程完工的条件下，可起到调配的作用。关键路线上各工序的总时差均为零。

在编制网络计划时，必须要计算这些时间参数，才能科学确定整个计划中各道工序所组成的线路和关键路线，使其尽量节约时间。

2. 网络图时间参数的计算

计算时间参数的方法有图上计算法、表格法以及矩阵计算法等。其中，应用最广泛的是图上计算法。

不论用哪种方法对工序做出时间估计，都必须注意以下几点：

(1) 确定工序时间不能受工作重要性的影响，即重要就多考虑几天，不重要就少考虑几天。

(2) 确定工序时间不要按照突击速度来估计，始终要按正常速度判断。工期紧张，可通过时间优化的方法来解决，这正是网络计划所要达到的目的。

(3) 确定工序时间时要把工序置于独立的状态下进行估计，不须考虑对其他工作的影响；但对本身工作的影响因素要考虑全面，以保证确定的工序时间比较准确。

(4) 工序时间是计算各项时间参数的基础资料，为便于在图上进行计算，应把它们都标注在网络图的工序线上。

在此基础上我们可计算事项的最早时间、事项的最迟时间、工序的最早可能开工时间和工序的最迟必须开工时间，并标注在网络图上。

3. 关键路线的确定及工作保证

通过时间参数计算，可用找总时差为零的工序的方法最后确定关键路线。

为保证关键路线上各项工作按时完成，可在人力、物力、财力上给予支持。总时差不为零的各道工序为非关键工序，我们可在非关键工序上适当调减人力、物力，用推迟非关键工序完工时间的方法来缩短关键工序的时间。但非关键工序所推迟的时间不得大于该工序的总时差。

五、制订最优的计划方案

通过绘制网络图、计算时间参数和确定关键路线，可以得到一个基本的计划方案。而网络计划的更高目的，在于对基本计划方案进行调整和改善，直至得到最优的计划方案。

具体地说，制订最优计划方案（或称网络计划的优化），就是先根据编制计划的要求，在一定约束条件下，通过利用时差，不断改善计划方案，寻求周期最短、费用最小、资源利用最有效的切实可行的计划方案。然后根据优化的结果做出决策。

最优计划方案的目标不同，可以有不同的优化方法。如可以利用改进工作方法，缩短完成任务（工程）的时间（就是减少关键路线的时间），以达到用最短的时间完成所要完成的工作任务。还可从降低费用的角度，或从合理地利用人力、物力的角度达到选择最优方案的目的。

第三节　精益管理方法与技术

精益管理（lean management），意思是在管理中学习先进方法，探求精益求精，以更小的成本追求更多的效益，以专注的态度和问题意识求得“拨云见日”，去伪存真，达成少而精的目的。在精益思想的影响下，精益管理成为一套有用的管理方法和技术。

一、精益思想的产生及发展

“精益”是精益求精的简称，也包含“少而精”的意思，英文对应的单词是“lean”，有“瘦弱，贫瘠，细小，干瘦，扁平，精确，精准”等含义。简单而言，精益就是指通过学习，做得更好，消耗更少。从历史过程上看，精益思想发展有三个阶段。

1. 精益生产方式的形成与发展

20 世纪 80 年代日本丰田发明了精益生产（lean production）方式，提出了精益企业的概念。该概念始创于丰田公司大野耐一（Taiichi Ohno）实行的即时生产（just-in-time，JIT）概念，其核心是在企业的生产环节及其他运营活动中彻底消灭浪费现象，并随之形成了力求在大批量生产的基础上进一步寻求降低浪费、提高生产效率的精益生产方式。过去，精益思想往往被理解为简单的消除浪费，表现为许多企业在生产中提倡节约、提高效率、取消库存、减少员工、流程再造等。但这仅仅是要求“正确地做事”，是一种片面的、危险的视角。而现在的精益思想，不仅要关注消除浪费，同时还以创造价值为目标“做正确的事”。归纳起来，精益思想就是在创造价值的目标下不断地消除浪费。精益生产的这些理念不仅契合日本民族精益求精、寻求资源利用最大化的特质和精神，而且对于生产管理中的新理念也产生了较大的影响。日本企业在全球化的背景下面临着日益激烈的竞争形势，丰田公司精益思想和实践的成功得到了重视，精益改革成为一个发展趋势。

2. 精益生产理论化

第二个阶段是将丰田公司的这种方式总结升华使之系统化的过程，在这个阶段中，美国是精益思想系统化的推动者。在全球化的竞争浪潮中，日本汽车企业的精益生产方式不仅取得了成功，也引起了全球管理学者的关注。美国麻省理工学院教授詹姆斯·P. 沃麦克等专家通过“国际汽车计划（IMVP）”对全世界 17 个国家 90 多个汽车制造厂进行调查和对比分析，认为日本丰田汽车公司的生产方式是最适用于现代制造企业的一种生产组织管理方式。1996 年，詹姆斯·P. 沃麦克、丹尼尔·T. 琼斯合著的《精益思想》出版，书

中提出精益思想主要就是针对公司如何避免资源浪费和创造财富的问题。至此，精益思想和精益管理被引入国际学者的视野，精益思想也由生产经验上升为管理理论。

3. *精益管理方法和工具的广泛运用*

互联网的发展导致了经济的全球化不断扩张，金融化、虚拟化、网络化等的发展使世界经济越来越互相依赖，信息通畅、物流发达，经济决策也越来越敏捷。这种背景下，精益生产、精益企业对于经济利润具有重要意义。因此，不管是在虚拟还是实体的经济领域，精益管理都得到了应用。精益管理不仅在企业管理领域得到推崇，即便在公共管理领域，精益管理理论也同样受到了青睐。为此有些学者还专门提出了精益政府理念，旨在推动新公共管理运动和新公共服务的产生和发展。甚至有人断言，现在的时代是精益思想革新的时代，要求在现有的基础上，研究如何才能使精益思想发挥更大的作用，如何才能使之与现在高速发展的经济以及高度的信息化相接轨。

二、精益思想的基本原则

20 世纪 50 年代，日本丰田汽车公司的经理大野耐一创造了丰田生产方式，它的基本思想可用现在已广为流传的一句话来概括，即“只在需要的时候，按需要的量，生产所需的产品”。其核心是追求一种无库存或库存达到最小的生产系统，尽量消除生产过程中的浪费。精益思想则是其进一步发展。

对以精益生产为基础提炼的精益思想，有关学者提出了五个原则。这五个原则像是五个步骤，通过不断循环将最终用户价值带入系统中，并将系统中的浪费一层层逼下来，消灭之，如图 10－2 所示。

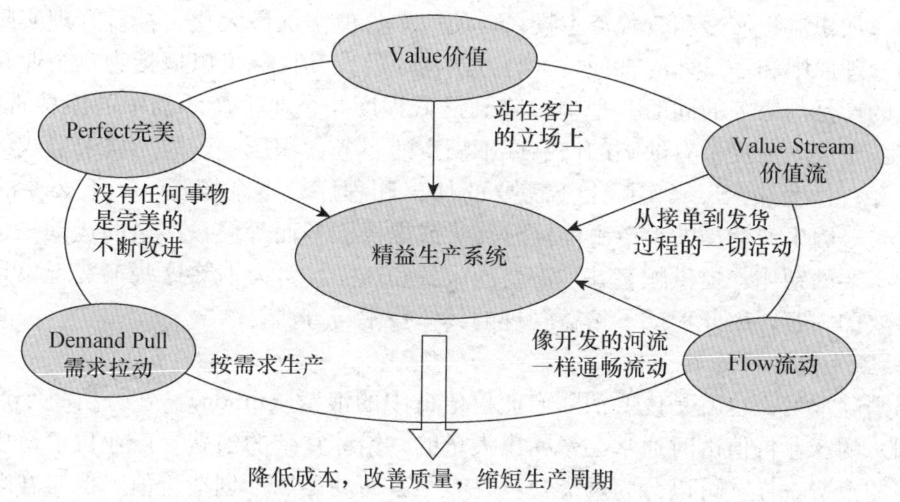

图 10－2　精益生产系统原则示意图

1. *根据客户需求，重新定义价值*

精益思想的关键出发点是价值，价值只能由最终客户来确定。即价值只有由具有特定价格、能在特定时间内满足客户需求的特定产品来表达时才有意义。

2. 识别价值流，重新制定企业活动

识别价值流就是在价值流中找到哪些是真正增值的活动、哪些是可以立即去掉的不增值活动，即浪费。精益思想要求价值流中的各个企业重新思考其经营方法，共同发现浪费，消除浪费。

3. 使价值流动起来

由于根深蒂固的传统观念和做法，如部门的分工、大批量生产等，阻断了本应动起来的价值流。精益思想将所有的停滞视为企业的浪费，用持续改进、JIT、单件流等方法创造价值的连续流动。

4. 依靠客户需求拉动价值流

理解拉动思想的最佳途径，要从一个实际客户表示对一件实际产品的需要开始，然后倒推出把合意的产品交给客户所需要的各个步骤，而不是把用户不想要的产品硬推给他们。拉动原则更深远的意义在于能抛开预测，直接按用户的实际需要进行生产。

5. 追求尽善尽美

价值流中浪费的步骤不可能通过一次改善彻底消除，浪费是被不断发现和具体化的。这就要求我们根据当前的价值流状况设定一个新的目标，重新开始流动和拉动的过程，发现和消除更多的浪费，不断地持续这个改变过程。

三、精益管理的具体技术与方法

精益管理由最初在生产系统的成功管理实践，逐步延伸到企业的各项管理业务；由最初的具体业务管理方法，上升为战略管理理念。它能够通过提高顾客满意度、降低成本、提高质量、加快流程速度和改善资本投入，使股东价值实现最大化。精益管理实际上是由一系列的管理原则和一系列的管理技术与方法构成的。其目标可以概括为：企业在为顾客提供满意的产品与服务的同时，把浪费降到最低程度。企业生产活动中的浪费现象很多，常见的有：错误——提供有缺陷的产品或不满意的服务；积压——因无需求造成的积压和多余的库存；过度加工——实际上不需要的加工和程序；多余搬运——不必要的物品移动；等候——因生产活动的上游不能按时交货或提供服务而等候；多余的运动——人员在工作中不必要的动作，提供顾客并不需要的服务和产品。努力消除这些浪费现象是精益管理的最重要的内容，因此形成了精益管理的具体技术与方法。

1. 精益生产要严格消除浪费

严格消除浪费，也就是说要消除产业价值链中的浪费（muda）。在分析每个产品（或产品系列）的产业价值链时通常会暴露出大量的、错综复杂的浪费。产业价值链中的浪费和企业中的浪费一样，可以分为两类：一是有很多活动虽然不创造价值，但是在现有技术与生产条件下是不可避免的，如为保证质量，焊接处要检验；乘飞机从某市到某市必须要到某处转机的额外旅途（被称为一型 muda）。二是很多不创造价值而且可以立即去掉的步骤（被称为二型 muda）。实际上产业价值链的 muda 是非常多的，常见的有以下几种：

（1）库存的 muda。在生产极大社会化的情况下，由于上游和下游企业之间没有形成信息共享，以及生产计划的相对独立，导致上游企业的产品不能够及时销售出去，造成库

存的浪费。

(2) 过量加工余量的muda。由于信息的封闭导致上游企业给下游企业提供的物料留有太大的加工余量，从而产生材料及加工量的浪费。

(3) 价值链中的“成批”模式造成的过早、过量生产，以及由此带来的库存等浪费。

(4) 流通中的muda。由于企业之间没有形成良好的组合，造成流通环节的效率不高所带来的流通浪费。

要实现精益管理，就要遵循消除产业价值链上的各类muda。精益思想归结了企业中普遍存在的八大浪费现象，主要涉及：过量生产、等待时间、运输、库存、过程（工序）、动作、产品缺陷和忽视员工创造力，而精益生产则要想方设法，坚决控制以上八大浪费。

2. 建立无间断流程，提高总体效益

管理学者戴明说过：“员工只需对15%的问题负责，另外85%归咎于制度流程。”什么样的流程就产生什么样的绩效。精益管理对于流程改进有三点要求：一是改进流程要注意的目标是提高总体效益，而不是提高局部的部门效益，为了企业总体效益即使牺牲局部的部门效益也在所不惜。二是既要注意流程的快速度也要注意应变能力，满足快速应变的要求。为此，要建立无间断流程，将流程中不增值的无效时间尽可能压缩以缩短整个流程的时间，从而快速应变顾客的需要。三是要坚决降低库存。有了高效灵活的流程、稳定可靠的品质之后，低库存和零库存就成为节约成本的一个重要手段。

3. 提倡全过程的高质量，要求“一次做对”

精益生产论者认为，质量是制造出来的，而不是检验出来的。检验只是一种事后补救，不但成本高而且无法保证不出差错。因此，应将品质内化于设计、流程和制造当中去，建立一个不会出错的品质保证系统，一次做对。精益生产要求做到低库存、无间断流程，精益生产必须以全过程的高质量为基础，否则，精益生产只能是一句空话。

4. 基于顾客需求拉动生产，而不是通过生产拉动消费

精益生产的一种方式是准时制生产方式，又称作无库存生产方式（stockless production）、零库存（zero inventories）、一个流（one-piece flow）、超级市场生产方式（supermarket production）。其本意是在需要的时候，仅按所需要的数量生产，生产与销售是同步的。也就是说，按照销售的速度来进行生产，这样就可以保持物流的平衡，任何过早或过晚的生产都会造成损失。这本来是丰田公司早前有的生产方式，精益管理很好地保留了它。

5. 坚持标准化，同时兼顾工作创新

标准化的作用是不言而喻的，但标准化并不是一种限制和束缚，而是将企业中最优秀的做法固定下来，使得不同的人工作时都可以做得很好，发挥出最大的效率。但标准化绝不是僵化、一成不变，标准也需要不断地创新和改进，它要和创新很好地结合起来。

6. 尊重员工，给员工授权

尊重员工就是要尊重其智慧和能力，给他们提供充分发挥聪明才智的舞台，为企业也为自己做得更好。在丰田公司，员工实行自主管理，在组织的职责范围内自行其是，不必担心因工作上的失误而受到惩罚，出错一定有其内在的原因，只要找到原因施以对策，下

次就不会出现了。所以说，实行精益管理的企业雇用的是“一整个人”，不实行精益管理的企业只雇用了员工的“一双手”。

7. 灵活而有效的团队组织工作

在实行精益管理的企业中，灵活的团队组织已经变成了一种最常见的组织形式，有时候同一个人同时分属于不同的团队，负责完成不同的任务。最典型的团队工作莫过于丰田的新产品发展计划，该计划由一个庞大的团队负责推动，团队成员来自各个不同的部门，有营销、设计、工程、制造、采购等，他们在同一个团队中协同作战，大大缩短了新产品推出的时间，而且质量更高、成本更低，因为从一开始很多问题就得到了充分的考虑，在问题带来麻烦之前就已经被专业人员所解决。

8. 精益供应链

在实行精益管理的企业中，供应商是企业长期运营的宝贵财富，是外部合伙人，他们信息共享，风险与利益共担，一荣俱荣、一损俱损。精益生产的目标是降低整个供应链的库存，必须整合出一条精益供应链，使每个人都受益。

9. “自我反省”和“现地现物”

精益文化中有两个突出特点：“自我反省”和“现地现物”。“自我反省”的目的是要找出自己的错误，不断地自我改进。丰田公司认为“问题即是机会”，当错误发生时，并不责罚个人，而是采取改正行动，并在企业内广泛传播从每个体验中学到的知识。他们强调，绝大部分问题是由于制度流程本身造成的，惩罚个人只会使大家千方百计掩盖问题，对于问题的解决没有任何帮助。“现地现物”则倡导无论职位高低，每个人都要深入现场，彻底了解事情发生的真实情况，基于事实进行管理。这种“现地现物”的工作作风可以有效避免“官僚主义”，确保产生的问题直接在生产一线得到解决。

四、精益管理在我国应用的重要性

精益管理带给企业很多实际益处。首先，对于制造型企业而言，主要体现在精益生产，精益生产能大幅度降低库存，缩短生产周期，稳定提高产品质量，节约各种资源（能源、空间、材料、人力），提高各种资源的使用效率，进而推动各种浪费减少、生产成本下降、企业利润增加。同时，员工士气、企业文化、领导力、生产技术都在实施中得到提升，最终增强了企业的竞争力。其次，对于服务型企业而言，精益管理也体现为对市场的快速反应和服务质量的提高，它提升企业内部流程效率，提升对顾客需求反应的敏感度，缩短从顾客需求产生到实现的过程时间，大大提高了顾客满意度，从而稳定和不断扩展市场占有率。基于以上原因，精益生产和精益管理很快走出日本、走向世界，并成为新形势下的一种颇为流行的管理形式和工具，成为一套被普遍应用的管理技术和方法。

我国是从计划经济逐步走向社会主义市场经济的国家，历史发展的轨迹决定了我国经济体制和企业都有着一些特别的特点和实情。在社会主义市场经济发展和完善中，引进和应用精益管理，推行精益管理模式，对我国的企业改革有着重要的意义。

第一，精益管理有利于实现两个根本性转变。一方面精益管理的出发点就是强调顾客确定价值和顾客拉动，而市场经济的基本动力是用户的需求；另一方面，粗放型与集约型

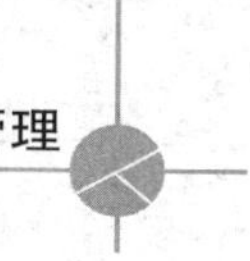

最本质的区别在于是否最大限度地减少各种形式的浪费，合理利用社会资源，提高国民经济的整体效益。

第二，精益管理有利于企业运行模式的改革。在我国部分企业包括部分国有企业中，浪费现象严重，产品开发周期长，成功率低，生产过程库存过大，物资积压，造成资金沉淀。运用精益管理方法，将有助于企业改革原有运行模式，消除浪费。

第三，精益管理有利于企业集团的战略实施。发展企业集团是我国国有企业改革的一个重要战略，企业集团往往由处在生产过程上、中、下游的一组企业形成，如果在企业集团中运用精益管理，将使企业之间相互协作关系更和谐、更紧密，使每个企业都减少库存、提高资金效率，社会资源浪费会大大减少。

我国企业对精益管理的运用正处在起步阶段，我们还需要加强对精益思维的研究和推广，同时要革新观念，树立精益意识，把精益意识和思维贯彻到各项管理中。在有条件的情况下，逐步完善精益管理的各项技术和工具，并拓展其应用范围，以使在企业管理、公共管理及各种专业管理中应用精益管理技术和方法，使我国出现更多的精益企业、精益政府、精益学校、精益医院等。

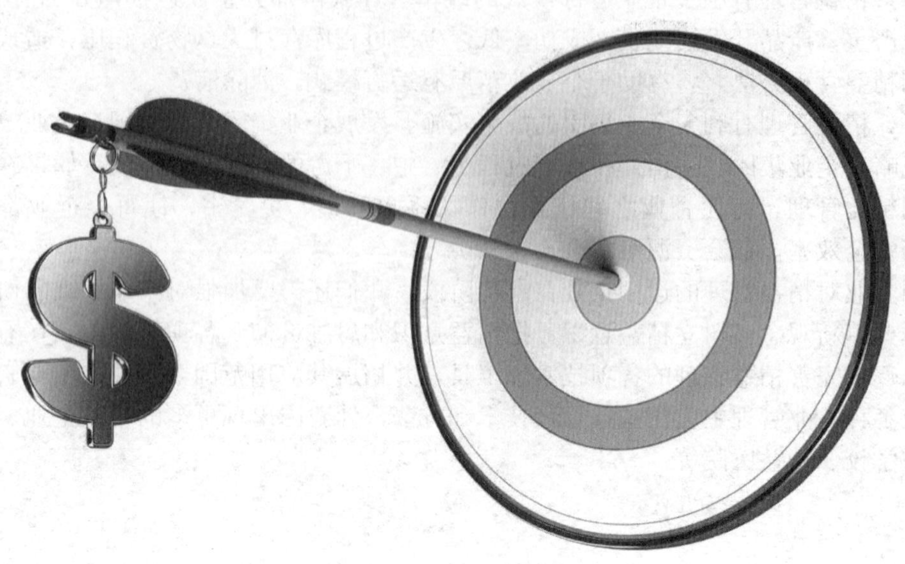

第十一章　目标管理与全面质量管理

目标管理是 20 世纪后半叶由管理学大师彼得·德鲁克在其著作《管理的实践》中提出的一种企业管理制度。经过几十年的实践，目标管理由一种具有特殊目的的管理工具或方法，发展成为一种成熟的管理制度。随着组织环境的日益复杂化，目标管理因其能够带来良好的绩效而引起了更广泛的注意，被各类组织广泛应用于组织计划的实施中，在整个管理领域产生了深远的影响。本章主要阐述目标管理的含义与特点，目标管理的过程，全面质量管理的基本内容、过程与方法，全面质量管理的组织结构等内容。

第一节　目标管理的含义与特点

一、目标与目标管理

所谓目标，就是根据组织使命而提出的部门与个人在一定时期内通过努力要达到的理

想状态或希望获得的成果。目标是管理的基础，它构成了整个管理活动的方向和评价标准。在操作层面上，我们可以将组织目标看作是组织内的人们在一定时期内要努力达到的预期结果。因此，目标至少包含两个方面：一是工作内容；二是达到程度。

人们在描述组织目标时，通常会体现出目标的两个特点：一是层次性。在一个以层级结构为典型特征的组织里，目标自然而然地分成不同的层级。组织的总目标是较为模糊和抽象的，随着目标层级的逐步展开，每个分目标将会愈加清晰和具体。下一层级目标是上一层级目标的细化，同时也是上一层级目标实现的手段。通过自上而下的层层分解，或是自下而上的层层综合，使得整个组织形成了一个具有不同层次、不同内容的目标金字塔体系。二是具体性。目标的作用在于为组织中的各级管理人员提供适当的标准、方向和指导。因此，制定的目标必须保证目标执行者的具体明确、目标标准的具体量化、目标实现期限的具体清晰。只有这样，才能达到预期的效果。

目标管理是一种程序或过程，它使组织中的上、下级一起协商，根据组织的使命确定一定时期内组织的总目标，由此决定上、下级的责任和分目标，并把这些目标作为组织经营、评估和奖励的标准。[①] 通过参与式的目标设置、实施和评价目标等活动来管理组织的一种技术方法。它实质上是一种面向成果的管理。它对人们提出的要求并不在于工作本身，而是工作成果。目标管理的关键词在于“管理”，而不是“目标”。“目标”仅仅是作为一种达到有效管理的手段。目标管理中的管理制度和一般管理制度一样，是一个由多种要素组合起来的综合体。从过程的角度看，目标管理是由目标的制定、目标的执行、目标实现成果的评价和支付报酬等步骤组成的，中间穿插着各种计划、组织、指挥、协调、激励、监督、控制活动。只有将这些步骤、活动综合起来，形成一整套系统的制度，才称之为目标管理。

二、目标管理的特点

1. 目标管理是一种民主参与的管理模式

目标管理中的目标设立和实施并不是靠自上而下的指令来实现的，组织成员对目标的认可与接受也并非被动接纳。目标管理要求组织的整个目标实现过程都应当有组织成员的广泛参与和基层沟通，在诸如目标的制定、计划的实施、成果的评价、经验和教训的总结等方面都必须有组织成员的充分参与。因此，目标管理是一种民主参与式管理，在保持有效控制的前提下，通过权力下放，充分调动员工的积极性，让更多的组织成员参与到目标的制定中来。同时，激励和培养组织成员的参与制定和执行目标的能力有助于增强组织成员的成就感，提高组织成员的团队意识。

2. 目标管理是一个成果导向的管理过程

目标管理引导管理者从重视流程、管理制度等细节问题转向重视组织的目标。目标管理以追求管理效率的技术理念为指导，将组织目标实现的最后成果看作衡量管理成效的最重要标准。目标管理区别于传统管理，即不能过于强调个体技术而忽视最终目标的实现。

① 方振邦. 管理学基础. 北京：中国人民大学出版社，2016：61.

同时，目标还是有层次的，应当将组织成员的注意力集中在长期目标的实现上，组织管理的一切目的在于成果。

3. 目标管理是一个自我控制的管理机制

目标管理以麦格雷戈的“Y理论”作为人性认识的理论基础。实行目标管理的组织赋予其成员充分而恰当的职责和任务，建立一种上级对下级的信任，认为他们可以积极发挥能力，使员工能够自觉且积极主动地为实现组织目标而做出自己的贡献。与传统管理模式中强调上级监督和控制相比，目标管理是一种自我控制式的管理。

第二节　目标管理的过程

一项完整的目标管理活动，大致可分为目标的制定、目标的实施和目标实现成果的评价三个阶段，它们构成一个完整的循环周期。

一、目标的制定

制定适宜的目标是目标管理的首要环节，目标制定得是否合理、明确将直接影响到目标的实施与成果的评价。因而，目标的制定也被认为是目标管理的核心工作，在此基础上根据组织特点开展下一步的管理活动。

1. 制定目标的标准

设定有效的目标要遵循一定的标准，这里的“有效”既是对各个目标的要求，也是对整个目标体系（即各个目标之间的协调性）的一种限定。因此，制定有效目标的基本准则包括以下几个方面：

（1）具体性。目标要对所期望达到的数量或质量界限实现清楚可控，要对目标最终结果达到具体描述，规定目标应在什么时间内完成。在最大可能的限度内，目标应规定数量，即对金钱数量、出勤率、产量单位、培训时间等都应明确说明。对某些不能定量的地方，也应尽可能用一些具体的特征来说明最终的结果，避免使用含糊笼统之词。

（2）可行性。目标的可行性要求目标的设定要切合实际且数量适当，而且目标实现的方式、手段、途径都是可行的，是有可操作性的。最好的目标，应该是经过努力便可达到的目标。然而，现实中常见的错误是，人们或从主观热情出发将目标定得太高，或是心存畏惧情绪而将目标定得太低。这两种现象，不论是对于管理者个人还是对于整个组织都是有害无益的。不仅如此，对于目标数量的设定也应适宜，不宜设定过多、过于烦琐，要依据内容的重要性设定相应的目标数量。

（3）明确性。目标的描述应该用下属和上级都能清楚理解的语言来表达。如果上下级对目标的理解不一致，目标管理的效果就会受到损害。同时，避免因使用意思含糊之词而导致目标管理失效情况的发生，不仅如此，为使目标表达明确，应尽量采用书面形式。

（4）弹性。管理人员总是希望通过目标管理取得不断进步，因而，在制定目标时总是从严从难，但是这种做法会起到适得其反的作用。因为，目标是针对未来的行动方向，其

制定需要依赖于对未来情况的预测，然而预测通常会与客观实际有一定的距离，因此，制定目标时应充分了解这一点，让目标保持一定的弹性，以便更好地实现目标。

（5）一致性。目标管理的一致性包含两方面的含义：一是管理人员的目标必须与其权限相一致。如果批准了管理人员的目标却不授予其相应的执行权限，就会导致目标的失败；反之，就会出现管理人员之间的权限矛盾纠纷。所以，在权限方面应保持与目标的一致性。二是在制定目标方面的一致性，包含制定目标的纵向一致与横向一致。目标的纵向一致要求本级部门的目标应符合上级部门的目标，本级目标的制定是要协助上级部门目标的实现。目标的横向一致要求本级部门的目标应与其他部门的目标协调一致，保证目标的有效实现。

2. 制定目标的程序

目标管理的制定程序主要包括前期准备、拟定总目标、确定关键目标因素、调整组织结构与职责分工、确定下级目标、目标的讨论修订、制订目标实施计划等步骤。

（1）前期准备。前期准备阶段的主要任务就是信息的收集，有效收集信息有助于管理人员的目标制定。在信息收集的过程中要对上级目标进行充分的了解，这将有助于明确下级对目标制定的要求，是下级制定目标的前提。在信息收集的过程中要同时注意目标的环境因素，包括对组织内部人、财、物等基本情况的了解，以及影响目标制定的外部环境因素等。前期准备阶段的另一项任务就是建立一个稳定的协作机制，该机制建立在上级提出目标与要求的同时与下级进行讨论协商的基础之上。这将有助于提高下级参与制定目标的责任感，增强对目标的认同性，从而使下级更好地了解组织的整体目标，为拟定总目标做好准备。

（2）拟定总目标。制定总目标是确定在未来特定时期内组织的使命和宗旨，从而使组织在特定阶段内达成期望的结果。总目标的制定需要管理者熟悉组织自身所拥有的资源与实际能力，充分认识组织的优势与存在的问题，同时对组织所处的外部环境及未来可能发生的变化进行分析，在此基础上拟定总目标。总目标的拟定可以通过两种方式完成：一是由上级提出，再同下级讨论制定；二是由下级提出、上级批准，从而制定目标。但无论哪种方式都需要组织上下反复沟通和协商，最终达成一致意见。拟定总目标后就意味着组织的一切活动将围绕这个目标展开，因此，需要在拟定总目标的基础上实现对关键目标因素的确定。

（3）确定关键目标因素。关键目标因素是指在目标管理中制约和决定着工作成绩大小和管理成败的关键工作环节和内容。确定关键目标因素的意义在于帮助管理人员实现资源效果的最大化，避免无效工作情况的发生。而确定关键目标因素的重点在于将工作重点从投入和活动转移到目标和结果上来。不仅如此，还要将关键目标因素变成一项项具体可衡量的目标。在对关键目标因素进行确定后，接下来就是对组织结构与职责分工进行调整，从而为拟定下级目标奠定基础。

（4）调整组织结构与职责分工。目标管理的最理想状态是每个目标都要有确定的责任主体，因此在总目标拟定的前提下，对现有组织结构重新审议，依据目标要求对组织结构进行调整。在组织结构调整过程中，应当遵循权责相称的原则，授予下级部门和个人相应的权力，明确各级责任，使得每一层次、每一部门和每个人员都有明确的岗位职责，实现有效职责分工。

(5) 确定下级目标。下级目标的确定需要上下级共同协作完成。首先是依据组织总目标自上而下地按照组织层级体系与各部门职责确定下级的分目标，在这一过程中，下级需要按照上级的要求制定目标，分目标的制定要具体量化，以便更好地考核。同时，上级也要发挥对下级目标制定中的指导作用，倾听下级意见。不仅如此，上级还要做到对每个员工和部门的分目标与其他分目标的协调一致，保证本单位组织目标的实现。此外，下级人员的目标在制定之后，还需要在上级管理人员与下级人员之间就如何完成目标达成协议，以便更好地实施目标。

(6) 目标的讨论修订。在对总目标与下级目标完成初步确定后，管理人员要征求上级的意见并与下级进行讨论，在此基础上实现对目标的科学修订。目标讨论的重点在目标本身以及与上级目标、同级目标间的契合程度。针对目标的制定内容是否明确、是否与上级目标一致、数量是否合适、实施是否具有可行性等方面对目标本身进行讨论并对其进行修订。在对目标制定本身的讨论过程中还要注意各级目标间的协调性，保证总目标与下级目标的协作配合，为目标实施计划的顺利执行奠定基础。

(7) 制订目标实施计划。制订目标实施计划是目标从制定走向实施的重要一步，只有在实施计划基础上的目标制定才是切实有效的。制订目标实施计划不仅提供了目标如何实现的详细办法，而且也为目标的实施提供了监督和控制的基础。制订目标实施计划包含四个步骤，首先是对目标内容进行清楚明确的说明；其次是确定完成目标的各种手段；然后是对各种手段进行权衡比较，选出较好的手段；最后是在选出的手段下制订计划。最后一步是最为关键的一步。在实施计划制订的过程中要做到内容具体扼要，尽量使用数字代替文字，同时要避免不必要的重复。完成对目标实施计划的制订后，就进入到目标管理的实施阶段。

二、目标的实施

目标实施是目标管理的第二阶段，这一阶段的主要任务是制订落实目标的行动计划，与目标的制定阶段相比，目标实施阶段对组织管理人员的能力要求更高。目标的实施过程主要依靠组织执行者的自我管理和自我控制开展组织工作，保证目标的顺利实施。此阶段主要涉及三项管理工作，首先是授予适度的权限，其次是进行资源的分配，最后是控制目标的实施。

1. 授予适度的权限

权限是为了实现预定目标而必须具备的支配能力，它既是责任的基础，也是执行目标的条件，要使下级依据目标要求取得实质性成果，承担相应的责任，就必须授予他们有效的权限。允许下级按照自己的意志做出判断、采取行动，不仅可以充分调动组织成员的积极性与创造性，而且也有助于上层管理人员投入更多精力于组织的长远发展上。因此，在授予适度的权限方面要做到以下几点，才能更好地推动目标的实施：

(1) 授予的权限必须是实际拥有的权力。在目标实施的过程中，下级的权力必须应当是实际支配的权力，下级必须拥有对所辖范围内的人、财、物的支配权，决定是否行动的权力，而且这种权力不受上级的随意干预，能在自己范围内有效行使。

(2) 授予的权限必须与个人职责相一致。权限的授予要保证与下级人员职责的广度与深度相匹配，并给予他们充分的信任，同时也要与上级管理人员的目标相符合。

(3) 授予的权限必须是一种事先的权力。在对下级人员进行权限的授予时要保证是在确定目标阶段就授予，而不是管理人员在行动之后才由上级加以追认。否则，就会出现下级人员无法制定有效目标与计划，从而无法有效实现目标任务的情况。

(4) 授予的权限必须是明确且具体的。权限的明确特性要求上、下级对于权限的理解相一致，相关人员也应对主要管理人员的权限有正确的理解。因此，授权要采取书面的形式，并且在一定范围内公开。权限的具体特性要求上级对下级人员的权限授予必须具体详尽，避免下级人员因为担心越权而无法采取积极行动情况的发生。

2. 进行资源的分配

为保证目标的有效实施，除了应当授予下级人员相应的权限外，还需要有一定的财务资源作为保障。在目标管理中，我们对这种资源的分配称为“分配资财”。区别于传统管理中的编制预算，“分配资财”是对工作目的和意义的全新释义，通过比较传统预算与目标管理中的资财分配，可以看到资源的分配在目标的实施中发挥着重要的作用。

传统预算方法的典型特征主要表现在三个方面：首先是在预算过程中，管理人员是被排除在活动之外的被动式参与者；其次是资源的分配与组织的工作效率无关，资源无法有效发挥应有之用；最后是传统预算方法强调上级对下级的控制，并不考虑对下级的激励。而目标管理的资财分配则明显不同，它是按照管理人员的目标对资源进行有计划的分配。分配资财与传统预算方法的不同主要表现在以下三个方面：

(1) 产生的基础不同。资财分配是由目标产生的，由组织整体目标决定分配；而预算中规定的目标则是在计划收入减去计划成本的基础上产生的。

(2) 发挥的作用不同。资财分配的作用在于最大效率地利用现有资源，重点在于强调使用该资源所带来的效益；而预算的目的在于对现有资源的明确利用，重点在于强调资源使用的可控性。

(3) 使用的手段不同。为使资源得到最有效的利用，因而资财分配采取鼓励和促进管理人员为获得资源展开竞争的方法；而预算只是一种普通的资源配置，是对以往工作所需资财的延续。

3. 控制目标的实施

管理人员的适度放权并不意味着对下级失去完全的控制，因而，为推动总目标的顺利实现，要求管理人员加强对下级工作的指导、协调与控制，及时发现问题并纠正偏差，通过使用一系列控制手段，使目标实施活动沿着既定的轨道进行。

在目标管理中，控制主要是管理人员自己的事情，各级管理人员在自己的权限内开展各项活动，实施自我控制，不再依靠上级的严格监控。因而，上级控制的重心就主要集中于重大例外事件和对下级目标的最终实现上。自我控制与上级控制的过程包含三个阶段：首先是明确对管理人员的工作有重大影响的因素；其次是建立预警和监测系统，及时预测和衡量这些因素的变化及其影响；最后是采取纠正行动，从而更好地应对变化。在实施控制的过程中，要抓住主要的控制点，而管理人员的控制点主要有：环境、目标、计划、资财和日常工作。

（1）环境控制。环境是制定目标和计划的基础，一旦外部环境出现较大变化时，就要及时考虑修订目标和计划。因此，在制定组织目标和计划时，应当对环境情况予以清楚的说明和记录。在目标实施阶段，建立一个报警系统，对周围环境进行实时监测，从而更有效地判断初定目标和计划是否仍有效可行，以便及时做出调整。

（2）目标控制。有效的目标是实施目标管理的基础，而目标最为基础的作用之一就是用以控制。因此，要在目标实施的过程中建立反馈机制，以保证管理人员能够如期接近目标。在实际工作中，最常见的反馈措施就是定期检查和报告制度。

（3）计划控制。计划控制是管理人员为达到既定目标而制订并落实计划，是一种有效控制手段。为使计划控制能有效发挥其作用，应当在计划制订时尽量详细，将计划分为若干个不同的步骤，并且将每个步骤确定在一个确切的时间表中，唯有这样才能让计划控制切实地发挥作用。

（4）资财控制。资财分配具有激励作用，管理人员通过正当的竞争取得一定量的资源后，竞争阶段有关资财使用方面的说明或标准就成了控制的一种重要手段，管理人员必须按照这些说明或标准来使用资财。传统的管理方法已经建立了一套相当有效的会计和审计制度，目标管理应尽量充分利用其控制功能。

（5）日常工作控制。目标管理虽然是针对组织的重点任务和目标而言的，但是这并不意味着实行目标管理的组织就会放弃对日常工作的管理与控制。因为日常工作是组织目标的保证和重要体现，所以，日常工作控制构成了目标实现过程中的一种主要控制手段。目标管理中的日常工作控制与传统管理方式有着相似之处，但也存在区别。相似之处在于目标管理中的日常工作控制也是依靠标准化的制度来实现的，其区别主要在于，传统管理方式要求上级对日常工作进行严格的控制，而目标管理则是将其交于基层部门和各位管理人员进行处理。

三、目标实现成果的评价

目标管理的最后一步就是目标实现成果的评价，即根据初期下达的目标对各部门、单位和个人的工作业绩进行客观的检查和考评，进而依照考评结果对组织成员进行相应的奖惩。目标成果评价的意义在于有效实现对组织成员的激励，衡量绩效管理成效，为日后工作提供经验依据。

1. 成果评价的特征

目标管理中的成果评价具有以下三方面的特征：

（1）将目标的实现程度作为衡量的主要标准。目标管理中的目标是由上、下级经过充分协商后制定的，最终由上级批准通过。因此，目标一旦确定，就成为管理人员的行为指令和对管理人员进行评价、奖惩的标准。

（2）它是一种以自我评价为主、上级评价为辅的综合评价方式。区别于传统管理中的成果评价，目标管理更加强调管理人员自身对工作进度的检查、评价工作成效，使其与目标规定相一致。上级的评价是在最后阶段，主要服务于对管理人员的奖惩。

（3）成果评价与奖惩制度紧密联系。成果评价的独特性在于将其与奖惩联系起来，依

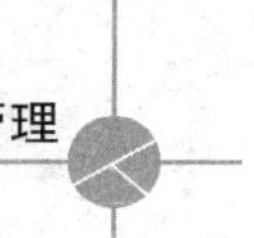

靠奖惩制度推动管理人员去行动。

2. 成果评价的内容

目标成果评价的内容主要包含三个方面：

（1）目标的达成度。目标的达成度主要包含目标完成的时间及完成的质量等目标成果。目标本身是一个向量，不仅具有质和量的要求，在时间上也有一定的限制或指标，特别是对于那些工作过程中有前后联系和先后顺序的部门或个人，目标的进度要求往往会很高，所以在目标成果的评价中有必要对目标的达成度加以评价。

（2）协作情况。组织总目标的达成需要各单位之间相互协调配合，协作情况的考察是对各部门和各组织成员之间为总目标的实现而进行的相互联系与配合情况的了解。

（3）实现目标的有效性。达到目标的方式和方法有许多种，而实现目标的有效性考察是对各部门和各组织成员能否用更少的资源去有效地实现目标，即使用一种更加优化的方式和方法实现目标，也就是目标实施手段的考察。判断是否为好的实施手段，要依据公众的满意度以及手段中表现的创造性，不能照搬照抄，要根据实际需要开创性地工作。

3. 成果评价的方法

目标实现成果的评价方法主要有两种：一种是由目标实施者根据自己的业绩对自己的目标实施情况做出总结和评价；另一种是由上级部门根据下级部门的业绩与目标完成情况进行分析评判。这两种方法各有利弊，第一种方法可以有效地提高组织成员的自觉性和自我管理的能力，但是会出现由于评价者个人的主观性而造成一定偏差的情况发生。第二种方法虽然无法在提高组织成员的自觉性和自我管理能力方面发挥作用，但是可以更加客观地评价员工的业绩。所以，对于成果评价的两种方法，在实践中往往会结合使用，从而实现最优的评价效果。通过对目标的成果评价，有助于组织为制定新的目标以及为达到新的目标而可能采取的新的战略做好准备。

四、目标管理的优点与不足

目标管理是一种有效管理的方法，通过了解目标管理的优点与不足，可以避免失误，以使其更好地发挥作用。

1. 目标管理的优点

（1）目标管理是一种有效的管理。目标管理方式的实施可以切实地提高组织管理的效率。相比于传统管理模式，目标管理方式在推进组织工作进展、保证组织最终目标完成方面更胜一筹。因为目标管理是一种重视结果的管理方式，组织的所有活动都以目标的实现为导向，因而就促使各级、各部门和各组织成员首先考虑怎样能够更好地实现各自的目标。因为这些目标是组织总目标的分解，所以当组织的每个层次、每个部门及每个成员的目标完成时，就是组织总目标的实现。目标管理要求管理人员去考虑关于计划的效果，考虑完成目标的方法，以及人员、资金和设备等，从而使计划工作落到实处，保证了目标实施的有效性。

（2）目标管理的实施有助于明确职责、优化结构。目标管理的实施使得组织内部形成了一个自上而下的目标体系，每个部门和个人的职责都在这个体系中得以明确，通过责、权、利的统一，管理人员就可以发现组织体系中存在的弊端，进而通过对组织结构的优化设计来有效避免各部门职责不清、机构臃肿和人浮于事的现象，使得组织结构更加合理，为实现总目标提供良好的组织环境。

（3）目标管理的实施有助于实现自我管理。目标管理实质上是一种自我管理的方式，也可以说是一种引导组织成员向自我管理的转变。在目标管理的实施过程中，组织成员不再是机械地做工作、执行指示、等待指导和决策，而是成为有明确目标的单位或个人。在此过程中，组织成员参与目标的制定并取得了组织的认可，不仅如此，组织成员在实现自己目标的过程中，除目标确定外，在如何实现目标的方式上也由组织成员自身决定。如此一来，目标管理充分体现出自我管理的方式，有助于促进组织成员的主动性、积极性和创造性。

（4）目标管理的实施有助于加强控制。在组织的整个目标管理体系中，一个个明确且又具体的目标为控制提供了标准和依据，目标的分解与适度授权意味着管理者在目标管理的实施过程中要加强控制，及时依据下级的具体目标去检查、对比、评价下级的工作，一旦发现偏差就要及时纠正。从另一方面看，一个组织有一套明确的可考核的目标体系，这本身就是进行监督控制的最好依据。

（5）目标管理的实施有助于增强激励。目标管理鼓励个人投入，激励员工专心于他们的目标。当组织的总目标被分解到个人身上时，组织成员通过将个人愿景与组织目标相结合，制定出一个可行的目标，而这个目标就会成为组织成员努力前进的方向和个人的内在激励，在目标实施的过程中还能得到来自上级的帮助。每当与设定目标接近一步时，就会让员工产生一种成就感，特别是在该目标的达成与相应激励措施相结合的情况下，目标的激励效用更大。

2. 目标管理的不足

目标管理尽管有许多优点，但也存在不足，如果对这些不足不能清楚地认识，就可能导致目标管理的失败。

（1）目标设置困难。组织在面临日趋复杂的环境下，组织活动的不确定性逐步增强，因而导致目标在设置上存在一定的困难。这主要表现在两个方面：一是组织内部的很多活动难以具体化和数量化；二是目标的设置需要组织上、下级反复多次的沟通协商，这样就会导致大量时间的浪费，同时随着组织规模的日益扩大，势必导致上、下级达成一致目标的困难性。

（2）强调短期目标。由于目标管理强调具体性和可操作性，因而大多数的目标通常都是一些短期的目标。由于短期目标比较具体、易于分解，并且容易迅速见效，相比长期目标的抽象特性和难以分解、见效慢的特点，导致组织更加强调短期目标的实现而对长期目标则重视不够。这种片面追求短期目标会损害组织的长远发展，不利于目标管理有效作用的发挥。

（3）缺乏灵活性。在目标管理的过程中，如果随意改变目标就会导致组织的混乱。而实际上，目标一旦确定就不能轻易改变，也正因为如此使得组织运行缺乏弹性，无法通过权变来适应复杂变化的外部环境。当组织面临的外部环境发生重大变化，或者是组织内部出现较大调整，想要对既有的目标体系做出调整则是很难的，很容易出现“牵一发而动全

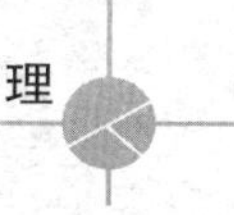

身”的现象，最终可能会造成目标实施的终止，或者是降低组织的效能，或者是继续实施既定目标但却增加浪费的现象。

（4）过分乐观。目标管理是建立在Y理论假设的基础之上，它假定员工愿意接受有挑战性的目标，愿意最大限度地发挥自己的潜力，凭借人们对成就感、能力与自治的需求，允许他们设定各自的目标与绩效标准。但在现实中，它忽视了组织中的本位主义及员工的惰性，对人性的假设过于乐观，使得目标管理的效果在实施过程中大打折扣。

第三节　全面质量管理

一、全面质量管理的基本内容

1. 全面质量的内涵

全面质量的概念最早是由美国的质量管理专家朱兰、弗根鲍姆等提出来的。他们认为只有重视形成和生产产品和劳务的市场调查、设计、试制、生产、销售、使用等项工作的质量，最终产品和劳务的质量才能得到保证和提高。因而，全面质量的内涵不仅包括产品和劳务的质量，而且也包括工作质量。

（1）产品质量。它是指产品或服务在满足顾客需要方面所具备的特性的总和，标志着产品或服务使用价值的大小。在评价产品或服务质量的优劣上，人们通常将用户对产品或服务的要求归为六个方面，以此作为质量的标准。这六个方面分别是性能、可靠性、安全性、适应性、经济性、时间性。性能是指在产品或服务设计时综合用户要求而设定，在产品制造或服务提供过程中加以保证的产品或服务的规定的性能任务，也就是某种产品或某项服务所应发挥的效能和作用，包含使用性能和外观性能。可靠性是指在规定时限和条件下产品或劳务性能的实现能力，这关系到顾客对产品的满意程度，影响着产品或服务的成败。安全性是指产品或服务在流通、传输和使用过程中，对顾客、环境及社会的危害程度，这也是一项极为重要的质量特性。适应性是指产品或服务适应环境变化的能力。经济性是指产品或服务要求价格低廉，能使顾客消费得起。时间性是指厂商需在规定时间内满足顾客对产品或服务提供期限和数量的要求，一些产品或服务超过规定时间就可能失去应有价值。

（2）工作质量。工作质量是为了保证和提高产品或服务质量所做工作的质量，如市场开发、设计、提供服务、服务业绩的改进与分析等工作的质量。任何产品或服务的质量都取决于人、材料、机器设备、方法和环境五个方面的因素，这些因素相互影响，因此需要在管理的过程中对这些因素进行良好的控制，从而达到较高的工作质量水平。

2. 全面质量管理的内涵

20世纪50年代，爱德华·戴明、约瑟夫·朱兰等管理学大师的质量管理思想为全面质量管理的诞生奠定了基础。1951年朱兰在其著作《质量控制手册》中提出，质量控制需要质量计划、质量控制和质量改善三位一体，同时还提出了“质量计划路径图”。1961

年，通用电气公司质量总经理弗根鲍姆博士在其著作《全面质量管理》中首次提出全面质量管理的概念：是指为了能够在最经济的水平上，并考虑到充分满足用户要求的条件下进行市场研究、设计、生产和售后服务，把企业内各部门研制质量、维持质量和提高质量的活动构成为一体的一种有效体系。① 全面质量管理的思想虽然诞生于美国，但是却首先在日本得到推广和发展。日本推行全面质量管理取得了丰硕的成果，引起了世界各国的关注，20 世纪 80 年代以后，全面质量管理逐渐被世界各国接受与认可。如今，全面质量管理的理念已经逐步从制造业推广到商业、服务业和公共事务领域。

在全面质量管理思想提出之前，质量管理活动主要是应用统计方法对生产作业过程进行质量控制。其具体方法是对生产作业中的数据进行统计分析，随时监测各项生产工序，保证及时发现异常情况，然后迅速找出问题产生的原因并及时给予纠正，从而使生产作业尽可能保持在正常的状态。这种质量管理方法的局限性在于质量控制活动仅停留于作业环节，未能将质量管理的要求扩展到产品形成的全部环节。同时，对于产品质量也仅进行技术标准的评价，没有从市场需求的角度对产品的质量进行衡量。在全面质量管理思想诞生后，质量管理的手段不再仅仅局限于统计方法，质量管理活动也从生产作业扩展到产品和服务形成的各个环节。全面质量管理成为一种以顾客和绩效为导向，通过组织成员参与，运用各种科学方法和手段不断改善工作流程来提升产品和服务质量的现代管理模式。全面质量管理的基本内涵包括以下四个方面：

（1）全面质量管理是一种全面的质量管理。全面质量管理针对的是全面质量，因此不仅重视产品或服务的质量，而且也更加关注对工作质量的提升。对涉及组织向顾客提供产品或服务的时效性、可靠性、经济性等质量特性进行管理，同时也对保障产品或服务质量所完成的工作流程质量进行管理。管理学中的“过程管理”在全面质量管理中得以充分体现。

（2）全面质量管理是一种全体成员参与的管理。全面质量管理要求组织各部门和成员积极参与到组织的质量管理活动中，因为组织成员是质量标准的最终执行者。全体员工的参与和创造性是全面质量管理的一大特色，在实践中，由员工组成的质量控制小组在全面质量管理中发挥着至关重要的作用。

（3）全面质量管理是一种以顾客为导向的全过程管理。全面质量管理始终强调以顾客的满意程度作为衡量组织绩效的标准，因此要对工作中每一个环节进行质量管理。

（4）全面质量管理是一种使用多种科学方法的管理。全面质量管理是现代管理的一种模式，它使用以统计技术为主，加之信息技术等科学的方法，并且结合组织行为学、领导理论、激励理论等经典管理理论，使得全面质量管理成为一种使用多种方法的科学管理模式。

3. 全面质量管理的指导思想与原则

全面质量管理是一套科学的管理模式，因此在管理中涉及一些重要的指导思想，主要包含四个方面：

（1）质量第一。质量是组织管理工作的重要组成部分，即使它无法代替其他的一些管理，如财务管理、人力资源管理、行政管理等，但随着社会竞争的日益加剧和人们需求水

① 苏秦．现代质量管理学．北京：清华大学出版社，2005：36．

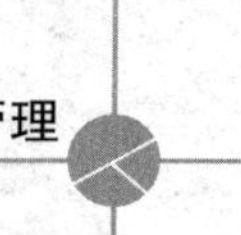

平的不断提高，质量已经成为关系组织前途和命运的首要大事。质量管理逐渐演变成为组织各项管理工作的重点和中心环节。

(2) 为顾客服务。质量就是满足顾客需求的能力和程度，而全面质量管理就是要求在产品或服务的形成、传输和使用上，以顾客的需求为考虑问题的出发点和检查效果的归宿。不同于其他管理模式，全面质量管理中的“顾客”是广义上的概念，不仅包括组织系统以外的服务对象，而且还包括组织内部得到某单位服务的其他单位。

(3) 预防式管理。全面质量管理理论认为，仅仅依靠产品或服务质量的检验不能真正提高质量水平，因此，在质量管理的过程中，要依靠采取先进、规范的管理方式，才能将质量问题消灭于萌芽之中，从而达到应有的目的。所以，全面质量管理特别强调预防式管理，通过建立一整套质量保证体系以达到防患于未然的目的。

(4) 大家受益。全面质量管理将质量理解为“大 Q”，是指质量的受益者包括五个方面——顾客、业主、员工、供应者和社会。全面质量管理的目的在于使这些受益者达到长期成功，因为全面质量管理着眼于通过系统化来实现组织的长远宗旨和方向，摒弃短期行为和眼前利益。

全面质量管理不仅包含一些指导思想，同时还存在一定的原则，这些核心原则主要包含以下三方面：

(1) 以客户为中心。以客户为中心是全面质量管理的核心理念。因为在现代社会经济体系中，企业或组织只有依靠为客户提供产品或服务才能得以生存。全面质量管理认为，企业为了取得长期的经济利益，其管理活动必须围绕识别和满足客户需求而展开。企业只有满足或超越客户的需求，才能获得继续生存的动力和源泉。

(2) 持续改进。持续改进是全面质量管理的一个重要原则。日本企业在市场上取得的巨大成功，就源于它们不断改进产品的功能和质量，坚持不懈地降低生产成本。当代社会，市场需求变化极为迅速，企业必须不断调整，从而适应客户的需求。在竞争激烈的市场中，质量的内涵不断扩展，企业的比较优势难以长期保持，企业常常面临不进则退的局面，所以要求企业必须不断改进，不断提高产品或服务的质量。

(3) 全员参与。全面质量管理强调组织内部的全体员工都要参与到质量改善的活动中来，每一个员工的价值都必须得到充分的尊重。在组织的运营过程中，它们的每一项活动都具化为员工的各项工作。在贯彻全员参与理念时，要对员工进行授权和培训。一方面，管理者要给予员工足够的信任和权利；另一方面，为了保证员工有能力承担相应的责任，就必须对员工进行培训，使他们具备充分的技能。

二、全面质量管理的过程与方法

1. 全面质量管理的过程

全面质量管理的实施过程大体可分为三个部分，首先是组织准备阶段，其次是分析评估阶段，最后是提出改进建议并实施阶段。

(1) 组织准备阶段。全面质量管理的开展不仅涉及对组织管理模式的改变，更重要的是对组织原有结构、组织文化和工作流程等方面产生影响。所以，做好充分的组织准备有助于下一步工作的开展。

（2）分析评估阶段。该阶段组织将基于所掌握的产品、服务和工作流程中的详细信息资料，对产品或服务质量和工作质量进行专业化的全面分析和评估。首先，关键的一步就是成立质量改进小组，即在资源的基础上集合组织内部成员与外部服务对象，同时赋予其一定权力，以小组的形式对产品服务质量进行监督和制订修改计划。在分析评估阶段，要特别重视来自基层的反馈信息，这些信息往往是组织的宝贵信息资源。其次，在分析评估后期提出改进目标，即针对分析评估中发现的问题提出改进目标。

（3）提出改进建议并实施阶段。全面质量管理中的改进工作是持续性的，即将评价和改进工作贯穿于整个管理过程中。

2. 全面质量管理的方法

全面质量管理作为一种规范化的管理模式，它的运行要遵循一定的工作程序和使用相应的策略方法。目前，在全面质量管理中较为经典的程序策略是“PDCA 循环”。PDCA 循环技术又叫“戴明循环”技术，是对制订和实现计划的循环过程进行控制的技术，属于全面质量管理的基本方法，是由美国统计学家爱德华·戴明首先提出的。P、D、C、A 分别代表 Plan（计划）、Do（实施）、Check（检查）、Action（处理）。PDCA 循环主要包括四个阶段、八个步骤。其中的四个阶段就是效应控制系统运转所经历的计划、实施、检查和处理，这四个阶段周而复始的循环。所以全面质量管理的基本方法可以概括为四句话、十八个字，即“一个过程，四个阶段，八个步骤，数理统计方法”。

其中，计划阶段是先导，是管理系统的各类目标，也是整个循环成败的关键。计划阶段的主要任务是寻找质量管理问题，拟定质量管理的方针与目标，建立质量标准和工作制度等。接下来是实施阶段。实施阶段是循环的主体部分，即要根据计划阶段的设计方案，采取具体行动和措施，贯彻执行计划，也是全面质量管理的重点与核心环节。然后就是检查阶段，检查实施阶段的各种活动是否遵循计划阶段制定的标准，结果是否达到预期的要求。检查阶段是控制、把关的重要一步。最后就是处理阶段，这一阶段主要是进行评价、总结提高，是循环的自我完善。处理阶段是根据检查环节的分析结果，采取相应的应对措施。这四个步骤构成每项质量管理工作的完整周期，质量管理活动按照这四个阶段顺序进行，形成一个循环的工作圈，如图 11-1 所示。

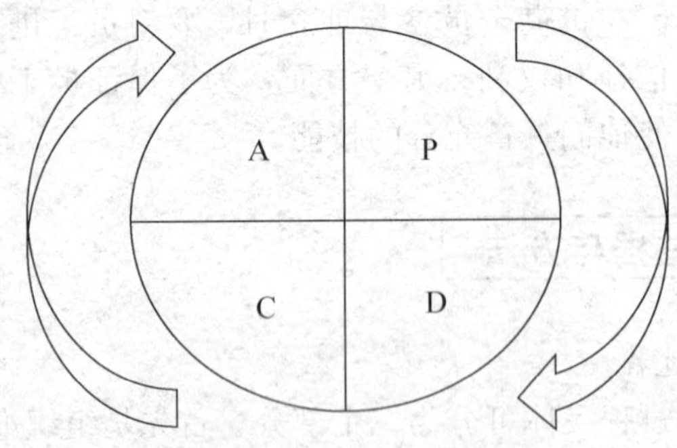

图 11-1 PDCA 循环

PDCA 的八个步骤：第一步，提出问题，收集资料；第二步，用已掌握的资料进行调

查分析和预测，从而确定目标；第三步，按照已经确定的目标进行平衡，找出影响大的原因；第四步，研究解决问题的措施，编制实施计划；第五步，按照计划方案和实施计划进行组织工作，将分工、时间、数量和质量要求落实到部门与人员，并执行计划；第六步，检查与了解实施情况和效果，建立原始记录和统计资料，并进行统计分析；第七步，对执行中发生的问题提出解决办法，并为防止再度发生而采取巩固措施；第八步，提出尚未解决的问题，并提出对下一阶段计划的改进意见。在整个循环过程中，前四个步骤包含在第一个阶段之中，第五个步骤包含在第二个阶段之中，第六个步骤包含在第三个阶段当中，第七、八个步骤包含在第四个阶段中，每个步骤都有特定的技术手段，具体情况见表11－1。

表 11－1　　PDCA 循环

阶段	步骤	具体技术手段和方法
P	1. 找出存在的问题	排列图、直方图、控制图等
	2. 分析产生问题的原因	因果图等
	3. 找出影响大的原因	排列图、相关图等
	4. 研究措施、制订计划	制定对策表
D	5. 执行措施计划	严格按计划执行、落实措施
C	6. 调查效果	排列图、直方图、控制图等
A	7. 采取巩固措施	标准化、制定作业标准、检查标准规则等
	8. 提出尚未解决的问题	反映到下一个计划，再从步骤一开始

资料来源：中国管理现代化研究会．管理现代化研究和实用教材．长沙：湖南人民出版社，1981：601．

全面质量管理中的 PDCA 循环具有以下特点：

（1）周而复始。PDCA 循环的四个阶段是周而复始、循环进行的。在 PDCA 的工作过程中，不能超越阶段也不能止步不前。一个循环结束后，就开始第二个循环，不断循环发生。

（2）环环相套。全面质量管理是一种全员参与的现代管理模式，任何一个部门和工作阶段都会存在 PDCA 循环，这样，整个部门的质量管理程序就构成了一种大环带动小环的有机逻辑组合。

（3）阶梯式上升。PDCA 循环不是停留在一个固定的水平之上的，每一次 PDCA 的处理过程，都将第一次循环中没有解决或解决不够完善的问题，通过下一次的 PDCA 循环来解决，经过反复循环不断提高，形成环环相承、逐步提高的局面。

三、全面质量管理的组织结构

全面质量管理的实现需要以一定的组织结构为保障。全面质量管理在世界各国的各种产业里广泛应用，不同文化和不同行业都具有其自身的特点，这就意味着很难找出一种普遍适用于各种文化和行业的组织结构。在实施全面质量管理的过程中，每个组织都必须分析自身的特点，构建出适用质量管理的组织结构。以下组织结构在全面质量管理实际应用中较为成功。

1. 质量管理委员会

质量管理委员会是企业质量管理的决策组织，通常由企业最高级别的管理人员组成。如今，质量目标已经成为企业的重要战略目标，因此质量管理机构就需要由最高管理者直接参与领导。质量管理委员会负责制定组织的质量战略，并对质量战略的实施进行全面监督。在全面质量管理体系下，建立高规格的质量管理委员会已经成为各种大型组织采取的首要措施。管理学大师朱兰认为，构建质量战略的第一步就是建立质量管理委员会。

2. 综合性的质量管理部门

综合性的质量管理部门是指企业或组织的专职质量管理部门。即使全面质量管理要求企业或组织的全体成员都参与到质量管理活动中来，但是仍然需要设置专职的质量管理职能部门，从而保证企业或组织的日常质量管理活动能有序进行。质量管理部门的职责包括质量技术的开发、质量计划的制订、质量信息的管理、内部质量审核的实施等。质量管理部门通常被定位为企业或组织内部的质量咨询机构，主要负责提供质量建议、开展质量培训、建立质量管理体系等。

3. QC 小组

QC（quality control）小组即质量管理小组，是开展群众性质量管理活动的一种有效的组织形式。QC 小组最先出现于日本，随着全面质量管理在全世界范围内推广，这种质量管理组织逐渐被世界各国的企业所接受。20 世纪 70 年代末，借鉴日本的先进管理经验在企业中建立 QC 小组，是我国引进全面质量管理的开始。为了保证质量管理计划能够落实到企业的每一位员工身上，QC 小组这种组织形式应运而生。质量管理小组通常由工作岗位上从事各种劳动的员工组成，以员工自愿参与为基础。其活动的方式主要是对企业的质量计划提出改进建议、对生产流程进行创新、对工作中暴露的问题进行有效的讨论和解决。QC 小组通常是一种具有很高群众性和民主性的非正式组织，有利于激发员工在工作中的积极性和创造性。QC 小组活动的实施，有利于提高员工素质、降低生产消耗、改善产品质量、及时解决问题、提高企业的经济效益，使企业的质量战略切实落到实处。

第十二章 社会调查方法与技术

社会调查或社会调查研究是管理实践中使用频率很高的词语，所谓“没有调查就没有发言权”。社会调查方法是现代管理中常用的方法，是管理者了解社会存在的各种现象、发现问题以及提出解决问题思路的基本手段。因此，了解和掌握社会调查研究的基本方法，对做好管理工作意义重大。本章主要阐述社会调查的含义与原则、社会调查研究方法的概念、抽样调查方法、资料收集方法等内容。

第一节 社会调查方法概述

一、社会调查概述

1. 社会调查的含义

社会调查是人们有目的地认识社会的一种实践活动，是指人们为达到一定的目的，有意识地通过对社会现象的考察、了解和分析、研究，来认识社会现象及其规律的社会研究方式。

2. 社会调查的原则

进行社会调查应遵循客观性、实证性、整体性等原则。

(1) 客观性原则。社会调查要求以客观事物和客观现象的真实状况为调查的前提和依据，而不能从虚构的事实或主观愿望出发。同时，还要求不能凭主观愿望或根据领导人的意愿去夸大或缩小事实，更不能违背客观事实去任意编造和篡改统计数字和调查资料。

(2) 实证性原则。社会调查要求调查研究的结论和与此相联系的所有观点，都必须是以真实、可靠的数据与资料来支持，即研究得出的结论和提出的建议必须以资料和事实为基础，不能凭空想象，更不能在缺乏数据和资料的情况下构建所谓的理论或得出某些结论。

(3) 整体性原则。社会调查要从系统整体性出发，即把调查研究的对象看成一个有联系的整体。调查研究不能就事论事，不能以局部的、零散的资料和数据来说明整体的、全面的情况，要把调查的事物放在其发展的客观环境和其所处的大系统中考察，从而得出正确的结论。

3. 社会调查的目的和作用

科学的社会调查不仅是一种自觉认识活动，而且具有多种社会功能。

(1) 识世之途，即社会调查是正确认识社会的根本途径。社会调查的直接目的是了解社会真实情况，认识社会现象的本质及其发展规律，人们只有在实践基础上反复调查研究，才能逐渐接近社会真实。

(2) 善政之基，即社会调查是科学施政的客观基础。社会调查的根本目的是有效地改造社会和建设社会，为此就必须科学决策。其决策和执行过程实质上就是反复调查研究的过程，离开了科学的社会调查就不会有科学的决策。

(3) 育才之道，即社会调查是培养开拓型人才的基本道路。社会调查不仅能促进对客观世界的改造，而且有利于改造人们的主观世界，有利于为革命和建设事业培养开拓型人才。

(4) 悟人之术，即社会调查是进行思想教育的有效方法。人究竟为什么会犯错？1966年到1976年的“文化大革命”运动给中国带来了严重灾难，归根到底是由于脱离了当时的实际，主观地决定工作方针和政策。科学的调查研究，有利于主观和客观相结合、认识与实践相统一，因此成为克服思想错误的有效方法。

(5) 正风之策，即社会调查是端正党风、政风、学风的重要对策。大兴调查研究之风，有利于揭露腐败行为，克服形式主义以及官僚主义，同时科学的社会调查将理论与实际结合起来，有利于克服主观主义学风。

二、社会调查方法的基本概念

社会调查研究方法是指人们有目的地对各种社会现象和各种社会行为进行科学研究的方式和手段，其本质是一种定量研究方式。下面对社会调查研究方法的一些基本概念进行简单概括。

1. 社会现象与概念的抽象层次

社会现象是社会事物状态的集中表现与反映，这种反映是通过社会调查研究中所使用的概念表现出来的，这些概念既有具体概念又有抽象概念。一般来讲，一个概念的抽象层次越高，其所包含的社会现象就越多。如人的需求这一概念，就包含了许多具体内容。马斯洛曾提出了需求理论，他把人的需求划分为生理的需求、安全的需求、归属的需求、受人尊重的需求和自我实现的需求五个层次。在生理需求中又包含了衣、食、住、行等很多方面。后面这些概念的抽象层次显然比人的需求这个概念的抽象层次低。社会调查研究就是通过对抽象概念的实际研究，使之具体化和可操作化，从而进一步掌握社会事物的状况，以及人们对社会事物、社会现象的态度与看法。

2. 社会指标

社会事物是复杂的、多样的，为了更客观、更准确地了解社会事物，人们通过建立和使用社会指标体系来全面地反映社会事物。社会指标是指反映社会现象的数量、质量、类别、状态、等级、程度等特性的项目，如人均居住面积、人口自然增长率、每万人口刑事案件立案率、职业满意度等。社会指标具有具体性、可度量性和代表性等特点，且类型众多。

(1) 客观性指标和主观性指标。客观性指标是指反映客观社会现象的指标，如人口总数、义务教育普及率；主观性指标也称感觉指标，是指人们对客观社会现象的主观感受、愿望、态度等心理状态的指标，如对消费品的满意度等。客观性指标主要反映民情，主观性指标主要反映民意。

(2) 描述性指标和评价性指标。描述性指标是反映社会现象实际情况的指标，如居民拥有电视机台数、生活消费支出等；评价性指标，也称分析性指标或诊断性指标，它是反映社会发展、社会效果在某些方面的利弊得失的指标。这些指标通常是以某种理论为指导，为说明某些社会问题，将两种或两种以上社会现象做比较或进行计算而得出的结果，如“食品支出占生活消费品支出的比重”是根据恩格尔定律，为说明居民生活水平而将食品支出除以总消费支出而得出的。

(3) 肯定性指标、否定性指标和中性指标。肯定性指标，又称正指标，是反映社会进步或社会发展的指标；否定性指标，也称逆指标或问题性指标，是反映阻碍社会进步或社会发展的社会现象的指标，如物价上涨、失业率、每万人犯罪率等；中性指标，是指反映与社会进步、社会发展没有直接联系的社会现象的指标，如国土面积、人口总数等。

3. 变量

所谓变量是指包含一个以上亚概念或取值的概念。这里所说的取值的含义可以指一个变量有不同的类别，还可以指态度变量的不同等级，也可以指具体的数值，如年龄、工资等各种数据。比如“性别”是一个概念，但是它包括“男”和“女”两个亚概念（或者说是两个取值），因此，性别可以被看作是一个变量。又如，人们对某个事物或某种现象的看法与态度也可看作变量。变量可划分为两大基本类型。

(1) 自变量、因变量和中间变量。自变量是指不受外部因素影响而自身产生变化的变量，如年龄、身高等；因变量是指受外界因素的影响而产生变化的变量，如人们对某事物的看法和态度，它往往受职业、文化程度以及所处的工作、生活环境的影响；中间变量是指介于自变量、因变量之间的变量。自变量是通过中间变量对因变量产生影响的，如某工人出错多，废品也比较多，这可能与其情绪有关，而人的情绪又是受其自身因素（如健康状态）影响和决定的。那么就可以把他的工作表现（差错、废品多）看作因变量，他的情绪是中间变量，而他的健康状态就是自变量。

（2）定类变量、定序变量、定距变量和定比变量。定类变量是指变量的取值只有类别属性之分，没有大小、优劣之别，如性别，只有男、女两大类，他们之间没有优劣之差。定序变量是指变量的取值除了有类别、属性之分外，还有等级次序上的区别，如人们对某些事物的态度和看法，既有类别的划分，同时又存在等级程度上的差别，如很好、较好、一般、不太好、很差；又如人们对某项改革措施的态度是完全同意、比较同意、无所谓、不太同意、不同意等不同等级的态度倾向。定距变量是指变量的取值除了有类别、次序上的区别外，类别之间的距离还可以用标准化的距离去量度，如温度、智商等。定比变量是指变量除具有上述三种变量的属性外，在变量的取值中可以有一个真正的零，即相当于数学中的零，凡属定比变量都可以进行加、减、乘、除运算，如工资、年龄都属于定比变量。

4. 相关关系

相关关系是指变量之间存在着不完全确定的依从关系，如吸烟与致癌、家庭收入与支出等。社会调查研究的目的之一就是要发现和分析事物间存在的这些关系。但是，不能错把相关关系等同于因果关系，如调查发现在吸烟者中癌症患者的比率比不吸烟的人的比率要高，因此，可以得出结论：吸烟与致癌有关，但不能说吸烟一定致癌。

从相关的方向来看，相关关系可分为正相关与负相关。正相关是指一事物的数值增高，另一事物的数值也同方向增高，减少则同方向减少；负相关则是一个增加，另一个相关者却减少，而一个减少，另一个相关者却增加，二者正好相反。从相关的表现形式来看，相关关系又可分为直线相关与曲线相关。直线相关是指两个相关者的变化是等比例的，在坐标图上表现为直线；曲线相关则是指变化不是等比例的，坐标图上表现为曲线。

表示变量之间相关关系密切程度的指标，称为相关系数或相关指数。一般情况下，两个变量之间的相关系数的取值在0与1之间。如果相关系数在0.3以下，表明变量间相关程度低；如果相关系数在0.3～0.5之间，表明变量间相关程度一般；如果相关系数在0.5～0.7之间，表明变量间相关程度显著；如果相关系数在0.7～0.9之间，表明变量间相关程度高；如果相关系数在0.9以上，表明变量间相关程度极高。

5. 命题与假设

在调查研究中，命题是关于一个或更多概念与变量的陈述。命题分为单变量命题、双变量命题和多变量命题。单变量命题说明在特定范围内存在的社会现象与问题。如经过调查得出结论：社会整合程度在降低，这就是一个单变量命题。双变量命题是陈述两个变量之间的关系，如致癌的概率是随着人们吸烟的量而增加，这个命题描述了吸烟与致癌的关系。多变量命题讲述多个变量的关系，如要调动人的积极性就必须要注意满足人的物质生活需要、精神生活需要、社会生活需要。它说明了积极性与人的各种需要之间的关系。

假设也称假说，它是对未知的客观事物所做的、尚未经过实践检验的假定性设想或说明。假设与命题既有区别又有联系。其区别在于，假设是未经过调查验证的命题。但是，假设并不是研究者凭空想象出来的，它是在前人的研究成果和研究者本身经验的基础上提出的。由于社会现象的复杂性和多样性，在进行社会调查研究之前，就需要对可能得出的结论有一个预先的假定。如进行一项关于青少年犯罪问题的调查，在调查之前假定青少年犯罪与家庭的变故有关，那么，在制订调查计划时就会根据这个假设来确定收集资料的范围与收集资料的方法。当然在调查研究中也会发现最初建立的假设与实际情况不符，这时研究者应及时修改和更正假设。

6. 资料的信度与效度

信度与效度是调查研究的重要概念之一。信度即资料的可靠性与真实性，它一般用信度系数来表示。信度系数在 0.8 以上，一般认为调查资料是基本可靠的。测量资料的信度可以采用一种调查工具对调查对象进行两次调查，然后比较调查的结果，并求出系数验证其可信程度。效度是指调查资料对调查结果的有效程度。调查资料的效度越高，说明调查资料在调查结果中起的作用越大；反之，则说明所得资料不能或较少起作用。对于资料信度与效度之间的关系，一般来说，资料的信度越高，则其效度也高；但另一方面，资料的效度低，其信度不一定低。

第二节　抽样调查方法

一、抽样与抽样调查

1. 抽样调查的含义

抽样调查是一种非全面的调查方法，它是从全体研究对象中抽取一部分单位来调查，然后用所得结果推论和说明总体的特性。这种由总体中选取一部分单位的过程就是抽样，所选取的这一部分单位就是样本（见图 12－1）。

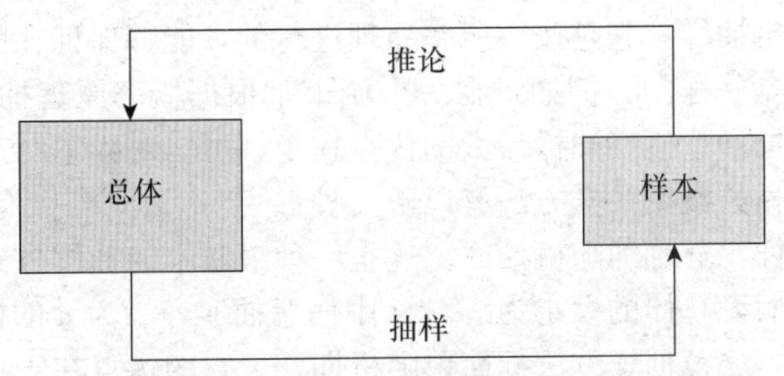

图 12－1　抽样和抽样调查过程

与整体调查（普查）相比，抽样调查具有下列优越性：第一，调查成本低。如进行全国普查，其人力、物力和财力的花费是非常大的，而采用抽取样本的方式，其成本就小得多。第二，速度快。由于抽样调查样本少，工作量就相对小，调查的速度就快，效率就高。第三，应用范围广。抽样调查可广泛应用于社会调查的各个领域。第四，可获得丰富的资料。抽样调查因调查对象的数目较少，因此可以设置数量较多的调查项目，并能集中时间和精力做详细的分析。

2. 抽样术语

抽样调查的核心在于抽样，它不仅与研究内容紧密相关，还直接关系到资料的收集、整理与分析，是社会调查的一个重要步骤。要正确抽样，就必须明确几个基本概念：

（1）总体和样本。总体是指所要研究对象的全体，如对一个城市的居民进行一项改革方案的调查，那么这个城市的所有居民就是调查的总体。总体是由研究对象中所有个体组成的，组成总体的各个个体称作总体单位。样本是指抽样时按照抽样规则所抽中的那部分单位所组成的集合体。假定这个城市的人口是 800 万，调查者从中抽出 2 000 人作为调查的对象。那么，这 2 000 人就是抽样的样本。

（2）抽样框。也称抽样范畴，是从中抽取样本的所有抽样单位的名单。例如，要调查某企业职工工资情况，其抽样框就是该企业的全体职工的名单。抽样框一般可采用现成的名单，如户口、机关企业和人员名册等。

（3）参数值与统计值。参数值是关于总体中某一变量的综合描述，例如全国妇女平均受教育年限。统计值则是关于调查样本中某一变量的综合描述，例如从一个样本中得到的妇女平均受教育年限。抽样调查的重要内容之一就是通过样本的统计值推算总体的参数值，从而达到由部分到总体的认识。

（4）抽样误差。由于总体的异质性和样本与总体范围的差异性，在用样本的统计值去推论总体的参数值时，总会存在着偏差，这种偏差就是抽样误差。它是样本代表性大小的一个标准，一般地说，样本所含个体越多，且分布均匀，则代表性就高，抽样误差就小；反之，则代表性低，抽样误差大。需要指出的是，抽样中因误抄、计算等人为过失和其他一些因违反随机原则而产生的误差并不是这里所说的抽样误差。

二、概率抽样和非概率抽样

1. 概率抽样

概率抽样又称随机抽样，它是按照概率原理进行的，能够保证在一个确定的总体内每个单位被抽取的机会是一样的。例如，在一个城市中根据概率原理抽取 500 人进行调查，这样的方法就是概率抽样。概率抽样最大的优点在于，可以对样本结论的代表性或精确程度作定量的估计。常见的概率抽样方法有以下几种：

（1）简单随机抽样，又称纯随机抽样。这是一种最基本的抽样方式，其他概率抽样都是由它派生出来的。假设总体的大小为 N，从中任意抽取容量为 n 的样本，每一个样本都有同样的机会被抽中，这种抽样方法称简单随机抽样。它的优点在于抽样过程完全排除了主观因素的干扰，简单易行；但该方法只适用于调查对象不多的调查总体。常用的简单随机抽样方法有：第一，直接抽样法，就是直接从抽样框中抽取若干单位作为调查样本的方法，例如，直接从课堂中随机选择若干学生作为调查样本。第二，抽签或抓阄法，即先将抽样框里的全部单位编号做成签或阄，将其混杂均匀，然后采用掷骰子、抽签等方法随机抽取，被抽中的签或阄所代表的单位就是调查样本，直到抽满规定的样本数为止。第三，随机数表法，就是在自然数 0～9 组成的随机数表中随机抽取样本的方法。第四，计算机抽取法，就是运用统计软件产生的随机数抽取样本的方法。

（2）等距抽样，又称系统抽样，是指对研究的总体按一定顺序排列，每隔一定的间隔抽取一个单位，并把这些抽取的单位组成样本进行观察用以推断总体的一种方法。具体操

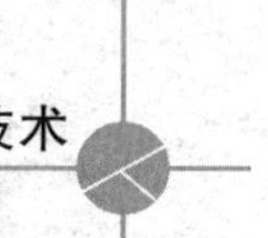

作方法是，根据抽样比例 $K=N/n$（抽样框所含单位数/样本单位数），首先在前 K 个单位中随机抽取一个单位，然后按单位在抽样框中的排列顺序，每隔 $K-1$ 个单位抽取一个单位。例如，某居民区有 1 200 户，欲了解他们的生活情况，决定采用系统抽样的方法从中抽出 200 户，这时用简单随机抽样的方法在前 6 户中抽出第一户，然后从第一户开始每隔 5 户抽出一户，直到抽满样本为止。等距抽样的特点是，抽样的误差大小与总体单位的排列顺序有关，如果抽样间隔与单位排列的某种周期性变化相重合，就会产生过多抽取某些特殊类型的样本单位的情况，从而导致误差。防止出现偏差的办法是：经过若干间隔的抽样后，在新的间隔内，随机地选取某一单位作为新的起点，继续进行下面的等距抽样工作。

（3）分层随机抽样，也称分类抽样。它是将总体单位或元素按照其属性、特征分为若干个层次或类型，然后在各类型或层次中按随机原则抽取样本，而不是从总体单位或元素中直接抽取样本。分层抽样的作用，主要是为了提高抽样调查结果的精确度，或者是在一定精确性的要求下，减少样本的单位数以节约调查费用。例如，某企业有职工 10 000 人，欲抽取 100 人进行调查，先按工人、技术人员和管理人员分为三层，然后在每层中按随机抽样方式进行抽样。分层抽样还分为等比例的与不等比例的两种。等比例分层抽样是指各层所抽样本比例应与实际比例相等。例如，工人占 60%，技术人员占 20%，管理人员占 20%，那么，在抽出的样本上也应是上面的比例，即每 100 人抽一个，工人抽 60 人，技术人员则抽 20 人，管理人员也抽 20 人。不等比例分层抽样，就是各层抽样比例不等，例如，对于一些重要的类别，其样本单位的比例可能就更多一些。

（4）整群抽样。它是将总体单位划分成群，然后采用随机的方法选出若干个群，以这些群所包含的所有单位为样本。应用整群抽样的原因：一是缺乏总体单位的抽样框；二是为了工作方便和节约费用。例如，进行居民家庭收入调查，可以在一个城市中抽取 1/10 的居委会，对其中的所有居民家庭户进行调查。这种方法的优点是，样本单位集中，便于组织抽样和调查，节省时间和经费。其缺点是，由于抽取样本单位比较集中，在一个群内各单位的差异比较小，而不同群之间的差别比较大，导致抽样误差常常大于简单随机抽样。因此，它适用于群间异质性低而群内异质性高的情况。

（5）多阶段抽样，又称多级抽样。简单随机抽样、等距抽样、分层抽样和整群抽样等可称为单阶段抽样。这些抽样方式都是一次直接从总体中抽出样本，而多阶段抽样则是把抽取样本单位的过程分为多个阶段进行。第一阶段先抽取大的单位，第二阶段从第一阶段所抽出的大单位中抽出较小的单位，依此类推。多阶段抽样的每一阶段可以分别采用简单随机抽样、等距抽样或分层抽样等不同方式。例如，进行全国企业职工对企业改革看法的调查，第一阶段可抽取若干个城市，第二阶段在城市中分别抽取若干企业，第三阶段在企业中抽取一定数量的职工。

2. 非概率抽样

非概率抽样，又称非随机抽样方法，是指不按照随机原则而是根据研究者的主观判断或条件便利等因素选择样本。非概率抽样方法主要有以下四种：

（1）偶遇抽样。它是指研究者将在一定时间、一定环境里所能遇到的或接触到的人全部选入样本的方法。电视台和报社记者常采用这种方法来进行调查，例如，在街头、路口等处拦住过往行人以便快速了解公众对于某事件的反应。偶遇抽样的优点是方便、省力，但是样本的代表性差，有很大的偶然性，因此该方法主要适用于总体不易确定、流动性较高的群体。

（2）判断抽样，又称主观抽样或立意抽样。即研究者依据主观判断选取可以代表总体的个体作为样本。样本的代表性取决于研究者对于总体的了解程度和判断能力，因此判断抽样往往运用于规模比较小的调查，例如，正式调查之前的探索性研究。

（3）配额抽样，也称定额抽样。它是非概率方法中运用比较多的一种方法。与分层抽样中的比例抽样类似，也是按照调查对象的某种属性或特征将总体中的所有个体分成若干类或层，然后在各层中抽取样本，但不同的是，配额抽样中各层样本是非随机抽取的。例如，某企业有职工 1 000 人，其中，男女各占一半；工人占 50%、技术人员占 30%、管理干部占 20%；初中及以下文化程度占 20%、高中文化程度占 50%，大专及以上文化程度占 30%。根据配额抽样的方法，从中抽取 100 名职工作为调查对象，100 人样本中的性别、职业和受教育程度构成应该与总体是一致的（见表 12－1），研究者只要根据表 12－1 中的人数，在总体中按照主观判断方法选取调查对象即可。

表 12－1　　配额抽样举例

性别	男性（50 人）			女性（50 人）		
职业	工人（20 人）	技术人员（15 人）	管理干部（15 人）	工人（30 人）	技术人员（15 人）	管理干部（5 人）
受教育程度	Ⅰ Ⅱ Ⅲ	Ⅰ Ⅱ Ⅲ	Ⅰ Ⅱ Ⅲ	Ⅰ Ⅱ Ⅲ	Ⅰ Ⅱ Ⅲ	Ⅰ Ⅱ Ⅲ
人数	8 11 1	0 2 13	0 7 8	12 17 1	0 10 5	0 3 2

注：Ⅰ、Ⅱ、Ⅲ分别代表初中及以下、高中、大专及以上文化程度。

（4）滚雪球抽样。先从几个合适的调查对象开始，然后再通过他们得到更多的调查对象，这样一步步扩大样本范围，直到达到调查目的为止。该方法适用于调查总体的个体信息不充分的情况。例如，对球迷、戏迷、乞讨人员、非法移民等特殊人群的调查，由于调查总体模糊不清，因而只能采用滚雪球方式进行调查。

第三节　资料收集方法

一、问卷法

问卷法是现代社会中最常用的资料收集方法，特别是在调查研究中，它的使用更为普遍。美国社会学家艾尔·巴比称“问卷是社会调查的支柱”。英国社会学家莫泽说“十项社会调查中就有九项是采用问卷进行的”。

1. 问卷法概述

问卷法是调查者运用统一设计的问卷向受调查者了解情况或征询意见的调查方法。其优点主要体现在以下几个方面：

（1）能够在较大范围内进行。由于问卷调查的对象是经过科学方法选取的，样本能够

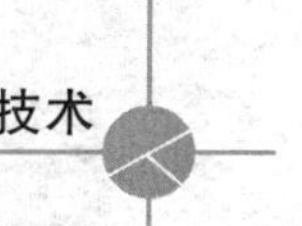

具有较强的代表性，因此可以在一个省、一个市，乃至全国进行调查。

(2) 具有很好的匿名性。由于社会调查的对象是现实生活中有思想感情的具体人，问卷调查可以大大减轻被调查者的心理压力，有利于收集真实的社会信息，客观地反映社会现实的本来面貌。

(3) 便于对所得资料进行定量处理和定性分析。可以避免主观偏见，减少人为的误差。

正因为有以上优点，因此在我国问卷调查被广泛地应用于公共管理和企业管理等各个领域。

问卷法不可避免地存在着缺陷，主要表现在：回收率有时难以保证；由于问卷调查与被调查者的文化水平、素质有直接关系，因此问卷调查的质量往往参差不齐。

2. 问卷法的种类

按照问卷填答者不同，问卷调查可分为自填式问卷和代填式问卷（见图 12-2）。

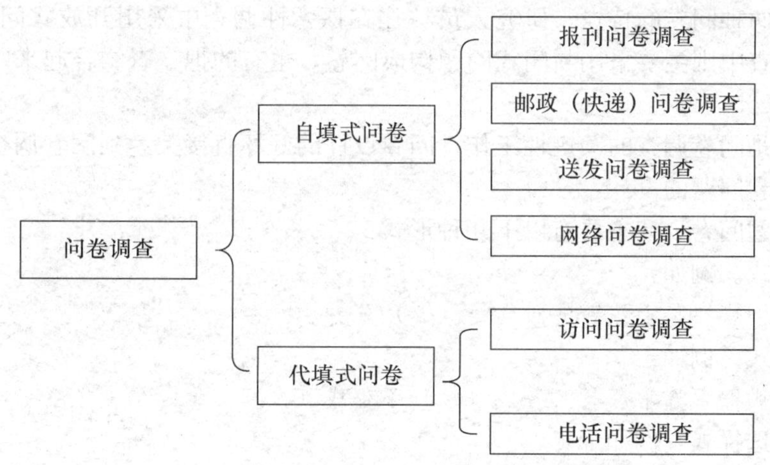

图 12-2　问卷法的种类

报刊问卷调查，是调查者随报刊分发问卷，请读者对问卷做书面回答，然后按规定时间通过邮局把问卷寄给调查者；邮政（快递）问卷调查，是调查者通过邮局（快递）向特定调查对象寄发问卷，请受调查者按照规定的要求和时间填答问卷，然后再通过邮局（快递）将问卷寄给调查者的方法；送发问卷调查，是调查者派人将问卷送给选定的调查对象，待调查对象填答后再派人收回调查问卷的方法；网络问卷调查，是利用互联网上的网站或手机发布调查问卷，并回收调查结果的方法；访问问卷调查，是调查者按照统一设计的问卷向被调查者当面提出问题，然后由调查者根据受调查者的口头回答填写问卷；电话问卷调查，是调查者利用电话按照统一设计的问卷向选定的受调查者提出问题，然后根据受调查者的回答填写问卷的方法。

3. 问卷的结构

一份合格的调查问卷应包括以下内容：

(1) 封面信。即一封给被调查者的短信，它的作用在于向被调查者介绍和说明调查者的身份，调查的内容、目的、意义等，内容不宜过多，二三百字即可。

(2) 指导语。用来指导被调查者填写问卷的一些说明，如填表说明。

(3) 问题和答案。这是问卷调查的主要部分。问题可分为开放式问题和封闭式问题两大类。开放式问题就是不为回答者提供具体答案，而由回答者自由填答的问题。例如：

你喜欢哪一类书籍？你对物价政策有什么看法？

开放式问题的优点是，回答者可以按自己的方式发表意见和看法，不受问卷形式的限制，所获得的资料生动、丰富，但这种方式收集的资料只能进行定性分析，难以进行定量处理。

封闭式问题是在提出问题的同时，给出若干个答案，被调查者从中进行选择。例如：

你喜欢哪一类书籍？

(1) 政治类　(2) 科学类　(3) 文学艺术类　(4) 其他

你所在居住区的"三供"(水、电、暖) 情况如何？

(1) 很好　(2) 较好　(3) 一般　(4) 较差　(5) 很差

基于上述两种问卷的特点，研究人员往往在探索性调查中采用开放式问题构成问卷，而在大规模调查中则主要采用封闭式问题构成问卷，也有的把二者结合起来。

4. 问卷设计

问卷设计是问卷调查的关键性工作，问卷设计的好坏直接关系到问卷调查的成败。

第一，问卷问题的设计。

封闭式问题问卷设计主要有以下几种形式：

(1) 填空式。例如：

您每天上下班在路上花费的时间是（　）分钟。

(2) 是否式。例如：

您是否赞成民主选举厂长？赞成（　）不赞成（　）

(3) 多项选择式。例如：

您喜欢看哪类电视节目：①经济节目（　）②电视剧（　）③体育节目（　）④广告（　）⑤其他（请写明）__________

(4) 矩阵式。例如：

你觉得下列现象在你们学校是否严重？(请在相应现象后打√)

①迟到：很严重　比较严重　不太严重　不严重　不知道

②早退：很严重　比较严重　不太严重　不严重　不知道

③请假：很严重　比较严重　不太严重　不严重　不知道

④旷课：很严重　比较严重　不太严重　不严重　不知道

(5) 表格式。这是矩阵式的一种变体，是让被调查者在相应的格内打√。如下表：

您对目前企业职工的福利劳保制度的看法

	①保障了人民生活，体现了社会主义制度的优越性，应坚持	②虽然有些弊病，但基本是合理的，应稍加修改	③是吃"大锅饭"，不利于调动人们的积极性，应取消
终身就业保障			
公费医疗			
退休金			

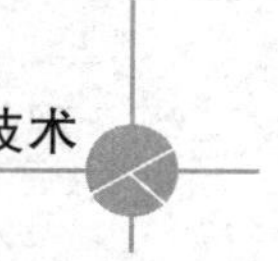

第二，问卷答案的设计。

问卷中封闭式问题的答案设计可分为：定类问题、定序问题、定距问题。

(1) 定类问题的答案设计。

定类变量是指变量的取值只有类别属性之分，没有大小、优劣之差。如性别有男、女两大类，职业有工人、农民等。

对这类问题的答案设计要注意两点：一是答案必须互斥，也就是两个概念不能出现交叉和包容现象，如“年轻人”和“知识分子”这两个概念就有交叉，因此在设计时就要想办法使其答案互斥。二是答案要尽量穷尽所有项目，也就是按照某一种分类方法，在同一抽象层次上，把所有可能的答案都列举出来。例如，在一份关于婚姻问题的调查问卷中，关于“您的婚姻状况”这一问题，如果只设计已婚、未婚、丧偶三个答案，那么，有些人的婚姻状况就不能被包括进去，如已离婚而未再婚的人等。当然，答案穷尽或详细的程度还要根据具体的调查要求来确定。

(2) 定序问题的答案设计。

定序变量是指变量的取值除有类别、属性之分外，还有等级次序上的区别。如对某个领导的评价，对某社会事物或现象的看法和态度等。对这些问题的答案设计经常采取同意、基本同意、不太同意、不同意、无所谓等五级或三级定序答案的形式。

(3) 定距（定比）问题的答案设计。

定距变量是指变量的取值除了有类别、次序区别外，类别之间的距离还可以测量，如智商、工资、温度等，所以它所测得的数据，既能作加减运算，又能作乘除运算，如身高、年龄、出生年月、工资增长等数据即属此类。设计这类答案要注意几点：划分的档次不宜太多，每一档的范围不宜太宽；要尽量使档次之间的间距相等，以便在分析结果时进行比较；各档的数字之间应正好衔接，无重叠、中断现象；等等。

第三，问卷设计中的常见问题及其处理。

(1) 概念过于抽象问题。有些问卷设计的问题是概念过于抽象，一般人很难理解和回答。如：“请问您的家庭属于下列的哪一类？单身家庭、核心家庭、主干家庭。”这种对家庭类型的划分方法比较抽象，一般人难以理解，也不好回答。解决办法是采用更明确的问法。

(2) 诱导性问题。使问题产生诱导性的原因，往往是调查问卷中引用了权威的话，如“大多数医生认为抽烟是有害的，你同意吗？”等。问题设计应采用中立的态度。

(3) 敏感性问题。敏感性问题的产生，是由于人们对它的看法、理解存在比较大的差异，出于各种考虑，人们一般不愿意直接回答或不愿意让调查者了解自己的真实想法和感受。对于敏感性问题，为了解除被调查者的顾虑，通常在问卷中采取一些特殊处理办法。一是释疑法。即在问题前面写一段消除疑虑的功能性文字。例如，“宪法规定：中华人民共和国公民对于任何国家机关和国家工作人员，有提出批评和建议的权利。你对你所在地方的政府机关主要负责人有何评价和看法？”二是假定法，即用一个假定判断作为问题的前提，然后再询问被调查者的看法。例如，“假如允许专业人员自由流动的话，你是否还愿意留在原单位工作？”三是转移法，即把直接回答问题的人转移到别人身上，然后再请被调查者对他人的回答做出评价。例如，“对于实行《破产法》，一些人认为利大于弊，另一些人认为弊大于利，你认为哪种意见更符合实际？”四是间接法。如个人收入是一个比较敏感的问题，许多人不愿做出具体回答。但如果这样设计，为了让被调查者做出较为真实的回答，可以这样设计“您本人的月收入是：①500 元以下；②501～800 元；③801～1 200 元；④1 201～1 500 元；⑤1 500 元以上。”

5．问卷调查的实施

(1) 确定问卷对象。由于问卷调查的回复率和有效率一般都不可能达到 100%，因此选择的调查对象应多于研究对象，确定调查对象数的公式是：

调查对象＝研究对象/(回复率×有效率)

例如，研究对象是 200 人，回复率是 80%，有效率是 90%，那么，调查对象即为：200/(80%×90%)≈278(人)。

(2) 确定问卷发放方式。主要是指确定采用报刊发送、邮寄以及送发中的一种方式。

二、观察法

1．观察法概述

所谓“观”是指看，“察”是指详审、细看和考究。观察法是一种主要依靠研究者的感官，如人的视觉、听觉、嗅觉和有关的辅助工具来收集资料的调查研究方法。在社会研究领域，观察法是收集非语言行为的数据和资料的一种主要方法和技术。它与日常生活中的观察不同，是观察者针对处于自然状态下的社会现象，来进行有目的、有计划的认识活动，其观察过程是一个积极、能动，带有一定主观色彩的反映过程，主要运用人的感觉器官以及科学观察工具来进行观察。

按照标准不同，观察法可以分为不同的种类，其主要分类如下：

(1) 实验性观察与非实验性观察。实验性观察是在人为设置的环境中进行的观察，霍桑实验就属于实验性观察。非实验性观察是在自然环境下进行的观察，如观察城市道路来往车辆和人流情况，掌握城市道路拥挤状况。实验性观察与非实验性观察的根本区别是，实验性观察能够对观察环境及有关因素进行控制，而非实验性观察则不能。

(2) 有结构观察与无结构观察。有结构观察是观察者对所观察的对象有一定的理解，并根据研究的目的，制定出详细的观察计划和规范的观察程序与标准，来实施的观察活动。有结构观察一般还使用精良的工具来记录观察的结果。无结构观察一般对观察对象不太了解，没有规范的观察计划与程序，观察多采取灵活的方式进行。

(3) 参与性观察与非参与性观察。参与性观察是指观察者参加到被研究对象的活动中进行观察。它又可分为隐蔽性观察与非隐蔽性观察。隐蔽性观察是观察者不暴露自己的身份，目的是不影响被观察者的行为和活动，同时也是为了更真实、更客观地收集信息，如一个社会工作者为了解和研究位于社会底层的乞丐们的生活，自己就装扮成一个乞丐与他们同吃同住，生活了很长一段时间，通过他的亲自观察和了解，掌握了处于生活底层的这一群体的大量有价值的、真实和客观的信息和资料。非隐蔽性观察是指被观察者知道观察者的身份，观察者与被观察者进行接触和一起参与活动，如领导下基层，作家到农村、厂矿体验生活等。非参与性观察是观察者不介入被研究对象的活动中，而是以一种旁观者的身份来观察被观察对象的行为和对象环境的状况。

在收集非语言行为信息方面，观察法明显的优点就是直观性和可靠性。在这方面它优于问卷调查法、访谈法、实验法以及文献研究。通过观察者亲自深入到客观事物中去体验和感受事物的状态，所获得的感性认识是最直观和比较可靠的。此外，观察法简便易行，适应性强，灵活性大，可随时随地进行，是一种使用最广的调查方法。

观察法最主要的缺陷：一是表面性和偶然性，因为观察者观察到的往往是特定时间、地点、条件下的社会现象，因而会带有一定的偶然性；二是由于环境难以控制，观察受时空等条件的限制也比较大；三是通过观察法所获得的资料难以进行量化分析与处理，这也是观察法难以避免的缺点。

2. 观察法的实施

在观察的过程中，要保证观察顺利实施并取得良好的观察结果，应掌握一些基本原则，了解观察的程序以及基本要求。

第一，观察法的一般原则。

(1) 客观性原则。即要求按照客观事物的本来面目进行观察。在具体的观察活动中要以客观事物的真实存在作为观察的前提，不能以自己的喜好和态度来决定记录什么或不记录什么，更不能为了某种目的而歪曲客观事实，甚至编造根本不存在的事实。观察的客观性是对观察者的最基本要求，也是观察者在观察中必须坚持的原则。

(2) 全面性原则。这是观察客观性的内在要求。任何客观事物都有多种多样的内在属性和表现形式，都有多方面的外部联系，只有从不同侧面、不同角度、不同层次进行全方面观察，才能了解客观事物全貌。

(3) 深入持久原则。这是因为观察活动是一项科学和艰苦的工作，要保证观察的科学性，就必须坚持观察的持久性，深入客观事物本身，洞察细微。同时，还要有艰苦的思想准备，对于许多复杂的社会现象，要得到正确的观察结论，往往需要坚持长达数日、数月、数年甚至更长的时间，这时必须不退缩、不放弃，否则只能使观察工作半途而废。

第二，观察的基本程序。

观察的基本程序是：(1) 确定观察的目的和指导思想；(2) 选定观察的对象和范围；(3) 选择观察的方法和主要手段；(4) 进入现场进行观察；(5) 记录观察的事物和现象；(6) 退出观察现场；(7) 分析和研究观察的数据和资料；(8) 撰写观察报告。

第三，观察的基本要求。

(1) 明确观察目的以及指导思想。通过实地观察来收集反映客观事物的状态信息，是人们进行科学研究和解决实际问题的重要途径，也是人们的一种有目的和有意识的活动。要保证这种活动的有效性，就必须以一定的科学理论作为指导，这也是一般观察与科学观察的区别所在。因此，在观察开始之前确定指导思想是非常必要的。例如，我们研究海洋的潮汐问题，以“日心说”做指导或以“地心说”做指导，得出的结论是大相径庭的。

(2) 选好观察对象和环境。由于可观察的对象比较多，而观察的时间、人力、物力有限，因此，为了保证观察的有效性，就必须要选择好观察的对象和范围。观察对象的选择，首先要选择那些最能反映观察目的的人和事物，如要调查改革开放以来农民生活的变化情况，就应该选择那些有代表性的地方和有代表性的人物，并通过对他们的住房、家具、衣着和精神面貌的观察来进行研究。

（3）要进行积极的、有思考的观察。观察活动不是被动地、机械地进行，它需要根据事物发生、变化的情况，对自己的观察程序、观察方法进行及时和必要的调整，同时在观察的过程中与思考联系起来，进行有效的观察，从而得出规律性的东西。

（4）及时做好观察记录。实地观察一般都应做好同步观察记录，如有特殊情况不宜做同步记录的，也应在观察后尽快追记；如果不及时记录，时过境迁，就可能忘掉许多观察到的真实情况。

三、文献调查法

1. 文献和文献调查法

什么是文献？宋代朱熹作注说："文，典籍也；献，贤也。"这就是说，文献原指典籍与宿贤。随着社会的进步，文献的内涵和外延发生了变化，现在一般是把用文字、图像、符号、音频、视频等方式记录的人类知识的物质形态，称为文献。一般来说，文献必须具备三个基本要素：一是一定的知识内容。没有记录任何知识内容的物体，如空白纸张就不能被称为文献。二是一定的物质载体。人们头脑中的知识、口头传递中的知识，就不能被称为文献。三是一定的记录手段。如某些古迹、文物，虽然也是一种物质载体，也体现一定的知识内容，但没有一定的记录手段，也就不能被称为文献。

按照不同的标准，文献可做许多不同的分类。从历史时期看，有古代文献、近代文献和现代文献；从载体形式上看，有文字文献、数据文献、声像文献；从对文献内容加工程度看，有一次文献、二次文献、三次文献等；从资料来源不同看，有个人文献、社会组织文献、大众传媒文献和官方文献等。

文献调查法，就是采用科学方法收集文献资料、摘取有用信息、进行整理分析的调查方法，是一种古老的研究方法。例如，司马迁的《史记》、马克思的《资本论》、甘哈曼的《第四次浪潮》等，主要采用的就是文献调查法。

文献调查法具有以下显著特点：

（1）历史性。它是对人类以往所获得知识的调查，可超越时间和空间限制获取客观事物的信息。

（2）间接性。它的调查对象不是历史事件的当事人，也不是历史文献的编撰者，而是各种历史文献资料。

（3）非介入性和无反应性。它不介入文献所记载的时间，不接触有关事件的当事人，因此在一定程度上可避免调查者与被调查者在互动中的不良影响，使数据和资料更具客观性。

文献调查法是对人类以往知识的调查，是一种间接的、非介入的调查，其基本特点决定着它有许多优点，同时也不可避免地有许多缺点。

文献调查法最显著的优点在于：第一，可以超越时间、空间的限制，通过对古今中外文献的调查可以研究极其广泛的社会情况；第二，由于文献调查是书面调查，如果收集的

文献是真实的，那么便可以获得比口头调查更准确、更可靠的信息；第三，文献调查是一种方便、自由、安全，同时兼具省时、省钱、效率高的一种调查方法。该方法的缺点也是显而易见的：第一，通过文献调查法收集到的内容往往缺乏具体性和生动性；第二，由于研究的文献都是具有一定社会性的人撰写的，因此，文献的客观性和真实性往往难以保证；第三，文献调查也经常会发生文献资料难以寻觅、有效文献难以找齐的缺憾。

2. 文献的收集

文献调查是从文献收集开始的。在文献收集的过程中，既要遵循一些基本要求，也要掌握一些具体方法。

（1）收集文献的基本要求。

文献资料浩如烟海，文献收集一定要有目的、有计划地进行，要严格遵循文献有用性与可信性原则，收集的文献要全面且具有代表性，同时满足文献的多样性、连续性以及时效性的原则。只有满足了上述基本要求，才能为后续的工作提供丰富完整的文献资料。

（2）查找文献的具体方法。

要收集文献，必先查找文献。现代社会，除私人文献外，绝大部分文献都集中在图书馆和互联网上。查找文献，特别是在图书馆查找文献，一般可采用以下四种方法（见图12-3）：

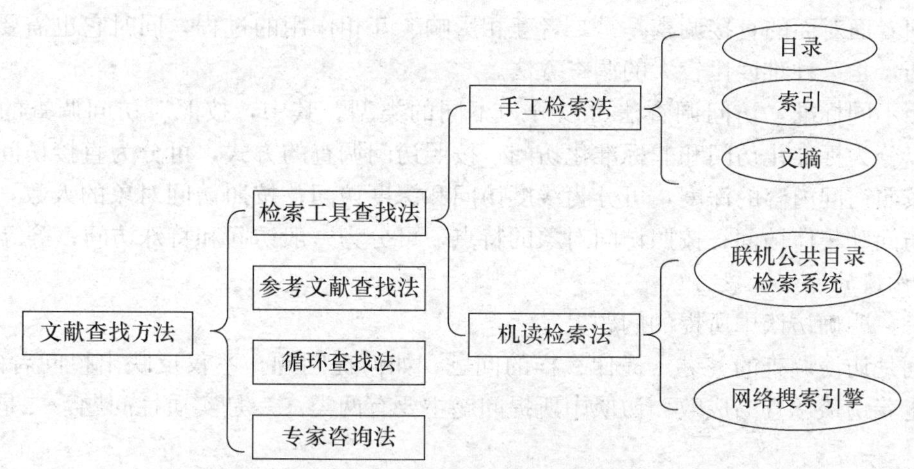

图12-3　文献查找方法

检索工具查找法，即利用已有的检索工具查找文献资料。文献检索工具是指用以积累和查找文献线索的工具，它可分为两大类：一是手工检索法；二是机读检索法。手工检索法即用手工翻阅检索工具书（目录、索引和文摘）。利用检索工具查找文献，可以采用顺查法，也可以采用倒查法。顺查法，即由远到近，逐年逐月按顺序查找。倒查法，即由近而远，回溯而上，按时间顺序往前查找。无论是顺查还是倒查，都应该按照调查课题的时间跨度来决定查找文献的时间跨度。

参考文献查找法，也称追溯查找法，即用著者本人在文章、专著末尾所开列的参考文献目录，或者是文章、专著中所提到的文献目录，追踪查找有关文献资料的方法。具体做法是：从已经掌握的文献资料开始，根据文献中所开列的参考文献和所提到的文献名目，直接去查找较早一些的文献；再利用较早文献中所开列的参考文献和提到的文献名目，去查找更早一些的文献，如此一步一步向前追溯，直到查找出比较完整的文献资料为止。

循环查找法，也称分段查找法，即将检索工具查找法和参考文献查找法结合起来，交替使用，循环不已。可以先采用检索工具查找法，查找出有用的文献资料，然后再根据文献中所开列或提到的参考文献名目，去查找更早一些的文献；也可以先采用参考文献查找法，查找出更早一些的文献，然后再采用检索工具查找法，去扩大查找文献的线索，如此分阶段地交替使用两种查找文献的方法，直到查找出自己所需要的文献为止。

专家咨询法，即向有关专家说明自己的调研方案，所需文献的类别、范围等。例如，咨询熟悉调研课题的专家，向他们说明自己的调研情况、前期准备等，力求得到他们对于收集文献的知识，从而达到事半功倍的效果。

四、访问调查法

1. 访问调查法的概念和类型

访问调查法，也称为访谈法、面谈法，是访问者通过口头交谈方式直接向受访者了解社会情况或者探讨社会问题的调查方法。访谈法的最大特点在于，整个访谈过程是访问者与被访问者面对面的直接调查，是二者互相影响、互相作用的过程，同时它也需要一定的访谈技巧，是一种难度比较大的调查方法。

按照不同标准，访问调查法可以分为不同的类型。其中，按照对访问调查的控制程度，可以分为标准化访问和非标准化访问；按照访问调查的方式，可分为直接访问和间接访问；按照访问内容的深度，可分为浅度访问和深度访问；按照访问对象的人数，可以分为个别访问和集体访问；按照访问对象的特点，可分为一般访问和特殊访问；等等。

2. 访谈的方法及技巧

第一，明确访谈中所提的问题。

提问是访谈调查的关键。提什么样的问题，如何提问题，不仅反映出提问者的水平，而且决定着访谈调查的成败。访谈中所提问题主要有两类：一是实质性问题；二是功能性问题。

实质性问题是指与调查所要了解的内容有关的问题。它又包括：（1）事实方面的问题。如姓名、年龄、职工人数等。（2）行为方面的问题。如“您在工作中直接与上级领导接触的方式是怎样的?”“您是否参加过所在社区的基层选举活动?”等。（3）观念性问题。如“您是否赞成在社区管理中采取政府和社会组织合作的方式?”（4）感情和态度问题。如“您对所在社区的管理和服务满意吗?”“您赞成住房商品化吗?”等。

功能性问题是指在访谈过程中为了更好地接近被访问者和为了使访谈更有成效而提出的问题。它包括：（1）接触性问题。如“近来工作忙吗?”“压力大吗?”“您所住的小区离单位近吗?”等。这些问题是为了使访谈者与被访谈者之间拉近距离，使访谈自然进行下去。接触性问题要有目的性，在看似无意的闲聊中，很快使谈话进入主题。（2）试探性问题。如“假如政府政策允许人才流动，您是否考虑重新择业?”“您是否愿意对领导工作中的问题提出批评和建议?”（3）观察和印证性问题。通过这些问题来帮助提问者更进一步

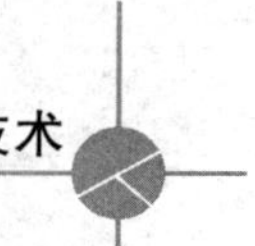

地检验自己的观察和判断以及被访问者的真实态度。如先问“您的家庭支出情况如何?”这包括家庭支出的项目、各项支出的数额和各项支出所占比例等问题，然后再问有关家庭收入的问题，从中可以进行印证，最后再问：“您对目前的工作和收入是否满意？在条件允许的情况下您是否想调换一下工作?”

第二，要接近被访问者。

通过恰当的方式来接近被访问者，打消他们的顾虑，使访问者与被访问者之间建立起亲切友好的关系，这就需要掌握一定的方法和技巧。在见面时的称呼上需要注意以下几点：(1) 称呼要符合双方的亲密程度和心理距离。初次见面应当称呼头衔或一般尊称，如某某教授、经理、局长、先生等。(2) 称呼要亲切自然，还要注意不同时期称呼的特点、不同地域称呼的区别等。

第三，注意提问的方式和方法。

提问的方式方法多种多样，或开门见山，或委婉间接，或耐心开导、循序渐进，至于采用哪种方式，要根据所提问题和所要达到的目的而定。如果所提问题是一般性问题，可直截了当、具体明了，不必吞吞吐吐。对那些敏感性的问题则应当先投石问路，再一步步推进，不可鲁莽简单，以免引起被访问者的反感，影响谈话的进行。提问的语言要简短、通俗、明了。

第四，掌握倾听的技巧。

在访谈中不仅要“善谈”还要“会听”。会听就是要提高听的有效性，要认真地听被访问者的谈话，要边听边记。还要有感情地听，并对被访问者的谈话做出适当的反应，如谈到成绩时要给予肯定，谈到困难和挫折时应给予关切和同情。

第五，要注意克服访谈中的各种障碍。

(1) 偏见性障碍。有的人不喜欢被访问者的打扮、说话的样子和态度，从而产生反感和偏见，这种态度会直接影响访谈的效果。

(2) 理解性障碍。即由于访问者与被访问者之间对某一问题、某一提法的理解不同，从而影响到访谈的效果。

(3) 判断性障碍。由于访问者对被访问者的回答做出了主观的判断，如认为被访问者回答的不是客观事实，或认为被访问者在故意隐瞒自己的观点，等等，这种判断也会影响访问者的访问效果。

参考文献

[1] 江峰. 当代管理思想评述 [M]. 北京：新华出版社，1994.

[2] 朱立言. 行政领导学 [M]. 北京：中国人民大学出版社，2002.

[3] 方振邦. 管理学基础 [M]. 北京：中国人民大学出版社，2016.

[4] 张成福，党秀云. 公共管理学 [M]. 北京：中国人民大学出版社，2002.

[5] 刘熙瑞. 中国公共管理 [M]. 北京：中共中央党校出版社，2005.

[6] 刘熙瑞. 现代管理学基础 [M]. 北京：高等教育出版社，1995.

[7] 孙耀君. 西方管理思想史 [M]. 太原：山西经济出版社，1990.

[8] 杨静光. 古今管理理论概要 [M]. 北京：中共中央党校出版社，2005.

[9] 孙彤. 组织行为学教程 [M]. 北京：高等教育出版社，1998.

[10] 黄卓明. 诸子学 [M]. 北京：北京大学出版社，2000.

[11] 徐国华，等. 管理学 [M]. 北京：清华大学出版社，2001.

[12] 潘承烈，虞祖尧，等. 中国古代管理思想之今用 [M]. 北京：中国人民大学出版社，2003.

[13] 宁骚. 公共政策学 [M]. 北京：高等教育出版社，2011.

[14] 陈振明. 政策科学——公共政策分析导论 [M]. 北京：中国人民大学出版社，2003.

[15] 陈庆云. 公共政策分析 [M]. 北京：北京大学出版社，2006.

[16] 丹尼尔·A. 雷恩. 管理思想的演变 [M]. 李柱流，等，译. 北京：中国社会科学出版社，2002.

[17] 加布里埃尔·A. 阿尔蒙德，宾厄姆·鲍威尔. 比较政治学：体系、过程和政策 [M]. 曹沛霖，等，译. 上海：上海译文出版社，1987.

[18] 西蒙. 管理行为 [M]. 杨砾，等，译. 北京：北京经济学院出版社，1988.

[19] 彼得·圣吉. 第五项修炼 [M]. 郭进隆，译. 上海：上海三联书店，1998.

[20] 戴维·R. 汉普顿. 当代管理学 [M]. 北京：新华出版社，1986.

[21] 斯蒂芬·罗宾斯. 管理学 [M]. 黄卫伟，等，译. 北京：中国人民大学出版社，1997.

[22] 巴纳德. 经理人员的职能 [M]. 孙耀君，等，译. 北京：中国社会科学出版社，1997.

后　记

经全国高等教育自学考试指导委员会同意，由公共管理类专业委员会负责高等教育自学考试行政管理专业教材的审定工作。

《现代管理学》自学考试教材由国家行政学院刘熙瑞教授、郑州大学杨朝聚副教授担任主编。具体分工是：第一章由刘熙瑞编写，第二、三、五章由杨朝聚编写，第四章由霍海燕（郑州大学）、李传军（中国人民大学）编写，第六章由雷勇（四川师范大学）编写，第七、八章由霍海燕编写，第九章由杨朝聚、张康之（中国人民大学）编写，第十章由胡仙芝（国家行政学院）、王学栋（中国石油大学）编写，第十一章由刘金程［中国矿业大学（北京）］、张璋（中国人民大学）编写，第十二章由刘金程、魏娜（中国人民大学）编写。全书由杨朝聚副教授统稿。郑州大学程相如、薛佳幸在本书编写过程中参与了大量的排版、校对等工作。

参加本教材审稿讨论会并提出修改意见的有：郑州大学高卫星教授、南京大学孙亚忠教授及河南大学庞洪铸教授。

对于编审人员付出的辛勤劳动，在此一并表示感谢。

全国高等教育自学考试指导委员会
公共管理类专业委员会
2018 年 1 月